La souffrance

Timothy Keller

La souffrance

La souffrance : marcher avec Dieu à travers les épreuves et la douleur
© 2015 Éditions Clé
2 impasse Morel 69003 Lyon
www.editionscle.com

Tous droits réservés

Originally published in English under the title: *Walking with God Through Pain and Suffering*
Copyright ©2013 Timothy Keller.
All rights reserved
Published by Penguin Group (USA) Inc.
375 Hudson Street, New York, New York 10014, U.S.A.

Sauf mention contraire les citations bibliques sont extraites de la *Bible du Semeur.*
Texte copyright ©2000 Société Biblique Internationale. Avec permission.
La mention *Colombe* après une citation, désigne la traduction dite de la
« Colombe » ©1978 Société Biblique Française (Biblio/ABF).

Traduction : Lori Varak, Matthieu Moury.
Correctrice principale : Marlyse Français.
Couverture : Leekfield Prestidigitators — La Villeneuve le Bief-Godard
Mise en page : Leekfield Prestidigitators — La Villeneuve le Bief-Godard

ISBN : 978-2-35843-041-8
Dépôt légal : 2ᵉ trimestre 2015

*À ma sœur Sharon Johnson,
une des personnes les plus patientes et les plus joyeuses que je
connaisse qui m'a beaucoup appris sur la manière de porter
des fardeaux, de faire face à la douleur et de garder confiance
en Dieu.*

Introduction

La vague de panique sous-jacente à toute chose

> Je pense que prendre la vie au sérieux ressemble à ceci : tout ce que l'homme fait sur cette planète, doit se faire dans le vécu de la terreur de la création, [...] de la vague de panique sous-jacente à toute chose. Faute de quoi, il est dans le faux.
>
> Ernest Becker, *The Denial of Death*[1]

> *Oui, en tout temps, je remercierai l'Éternel et à jamais, mes lèvres le loueront. Mon sujet de fierté, c'est l'Éternel ! Que les humbles l'entendent et qu'ils se réjouissent !*
>
> Psaumes 34.1-3[2]

La souffrance est partout. Elle est inévitable, et son étendue nous bouleverse souvent. Dans l'heure que prendra la lecture de quelques chapitres de ce livre, plus de cinq enfants disparaîtront, victimes de maltraitance et de violence[3]. Plus de cent enfants en mourront si vous le lisez toute une journée. Bien sûr, il ne s'agit là que d'un seul des nombreux aspects de la souffrance. Chaque heure, des milliers de personnes meurent d'un accident de la route ou d'un cancer, et des centaines de milliers apprennent le décès soudain d'un être cher. Chaque jour, l'équivalent de la population d'une ville moyenne française disparaît, laissant dans son sillage des familles et amis anéantis.

Lorsqu'une seule et même catastrophe de grande ampleur coûte la vie à un nombre considérable de personnes, comme le cyclone de Bhola au Bangladesh en 1970, le tsunami dans l'océan Indien en 2004 ou le séisme en Haïti en 2010 – qui ont tous ôté la vie à au moins 300 000 personnes – la presse mondiale en fait ses gros titres, et tout le monde est en état de choc. Mais les statistiques sont trompeuses. De tels désastres historiques ne modifient pas vraiment le « taux » de souffrance. Des dizaines de milliers d'individus meurent chaque jour dans des tragédies inattendues, et des centaines de milliers de personnes de leur entourage sont accablés de chagrin et traumatisés. La plupart d'entre eux ne feront jamais la une des journaux parce que la douleur et la misère sont la norme de ce monde.

Shakespeare l'avait compris quand il a écrit :

Chaque matin de nouvelles veuves se lamentent, de nouveaux orphelins pleurent ;
Chaque jour de nouveaux accents de douleur frappent le ciel de plein fouet[4].

Le mal et la souffrance sont si répandus que ces statistiques nous font à peine broncher. Nous devrions pourtant réagir. Ernest Becker évoque le danger du déni de réalité devant la misère de la vie et le caractère aléatoire de la souffrance.

Lorsque nous entendons parler d'un drame, un mécanisme intérieur de défense profondément ancré en nous se déclenche. Nous nous disons que de telles choses n'arrivent qu'aux autres, aux plus démunis ou aux plus imprudents ; qu'il suffirait peut-être d'un nouveau gouvernement ou d'une réforme du système social pour y mettre fin.

Mais Becker pense qu'un tel raisonnement empêche de « prendre la vie au sérieux » ou d'admettre « le vécu de la terreur de la création, [...] de la vague de panique sous-jacente à toute chose »[5]. Cet état de panique émane de la mort. Elle est imprévisible et inexorable, de manière irréductible.

Une thèse similaire a été publiée dans un article du *New York Times* à l'époque du « sniper de Beltway » qui tirait au hasard sur les gens dans la ville de Washington. Ann Patchett écrit :

> Nous cherchons toujours à donner un sens au meurtre, pour bien le tenir à distance : je n'ai pas le même profil que la victime ; je n'habite pas dans la même ville ; je ne serais jamais allé à cet endroit, ce type ne m'aurait jamais rencontré. Mais qu'en est-il quand il n'y a ni profil type, ni endroit, ni critère ? Où nous réfugions-nous pour trouver la paix du cœur ?
>
> Voilà la vérité : retarder notre propre mort est l'un de nos passe-temps nationaux favoris. Qu'il s'agisse de faire de l'exercice, contrôler son taux de cholestérol ou avoir une mammographie, nous nous protégeons sans cesse contre la mort. Nous pouvons déterminer le profil de la victime et identifier ce qui ne correspond pas avec le nôtre. Pourtant, un sniper qui vise bien et appuie une seule fois sur la gâchette nous rappelle avec atrocité notre mortalité. En dépit de nos

meilleures intentions, la mort reste, pour une large part, arbitraire.

Et elle s'approche, inexorablement[6].

Patchett et Becker mettent en évidence nos méthodes habituelles pour ignorer la vague de panique. Ce livre a pour but d'appliquer ce qu'ils préconisent : prendre la vie au sérieux. Je souhaite aider mes lecteurs à bien vivre, dans la joie si possible, en dépit de ces sombres réalités. La perte d'êtres chers, les maladies invalidantes et mortelles, les trahisons personnelles, les revers financiers ou les échecs moraux, nous tomberont dessus un jour ou l'autre si nous vivons suffisamment longtemps. Personne n'est à l'abri.

Par conséquent, peu importe toutes nos précautions et tous nos efforts pour nous assurer une vie heureuse ; peu importe à quel point nous travaillons dur pour réussir notre carrière professionnelle, être en bonne santé, riche et en bons termes avec nos amis et notre famille ; quelque chose détruira fatalement ce bonheur. La vie humaine est irrémédiablement fragile et soumise à des forces impossibles à contrôler. La vie est tragique.

Nous savons tout cela intuitivement. Les personnes confrontées à la souffrance et à la douleur apprennent à leurs dépens qu'il est impossible de les affronter avec leurs propres ressources. Nous avons tous besoin de réconfort pour ne pas sombrer dans le désespoir. Nous affirmerons dans ce livre que ce soutien soit doit être d'ordre spirituel.

Que les humbles l'entendent et se réjouissent !

Le jour de notre mariage, Kathy et moi avons prononcé nos vœux en présence de nos amis et familles respectives. Nous avons ajouté, aux formules traditionnelles, un passage des Écritures, Psaumes 34.2-3, qui est gravé à l'intérieur de nos alliances.

> *Oui, en tout temps, je remercierai l'Éternel*
> *et à jamais, mes lèvres te loueront.*
> *Mon sujet de fierté, c'est l'Éternel !*
> *Que les humbles l'entendent et qu'ils se réjouissent !*

L'échange des vœux fut un moment émouvant, et les mots magnifiques de ce texte le rendirent encore plus intense. Nous nous lancions, ensemble, dans une vie de ministère, et nous étions impatients de proclamer le Sauveur au monde entier. Cependant, à l'époque, nous avions presque négligé les mots au cœur de ce passage. Le verset 3 définit ainsi le succès dans le ministère : « Que les humbles l'entendent et qu'ils se réjouissent. » Cette phrase n'avait aucun sens pour nous parce que, comme Kathy le dira plus tard : « À cet âge-là, la plus grande souffrance que nous ayons endurée était un ongle incarné. » Nous étions jeunes, et l'arrogance de la jeunesse n'imagine ni la douleur ni le tourment ! Nous étions loin de mesurer à quel point ces mots nous seraient indispensables pour aider les autres à comprendre et affronter leur affliction ; la nôtre aussi.

Au début de mon ministère pastoral, j'ai essayé de savoir pourquoi tant de gens s'opposaient à Dieu et le rejetaient. J'ai rapidement compris que la raison principale en était probablement la détresse et la souffrance. Comment un Dieu bon, un Dieu juste, un Dieu d'amour, permet-il autant de misère, de perversité, de douleur et d'angoisse ? Les doutes dans l'esprit peuvent grandir au même rythme que la peine. Lors de mes échanges avec des personnes dans la souffrance, je devais souvent répondre à des questions brûlantes sur l'existence de Dieu et la foi chrétienne. Il y a quelques années, une actrice hollywoodienne était interviewée suite au décès soudain de son amant dans un accident de voiture. Elle avait vécu des années sans penser à Dieu mais, tout de suite après cette tragédie, elle a déclaré : « Comment un Dieu d'amour a-t-il pu permettre ça ? » En un clin d'œil, elle est passée de l'indifférence envers Dieu à la colère contre lui[7]. C'est ce genre d'expérience qui a conduit de nombreux penseurs à adopter l'argument de Stendhal (Marie-Henri Beyle) : « Ce qui excuse Dieu, c'est que Dieu n'existe pas[8]. »

Mais en même temps, j'ai appris que beaucoup de gens *trouvaient* Dieu dans la détresse et la souffrance. L'adversité les pousse vers Dieu au lieu de les en éloigner. Les moments difficiles les réveillent de leur torpeur spirituelle autosuffisante, et les propulsent dans une réelle recherche du divin. La souffrance « plante le drapeau de la vérité dans la forteresse même de l'âme rebelle[9] ». Il serait excessif de prétendre que personne ne peut trouver Dieu sans souffrir ; même si c'est souvent vrai. Lorsque la douleur et la souffrance nous assaillent, nous prenons enfin conscience que non seulement nous ne contrôlons pas notre vie, mais que cela n'a jamais été le cas.

Au fil du temps, je me suis également rendu compte que l'adversité ne conduisait pas simplement les gens à croire en l'existence de Dieu. Elle amenait aussi les croyants à vivre une expérience plus profonde de la réalité de Dieu, de son amour et de sa grâce. La fournaise de la souffrance est souvent le moyen principal que Dieu utilise pour nous faire passer d'une connaissance abstraite de sa personne à une rencontre personnelle, vivante et réelle avec lui. C.S. Lewis le résume très bien : « Dieu murmure dans nos moments de joie, mais tonne dans nos souffrances[10]. » Les croyants comprennent intellectuellement bien des doctrines bibliques, mais ces vérités arrivent rarement jusqu'au cœur avant de passer par la déception, l'échec ou la perte. Comme me l'a dit un homme sur le point de perdre son travail et sa famille : « En principe, j'ai toujours su que "Jésus était tout ce dont j'avais besoin" pour m'en sortir. Mais on ne sait pas vraiment que Jésus est tout ce dont on a besoin, tant qu'il n'est pas tout ce que l'on a. »

Enfin, à mesure que ma compréhension de la Bible augmentait, j'ai réalisé que la souffrance en était l'un de ses thèmes principaux. Le livre de la Genèse s'ouvre sur le récit de l'origine du mal et de la mort dans le monde. Le livre de l'Exode raconte les 40 ans d'Israël dans le désert, une période d'épreuves et de difficultés intenses. La littérature dite « de sagesse », dans l'Ancien Testament, est en grande partie dédiée au problème de la souffrance. Les Psaumes offrent une prière pour toute situation de vie. Ils sont remplis de cris de douleur et de questions franches à Dieu quant à l'injustice et au caractère apparemment arbitraire de la souffrance. Au Psaume 44, l'auteur regarde son pays dévasté et crie : « Seigneur ! [...] Sors du sommeil [...] pourquoi te détournes-tu, pourquoi ignores-tu nos maux et nos détresses ? » (Psaumes 44.24-25). Les livres de Job et de l'Ecclésiaste sont presque entièrement consacrés à une réflexion profonde sur l'injustice de la souffrance et sur l'inutilité de la vie. Sur un ton acerbe, les prophètes Jérémie et Habacuc expriment la plainte populaire selon laquelle l'histoire est régie par le mal. Des épîtres du Nouveau Testament, comme Hébreux et 1 Pierre, sont presque entièrement consacrés à aider ceux qui vivaient alors dans la détresse et la persécution. Pour couronner le tout, la figure centrale de l'ensemble des Écritures, Jé sus-Christ, est un homme de douleur. La Bible parle donc autant de la souffrance que de tout autre sujet.

Kathy et moi avons aussi dû affronter nos propres souffrances. En 2002, un médecin m'a diagnostiqué un cancer de la thyroïde, et j'ai subi une opération et des traitements. Presque en même temps, la maladie de Crohn de Kathy a atteint un stade aigu. Pendant plusieurs années elle a dû subir de nombreuses interventions chirurgicales, jusqu'à sept en douze mois. À un moment donné, j'ai même envisagé avec angoisse de quitter le ministère pastoral à cause de la maladie chronique de ma femme. Ce fut la période la plus sombre de notre vie. Nous savons avec certitude, d'après les Écritures et notre expérience, que bien d'autres périodes sombres nous attendent. Mais aussi des joies inimaginables aujourd'hui.

Avec le recul, Kathy et moi avons compris pourquoi les gens croient *ou* ne croient pas en Dieu, pourquoi leur caractère empire *ou* s'améliore, pourquoi Dieu devient moins réel *ou* plus réel : c'est à cause de la souffrance. Lorsque nous avons étudié la Bible, nous avons découvert que son thème principal était la façon dont Dieu procurait la plénitude de la joie, non pas malgré mais *à travers* la souffrance. Tout comme Jésus nous a sauvés, non pas malgré mais *grâce à* ce qu'il a enduré sur la croix. Il existe donc une joie particulière, riche et poignante, qui semble ne venir à nous qu'au travers de la souffrance.

Ce livre contient ce que nous avons appris de nos années de ministère auprès des affligés. Simone Weil écrit que la souffrance nous fait croire que « Dieu est absent ». Elle a raison. Cependant, au Psaume 34, David réplique que, même si Dieu semble être absent, cela ne veut pas dire qu'il l'est vraiment. Il repense à une époque où il était en danger de mort et où tout semblait perdu et conclut : « Car l'Éternel est proche de ceux qui ont le cœur brisé. Il sauve ceux qui ont un esprit abattu » (v. 19).

J'ai écrit ce livre car notre expérience nous a montré que c'était vrai.

La fournaise ardente et le plan du livre

Ce livre est-il destiné à ceux qui souffrent ? Oui, mais permettez-moi une mise au point. Nous souffrons ou souffrirons tous. Mais nous ne sommes pas tous, en ce moment, en proie à une souffrance intense. Ceux qui y échappent aujourd'hui, mais qui sont témoins de celles des autres, auront un tas de questions d'ordre philosophique, social, psychologique et moral. En revanche, ceux qui souffrent *actuellement* ne peuvent pas en faire un sujet philosophique. Il n'est pas facile de traiter dans un même livre, des luttes de ceux qui souffrent et des questions des autres. L'affligé peut bien s'écrier à l'aide d'une question philosophique : « Pourquoi permets-tu de telles choses, Seigneur ? », sa vraie préoccupation reste sa survie. Comment survivre à la souffrance ? Comment la traverser sans perdre le meilleur de soi ? Il serait cruel de s'adresser de manière détachée et philosophique à quelqu'un qui souffre. Pourtant, l'expérience de la douleur pousse presque inévitablement à se poser des « questions importantes » sur Dieu et la nature des choses.

À la lecture d'ouvrages sur le mal et la souffrance, il apparaît clairement que la plupart traitent le sujet sous un même angle. Beaucoup partent d'une perspective philosophique ; ils soupèsent le « problème du mal », et se demandent s'il rend l'existence de Dieu plus ou moins vraisemblable et le christianisme plus ou moins plausible. D'autres privilégient une approche théologique ; ils rassemblent et décortiquent tous les thèmes bibliques concernant la douleur et la souffrance. Enfin, une bonne partie de ces ouvrages abordent le sujet d'un point de vue dévotionnel ; ils proposent une série de méditations conçues pour apporter un soulagement. Un nombre restreint d'articles et de livres optent quant à eux pour une approche historique et anthropologique ; ils analysent les solutions apportées par différentes cultures pour aider leurs membres à faire face aux difficultés et aux épreuves. Plus j'ai lu de livres, plus il est devenu évident que ces différentes perspectives s'éclairaient mutuellement et qu'un ouvrage limité à une seule d'entre elles laissait beaucoup trop de questions sans réponse.

Par conséquent, j'ai divisé ce livre en trois parties, chacune traitant le sujet à l'aide d'outils différents. Ce qui les unit, c'est l'image centrale de la souffrance semblable à une fournaise ardente. Cette métaphore biblique est riche de sens. Le feu est naturellement une image bien connue pour représenter les tourments et la douleur. La Bible identifie les épreuves et les difficultés à une marche « dans le feu » (Ésaïe 43.2) ou à une « fournaise de l'épreuve » (1 Pierre 4.12). Mais elle compare également la souffrance au « feu du creuset » (1 Pierre 1.6-7). La « fournaise » correspond à ce que nous appellerions une « forge ». Sa chaleur est telle, qu'elle devient naturellement un lieu extrêmement dangereux et puissant. Néanmoins, utilisée correctement, la fournaise n'est pas destructrice. Les objets qui y sont placés peuvent être façonnés, raffinés, purifiés et même embellis. Il s'agit d'un but remarquable de la souffrance : abordée et supportée avec foi, elle ne peut, à la fin, que nous rendre meilleurs, plus forts, avec une vie plus intense et joyeuse. La souffrance peut, en fait, retourner le mal contre lui-même. Elle peut en contrecarrer les fins destructrices et faire jaillir la lumière et la vie du sein même des ténèbres et de la mort.

Dans la première partie du livre, nous observerons la « fournaise » de l'extérieur : le phénomène de la souffrance humaine ainsi que la façon dont les différentes cultures, religions et périodes de l'histoire ont cherché à aider les individus à affronter la souffrance et à la traverser. Nous nous pencherons également sur le « problème du mal », question philosophique classique, et les réponses possibles. Cette première partie étant assez érudite, elle comprendra inévitablement des explications théoriques, essentielles pour avoir une vue d'ensemble. Cependant, pour être honnête, elle pourra sembler trop abstraite à une personne dans l'épreuve.

Dans la deuxième partie du livre, nous laisserons de côté les discussions théoriques pour récapituler tout ce que dit la Bible sur les caractéristiques de la souffrance. Cette section nous fera passer de la dimension philosophique à la sphère personnelle. Nous pourrions presque dire que la Bible, comme un parent avec son tout-petit, nous apprend à marcher, pas à pas. Elle nous appelle à passer au travers des afflictions d'un pas ferme. Pour ce faire, il nous faut comprendre son enseignement parfaitement équilibré, limpide, réaliste, plein d'une merveilleuse espérance sur ce sujet de la souffrance. Nous n'avons donc ni à fuir (éviter) la fournaise, ni à la dédaigner (en nier la réalité), ni à baisser les bras (désespérer).

Enfin, la troisième partie de l'ouvrage fournira des informations plus pratiques. La Bible ne considère pas la traversée de la « fournaise de l'affliction » comme un problème technique. La souffrance peut nous raffiner au lieu de nous détruire parce que Dieu lui-même marche avec nous au milieu des flammes. Mais comment marcher avec Dieu dans ces moments ? Comment nous tourner vers lui afin que la souffrance nous transforme pour le meilleur et non pour le pire ? Chaque chapitre fait l'objet d'une stratégie essentielle pour nous connecter à Dieu dans la fournaise de la douleur et de la souffrance. Il ne faut pas les lire comme des « étapes » individuelles à suivre dans l'ordre, mais plutôt comme des facettes ou des aspects d'une seule et même action, celle de connaître le Dieu qui dit : « Quand tu passeras par les eaux je serai avec toi, [...] quand tu marcheras dans le feu, il ne te fera pas de mal » (Ésaïe 43.2).

Si vous traversez des temps de malheur, votre souhait sera peut-être de lire les deuxième et troisième parties du livre en premier. Vous y trouverez un éventail d'idées étonnantes et fort variées pour vous aider à affronter la souffrance ; elles peuvent même parfois sembler se contredire. La Bible offre une approche riche et multidimensionnelle pour venir en aide aux affligés, et c'est là tout son génie. Elle reconnaît une grande diversité de formes, d'origines et de réponses à la détresse. Mais elle ne nous promet jamais de voir tous nos problèmes de souffrance résolus ni une « fin heureuse » dans cette vie. Afin de montrer les multiples réponses possibles à la souffrance, je clos de nombreux chapitres de mon livre par le témoignage réel et inspirant de personnes ayant traversé avec l'aide de Dieu différents temps de souffrance. Elles racontent à la première personne comment elles ont géré et traversé la fournaise avec Dieu. Chaque récit constitue un rappel à reconnaître la présence de Dieu même dans les jours les plus sombres ; surtout dans les jours les plus sombres.

Le troisième chapitre du livre de Daniel présente ce qui est sans doute la description la plus vive de la souffrance dans la Bible. Trois hommes de foi sont jetés dans une fournaise censée les tuer. Mais une mystérieuse personne apparaît à leurs côtés. Les témoins ébahis voient non pas trois, mais quatre personnes dans la fournaise, et l'une d'elles ressemble à « un fils des dieux ». Ils marchent dans la fournaise de la souffrance et ne sont pas consumés. Les lecteurs chrétiens du Nouveau Testament savent qu'il s'agissait du Fils de Dieu lui-même, celui qui, des siècles plus tard, allait affronter sa propre fournaise, infiniment plus douloureuse, en allant sur la croix. La notion de Dieu « marchant avec nous » s'en trouve considérablement élevée. En Jésus-Christ, nous constatons que, comme nous, Dieu fait réellement l'expérience de la douleur des flammes. Au sein de nos angoisses, il est vraiment Dieu *avec* nous, rempli d'amour et de compréhension.

Il s'est plongé dans notre fournaise afin que, lorsque nous nous trouvons au milieu des flammes, nous puissions nous tourner vers lui et savoir que nous ne serons pas consumés, mais que nous gagnerons en grandeur et en beauté. « Je serai avec toi, je bénirai tes troubles, et te sanctifierai dans tes détresses les plus profondes[11]. »

Première partie

Comprendre la fournaise

Chapitre 1

Les cultures de la souffrance

« À quoi bon ? » a demandé mon père sur son lit de mort.

S'entraîner à souffrir

La souffrance semble détruire tant de choses qui donnent un sens à la vie, qu'aller de l'avant peut même paraître impossible. Au cours des dernières semaines de sa vie, mon père a cumulé toute une série de maladies mortelles et douloureuses. Il souffrait d'une insuffisance cardiaque et de trois cancers différents, d'une inflammation de la vésicule biliaire, d'un emphysème et d'une sciatique aiguë. À un moment donné, il a confié à un ami : « À quoi bon ? » Il était trop malade pour faire ce qui donnait un sens à sa vie, alors, pourquoi se battre ? Lors de ses obsèques, son ami nous a confié comment il avait rappelé avec tact à mon père certains thèmes fondamentaux de la Bible. Si Dieu le gardait en vie, c'est qu'il avait encore des choses à accomplir dans la vie de ceux qui l'entouraient. Jésus a été patient lors de souffrances pires que les nôtres, nous pouvons donc être patients pour lui dans des souffrances moindres. Le ciel compenserait tout cela. Ces quelques mots, exprimés dans un esprit de compassion, ont ramené mon père aux principes chrétiens qui avaient été les siens pendant des années. Restauré, son esprit a repris du courage pour aborder ses derniers jours.

Nous examinerons plus tard en détail ces ressources chrétiennes. Pour le moment, le plus important est : d'apprendre à conserver un but à sa vie au sein d'une adversité douloureuse.

Un des plus grands services qu'une société peut rendre à ses membres est de les aider à affronter les tragédies. Le sociologue Max Scheler écrit : « Penseurs religieux et philosophes se sont également efforcés de donner aux hommes une interprétation de *la douleur et de la souffrance qui leur en révèle le sens universel.* » Scheler soutient que chaque société a choisi l'une ou l'autre version de ces enseignements afin de donner à ses membres les instructions indispensables permettant d'affronter la souffrance correctement et « autant de méthodes pour la recevoir et la subir[12] ». Des sociologues et des anthropologues ont analysé et comparé les différentes manières dont les cultures préparent leurs membres au deuil, à la douleur et à la perte. Les résultats montrent que, dans ce domaine, notre culture occidentale séculière est parmi les pires et les plus faibles de l'histoire.

Chaque être humain est guidé par une « contrainte intérieure qui le pousse à comprendre ce monde comme ayant du sens et à se positionner en conséquence[13] ». Cela vaut aussi pour la souffrance. L'anthropologue Richard Shweder a écrit : « Les êtres humains ont apparemment envie d'être édifiés par leurs malheurs[14]. » Le sociologue Peter Berger remarque que chaque culture fournit une « explication des événements humains qui donne un sens aux expériences de souffrance et du mal[15] ». Notez que Berger ne dit pas qu'on enseigne aux gens que la souffrance est bonne en soi ou qu'elle a un sens. (Certains, dans le passé, ont tenté cette approche, mais elle a souvent été qualifiée, à juste titre, de masochisme philosophique.) Berger entend plutôt que l'*expérience* de la souffrance n'a pas besoin d'être considérée comme un gâchis, et qu'elle peut être une manière utile, quoique douloureuse, de bien vivre sa vie.

En raison de cette profonde « contrainte intérieure », chaque société doit aider ses membres à affronter la souffrance, sous peine de risquer de perdre toute crédibilité. Lorsqu'aucune explication n'est donnée, que la souffrance est perçue comme absurde, inutile et inévitable, ses victimes peuvent développer une colère profonde et durable, une haine destructrice que Friedrich Nietzsche, Max Weber et d'autres ont appelées « *le ressentiment*[16] ». Ce ressentiment peut conduire à une forte instabilité sociale. Ainsi, pour emprunter au langage sociologique, chaque société doit proposer un « discours » dans lequel ses membres pourront trouver un sens à la souffrance. Il doit inclure une certaine compréhension des causes de la douleur ainsi que leurs réponses adéquates. Grâce à ce discours, une société peut préparer ses membres aux batailles liées au fait de vivre dans ce monde.

Cependant, toutes les sociétés ne sont pas égales dans ce domaine. Notre propre société occidentale moderne n'offre aucune explication à la souffrance et très peu de conseils quant à sa gestion. Tout de suite après la fusillade à l'école de Newtown (Connecticut) en décembre 2012, Maureen Dowd intitule son article dans le *New York Times* : « Dieu, pourquoi ça ? » Elle y cite la réponse d'un prêtre catholique à ce massacre[17].

Dès la publication de l'article, des centaines de réactions ont fusé. La plupart des contributeurs n'étaient pas d'accord mais, curieusement, les causes de ces désaccords variaient grandement. Les défenseurs de l'idée du karma prétendaient que les gens souffraient à cause de leurs fautes passées. D'autres se référaient à la thèse bouddhiste de la nature illusoire du monde matériel. D'autres encore validaient le point de vue des chrétiens traditionnels selon lequel le paradis est un lieu où nous serons réunis avec nos bien-aimés afin d'être consolés des souffrances subies sur cette terre. Certains argumentaient que la souffrance fortifie, faisant implicitement appel à la pensée stoïcienne et aux grands penseurs païens de l'ère classique des Grecs et des Romains. D'autres enfin ont ajouté que, puisque ce monde est tout ce que nous avons, tout recours à une consolation spirituelle affaiblirait la seule réponse correcte à la souffrance : agir pour en éradiquer les causes et ainsi améliorer le monde.

Ces réactions ont démontré que notre société ne nous a pas donné les outils nécessaires pour gérer les tragédies. Les commentateurs ont dû se tourner vers d'autres cultures et religions – hindouisme, bouddhisme, confucianisme, pensée de la Grèce antique et christianisme – pour affronter les moments difficiles. Notre société laisse les gens se débrouiller tout seul.

Il en résulte aujourd'hui que nous sommes plus choqués et détruits par la souffrance que ne l'ont été nos ancêtres. L'Europe médiévale voyait environ un enfant sur cinq mourir dans sa première année, et la moitié décédait avant l'âge de dix ans[18]. Une famille moyenne perdait la moitié de ses enfants dans leur jeune âge, et ils mouraient à la maison au vu et au su de tous. La vie de nos ancêtres était bien plus douloureuse que la nôtre. Pourtant, d'innombrables journaux et documents historiques révèlent que les rudes épreuves et le deuil troublaient bien moins nos aïeuls que nous. Un spécialiste de l'histoire ancienne du nord de l'Europe a observé que cela déconcertait les lecteurs contemporains lorsqu'ils constataient que les hommes du XIXe siècle étaient bien moins craintifs qu'eux devant la perte, la violence, la souffrance et la mort[19]. Selon un autre spécialiste, si nos ancêtres pouvaient nous voir aujourd'hui, ils seraient tout autant choqués par « notre mollesse, notre mondanité et notre timidité[20] ».

À cet égard, nous ne sommes pas seulement pires que les générations passées, mais également plus faibles qu'une bonne partie du reste du monde contemporain. Le docteur Paul Brand, chirurgien orthopédique et pionnier dans les traitements contre la lèpre, a passé la première partie de sa carrière médicale en Inde, avant de la terminer aux États-Unis. Il écrit : « Aux États-Unis [...] j'ai vu une société qui cherche à éviter la douleur à tout prix. Les patients vivent dans un confort tel que je n'en ai jamais vu auparavant et pourtant, ils semblent bien moins préparés à endurer la souffrance et bien plus traumatisés par ce qu'ils vivent[21]. » Pourquoi ?

Pour répondre brièvement, les autres cultures ont fourni des réponses variées à la question : « Quel est le but de la vie humaine ? » Certaines disent que l'objectif est de mener une vie morale afin d'échapper au cycle du karma et de la réincarnation, et être ainsi libéré dans le bonheur éternel. D'autres disent que nous devons tendre vers l'éveil spirituel ; il s'agit de reconnaître l'unicité de toute chose et de parvenir à la sérénité. D'autres encore préconisent une vie de vertu, d'intégrité et d'honneur. Certaines, enfin, enseignent que le but ultime de la vie est d'aller au paradis pour y vivre à jamais avec nos bien-aimés et avec Dieu. Leur point commun essentiel est le suivant : malgré son côté douloureux, la souffrance peut être un moyen important d'*accomplir* notre but dans la vie. Elle peut jouer un rôle central en nous poussant vers nos plus grands objectifs. Nous pouvons donc dire que la souffrance est un chapitre important de l'histoire de chacune de ces cultures.

Mais notre société occidentale est différente. Du point de vue matérialiste, ce monde physique est la seule chose qui existe. Le but de la vie est donc d'avoir la liberté de choisir la vie qui nous rende le plus heureux. Cependant, la souffrance ne peut avoir un sens avec cette vision-là, car elle provoque une coupure dans l'histoire de notre vie et ne peut donc avoir une signification. Il faut alors éviter la souffrance à tout prix ou la minimiser. Quand les Occidentaux sécularisés ne peuvent faire cela avec leur propre souffrance, ils sont forcés d'emprunter les ressources offertes par d'autres modes de pensée, comme le karma, le bouddhisme, le stoïcisme grec ou le christianisme, même si leurs croyances sur la nature de l'univers n'ont aucun lien avec elles.

Dans ces premiers chapitres, nous explorerons cette faiblesse du matérialisme moderne par rapport aux autres religions et cultures.

Édifiés par nos malheurs

Richard Shweder offre un bon survol des façons dont les cultures non occidentales contemporaines aident leurs membres à être « édifiés par le malheur ». Les sociétés traditionnelles perçoivent les causes de la souffrance dans des termes hautement spirituels, communautaires et moraux. Voici quatre interprétations de la souffrance utiles à de telles sociétés pour aider les victimes à répondre à la souffrance et au mal dont elles sont l'objet.

Les anthropologues nomment la première « moraliste » (sans notion péjorative). Certaines sociétés enseignent que la douleur et la souffrance proviennent de l'échec des gens à vivre correctement. Cette interprétation se décline en plusieurs versions. De nombreuses cultures croient que respecter l'ordre moral, Dieu ou les dieux, garantit une vie sans problèmes. Les circonstances négatives sont une « sonnette d'alarme » avertissant qu'il faut se repentir et changer sa manière de vivre. La doctrine du karma en est sans doute le meilleur exemple. Elle soutient que chaque âme se réincarne, encore et encore. Dans chaque vie, l'âme apporte avec elle ses actes passés et leurs conséquences, y compris la souffrance. Nos souffrances d'aujourd'hui sont probablement le paiement pour les méfaits de nos vies antérieures. Si notre vie actuelle est digne, courageuse et pleine d'amour, alors nos vies futures seront meilleures. En somme, personne n'échappe à son passé ; tout se paye. L'âme accède au bonheur divin de l'éternité que lorsqu'elle a payé pour tous ses péchés.

On appelle la deuxième interprétation l'autotranscendance[22]. Le bouddhisme enseigne que la souffrance ne vient pas d'actes passés, mais de désirs non satisfaits, issus de l'illusion que nous sommes des êtres individuels. À l'instar des stoïques de la Grèce antique, Bouddha enseignait que la solution à la souffrance était l'anéantissement des désirs par un changement de conscience. Il faut détacher son cœur de toute chose et personne transitoire et matérielle. L'objectif du bouddhisme est « d'expulser consciemment du centre de l'âme, la souffrance, la convoitise et la réalité[23] ». D'autres cultures atteignent cet état d'autotranscendance par une vie communautaire telle que les Occidentaux auraient beaucoup de mal à la comprendre. Dans ces sociétés, l'identité et le bien-être n'existent que par les progrès et la prospérité de sa famille ou de son peuple. Dans cette vision du monde, la souffrance est atténuée parce qu'elle ne peut toucher le vrai « moi ». Chacun vit à travers ses enfants et sa communauté[24].

Troisièmement, certaines cultures abordent la question de la souffrance par le biais du destin. On considère que les étoiles, la volonté des dieux ou des forces surnaturelles, sont responsables des aléas de la vie, ou alors qu'ils sont simplement, à l'exemple de l'Islam, la volonté impénétrable d'Allah. L'âme des gens sages et intègres accepte cet état de fait. Les cultures païennes antiques d'Europe du Nord croyaient qu'à la fin des temps, les dieux et les héros seraient tués par des géants et des monstres lors de la bataille tragique de Ragnarok. Dans ces sociétés, tenir ferme dignement face à une situation désespérée constituait la plus grande vertu. Cela garantissait une gloire durable transmise au travers des chants et des légendes. Les plus grands héros de ces cultures étaient forts et beaux, mais tristes à cause de leur funeste destin. De même, dans l'Islam, se soumettre sans broncher à la volonté mystérieuse d'Allah est l'une des exigences essentielles pour acquérir la vertu. Dans toutes ces cultures, la soumission à un destin divin difficile, sans plaintes ni compromis, est la plus grande vertu et souffrir prend donc tout son sens[25].

Quatrièmement, on trouve l'interprétation « dualiste » du monde. Pour ces religions et ces sociétés, le destin ou Dieu ne contrôlent pas le monde. Il est plutôt un champ de bataille entre les forces des ténèbres et celles de la lumière. L'injustice, le péché et la douleur existent à cause de puissances sataniques. Ceux qui souffrent sont les victimes collatérales de cette guerre. Max Weber le décrit ainsi: « Le principe du monde, malgré son lot de souffrances inévitables, est de purifier en permanence la lumière de la contamination des ténèbres. » Il ajoute que cette idée produit une « dynamique émotionnelle puissante »[26]. Ceux qui souffrent se considèrent comme des victimes de cette guerre contre le mal, mais gardent espoir parce qu'on leur dit que le bien triomphera un jour. Certaines conceptions très poussées, comme le zoroastrisme perse, enseignent qu'un sauveur viendra à la fin des temps pour instaurer une rénovation finale. D'autres formes de dualisme, plus modérées, comme certaines théories marxistes, prévoient également un avenir où les forces du bien vaincront celles du mal.

Au premier abord, ces quatre points de vue semblent se contredire. L'autotranscendance appelle ceux qui souffrent à penser différemment, le moralisme à vivre autrement, le fatalisme encourage à accueillir le destin avec noblesse, et le dualisme à placer son espérance dans un futur meilleur. Mais ils sont tout de même similaires. D'abord, chacun d'eux enseigne qu'il ne faut pas s'étonner de la souffrance ; elle fait partie intégrante de l'existence humaine. Ensuite, la souffrance permet de s'élever et d'avancer vers le but principal de la vie, qu'il s'agisse de croissance spirituelle, de maîtrise de soi, d'honneur conquis, ou de progression des forces du bien. Enfin, il est de la responsabilité de chacun de s'élever dans la souffrance. Il appartient à celui qui souffre de se positionner correctement vis-à-vis de la réalité spirituelle.

Ainsi, les cultures communautaires proclament : « Je dois mourir – mais mes enfants et les enfants de mes enfants vivront indéfiniment[27]. » Les bouddhistes enseignent : « Je dois mourir – mais la mort est une illusion – je ferai tout autant partie de l'univers dans la mort que dans la vie. » Les adeptes du karma diront : « Je dois souffrir et mourir – mais si je le fais de manière noble, j'aurai ensuite une meilleure vie et, un jour, je serai complètement libéré de la souffrance. » Dans chaque cas, la souffrance établit une responsabilité et offre une opportunité. Il ne faut pas gaspiller ses larmes. Tous ces points de vue anciens et divers, bien qu'ils prennent la souffrance au sérieux, la voient comme le vecteur d'un plus grand bien. Comme le dit le père de Rosalind, le vieux duc, dans *Comme il vous plaira* de Shakespeare :

> On peut retirer de doux fruits de l'adversité ; telle que le crapaud horrible et venimeux, elle porte cependant dans sa tête un précieux joyau.
>
> Acte II, Scène I.

Ces cultures traditionnelles considèrent que la vie est remplie de souffrances inévitables. Elles conseillent à leurs membres de faire un travail *intérieur*. Elles prônent des formes variées de confession et de purification, de croissance spirituelle et d'affermissement, de fidélité à la vérité et l'établissement de bonnes relations envers soi, les autres et le divin. La souffrance est un défi qui, abordé correctement, peut déboucher sur un bien immense, une sagesse, une gloire et même une douceur dans la vie actuelle, ainsi que sur un réconfort éternel dans l'au-delà. Ceux qui souffrent sont encouragés à espérer un bel avenir sur terre, un bonheur spirituel éternel et une unité avec le divin, une spiritualité et une paix éternelles, ou la faveur de Dieu et l'unité avec ses bien-aimés au paradis.

Voici un schéma récapitulatif des différentes interprétations de la souffrance :

	Moraliste	**Autotranscendant**	**Fataliste**	**Dualiste**
Cause	Mauvaises actions	Illusion	Destin	Conflits cosmiques
Réponse	Bonnes actions	Détachement	Endurance	Fidélité purifiée
Résolution	Bonheur éternel	Éveil spirituel	Gloire et honneur	Triomphe de la lumière

Perturbés par nos misères

Après avoir étudié ces différentes cultures traditionnelles, Shweder fait remarquer que la culture occidentale aborde la souffrance de manière diamétralement opposée. La science occidentale considère que l'univers est « naturaliste ». Quand d'autres cultures voient le monde comme un mélange de matière et d'esprit, la pensée occidentale ne distingue que des forces matérielles dénuées de tout « but ». Ni le péché, ni une bataille cosmique, ni une force surnaturelle ne déterminent notre destin. Pour la société occidentale, la souffrance est un simple accident. « [De ce point de vue] la souffrance, bien que réelle, est en dehors du domaine du bien et du mal[28]. » Richard Dawkins offre une explicitation limpide du point de vue matérialiste sur le mal et la souffrance, dans son livre *Qu'est-ce que l'évolution ? Le fleuve de la vie* :

> La seule pensée de la quantité de souffrance annuelle dans la nature ne peut que vous laisser hébété [...] Dans un Univers où les acteurs sont des forces physiques aveugles et la réplication génétique, certains vont souffrir, d'autres auront de la chance, et il n'y aura ni rime, ni raison à cela, ni aucune justice [...] L'Univers que nous observons a exactement les propriétés auxquelles on peut s'attendre s'il n'y a, à l'origine, ni plan, ni finalité, ni mal, ni bien, rien que de l'indifférence aveugle et sans pitié[29].

Cette vision s'écarte radicalement de toute autre vision culturelle de la souffrance, où chacune lui attribue un but : punition, épreuve ou opportunité. Mais selon Dawkins, la lutte féroce contre la souffrance vient de ce que les gens ne veulent pas accepter qu'elle n'a *aucun* but. Elle est vide de sens, ni bien ni mal, parce que ces notions sont aussi vides de sens que notre univers. « Les hommes sont obsédés par la finalité des choses », écrit-il. « Montrez-nous n'importe quel objet, n'importe quel processus, n'importe quel phénomène, et il nous sera difficile de résister à la question du "pourquoi" [...] Mais ce n'est qu'une forme extrême d'une illusion quasiment universelle [...] Mais, lorsque la tragédie frappe [...] l'ancienne tentation revient pour se venger [...] "Pourquoi, oh, pourquoi ce cancer / ce tremblement de terre / cet ouragan qui a frappé *mon* enfant ?" » Mais Dawkins affirme que cette angoisse survient parce que « nous ne pouvons pas admettre que les choses puissent être ni bonnes ni mauvaises, ni cruelles ni amicales, mais simplement insensibles – indifférentes à toute souffrance et sans aucune finalité [...] A.E. Housman, poète malheureux, l'exprime ainsi : "Car la Nature, nature sans cœur, sans esprit, ne sait, ni n'a cure." L'ADN ne sait, ni n'a cure. L'ADN existe, simplement. Et nous dansons sur cette musique[30] ».

En somme, la souffrance n'a aucun sens. Ce n'est qu'un affreux contretemps. Pour Dawkins, la vie est « vide, inutile, futile, un désert d'inanité dépourvu de sens ». Confrontés à la souffrance, nous faisons preuve d'« infantilisme[31] » en cherchant des ressources spirituelles afin de trouver un but ou un sens à la vie.

Shweder réplique que des exhortations comme celles de Dawkins sont erronées et impossibles à accomplir. « Vouloir rendre la souffrance intelligible, dit-il, est une des particularités qui *donne de la dignité* à notre espèce[32]. » Quand nous souffrons, à la différence des animaux, nous ne nous contentons pas de pousser un cri perçant et de fuir. Nous cherchons à trouver un sens à notre douleur et ainsi à la transcender, au lieu de nous voir comme les rouages impuissants d'une machine infernale. Cette quête de sens dans la souffrance nous confère de la dignité et reste aussi gravée en nous. Peter Berger et tous ceux qui étudient la culture humaine maintiennent que Dawkins demande l'impossible. Privé de sens, nous mourons.

Dawkins poursuit comme si cela allait de soi : « La façon vraiment adulte de voir les choses, au contraire [...] c'est de se dire que notre vie est aussi pleine de sens, riche et merveilleuse que nous décidons de la faire[33]. » En d'autres termes, chacun doit créer son propre sens. *À vous* de décider quel genre de vie vous convient le mieux, puis cherchez à le créer[34].

Cependant, tout sens que l'on invente doit forcément se trouver dans les limites de ce monde et de cette vie. Voici où cette approche et cette compréhension de la souffrance sont si éloignées des autres. Si vous acceptez l'hypothèse séculière d'un univers uniquement matériel, alors ce qui donne un sens à votre vie sera forcément des biens terrestres ou des éléments de ce monde, tels que la sécurité, le confort et le plaisir. Mais la souffrance bloque inévitablement l'accès à ces plaisirs de la vie. Soit elle les détruit, soit elle les compromet fortement. Comme le dit le docteur Brand dans le dernier chapitre de son livre *The Gift of Pain* [Le don de la douleur], c'est parce que le sens de leur vie est la poursuite du plaisir et de la liberté individuelle que la souffrance traumatise autant les Américains.

Toutes les autres cultures placent le but ultime d'une vie ailleurs que dans le bonheur et le confort individuels. Il peut s'agir de vertu morale, d'éveil spirituel, d'honneur ou d'engagement envers une vérité. La personne peut soit chercher à être honorable, respectée par ses enfants et sa communauté, servir une cause noble, favoriser un mouvement, ou obtenir le paradis ou l'éveil spirituel. Dans ces approches culturelles, la souffrance est un excellent moyen d'avoir une bonne fin à son histoire. Ces « sens de la vie » peuvent s'obtenir malgré la souffrance, mais aussi *grâce à* elle. Toutes ces sociétés considèrent que la souffrance et le mal n'ont pas à triompher. Affrontée avec patience, sagesse et courage, la souffrance peut en fait accélérer la marche vers la destination souhaitée. Elle peut devenir un chapitre important de l'histoire de notre vie et une étape cruciale pour accomplir nos désirs les plus grands. D'un point de vue strictement matérialiste, ce chapitre n'est que perturbateur. En effet, la souffrance ne peut pas vous montrer la voie, elle ne peut que vous empêcher d'accéder aux choses que vous désirez le plus ; bref, elle gagne toujours.

Pour Shweder, la société contemporaine et séculière interprète la souffrance qui survient « comme un revers de fortune. Celui qui souffre est victime d'attaques de forces naturelles sans caractère intentionnel ». Cela signifie que « la souffrance est [...] distincte du cours de la vie [...] une sorte de "bruit", une interférence accidentelle dans le scénario de celui qui souffre [...] La souffrance n'est en rien liée à une quelconque trame de la vie, sauf en tant que perturbation chaotique[35] ». Les cultures plus anciennes (et les cultures non occidentales contemporaines) ont toujours considéré la souffrance comme faisant partie d'une vie normale, comme un moyen indispensable de vivre une vie de qualité, et de grandir en tant que personne et dans son âme. Par contre, le sens de la vie en Occident repose sur la liberté individuelle. Rien n'est plus important que le droit et la liberté de choisir pour vous ce que *vous* pensez être bon. Les institutions culturelles sont censées être neutres et « sans valeurs » ; sans le droit de dire aux gens comment vivre, mis à part celui de s'assurer que chacun soit libre de vivre selon ce qu'il ou elle juge satisfaisant et épanouissant. Or, si l'objectif d'une vie est d'être libre et heureux, alors la souffrance ne « sert » à rien. Dans cette optique, il faut l'éviter à tout prix ou, si on ne le peut pas, gérer et minimiser autant que possible les émotions liées à la douleur et à l'inconfort.

Victimes de nos misères

Dans cette vision on ôte à celui qui souffre sa part de responsabilité dans sa manière de répondre à la souffrance. Shweder dit que derrière la métaphore de l'accident ou du hasard se cache le fait de « gérer la souffrance grâce à l'intervention [...] d'agents qui possèdent un savoir-faire ou une formation spécifique à notre problème[36] ». Les cultures traditionnelles estiment que dans les temps sombres celui qui souffre en a l'entière responsabilité. Il est appelé à « faire un travail sur lui-même », dans le but d'apprendre la patience, la sagesse et la fidélité. Cependant, la culture contemporaine ne voit la souffrance ni comme une opportunité ni comme une épreuve, encore moins comme un châtiment. Puisque ceux qui souffrent sont les victimes d'un univers indifférent, ils sont renvoyés à des experts, médecins, psychologues, sociologues ou services sociaux, chargés de les aider à soulager leur douleur en écartant si possible toute source de stress.

Notre société a plongé dans la confusion en faisant de la souffrance le domaine réservé des spécialistes. Chaque corps d'experts a sa propre idée de la marche à suivre pour les personnes dans la souffrance. Diplômé de psychothérapie et d'anthropologie, James Davies est bien placé pour en parler. Il écrit : « Au cours du XXe siècle, la majorité de nos contemporains s'est trouvée dans une confusion croissante quant aux raisons de leur souffrance émotionnelle. » Il énumère « la psychiatrie biomédicale, les études psychiatriques, la génétique, l'économie moderne », pour expliquer ceci : « Puisque chaque spécialité est fondée sur ses propres hypothèses et poursuit ses propres objectifs par le biais de ses propres méthodes, elles ont largement contribué à réduire la souffrance humaine à une cause prédominante (par exemple biologique, un manque de connaissances, un intérêt personnel contrarié)[37]. » Comme le veut l'expression, si vous êtes expert en marteaux, tous les problèmes ressemblent à un clou. Il en résulte de l'incompréhension. Le modèle séculier place ceux qui souffrent dans les mains des professionnels, mais la spécialisation et le réductionnisme de chaque catégorie d'experts laissent les gens perplexes.

Les conclusions de Davies appuient l'analyse de Shweder. Il explique comment le modèle séculier encourage les psychothérapeutes à « décontextualiser » la souffrance ; ils ne la considèrent pas comme une composante de l'histoire d'un individu et prennent ainsi le contre-pied des cultures anciennes. Davies renvoie à l'interview du docteur Robert Spitzer, diffusée en 2007 par la BBC. Spitzer est psychiatre et encadre le groupe de travail qui rédige en 1980 le DSM-III (troisième édition du Manuel de diagnostic et de statistique des troubles mentaux) de l'Association américaine de psychiatrie. Le but du DSM-III est d'uniformiser davantage les diagnostics psychiatriques. Lors de cette interview, 25 ans plus tard, Spitzer reconnaît que, rétrospectivement, il croit que son équipe a rangé à tort de nombreuses expériences humaines normales, telles que le deuil, la tristesse et l'anxiété, dans la catégorie des troubles mentaux. À la question : « Vous avez donc médicalisé une bonne partie de la tristesse humaine ? », Spitzer répond : « Je pense que nous l'avons fait dans une certaine mesure [...] Nous ne connaissons pas l'ampleur du problème [...] vingt pour cent, trente pour cent [...] mais il est considérable[38]. »

Davies explique ensuite comment la DSM s'est intéressée presque exclusivement aux symptômes :

Ils n'avaient pas envie de comprendre la vie du patient ou les raisons de sa souffrance. S'il était vraiment triste, anxieux ou malheureux, on partait du principe qu'il souffrait d'un désordre quelconque qui devait être soigné. Il ne pouvait s'agir d'une réaction humaine naturelle et normale devant certaines conditions de vie qui avaient besoin d'être changées[39].

Les auteurs antiques considéraient que la souffrance était le symptôme d'un conflit entre les univers intérieur et extérieur d'un individu. Elle était le signal que son comportement et sa manière de penser avaient peut-être besoin d'être changés, et/ou que certains aspects de son environnement devaient être modifiés. L'accent n'était pas mis sur l'impression de mal-être et la douleur, mais sur ce que ces éléments révélaient de sa vie et des solutions à mettre en œuvre. Bien sûr, pour une telle analyse il faut des critères moraux et spirituels, ainsi que des jugements de valeur. Les experts formés dans des institutions culturelles laïques ont du mal à entrer dans un tel débat. L'attention est donc souvent portée sur les symptômes de la douleur émotionnelle et du mécontentement, plutôt que sur l'histoire personnelle. On attend des experts qu'ils réduisent la douleur par des méthodes scientifiques variées. L'histoire du patient n'est pas prise en compte. Davies conclut :

> L'influence grandissante de la DSM est l'un des facteurs qui ont propagé dans notre culture l'idée pernicieuse selon laquelle une bonne partie de nos souffrances quotidiennes est une contrainte préjudiciable qui doit être éliminée dès que possible. Cette croyance nous piège chaque jour davantage dans une vision du monde qui fait de toute souffrance une force négative[40].

Scandalisés par nos misères

Du point de vue matérialiste, la souffrance n'est jamais un élément significatif mais uniquement une entrave à la vie. Dès lors, la détresse et la douleur ne peuvent être traitées que de deux manières. La première est de les gérer et de les atténuer. Depuis les années 80, la plupart des services d'aides spécialisées ne parlent plus de détresse, mais de stress. Ils n'encouragent plus les gens à supporter les difficultés avec patience, mais emploient un vocabulaire emprunté aux entreprises, à la psychologie et à la médecine pour les aider à gérer, réduire et surmonter le stress, les tensions ou les traumatismes. Ils conseillent d'éviter les pensées négatives et de se ménager grâce à du temps libre, de l'exercice physique et des personnes de soutien. Ils se concentrent entièrement sur le fait de maîtriser ses réactions.

La seconde méthode consiste à rechercher la cause de la douleur et à l'éliminer. D'autres cultures considèrent que la souffrance est une composante inévitable de la vie, liée à des forces invisibles, comme le caractère illusoire de la vie ou le conflit entre le bien et le mal. Mais notre culture moderne ne croit pas à des forces spirituelles invisibles. La souffrance a toujours une origine matérielle et cela permet donc en théorie de la « soigner ». Elle est souvent le résultat d'un mauvais contexte économique ou social, de politiques publiques injustes, de la désintégration de la cellule familiale ou, plus simplement, d'individus malfaisants. La réaction adaptée est de s'en indigner, de s'opposer aux gêneurs, et d'agir pour changer la conjoncture. (Ce n'est d'ailleurs pas incongru. La Bible a beaucoup à dire sur la justice à rendre aux opprimés.)

Dans les cultures antiques, la souffrance au travers de l'introspection permettait d'être édifié, alors que chez les Occidentaux elle déclenche souvent de la révolte. Ils cherchent alors à modifier les éléments extérieurs pour ne plus jamais souffrir. C.S. Lewis saisit mieux que quiconque la différence entre ces deux cultures quand il écrit : « Pour les sages d'autrefois, le problème essentiel était de mettre l'âme en conformité avec la réalité, et les moyens d'y parvenir étaient principalement la connaissance, l'autodiscipline et la vertu. Pour… [la modernité] le problème principal est de soumettre la réalité aux désirs humains ; et la solution est une technique[41]… » Dans son excellent ouvrage *L'âge séculier*, le philosophe Charles Taylor explique que le monde occidental a amorcé un « virage anthropocentrique », pour grimper la pente de la pensée séculière. Alors, le « sentiment de la présence ordonnatrice de Dieu commence à s'affaiblir. L'idée commence à s'imposer que nous pouvons soutenir l'ordre [du monde] par nous-mêmes ». Le plus grand objectif de la société occidentale est donc « de prévenir la souffrance[42] ».

Ainsi, on ne dira jamais à un affligé occidental qu'il doit d'abord soit s'adapter intérieurement, soit apprendre, soit grandir. Comme le souligne Shweder, non seulement on n'impute pratiquement jamais de responsabilité morale à ceux qui souffrent, mais y faire allusion reviendrait à « accuser la victime », l'une des principales hérésies de notre société occidentale. Seuls les experts offrent les réponses à la souffrance par un traitement psychologique ou de la douleur, un suivi médical ou un ajustement de la législation et des politiques publiques.

Le *Boston Review* a interrogé Larissa MacFarquhar sur ses recherches et écrits au sujet de personnes « très altruistes » qui font preuve de grands sacrifices pour le bien des autres. Beaucoup d'entre elles étaient croyantes, bien entendu, alors que MacFarquhar, journaliste pour le *New Yorker*, n'avait pas été élevée dans la foi et n'en professait aucune. Au cours de l'entretien, le journaliste lui a demandé son opinion sur ces personnes. Elle a répondu avec honnêteté et discernement, évoquant « une différence entre les gens religieux [...] et séculiers, qui donnait à réfléchir ». Elle confie :

> Je [...] pense qu'il y a, dans beaucoup de traditions religieuses, une plus grande acceptation de la souffrance comme faisant partie intégrante de la vie. Elle n'est pas nécessairement perçue comme une chose horrible car elle peut vous aider à devenir quelqu'un de plus complet. Alors que, du moins dans mon expérience limitée, les pragmatistes séculiers détestent la souffrance. Ils n'y voient rien de bon, ils cherchent à l'éliminer, et ils se sentent responsables de le faire.

Elle note aussi que le monde athée ne possède aucune croyance en un Dieu qui va un jour arranger les choses. Pour les croyants, « Dieu contrôle tout et son amour aidera le monde à s'en sortir. À l'inverse, pour les non-croyants, tout repose sur leurs épaules. Ils sont livrés à eux-mêmes. C'est pourquoi je pense que la souffrance est, pour les non-croyants, une raison supplémentaire de ressentir l'urgence et le désespoir[43]. »

Le christianisme parmi les cultures

Voici une façon schématique de placer la doctrine matérialiste comme cinquième culture de la souffrance :

	Moraliste	Autotranscendant	Fataliste	Dualiste	Matérialiste
Cause	Mauvaises actions	Illusion	Destin	Conflits cosmiques	Hasard
Réponse	Bonnes actions	Détachement	Endurance	Fidélité purifiée	Technique
Résolution	Bonheur éternel	Éveil spirituel	Gloire et honneur	Triomphe de la lumière	Société meilleure

Qu'en est-il du christianisme ? Dans son article « Le sens de la souffrance », le philosophe allemand Max Scheler constate le caractère unique de l'approche chrétienne. Il écrit : « La doctrine chrétienne apparaît comme une inversion absolue du comportement humain en face de la souffrance » lorsqu'on la compare aux interprétations qu'en font les autres cultures et systèmes religieux[44].

« Dans le christianisme, il n'y a plus rien de cette arrogance antique, ni de cette fierté de l'homme qui se fait gloire de sa souffrance, parce que l'intensité de celle-ci lui permet d'éprouver sa propre force et d'en faire montre aux yeux d'autrui », contrairement à la vision fataliste si répandue dans les cultures basées sur la honte et l'honneur. Au lieu de l'endurance stoïque face à la détresse, « le cri si longtemps contenu de la créature qui souffre retentit à nouveau dans l'univers, libre et âpre » y compris à la croix[45]. Les chrétiens sont autorisés, voire encouragés, à exprimer leur peine par des cris et des questions.

Contrairement aux bouddhistes, les chrétiens croient que la souffrance est réelle, elle n'est pas une illusion. « Dès lors, fini tout sophisme. La douleur est douleur, elle est malheur ; le plaisir est plaisir ; la positive sérénité n'est pas seulement la "paix" [...] [qui] pour Bouddha [...] est le Bien des biens. Le christianisme ne restreint en rien la sensibilité, mais travaille l'âme pour qu'elle supporte pleinement la souffrance[46]. » Nous l'observons chez Jésus lorsqu'il dit dans le jardin de Gethsémané : « Je suis accablé de tristesse, à en mourir » (Marc 14.34). Il transpire d'une angoisse telle que des gouttes de sang s'écrasent au sol alors qu'il prie (Luc 22.44). Il est tout sauf paisible. Il n'éloigne pas son cœur des bonnes choses de la vie afin d'acquérir le calme intérieur, mais déclare plutôt à son Père : « Cependant, qu'il arrive non pas ce que moi, je veux, mais ce que toi, tu veux » (Marc 14.36).

À l'opposé de ceux qui croient au karma, les chrétiens croient que la souffrance est souvent injuste et démesurée. La vie est injuste, tout simplement. Les gens qui vivent bien ne sont pas nécessairement ceux qui agissent bien. Selon Scheler, le christianisme rend justice à la gravité et au désagrément de la souffrance en la reconnaissant, contrairement à la doctrine du karma qui prétend que toute souffrance est méritée. Bien sûr le livre de Job est le premier à l'exposer clairement. Dieu condamne les amis de Job pour avoir soutenu que sa douleur et sa souffrance provenaient d'un échec moral.

Nous l'observons surtout chez Jésus. Si quelqu'un méritait une vie agréable, conforme à l'excellence de son caractère et de son comportement, c'était bien lui. Mais il n'en a pas été ainsi. Comme le dit Scheler, toute la foi chrétienne est basée sur « le paradoxe [...] d'un homme innocent qui souffre pour les fautes commises par tous les autres hommes [...] La souffrance acquiert, par la qualité divine de celui qui souffre, une nouvelle et merveilleuse noblesse ». À la lumière de la croix, la souffrance devient « une purification, et non une punition »[47].

Contrairement au dualisme (et dans une certaine mesure, au moralisme), le christianisme ne considère pas que la souffrance est un moyen de payer notre dette due au péché grâce à la qualité de notre résistance à la douleur. Le christianisme n'enseigne pas que « le fait de s'infliger volontairement douleurs et souffrances dans l'ascèse puisse nous affranchir de la chair et nous rapprocher de Dieu [...] La conception qui veut que le fait de souffrir, de par sa nature, puisse rapprocher de Dieu, est infiniment plus hellénique et néo-platonicienne que chrétienne[48] ». En outre, le dualisme divise le monde en bons et méchants. La souffrance y joue un rôle de badge de vertu, de marque de supériorité morale, qui lui donne le droit de vouer à l'enfer ceux qui vous ont nui. A contrario, les chrétiens sont convaincus que, comme le dit

Alexandre Soljenitsyne, « la frontière entre le bien et le mal passe dans le cœur de chaque homme[49] ».

La compréhension chrétienne de la souffrance est dominée par l'idée de la grâce. En Christ, nous recevons pardon et amour, et nous sommes adoptés dans la famille de Dieu. Nous ne méritons aucun de ces bienfaits. Ils nous permettent de supporter la souffrance, mais aussi d'être libérés de la tentation de ressentir de la fierté à cause de nos souffrances. Scheler écrit : « Ce n'est pas tant la perspective flamboyante d'un au-delà bienheureux, que l'expérience du bonheur de vivre de la grâce de Dieu au sein même de l'agonie, qui a libéré des forces miraculeuses chez les martyrs. » Certes ces joies rendent la souffrance plus supportable, mais au plus profond de la tristesse elles peuvent même croître. « La doctrine chrétienne de la souffrance dépasse le fait de la tolérer patiemment [...] La douleur et la souffrance amènent notre vision spirituelle à se focaliser sur les bienfaits spirituels au cœur de [...] la rédemption de Christ[50]. »

En fin de compte, comment comparer les conseils donnés aux chrétiens qui souffrent à ceux prodigués par la société séculière ? Nous examinerons cette question importante ultérieurement, mais nous pouvons la résumer ainsi. Contrairement au fatalisme, le christianisme enseigne que la souffrance terrasse ; à l'inverse du bouddhisme, la souffrance est réelle ; en opposition à la loi du karma, la souffrance est souvent injuste ; mais, contrairement au système matérialiste, la souffrance a un sens. Elle a un but et, si nous l'affrontons correctement, elle peut nous enraciner profondément dans l'amour de Dieu, ainsi que dans une stabilité et une puissance spirituelle inimaginables. Le bouddhisme dit d'accepter la souffrance, le karma de l'expier, le fatalisme de l'endurer de manière héroïque, le matérialisme de l'éviter ou de nous en occuper. D'un point de vue chrétien, toutes ces cultures comportent une part de vérité. Ceux qui souffrent doivent, en effet, veiller à ne pas trop aimer les biens matériels. Oui, la Bible dit que la souffrance est, en général, le résultat d'un monde qui tourne le dos à Dieu. Il est également vrai que nous devons endurer la souffrance et ne pas la laisser nous écraser. La doctrine matérialiste a également raison, lorsqu'elle nous met en garde contre une acceptation aveugle de conditions et facteurs nuisibles qu'il faudrait changer. Les sociétés préséculières ont souvent été trop passives face à des circonstances et injustices qui auraient pu être changées.

Mais, comme expliqué précédemment, selon la vision chrétienne, toutes ces approches sont simplistes, réductrices, et par conséquent des demi-vérités. L'exemple de Jésus-Christ et de son œuvre rédemptrice incorpore tous ces points de vue dans un tout cohérent, jusqu'à les transcender. Scheler conclut son essai magistral en revenant à son affirmation que le christianisme est finalement un renversement de tous les autres points de vue.

> À l'homme antique… le monde extérieur paraissait gai et joyeux. Mais le *noyau* de ce monde, il le jugeait profondément triste et obscur. Derrière le brillant spectacle de ce monde, que l'on appelle l'heureuse antiquité, bâillent « Moira » et le « Hasard ». Pour le chrétien, le monde extérieur est obscur et sombre, mais le noyau de ce monde, plongé dans la nuit des douleurs, n'est tout entier que sérénité et enchantement[51].

Son propos s'accorde avec la plupart des cultures anciennes mais aussi particulièrement avec la vision matérialiste du monde. Richard Dawkins dit que le matérialisme voit une réalité suprême froide et indifférente, ainsi que l'extinction comme une fin inévitable. Les autres cultures considèrent elles aussi que la vie quotidienne est faite de plaisirs masquant les ombres et les illusions. Le christianisme voit les choses autrement. Au lieu de nous inviter à profiter des plaisirs de la vie en attendant les chagrins à venir, le christianisme habilite ses membres à vivre au milieu des chagrins de ce monde, tout en se réjouissant des joies à venir.

L'histoire vraie d'Emily :
la fin du conte de fées

Si vous m'aviez demandé, avant le mois de septembre, pour quoi j'étais reconnaissante, je vous aurais répondu que je l'étais pour ma famille, mon foyer, mon travail et Dieu ; pour un mari qui m'aimait et qui prenait soin de moi, pour mes quatre enfants (âgés de 14, 11, 9 et 5 ans) qui étaient heureux et en bonne santé, pour une maison que je n'aurais jamais imaginé avoir, pour une carrière qui me permettait de travailler chez moi, d'utiliser mon cerveau et de contribuer utilement à la société et à mes clients, et pour un Dieu qui avait mis tout cela à ma disposition, indépendamment de mes mérites.

En septembre, sans signe avant-coureur, mon mari nous a quittés, nos quatre enfants et moi, pour une femme qui a également abandonné son mari et ses deux enfants. Il s'agissait d'amis proches ; nous étions partis trois fois en vacances avec eux. Je leur faisais confiance.

J'étais morte intérieurement. Je n'arrivais pas à y croire. Mon mari chrétien, qui avait assuré à nos enfants que, même si les autres divorçaient, ce ne serait jamais le cas chez nous. Nous avions conclu une alliance, une promesse envers Dieu et l'un envers l'autre : peu importe ce qui arriverait, nous serions toujours là l'un pour l'autre et pour nos enfants. J'ai pleuré, je l'ai supplié de ne pas partir, de trouver une solution ensemble. Mais non, il partait.

Je lui ai demandé ce qu'il allait dire aux enfants. Il n'en savait rien. Je lui ai dit : « Tu ne peux pas partir sans leur parler. » Je pensais qu'il serait touché, incapable de regarder ses précieux enfants pour leur dire qu'il partait… mais ça ne l'a pas gêné. Il les a sortis de leur lit, les a réunis et leur a dit qu'il s'en allait. Ils ne comprenaient pas… « C'est pour le travail ? Quand est-ce que tu reviens ? » « Non, les enfants, je pars pour toujours ; je ne reviendrai pas. » Et il est sorti. Nous étions effondrés.

Huit semaines plus tard, mon cœur était toujours accablé. Dieu, est-ce vraiment ton plan ? Comment est-ce possible ? Je sais que tu guériras mon cœur, je sais que quelque chose de bon sortira de cela, mais je ne vois pas comment, et pourquoi CELA ? Je te sens près de moi, je sens que des gens prient… mais qu'allons-nous devenir ? Je n'ai jamais été autant en colère. Nos pauvres enfants souffrent tant ; les désirs de leur père passent avant leurs besoins. Il prétend qu'il les aime toujours. Vraiment ? Comment peut-il les aimer et les faire tellement souffrir ?

Après quatre mois, Dieu a entrepris de guérir mes blessures d'une manière incongrue. J'avais envie de justice, mais elle ne dépendait pas de moi. Je commençais à essayer de prier pour lui… et non plus à propos de lui. Je priais que Dieu guérisse son cœur, qu'il revienne, non pas à moi, mais à Dieu. J'avais besoin d'avancer sans lui, pour le moment, voire pour toujours, mais je devais lui pardonner pour survivre à l'amertume. Je ne voulais pas rester amère le reste de ma vie.

Mais comment allais-je y parvenir ? Dieu dit de prier, j'ai donc prié.

J'aime ma famille et j'aimerai toujours celui que j'ai épousé. J'ai prié pour un miracle, pour qu'il reprenne ses esprits et rentre à la maison ; mais, en même temps, j'avançais sans lui. J'ai fait des projets et j'ai essayé d'aller de l'avant, avec tout l'aspect pratique, spirituel, émotionnel et financier que cela implique.

J'ai décidé de prier pour lui régulièrement, de continuer à l'aimer (sans être un paillasson), de soutenir ma famille et de chercher le plan de Dieu pour notre vie. Je pardonnerai, mais je n'oublierai pas. Oublier ne me permettrait pas d'aider ceux qui vivront peut-être le même cauchemar un jour. Il faut que je ressente la douleur, que je permette à Dieu de la guérir et de me transformer en celle qu'il a toujours voulu que je sois. Quelque part, j'éprouve un nouvel enthousiasme, même si cela me semble déplacé au milieu de ce cauchemar.

Six mois ont passé, ma situation a empiré, pourtant je me sens vraiment bénie.

Mon mari n'est pas revenu, il est toujours avec sa copine. Il m'a dit qu'elle et lui voulaient faire partie de la vie de nos enfants, qu'il fallait que je m'y fasse et que je ne la haïsse pas. Si j'en faisais mon ennemie, je devenais le sien.

Mes enfants luttent toujours avec les dégâts causés par le départ de leur papa ; ils sont déprimés, en colère, troublés et frustrés. Mon aîné commence à s'interroger sur sa foi ; il est réfractaire à l'autorité et se défoule sur la famille. Ma maison est en vente ; étant à découvert, il est possible qu'elle soit saisie. Nous ne savons pas où nous habiterons ensuite.

Pourtant, au milieu de tout cela, j'ai appris à connaître Dieu à un autre niveau, à le voir à l'œuvre d'une manière dont j'avais seulement entendu parler. Cette expérience est vraiment étonnante.

Je n'avais rien vécu de très tragique dans ma vie, donc je n'avais jamais dû dépendre de Dieu à ce point. Oui, bien sûr, je priais et j'avais vu Dieu à l'œuvre, mais pas comme ça. Je n'avais jamais ressenti le besoin de compter sur Dieu, de m'appuyer sur lui et de me reposer en lui. Avant, lorsque j'avais besoin de son réconfort, intérieurement, je m'accrochais à Jésus et il me prenait dans ses bras. Maintenant, je me vois complètement effondrée, lui me porte, et c'est génial.

Au sein de cette horrible situation, où mon identité et ma famille ont été ébranlées, j'entraperçois ce que Dieu est en train de faire, et comment ma vie et celles de mes enfants seront transformées. Je suis enthousiaste à l'idée de celle que je deviendrai une fois cette épreuve terminée. Ça ressemble à une course à pied où la pluie commence à tomber et tu arrives devant une mare de boue. Impossible de la contourner, tu dois la traverser. La pluie et la boue t'accablent, tu ne peux passer rapidement. Tu dois te concentrer sur chaque pas, c'est éreintant. Mais, en même temps, quelque chose te maintient debout et te pousse à continuer. Au loin, tu sembles voir un rideau de pluie (un peu comme au lave-auto), et alors tu le vois : le soleil, parfaitement, lumineux... La personne que tu seras à ce moment-là, sera plus forte, comprendra mieux comment mener cette course, dans la satisfaction et la paix. Oui, elle sera fatiguée ; mais en même temps stimulée par cette expérience. Je suis impatiente de mettre en pratique ce que Dieu m'a enseigné, impatiente d'en apprendre davantage. Je l'ai expliqué ainsi à mes enfants : dans chaque conte de fées, il y a toujours une tragédie. Le héros affronte l'adversité, la vainc et elle le fait grandir. Dieu nous donne notre conte de fées, que voyez-vous à la fin ?

La victoire du christianisme

Lorsque le Ciel veut imposer à quelqu'un une charge importante, il abreuve d'abord son cœur d'amertume, soumet ses nerfs et ses os à la fatigue, livre les membres et son corps tout entier au tourment de la faim, le réduit à l'indigence la plus extrême, contrarie et/ou renverse toutes ses entreprises. Par ce moyen, il réveille en lui les bons sentiments, fortifie sa patience, et lui communique ce qui lui manquait encore.

Le livre de Mencius (Chine, 300 av. J.-C.)

Nous avons étudié comment différentes sociétés préparaient leurs membres à affronter la souffrance. Nous allons maintenant examiner comment cette préparation s'est déroulée au cours des siècles, surtout dans le monde occidental[52].

Philosopher pour « sauver sa peau »

Nous savons tous que Cicéron a prétendu que la philosophie avait pour tâche première de nous préparer à affronter la mort. La mortalité et la mort, dit-il, engendrent nécessairement des peurs, des désirs insatisfaits et de la tristesse. Le but de la philosophie est de soulager les gens de ces fardeaux qui pèsent sur leur âme. Ainsi, « la philosophie permet et requiert que l'on devienne son propre médecin spirituel ». Le philosophe Luc Ferry ne peut rêver meilleure définition[53]. « On ne philosophe pas pour s'amuser, ni même seulement pour comprendre le monde… mais, parfois, "pour sauver sa peau[54]". » Bien vivre, c'est apprendre à vaincre nos peurs, celles des « divers visages de la mort » ainsi que « l'ennui, le temps qui passe ». La crainte la plus terrible est peut-être celle d'affronter la séparation inévitable de tous ceux que nous aimons. Ferry demande : « Que désirons-nous, en effet, par-dessus tout ? Ne pas être seuls, être compris, aimés, ne pas être séparés de nos proches, bref, ne pas mourir et qu'ils ne meurent pas non plus[55]. »

Ferry sait que bon nombre de fervents de la doctrine matérialiste (comme Épicure et d'autres penseurs anciens) prétendent que nous ne devons pas nous inquiéter de la mort. Selon eux, c'est tout simplement « la fin de la vie ». Quand vous mourez, vous n'existez plus, vous n'êtes conscients de rien, vous n'êtes plus là pour vous en soucier. « Pourquoi, dans ces conditions, s'embarrasser d'un problème inutile ? » Mais Ferry répond qu'un tel raisonnement est « un peu trop court pour être honnête[56] ». Qu'est-ce qui donne un sens à votre vie ? N'est-ce pas les relations avec ceux et celles que vous aimez ? Pouvez-vous dire en toute honnêteté qu'un état futur qui vous dépouillera de tout ce qui vous est cher aujourd'hui ne provoque aucune appréhension en vous ? Vos bien-aimés tiennent-ils une place si minime dans votre cœur qu'il vous est égal d'être séparé d'eux à jamais ? Cette perte de ce qui donne du sens à la vie commence avant même notre propre mort. L'irréversibilité des choses est « une forme de mort au cœur même de la vie[57] ». C'est ce que nous appelons, avec raison, le mal et la souffrance. Ferry conclut que, s'ils sont honnêtes, les gens doivent reconnaître que la mort et toutes ses conséquences sont un énorme problème humain, voire *le* problème. « Pour bien vivre, pour vivre libre, capable de joie, de générosité et d'amour, il nous faut d'abord et avant tout vaincre la peur – ou pour mieux dire "les" peurs, tant les manifestations de l'Irréversible sont diverses[58]. »

Les philosophes grecs croyaient que l'objectif de la philosophie était de découvrir comment bien affronter le mal, la souffrance et la mort. En fait, Ferry affirme que *seules* la philosophie ou la religion peuvent éventuellement nous aider à gérer le chagrin et la mort. Pourquoi ? La souffrance nous prive de l'amour, des joies et des réconforts sur lesquels nous nous appuyons pour donner un sens à notre vie. Comment maintenir notre équilibre, notre paix et notre joie, devant la souffrance ? Nous ne pouvons y arriver que si nous donnons du sens aux choses qui ne peuvent pas être touchées par la mort. Nous devons alors répondre aux questions : « Pourquoi la vie humaine ? » ou « Que dois-je faire sur cette terre ? » au moyen d'éléments que la souffrance ne peut détruire. Seules la philosophie et la religion en sont capables. « C'est une erreur, dit Ferry, de croire que la psychologie pourrait aujourd'hui s'y substituer[59]. » Ferry (qui n'est pas croyant) sait qu'il s'oppose ici au point de vue séculier mais il maintient que la science ne peut nous venir en aide face à la souffrance car elle ne peut nous aider à trouver un sens à la vie. La science peut nous dire ce qui est, mais jamais ce qui devrait être ; c'est le domaine de la philosophie et de la foi. Sans répondre à ces questions, nous ne pouvons pas tenir le coup devant l'âpreté de la vie.

Ainsi, chaque période de l'histoire a offert à ceux qui souffrent sa propre littérature de « consolation » pour les aider à mieux gérer leurs épreuves et leurs pertes. Nous nous pencherons sur trois périodes de l'histoire occidentale, à savoir l'Antiquité, le Moyen Âge et les Temps modernes, pour analyser comment chacune d'elles a agi.

Le salut par le raisonnement

L'école de philosophie grecque la plus influente était sans doute celle des stoïciens[60]. Ils croyaient que l'univers avait une structure divine et rationnelle, appelée le *Logos*, et qu'il n'était pas uniquement composé de matière. Par contre, ils ne le voyaient pas gouverné par un Dieu personnel, créateur et transcendant. L'univers était plutôt divin, beau, bien structuré ; ordonné, rationnel et perceptible par la raison humaine. Les stoïciens croyaient donc qu'il existait des absolus moraux – des comportements en accord avec l'univers – ainsi que de mauvaises manières de vivre, contraires à l'ordre universel. Ce qu'ils comprenaient du monde les aidait à déduire et à inférer. Malgré l'apparent désordre dans lequel ils vivaient, l'univers était par nature harmonieux, chaque élément prenant sa juste place et remplissant le rôle ou la tâche qui lui était assigné.

Par conséquent, pour les stoïciens, le rôle de l'esprit humain était de comprendre l'ordre de l'univers et de s'aligner sur lui. En découlaient trois manières d'affronter la mort et la souffrance. Premièrement, « accepter les rebondissements inattendus du destin comme étant l'œuvre providentielle et bénéfique de Dieu[61] ». Si l'univers est divin, rationnel et parfaitement ordonné, vivre « en accord avec l'univers » signifiait alors qu'on acceptait pleinement tout ce que le monde vous envoyait. Pour les stoïciens, « la vie bonne, c'est la vie sans espérance ni crainte, c'est donc la vie réconciliée avec ce qui est, l'existence qui accepte le monde comme il va[62] ».

Deuxièmement, il convient de placer la raison avant les émotions, et d'apprendre à éviter de s'attacher de façon excessive aux choses de la vie, car c'est de là que viennent la plupart des souffrances. Rittgers a bien résumé ce principe : « Par l'exercice de la raison, devenir indifférent à tout ce qui est hors de notre portée [...] L'âme devait expulser ou supprimer les émotions fortes[63]. » Par exemple, dans les *Discours* d'Épictète, le philosophe dit à ses élèves :

> Le premier et principal exercice, celui qui mène d'emblée aux portes du bien, c'est, lorsqu'une chose nous attache, de considérer qu'elle n'est pas de celles qu'on ne peut vous enlever... Il en est de même ici : si tu embrasses ton enfant, ton frère ou ton ami, ne t'abandonne pas sans réserve à ton imagination[64].

Épictète poursuit : « Rappelle-toi que tu aimes un mortel, un être qui n'est aucunement toi-même [...] Quel mal y a-t-il à murmurer entre ses dents, tout en embrassant son enfant : "Demain il mourra[65]" ? »

Luc Ferry reconnaît que cette attitude peut sembler glaciale, mais il défend Épictète. Pour lui, le philosophe ne conseille pas d'être cruel avec ses enfants, mais de « se contenter du présent, l'aimer assez pour ne rien désirer d'autre, ni regretter quoi que ce soit[66] ». Ce faisant, nous pourrions nous dire : « Maintenant je suis prêt à affronter n'importe quelle catastrophe. » En fait, dit Ferry, si nous parvenons à vivre comme les stoïciens le préconisent, nous arrivons à quelque chose qui ressemble au salut, puisque rien ne peut troubler une sérénité résultant de l'élimination des craintes temporelles. Lorsque quelqu'un atteint ce degré d'éveil spirituel, de sagesse, il peut « vivre comme un dieu », dans l'éternité d'un instant que rien ne peut diminuer[67].

Troisièmement, les stoïciens offraient un enseignement sur la mort. Quand nous mourons, disaient-ils, nous ne cessons pas d'exister. La mort est simplement le passage d'un état à un autre. L'univers avait besoin de nous, entre autres, dans notre forme humaine. Mais à notre mort, notre substance, corps et âme, fait toujours partie de l'univers, sous une autre forme. Marc Aurèle a dit : « Tu existes comme partie : tu disparaîtras dans le tout qui t'a produit, ou plutôt, par transformation, tu seras recueilli dans sa raison séminale[68]. »

Se soumettre au destin, se détacher du monde

Les deux écrivains les plus influents de l'Antiquité sur le thème de la souffrance étaient Cicéron et Sénèque, tous deux fortement influencés par les stoïciens grecs. Le thème central des *Tusculanes* de Cicéron est que la mort n'est pas un mal, et qu'il ne faut pas la considérer avec crainte et dégoût. Votre vie vous est prêtée par la nature, qui a le droit de la reprendre à tout moment. Il est sage d'accepter les termes de ce prêt car vous n'avez pas d'autre choix. Cicéron pensait qu'il était normal et juste de pleurer la perte d'êtres chers, mais sans exagérer. Ceci dit, il maintenait que le chagrin était inutile. Il résultait de croyances erronées sur la nature des choses et devait donc être limité[69]. L'autre écrit romain de consolation des plus influents est la *Consolation à Marcia* de Sénèque. Marcia avait perdu un fils et en faisait toujours le deuil trois ans plus tard. À l'aide d'arguments similaires à ceux de Cicéron, Sénèque l'appelle à surmonter son chagrin et à « avancer ». La nature ne nous promet pas que nous pourrons avoir nos bien-aimés à nos côtés éternellement, ni même longtemps. En mourant jeune, son fils a échappé à bien des maux ; en fait, sa mort prématurée lui a peut-être permis d'échapper à des souffrances bien pires. Tout cela souligne la clé d'une vie bien vécue ; Marcia doit se soumettre au destin, sans lutter ni protester.

Pendant que les philosophes grecs et romains élaboraient leur conception du destin et de la souffrance, un point de vue similaire se développait dans une autre partie du monde. Pendant des siècles, les cultures et religions orientales étaient persuadées que le monde matériel et les êtres humains en tant qu'entités distinctes n'étaient qu'illusions. Les Védas, les écrits hindous et indiens les plus anciens, enseignent que toutes les différences sont en fin de compte irréelles. *Tat tvam asi*, « Tu es cela », est la vérité ultime. En d'autres termes, le monde physique semble contenir d'innombrables objets distincts. L'objet A n'est pas l'objet B. C'est ce que nos sens (ainsi que la science et la logique) nous disent. Quelqu'un subit des pertes, alors que l'autre vit dans l'abondance. Mais il ne s'agit que d'une apparence trompeuse appelée *maya*. Le mal n'existe pas plus que le bien, les individus et le monde matériel. Tout fait partie de l'Unique, de l'Âme universelle, de l'Esprit absolu. Rien n'existe en dehors de cela[70]. Au bout du compte, nous ne pouvons rien perdre. Nous faisons partie du tout.

De nos jours, le bouddhisme est la forme la plus influente de cette pensée[71]. Selon la tradition, le prince Siddhartha Gautama a vécu une vie paisible et opulente, à l'abri du monde jusqu'au jour où il est sorti de son palais et a été confronté à quatre situations de détresse : un malade, un homme âgé, un mort et un pauvre. Il a alors décidé de consacrer son existence à découvrir comment vivre dans la sérénité en présence de la souffrance humaine. Plusieurs années après, il a atteint l'illumination sous un arbre. Dans son premier sermon, il décrit les Quatre Nobles Vérités pour ses disciples : 1° la vie n'est que souffrance, 2° des désirs ou des envies fortes sont la cause de la souffrance, 3° la souffrance ne cesse que lorsqu'on fait taire les envies fortes, et 4° ceci peut être accompli en suivant le Noble Sentier Octuple. Le Sentier Octuple est une approche globale de la vie qui implique la justesse de la compréhension, la pensée, la parole, l'action, l'effort, l'attention, la concentration et des moyens d'existence. C'est une vie extrêmement équilibrée, qui n'exige ni ascétisme ni privation, mis à part une vie simple, le service rendu et de nombreuses disciplines liées à la maîtrise de soi.

Il faut dépasser la souffrance en prenant du recul, en n'aimant rien des choses de ce monde à l'excès. Le problème central de celui qui souffre, selon le bouddhisme, est un mauvais état de conscience. Nos envies fortes, et donc notre souffrance, s'appuient sur l'illusion que nous sommes des êtres individuels. Pour résumer, si nous comprenons que tout est temporaire, nous ne nous attacherons pas aux choses. Si nous savons que tout fait partie de nous, nous n'aurons plus besoin de nous cramponner aux choses ou aux personnes ou de pleurer leur perte. En fin du compte, nous ne pouvons rien perdre car tout fait partie de l'Absolu, de l'Unique auquel nous retournerons un jour.

Il est maintenant évident que de fortes similitudes relient ce point de vue à celui des Grecs et notamment des stoïciens[72]. Ces derniers enseignaient que la réalité suprême de l'univers est un Logos impersonnel et universel qui se trouve au cœur du cosmos et détermine toute chose. La meilleure façon de bien vivre serait donc de « ne jamais céder aux penchants de son cœur », mais de contenir son amour ou sa joie dans tous les domaines. Le philosophe français André Comte-Sponville souligne le lien étroit entre stoïcisme et bouddhisme. Tous deux refusent la notion de « vivre dans l'espérance » comme quelque chose de bien. Ils affirment au contraire que l'espoir tue. Si nous espérons que nos projets se réalisent et que notre bonheur en dépend, l'angoisse montera au fur et à mesure de l'attente, pour faire place à l'anéantissement en cas d'échec. Et ce sera de notre faute[73]. Comme l'a écrit Plutarque, chacun doit « se conformer sans récriminer et docilement à l'ordre des choses[74] ».

Une plus grande espérance

Lorsque le christianisme a commencé à se répandre, ses défenseurs ont très vite développé de nouvelles idées dans l'univers de la pensée humaine, sensiblement différentes des croyances païennes, tant occidentales qu'orientales, notamment à propos de la souffrance et du deuil[75]. L'approche chrétienne de la souffrance, de par son succès dans l'Empire romain et son impact sur la pensée humaine, ne peut être sous-estimée.

Les premiers prédicateurs et écrivains chrétiens ont non seulement soutenu énergiquement que l'enseignement chrétien donnait du sens à la souffrance, mais ils ont également affirmé que la vie des chrétiens le prouvait. Cyprien de Carthage raconte comment, lors de terribles épidémies, les chrétiens ont refusé d'abandonner leurs malades et de fuir, comme l'avaient fait tant de païens. Ils sont restés pour soigner les malades et ont affronté leur propre mort avec sérénité[76]. D'autres écrits chrétiens très anciens, tels la *Lettre aux Romains* d'Ignace d'Antioche et la *Lettre aux Philippiens* de

Polycarpe, ont souligné le calme des chrétiens face à la torture et à la mort à cause de leur foi. « Les chrétiens ont utilisé la souffrance pour démontrer la supériorité de leur croyance… [parce qu'] ils souffraient mieux que les païens[77]. » Les Grecs ont enseigné que le principal objectif de la philosophie était de nous aider à aborder la souffrance et la mort. Des écrivains comme Cyprien, Ambroise de Milan et, plus tard, Augustin, ont alors affirmé que les chrétiens *souffraient et mouraient mieux*, ce qui était la preuve concrète que le christianisme était « la philosophie suprême ». Dans ce domaine, les différences entre populations païennes et chrétiennes étaient suffisamment importantes pour donner une vraie crédibilité aux déclarations chrétiennes. Alors qu'aujourd'hui la souffrance et le mal mettent la foi chrétienne en butte à la critique et aux doutes, les premiers chrétiens ont désigné la douleur et l'adversité comme principales raisons de croire.

Pourquoi les chrétiens étaient-ils si différents ? Leur tempérament naturel ne les rendait pas plus résistants que d'autres. Leur vaillance venait de ce qu'ils croyaient du monde. Judith Perkins, spécialiste de la question, affirme que la pensée traditionnelle des philosophes grecs sur la souffrance n'était ni utile ni satisfaisante pour l'individu ordinaire. L'approche chrétienne de la douleur et du mal, qui laissait une plus grande place au deuil et à l'espérance, était un de ses facteurs les plus attractifs[78].

Tout d'abord, le christianisme offrait plus d'espoir. Luc Ferry, dans son chapitre « La victoire du christianisme[79], » confirme que l'approche chrétienne de la souffrance était une raison majeure de sa victoire sur la philosophie grecque et de son essor dans l'Empire romain. Selon Ferry, une des principales différences portait sur l'enseignement chrétien d'aimer et d'accorder de l'importance aux gens. La différence la plus notable était la doctrine chrétienne de la résurrection finale et de la restauration du monde matériel. Les stoïciens avaient enseigné que nous continuions de faire partie de l'univers après la mort, mais pas sous une forme particulière. Ferry le résume ainsi : « Comme tu l'as sans doute noté toi-même, la doctrine stoïcienne du salut reste anonyme et impersonnelle. Elle nous promet bien l'éternité, certes, mais sous une forme anonyme, celle d'un fragment inconscient du cosmos[80]. » Les chrétiens croyaient en la résurrection, à cause du témoignage attesté de centaines de témoins oculaires de celle du Christ. C'est *là* qu'est notre avenir, nous sommes sauvés en tant qu'individus, nos personnalités seront conservées, embellies et perfectionnées après notre mort. Dès lors, notre avenir suprême est un amour parfait et sans entrave ; un amour avec Dieu et avec les autres.

Ambroise a écrit :

> Il faut qu'il y ait une différence entre les serviteurs de Christ et les adorateurs des idoles. Les voici : eux, ils pleurent les leurs qu'ils pensent morts pour toujours [...] tandis que pour nous la mort n'est pas la fin de notre être, mais la fin de notre vie, puisque notre être même est restauré par une condition meilleure, que l'arrivée de la mort balaiera tous nos pleurs[81].

Les philosophes grecs, et particulièrement les stoïciens, ont cherché « à nous débarrasser des peurs liées à la représentation de la mort, mais au prix d'une éclipse du moi qui n'est pas forcément, c'est le moins qu'on puisse dire, notre souhait le plus cher[82] ». Mais le christianisme offrait quelque chose de bien plus satisfaisant. Ferry dit que ce que nous désirons « par-dessus tout, c'est retrouver ceux que nous aimons, avec, si possible, leurs voix et leurs visages, pas sous forme de fragments cosmiques indifférenciés, de cailloux ou de légumes[83] ».

Il n'existe pas meilleur exposé des différences entre christianisme et paganisme antique que le premier chapitre de l'Évangile selon Jean. Il utilise de façon magistrale un des thèmes centraux de la philosophie grecque en ouvrant son récit par : « Au commencement était celui qui est le Logos de Dieu. Il était avec Dieu, il était lui-même Dieu » (Jean 1.1). Il poursuit ensuite : « Celui qui est la Parole est devenu homme et il a vécu parmi nous. Nous avons contemplé sa gloire, la gloire du Fils unique envoyé par son Père : plénitude de grâce et de vérité » (Jean 1.14). C'est une déclaration exaltante. Jean voulait dire : « Nous sommes d'accord sur le fait qu'une structure organise l'univers, et que s'aligner sur elle est la clé du sens de la vie. » Mais il disait également que le Logos à l'origine de l'univers n'était pas un principe abstrait et rationnel que seule une élite avertie pouvait connaître par la méditation. Au contraire, le Logos de l'univers est une personne, Jésus-Christ, que tout le monde peut aimer et connaître, dans une relation personnelle avec lui. Ferry résume ainsi le message de Jean : « Le divin [...] n'est plus une structure impersonnelle, mais au contraire une personne singulière[84]. » Tel est, selon Ferry, le « changement de sens abyssal » qui va avoir un « effet incalculable sur l'histoire de la pensée ».

Laisser plus de place à la tristesse

Une autre différence notable entre la philosophie grecque et le christianisme tenait dans la place que la consolation chrétienne donnait au chagrin et au deuil. Les larmes et les cris ne devaient être ni étouffés ni sévèrement limités ; ils sont normaux et bienfaisants. Pour dire que les chrétiens *doivent* exprimer leur tristesse, tout en restant ancrés dans l'espérance, Cyprien cite l'apôtre Paul : « Nous ne voulons pas, frères, vous laisser dans l'ignorance au sujet de ceux qui sont décédés, afin que vous ne soyez pas tristes de la même manière que le reste des hommes, qui n'ont pas d'espérance » (1 Thessaloniciens 4.13)[85]. Pour les chrétiens, le deuil n'était pas une chose inutile à réprimer à tout prix. Ambroise ne s'est pas excusé d'avoir exprimé son chagrin à la mort de son frère. Il fait référence aux larmes de Jésus devant le tombeau de Lazare : « Nous n'avons pas en pleurant commis de faute grave. Tous les pleurs ne sont pas signe de manque de foi ou de faiblesse, [...] le Seigneur aussi a pleuré ; lui a pleuré un étranger (Jean 11.35) moi un frère. Lui, en un seul homme, a pleuré tous les hommes ; moi je te pleurerai, mon frère, en tous les hommes[86]. »

Les chrétiens ne traitent pas la souffrance en maîtrisant les émotions négatives pour les supprimer grâce au raisonnement ou à force de volonté. La réalité ultime n'a pas été connue par la raison et la contemplation mais par la relation. Le salut s'est opéré par l'humilité, la foi et l'amour plutôt que par le raisonnement et la maîtrise des émotions. Par conséquent, les chrétiens ne s'attaquent pas à l'adversité de la même manière que les stoïciens, en aimant moins les gens et les choses de ce monde ; au contraire, ils intensifient leur amour et leur joie en Dieu. Ferry remarque : « Voilà pourquoi Augustin, après avoir pratiqué une critique radicale de l'amour-attachement en général, ne l'exclut pas lorsque son objet est le divin[87]. » Le christianisme était pleinement d'accord avec les écrivains païens pour dire qu'un attachement excessif aux biens matériels pouvait conduire à des peines et des problèmes inutiles, mais il enseignait aussi que la réponse n'était pas de les aimer moins, mais d'aimer Dieu plus que tout. C'est seulement lorsque notre plus grand amour est Dieu, un amour que même la mort ne peut nous faire perdre, que nous pouvons tout affronter dans la paix. Les chrétiens n'éliminent pas le deuil, ils le parsèment d'amour et d'espoir et le maintiennent ainsi à flot.

Les chrétiens étaient, en plus, invités à bénéficier du réconfort qu'ils trouvaient dans les soins paternels de Dieu. Les consolateurs des temps anciens conseillaient aux personnes dans la souffrance d'accepter l'inéluctabilité d'un destin cruel. Le destin, disaient-ils, est une force aléatoire, une grande roue qui se déplace sans raison ni but. Il fallait accepter cet état de fait et ne pas s'apitoyer sur soi ou se plaindre[88] ; thèse que le christianisme a rejetée avec force. Né dans un monde gréco-romain, peuplé de dieux et de puissances en guerre perpétuelle, régi par une force impersonnelle, le christianisme a présenté une approche radicalement nouvelle. L'historien Ronald Rittgers note que les chrétiens ont mis en avant un Créateur unique qui maintenait l'univers par la sagesse et un amour personnels, « en opposition totale au polythéisme et aux idées païennes sur le destin[89] ». Il le résume ainsi : « Ce Dieu a créé l'humanité en vue d'une relation personnelle avec lui. » La mort et la souffrance ne sont entrées dans l'histoire que lorsque l'homme s'est écarté de cette relation pour devenir son propre maître ; « la mort et les difficultés ne faisaient tout simplement pas partie de l'ordre originel des choses ». Après la chute de la race humaine et la venue du mal et de la douleur, Dieu a entamé un processus de salut pour restaurer la relation par l'intermédiaire de Jésus-Christ. Pendant ce temps, Dieu a utilisé « les difficultés, les tribulations et les adversités » pour « éprouver les âmes humaines ». Mais il leur a également donné « l'espoir d'une délivrance de ces afflictions [...] C'est lui qui a enlevé l'aiguillon de la mort[90] ». En résumé, même si les voies de Dieu peuvent parfois nous sembler obscures, comme celles de parents pour leurs enfants, nous croyons cependant que notre Père céleste prend soin de nous, marche à nos côtés pour nous guider et nous protéger dans tous les événements de la vie.

La victoire du christianisme

Lentement mais sûrement, l'éclairage chrétien a supplanté les idées païennes et est devenu la pensée culturelle dominante. Une fois de plus, la doctrine de la résurrection a impulsé le plus grand changement. Les chrétiens enseignaient que Jésus était venu sur terre avec un corps physique et qu'il rachèterait et ressusciterait notre corps physique. À l'opposé de l'enseignement grec, cela laissait entendre que *cette* vie matérielle est bonne et digne d'être pleinement appréciée. Nous ne devons ni détester, ni nous détacher des plaisirs, réconforts et relations offerts par la vie normale. « Contrairement à une idée que tu entendras mille fois répétée de la part des athées hostiles à la religion chrétienne, cette dernière n'est pas tout entière vouée au combat contre le corps, la chair, la sensualité » écrit Ferry[91].

Mais la résurrection renferme un sens encore plus profond. Ferry décrit de façon émouvante le sentiment de perte irrémédiable qui caractérise notre existence, en se référant au poème d'Edgar Allan Poe « Le Corbeau ». Le sinistre oiseau ne sait que répéter les mots *jamais plus*. Avec une concision effrayante, ils expriment la nature irréversible de la vie. Une fois notre jeunesse, la maison de notre enfance, nos bienaimés partis, revenir en arrière est impossible. L'irréversibilité est une sorte de mort au cœur la vie. C'est là que la doctrine de la résurrection du corps intervient. Les religions qui enseignent la félicité céleste éternelle pour l'âme n'offrent qu'une maigre consolation pour la vie que nous avons perdue, alors que le christianisme propose une *restauration* de la vie. Nous retrouverons notre corps, et mieux encore, nous aurons le corps que nous aurions aimé avoir et il dépassera nos plus belles espérances. Nous retrouverons notre vie, bien plus, nous aurons la vie dont nous avons toujours rêvé sans jamais l'obtenir. Tout cela parce que l'espérance chrétienne n'est pas une simple existence désincarnée et éphémère, mais une vie où l'âme et le corps sont enfin parfaitement intégrés, où nous pouvons danser, chanter, chérir, travailler et jouer. La doctrine chrétienne de la résurrection est alors un renversement de l'irréversibilité apparente de la mort. C'est la fin du « jamais plus ».

Luc Ferry en tire une conclusion remarquable, et difficile à réfuter d'un point de vue historique :

> En partant de ce qu'il [le christianisme] percevait lui-même comme une faiblesse de la sagesse grecque, il va élaborer, en pleine connaissance de cause, une nouvelle doctrine du salut si « performante » qu'elle va battre en brèche les philosophies de l'Antiquité pour dominer le monde occidental pendant près de quinze siècles [...] [Le christianisme] apparaît comme la seule version du salut qui nous permette de dépasser non seulement la peur de la mort, mais bien la mort elle-même[92].

Ces fondements révolutionnaires posés, les prédicateurs et écrivains chrétiens ont commencé à parcourir la Bible et à développer des ressources plus détaillées et plus efficaces susceptibles de réconforter ceux qui souffrent. Il en est résulté un ensemble de travaux extrêmement nuancés et sophistiqués sur la consolation et la « cure d'âme ». L'une des innovations les plus spectaculaires mises en œuvre par les chrétiens, par rapport aux penseurs précédents, a été de reconnaitre l'immense diversité des souffrances.

Le pape Grégoire le Grand (environ 540-604) a sans doute été l'auteur le plus influent sur le sujet de la cure d'âme de la toute fin du christianisme ancien. Ses œuvres les plus importantes ont été *La Règle Pastorale* et les *Morales de Job*[93]. D'un côté, Grégoire a rejeté l'idée que la souffrance était une illusion ou le fait d'un destin capricieux. Pour lui, la souffrance avait toujours un but. Au lieu d'être les victimes impuissantes d'un destin implacable, les gens étaient entre les mains d'un Dieu sage. Grégoire soutenait avec véhémence qu'ils ne devaient donc pas s'insurger contre un destin aveugle et cruel, mais supporter leur souffrance patiemment, à l'exemple de Job.

En même temps, il rejetait l'erreur inverse, celle du moralisme, comme la doctrine hindoue du karma, où la souffrance est proportionnelle aux péchés commis. Grégoire a enseigné que, si la souffrance en général est bel et bien le résultat du péché humain, cela ne signifie pas que certaines souffrances soient toujours le résultat de péchés précis. Il a mis en garde ses lecteurs contre le fait d'établir un lien clair et net entre péché et souffrance, puisque c'est, après tout, l'une des leçons principales du livre de Job. Grégoire décrit dans son commentaire sur Job l'attitude de ses amis, convaincus qu'une si grande souffrance ne pouvait qu'être la punition d'un péché tout aussi conséquent. Mais ils n'avaient pas compris que la souffrance prend des formes diverses et sert à « bon nombre d'objectifs dans l'économie divine[94] ». Certaines souffrances servent à châtier et à corriger les mauvais comportements (comme Jonas dans la tempête), d'autres sont infligées « non pas pour corriger des fautes du passé, mais pour en empêcher dans l'avenir » (à l'exemple de Joseph, vendu comme esclave), d'autres encore n'ont pour seul but que de nous amener à aimer Dieu plus profondément pour lui-même et à trouver la paix et la liberté suprêmes. Pour Grégoire, la souffrance de Job appartenait à cette dernière catégorie[95].

Un Dieu personnel est un Dieu réfléchi. Dans la Bible, il est possible de discerner les différentes manières dont la souffrance agit dans les vies. Les premiers pasteurs chrétiens ne croyaient pas à une consolation à « taille unique » pour réconforter ou équiper dans le malheur.

Luther réforme la souffrance

Après le pape Grégoire, un changement graduel, mais significatif, a lieu dans l'Église, au point de dire que « la réponse adéquate à [la souffrance] était de l'endurer patiemment et ainsi, avec l'aide de la grâce divine, de mériter la vie éternelle[96] ». En d'autres termes, la souffrance devenait un moyen de payer ses péchés, en écho aux religions orientales karmiques. Si l'on acceptait de souffrir en prenant patience, la dette du péché pouvait être partiellement effacée, ce qui attirait les faveurs de Dieu, puis ouvrait l'accès au paradis.

Les écrits du théologien de la fin du Moyen Âge Johannes von Paltz nous en donnent un exemple. En 1504, il écrivait que la patience dans la souffrance avait une telle valeur morale que, même après avoir vécu toute sa vie dans la débauche, on pouvait mériter la rémission totale de ses péchés si l'on acceptait *in extremis* de mourir dans la foi et en paix. Ronald Rittgers remarque que l'idée d'un salut mérité par les souffrances s'écarte considérablement de l'enseignement de l'Église primitive, pour constituer un retour à l'interdiction païenne d'exprimer une quelconque forme de tristesse. Selon Rittgers, cela a abouti à un « stoïcisme christianisé[97] ». Le ciel pouvait considérer les manifestations de chagrin ou de douleur comme un manque de soumission dans la foi. Dès lors, ces épanchements seraient moins efficaces pour assurer le pardon des péchés. L'essentiel était donc d'étouffer toute émotion et d'endurer ses souffrances calmement et sans se poser de questions. Les explosions de Job et les lamentations des Psaumes n'avaient aucune place dans cette compréhension des choses. L'enseignement riche et multidimensionnel de la Bible visant à comprendre et traverser la souffrance avait été anéanti pour laisser place à une endurance muette.

Cependant, la Réforme protestante et l'apport de la théologie biblique de Martin Luther, renouvellent l'Église en général, mais approfondissent également la compréhension chrétienne de la souffrance. Luther a rejeté l'approche médiévale du salut en tant que processus de sanctification graduelle qui finit par aboutir à la vie éternelle. À la place, il défend l'idée du salut par la foi. Cette foi n'est pas, avant tout, une pureté intérieure, mais « une capacité essentiellement réceptive ». Elle est la confiance dans les promesses de Dieu, le moyen par lequel nous saisissons le salut comme un don gratuit offert par l'œuvre salvatrice du Christ, et non par nos œuvres. Cette idée a des « implications révolutionnaires » pour la vision chrétienne de la souffrance[98].

Luther a enseigné que le plus important pour une personne était de réaliser qu'elle ne pouvait offrir une contribution quelconque pour obtenir son salut. Nous ne pouvons être pleinement acceptés et justifiés aux yeux de Dieu que par la foi en Christ, uniquement par sa grâce gratuite. Comprendre et saisir cette vérité libère du fardeau écrasant de l'obligation d'avoir à faire ses preuves envers la société, sa famille, les autres, voire soi-même. Il n'est plus nécessaire de craindre l'avenir ou d'être angoissé quant à sa destinée éternelle. C'est l'idée la plus libératrice qui soit et elle nous rend capables d'affronter n'importe quelle souffrance, sachant que, grâce à la croix, Dieu est de notre côté et que, grâce à la résurrection, tout finira bien.

Si nous croyons être sauvés par notre vertu, l'état de notre cœur ou nos bonnes œuvres, notre vie sera pleine d'incertitudes et d'insécurité. Si Dieu nous traitait en fonction de nos mérites, sachant que nous sommes loin d'être parfaits, nous ne pourrions jamais être certains qu'il nous aime vraiment, qu'il est vraiment de notre côté. Pour échapper à cette incertitude, nous devons nous débarrasser de toute illusion que notre sagesse et notre force peuvent nous procurer une bonne vie, exempte de dangers, ou manipuler Dieu pour qu'il nous la donne.

Selon Luther, la souffrance joue un double rôle. Avant d'obtenir la joie et l'amour qui nous aideront à l'affronter et à la dépasser, la souffrance doit d'abord nous vider de notre orgueil et nous conduire à trouver en Christ notre vraie joie et notre seule sécurité. Luther déclare : « Puisque Dieu nous enlève tous nos biens ainsi que notre vie au travers de beaucoup de tribulations, il est impossible pour notre cœur de rester calme et de supporter cela, à moins de se cramponner à de meilleurs biens, en restant unis à Dieu par la foi[99]. » La souffrance met un terme à l'illusion d'avoir la force et les capacités de diriger sa propre vie et de se sauver soi-même. Les gens « sont réduits à rien par la souffrance » afin qu'ils puissent être remplis de Dieu et de sa grâce[100]. « Il est dans la nature de Dieu, écrit Luther, de créer quelque chose à partir de rien. Ainsi Dieu ne peut rien faire de celui qui n'est encore rien, et qui reste en dehors de lui. C'est pour cela que Dieu n'accepte que les perdus, ne guérit que les malades, ne rend la vue qu'aux aveugles, ne ressuscite que les morts, ne sanctifie que les pécheurs et ne donne la sagesse qu'à ceux qui en manquent. Bref, il n'est miséricordieux qu'envers ceux qui sont misérables[101]. »

La théologie de la croix

Cependant, pour Luther, la souffrance représente bien plus qu'un entraînement spirituel. On lui doit l'expression « la théologie de la croix », en opposition à « la théologie de la gloire ». Le monde attend un Dieu fort, qui ne bénit ses disciples que s'ils rassemblent leurs forces et suivent ses lois à la lettre. Les amis de Job, les pharisiens du temps de Jésus et, la plupart des autorités religieuses de l'époque de Luther, voient Dieu ainsi, selon lui. Ils suivent une « théologie de la gloire » qui ne ressemble pas à la théologie de la Bible. Le message étonnant des Écritures est que le caractère de Dieu se révèle surtout dans la faiblesse, la souffrance et la mort à la croix. C'est « aux antipodes de la révélation où l'humanité s'attendait à trouver Dieu[102] ». Dans l'explication de ses 95 thèses, Luther dit:

> Quelqu'un qui recherche les choses invisibles de Dieu comme si elles étaient clairement perceptibles dans ce qu'il a créé ne mérite pas d'être appelé théologien. En revanche, quelqu'un qui concevrait les choses visibles et manifestes à la lumière de la souffrance et de la croix mérite d'être appelé théologien[103].

Les théologiens « de la gloire », explique Luther, considèrent que les voies de Dieu sont « clairement perceptibles ». Ainsi, les amis de Job sont convaincus que quand tout va bien, notre manière de vivre est correcte et plaît à Dieu. En revanche, quand ça va mal, nous vivons de manière incorrecte et Dieu nous abandonne. Ils estiment qu'il est facile de discerner les buts et les plans de Dieu. Mais les souffrances de Job sont un réel mystère, et les raisons de Dieu ne sont révélées ni à Job, ni aux lecteurs du livre de Job pour la plupart d'entre elles. Pourtant, de l'agonie et de la souffrance de Job émanent l'une des plus profondes révélations sur la nature de Dieu dans la Bible, voire dans toute la littérature. Ce sera aussi l'occasion d'un profond bouleversement dans le caractère de Job.

De la même façon, à l'époque de Jésus les autorités religieuses attendent un Messie conforme à leurs attentes, facile à comprendre, qui puisse vaincre les puissances romaines et conduire Israël à l'indépendance politique. Un Messie faible, qui souffre et est crucifié, n'a aucun sens pour eux. Alors que Jésus agonise sur la croix, ses observateurs sont loin d'imaginer qu'ils sont témoins de l'acte de salut le plus important de l'histoire. Peuvent-ils « percevoir clairement » les voies de Dieu? Bien sûr que non, même s'ils se trouvent devant la plus grande merveille de la grâce. Ils ne voient que ténèbres et douleur. Leurs facultés concluent que Dieu ne peut œuvrer avec et à travers *cela*. Alors ils défient Jésus: « Qu'il descende donc de la croix, alors nous croirons en lui! » (Matthieu 27.42). Ils sont incapables de concevoir qu'il puisse sauver l'humanité uniquement parce qu'il ne s'est *pas* sauvé lui-même.

Dieu ne nous a sauvés qu'à travers la faiblesse et la douleur pour nous montrer, de la manière la plus complète possible, la profondeur de sa grâce et de son amour pour nous. Là réside sa sagesse infinie: simultanément, les exigences légitimes de la loi ont été remplies *et* le pardon des transgresseurs a été garanti. En un instant, l'amour et la justice de Dieu ont reçu une pleine satisfaction. Ce Messie est venu mourir afin d'abolir la mort. Le péché ne pouvait être expié que par la faiblesse et la souffrance. C'était la seule manière d'éradiquer le mal sans nous éliminer.

Luther estime que les paroles de Jésus à la croix, « Mon Dieu, mon Dieu, pourquoi m'as-tu abandonné? » (Matthieu 27.46), sont « les mots les plus importants de toute l'Écriture[104] ». Il a lui-même connu ce qu'il appelle *Anfectungen*, à savoir les « assauts » que le monde, la chair et le diable font subir aux êtres humains au travers des difficultés et des souffrances de la vie. À ses yeux, « *Anfectung* est [...] un état de désespoir et d'inutilité en lien étroit avec *Angst* [ou la terreur][105] ». Mais il perçoit un profond paradoxe dans ces mots d'abandon. Le Père a tourné le dos à la nature humaine de son Fils sur la croix ; Jésus a vécu un *Anfectungen* infini, à des degrés tels qu'aucun être humain n'en fera jamais l'expérience. C'est ce que dit l'épître aux Hébreux en nous exhortant à nous approcher de Jésus pour trouver miséricorde et grâce « au bon moment », car il est capable « de compatir à nos faiblesses. [...] il a été tenté en tous points comme nous le sommes, mais sans commettre de péché » (Hébreux 4.14-15). Luther a bien compris que « le pécheur auparavant abandonné de Dieu avait en Jésus un Sauveur qui a pris sur lui-même toute l'étendue de la séparation humaine d'avec Dieu ; et qui l'a surmontée[106] ».

Pourquoi sommes-nous surpris, demandait Luther, que nos vies soient souvent dominées par les ténèbres et la douleur ? Dieu lui-même en Christ ne les a pas évitées. Bien que les raisons de Dieu soient souvent aussi cachées et obscures que dans les cas de Job et des témoins de la crucifixion, nous savons que le chemin qui mène vers la lumière passe par l'obscurité, grâce à l'enseignement biblique que nous possédons désormais. La voie qui mène à la puissance, la liberté et la joie passe par la souffrance, le deuil et la tristesse.

Non que ces afflictions produisent forcément des bénéfices ou un échange de bons procédés. La souffrance ne nous fait grandir qu'à la lumière de la souffrance et de l'œuvre du Christ pour nous. Luther affirmait : « Les chrétiens ne peuvent souffrir *avec* Christ » – ils ne peuvent imiter sa patience et son amour sous la contrainte – « avant d'avoir accueilli tous les bénéfices de la souffrance du Christ *pour* eux », à leur place[107]. Luther savait d'expérience combien la souffrance nous détruit si nous ne sommes pas convaincus d'être aimés de Dieu. L'enseignement médiéval qui veut que nous puissions gagner la faveur de Dieu par notre patience dans la souffrance ne fonctionne tout simplement pas. Cette conception ne peut pas apaiser la conscience, puisque nous ne pouvons jamais être sûrs de souffrir dans une soumission et une pureté de cœur suffisantes.

Luther croyait, à juste titre, qu'une conscience en paix était peut-être le prérequis primordial à une souffrance bien vécue. N'essayons pas d'user de patience pour gagner notre paix avec Christ, soyons d'abord en paix avec Christ pour acquérir cette patience. Nous devons nous tenir dans la souffrance suffisante de Jésus avant de pouvoir souffrir comme lui. Si nous savons qu'il nous aime inconditionnellement, malgré nos fautes, nous savons aussi qu'il est présent avec nous et qu'il œuvre dans notre vie dans les moments de douleur et de tristesse. Nous pouvons être sûr qu'il n'est pas seulement proche de nous, mais aussi qu'il est en nous, et que, puisque nous sommes membre de son corps, il ressent nos souffrances comme si elles étaient les siennes (Actes 9.4 ; Colossiens 1.24).

La montée du « cadre immanent »

Au début de l'ère moderne, le christianisme était en progression en Europe et dans les colonies du Nouveau Monde. Mais, en cinq cents ans, la donne a changé. Le philosophe Charles Taylor s'interroge : « Pourquoi était-il pratiquement inconcevable, disons dans les sociétés occidentales du XVIᵉ siècle, de ne pas croire en Dieu, alors qu'aujourd'hui, non seulement c'est courant, mais, pour beaucoup, inéluctable[108] ? » Depuis cinq siècles, les sociétés occidentales qui étaient, à l'origine, fortement imprégnées par le spirituel se sécularisent de plus en plus. La religion et la foi ont de moins en moins d'influence dans les institutions publiques. Chacun a le droit de croire en Dieu, mais la foi est régulièrement remise en cause et pointée du doigt ; elle est réduite à un choix de vie parmi tant d'autres.

Taylor a inventé des termes bien particuliers pour décrire le sécularisme contemporain. Il soutient que nous vivons désormais dans un « cadre immanent », un monde soumis à un ordre complètement naturel sans aucune présence surnaturelle. Il s'agit d'un monde totalement « naturel », au lieu d'un monde « surnaturel[109] ». Nous lui devons aussi le concept de « moi-tampon ». Auparavant, le concept du moi était « ouvert et poreux ». Il incluait l'âme, par exemple, qui nous liait à Dieu et au monde spirituel. Une bonne partie de notre nature, de nos sentiments, de nos intuitions et de nos attitudes étaient sous l'influence de forces extérieures, sur lesquelles nous n'avions aucun contrôle. On supposait souvent qu'il fallait tourner les regards au-delà de soi, vers la nature et vers Dieu, pour apprendre à vivre correctement. En revanche, l'homme moderne possède un « moi-tampon » délimité et autonome. Puisqu'il n'existe aucun ordre transcendant et surnaturel en dehors de soi, chacun doit déterminer qui il est et qui il sera[110]. Il n'a besoin de rien en dehors de lui-même pour savoir comment vivre. Aujourd'hui, le moi est « invulnérable, comme détenteur du sens des choses » et nous nous vantons d'établir des « normes par lesquelles nous vivons en nous réclamant de nous-mêmes[111] ».

« Or, pour que se construise un moi isolé, il fallait, au-delà du désenchantement, que l'on ait confiance en nos propres forces d'ordonnancement moral[112] », soutient Taylor. Autrefois, l'homme faisait preuve d'une plus grande humilité dans son aptitude à comprendre l'univers, plus grand, infiniment mystérieux et que la pensée humaine ne pouvait ni sonder ni connaître. La philosophie de l'homme ne pouvait « rêver à tout ce qui était contenu dans le ciel et sur la terre ».

L'univers n'avait pas pour seul cadre l'immanence, il était aussi infiniment spirituel. Mais l'immanence a pris de la place et a grandi aux côtés du moi autosuffisant. Même si le discours de Taylor est universitaire, des expressions populaires en prouvent le bien-fondé. Le *New York Times* a publié un article qui évoque une nouvelle tendance, surtout chez les femmes, à prendre un autre nom. Suite à son divorce, l'une d'entre elles témoignait : « M'attribuer un nouveau nom a été un acte symbolique à bien des égards. Cela m'a aidée à comprendre que j'étais pleinement responsable de ma vie. Je devais créer mon propre bonheur, me fortifier, être le moteur de mon élan[113]. »

Cette mutation de la société vers le cadre immanent n'a pas immédiatement anéanti toute foi en Dieu, elle l'a faussée. La pression était forte mais pas assez pour tout effacer. Taylor explique comment les élites du XVIIIe siècle ont adopté le déisme. Selon le déisme, Dieu a créé, pour notre bien, un monde qui fonctionne désormais seul, sans son intervention constante ou directe. La planète fonctionne comme une horloge et peut être analysée de manière scientifique, sans révélation divine. Dieu existe, mais en tant que personne ou chose distante, pas comme quelqu'un que nous pouvons connaître. Notre première responsabilité *n'est pas* de l'aimer, de l'adorer, de lui obéir et de rechercher son pardon lorsque nous échouons. Nous sommes plutôt appelés à utiliser notre cerveau et notre libre arbitre pour participer à l'épanouissement de l'humanité. En somme, la vieille idée chrétienne selon laquelle nous existons pour la gloire de Dieu s'est estompée et a été remplacée par l'idée que Dieu existe pour nous entretenir et nous maintenir en vie.

Le mal naturel et le tremblement de terre de Lisbonne

Une des premières confrontations entre le moi moderne et le problème du mal et de la souffrance s'est produite suite au grand tremblement de terre de Lisbonne en 1755. C'est l'exemple par excellence de ce que certains appellent le « mal naturel » : la souffrance n'est pas provoquée par l'homme mais par la nature. Le 1er novembre, jour de la Toussaint, un terrible tremblement de terre a presque entièrement détruit la capitale du Portugal, ôtant la vie à des dizaines de milliers de personnes. Bien des philosophes et penseurs européens, dont Voltaire, ont vu dans cet événement une preuve de la non-existence du Dieu aimant de la Bible. Avoir une rétrospective de cet événement depuis notre culture séculière solidement ancrée, peut nous amener à considérer le « problème du mal » comme parfaitement normal, parce que les malheurs font douter de Dieu. De nos jours, chaque nouvelle tragédie engendre les mêmes questions et lance un nouveau défi à la croyance dans le divin.

Mais Taylor fait remarquer que le « problème du mal » lié au tremblement de terre de Lisbonne était en réalité un discours totalement nouveau. Bien sûr, les voies de Dieu et sa justice dans les affaires humaines suscitent des interrogations depuis le livre de Job, et même avant. Mais personne n'avait encore osé prétendre que la présence du mal rendait impossible l'existence de Dieu. Affirmer que le mal invalide l'existence de Dieu n'est envisageable qu'à partir du moment où les hypothèses sur un cadre immanent au sujet de Dieu étaient déjà en place. Taylor explique que lorsque la société occidentale croyait en un monde mystérieux et impossible à connaître par la raison – et en un Dieu glorieux et ineffable – le problème du mal était « moins aigu ». On s'attendait alors à un mal inexplicable. Mais le sécularisme du déisme a accru le problème du mal, pour deux raisons.

Autrefois, quand l'homme se révélait incapable de trouver une raison valable à la souffrance, personne ne considérait, pour autant, qu'il n'en existait aucune. L'homme était plus humble quant à sa capacité à comprendre le monde. Mais, au XVIIIe siècle, les penseurs ont commencé à croire qu'il était finalement possible de tout comprendre grâce à la pensée et à la raison. Nous avons commencé à faire confiance à nos pouvoirs d'observation poussée, et cette conviction a changé notre regard sur la souffrance. Le mal est ainsi devenu un problème beaucoup plus grave.

> Mais la certitude de disposer de tous les éléments nécessaires pour faire le procès de Dieu [...] ne pouvait apparaître qu'à l'époque des conceptions du monde [...] Auparavant, lorsque le monde qu'il [Dieu] avait créé connaissait des temps difficiles, nous avions plus facilement tendance à faire appel à lui comme à un protecteur ou un sauveur, puisque nous admettions qu'il nous était impossible de comprendre comment la création avait pu s'enfoncer dans une telle situation, et à qui en revenait la faute (vraisemblablement à nous). À présent que nous pensons comprendre comment tout cela fonctionne [...] dans les cafés et les salons, les gens ont commencé à exprimer leur mécontentement au sujet de la justice divine, et les théologiens ont commencé à percevoir le défi auquel ils allaient devoir s'affronter pour combattre la vague d'incroyance à venir[114].

Deuxièmement, les gens se sont mis à croire qu'ils n'avaient pas été créés pour servir Dieu avant toutes choses, mais que Dieu avait créé le monde pour leur bien. Mais, poursuit Taylor, c'est à cause du concept déiste de Dieu, et non de la vision traditionnelle chrétienne, que le tremblement de terre de Lisbonne a déclenché une crise. Il note :

> Dès que nous prétendons comprendre l'univers et son fonctionnement, dès que nous essayons d'expliquer son fonctionnement en affirmant qu'il est créé pour notre plus grand bénéfice, cette explication prête à l'évidence le flanc à la critique [...] À Lisbonne en 1755, il semblait évident que ce n'était pas [pour notre bénéfice]. Ainsi l'ordre immanent fait monter les enchères[115].

Si nous croyons que Dieu a créé le monde pour notre bien, alors d'atroces souffrances et maux ébranleront notre compréhension de la vie. Ils sont de nos jours un problème beaucoup plus grave pour ceux dont le christianisme se limite à croire en un Dieu distant qui existe pour notre bien, que pour ceux dont la foi est bien ancrée et que l'immanence n'a pas contaminés. Autrement dit, la souffrance et le mal ne démentent l'existence de Dieu que si notre opinion sur lui s'éloigne déjà du point de vue traditionnel et orthodoxe. La conclusion du sceptique dépend en grande partie de ses principes de base. Nous pourrions argumenter que, dans le contexte immanent, le jeu est truqué au détriment du Dieu de la Bible, dès qu'il s'agit du mal et de la souffrance.

Le christianisme résiduel et le problème du mal

On observe souvent une sécularisation plus lente aux États-Unis qu'en Europe et au Canada, mais cela ne l'a pas empêchée de gagner du terrain. Malgré le déisme de certains pères fondateurs, tel que Thomas Jefferson, plusieurs réveils spirituels puissants ont ancré le christianisme dans la culture américaine. On y trouve en particulier l'universalité du péché humain, à savoir que chacun est naturellement enclin et capable d'une grande malveillance. Ainsi, le « mal moral » (de terribles souffrances et maux infligés par des êtres humains à leurs semblables) s'expliquait facilement. On le considérait comme indissociable du péché de la race humaine. La doctrine du péché originel expliquait également le mal naturel. L'homme s'étant détourné de Dieu, il était compréhensible d'avoir un monde obscur et brisé, puisqu'il se trouvait sous le jugement d'un Dieu juste. Ainsi, les tremblements de terre et les invasions ennemies étaient autant d'appels à la prière collective et à la repentance.

Mais l'Amérique s'est progressivement détachée de la doctrine millénaire de l'universalité du péché, et de l'aide de Dieu par la même occasion, à cause de son aveuglement spirituel et de son impuissance. Dans son livre *The Death of Satan* [La mort de Satan], Andrew Delbanco explique comment, au début du XIXe siècle, la société américaine a progressivement abandonné les doctrines du péché humain et de la réalité de Satan. « L'orgueil du moi, écrit-il, qui était avant la marque du diable, n'était plus une simple émotion légitime, mais le dieu incontesté de l'Amérique [...] L'individualisme libéral a pris sa forme moderne à cette époque[116]. »

Nous sommes les héritiers de cette période. Toutes les sociétés occidentales vivent dans un environnement séculier. Même si beaucoup revendiquent une foi traditionnelle en Dieu, cet environnement les affecte. Nous nous croyons capables de maîtriser notre destin, de discerner le bien du mal ; Dieu est tenu de faire en sorte que tout aille bien, surtout si d'après nos propres normes, nous pouvons qualifier notre vie de suffisamment bonne. Le sociologue Christian Smith qualifie cet état d'esprit de « déisme moraliste et thérapeutique[117] ». Beaucoup de ceux qui l'ont adopté se disent croyants, et certains se prétendent même chrétiens. Mais la sécularisation dilue les croyances traditionnelles, comme nous l'avons vu. Cette croyance sécularisée en Dieu, ce résidu de christianisme, est peut-être le pire état d'esprit pour se préparer à affronter la souffrance.

Auparavant, le christianisme était largement reconnu pour ses excellentes ressources permettant d'affronter le mal, la souffrance et la mort. De nos jours, même s'il ne fait pas l'objet de débats, le christianisme offre toujours, à ceux qui souffrent, de bien meilleurs avantages que la culture séculière. Cependant, ils doivent provenir de croyances chrétiennes solides et claires.

La première de ces croyances chrétiennes importantes se fonde en un Dieu personnel, sage, infini et insondable qui contrôle les événements dans le monde. Il s'agit d'un réconfort bien plus grand que de croire que nos vies dépendent d'un destin capricieux ou d'un hasard quelconque. Le deuxième principe essentiel est que Dieu est venu sur terre, en Jésus-Christ, et a souffert pour et avec nous par son sacrifice sur la croix. C'est bien plus encourageant que l'idée d'un Dieu distant et indifférent. La croix constitue aussi la preuve que Dieu, même s'il est insondable, est de notre côté. La troisième doctrine concerne le fait que par la foi en l'œuvre de Jésus sur la croix, nous pouvons avoir l'assurance de notre salut. Cela procure une paix plus profonde que la pensée karmique. Nous avons la certitude que nos difficultés ne sont pas la répercussion de nos péchés passés, puisque Jésus a déjà payé pour eux. Comme l'a dit Luther, la souffrance est insupportable si nous n'avons pas la conviction que Dieu est pour et avec nous. Ni le matérialisme ni les religions, qui offrent le salut par les œuvres ou la vertu, ne peuvent offrir cette assurance.

Le quatrième enseignement important est la résurrection physique de tous les croyants. Elle nous comble de joie et de réconfort. Un des désirs les plus profonds du cœur humain est de pouvoir aimer sans avoir à dire adieu. Il va sans dire que la perspective de la résurrection est bien plus rassurante que l'idée d'une mort qui vous envoie dans le néant ou vous transforme en une substance spirituelle impersonnelle. La résurrection dépasse la simple promesse d'une vie après la mort, désincarnée et impalpable. Nos corps nous seront rendus, dans un état de beauté et de puissance que nous ne pouvons imaginer aujourd'hui. La résurrection de Jésus était corporelle ; il mangeait, on pouvait le toucher et le serrer dans les bras. Et pourtant, il traversait des portes closes et pouvait disparaître. C'est une existence matérielle, mais qui dépasse les limites de notre imagination. L'idée de paradis peut être une consolation pour ceux qui souffrent, une compensation pour la vie que nous avons perdue. Mais la résurrection représente plus qu'une consolation, c'est une restauration. Tout nous sera rendu : l'amour, les bien-aimés, les possessions, les beautés de cette vie, mais à un degré inimaginable de gloire, de joie et de puissance. Il s'agit d'un *renversement* de l'irréversibilité des pertes dont parle Luc Ferry[118].

Si l'on ne trouve pas de consolation dans ces doctrines chrétiennes, je pense que ne pas croire du tout en Dieu prépare mieux aux tragédies que la croyance en Dieu sécularisée et diluée si fréquente dans notre monde occidental. Aujourd'hui, bien des gens croient en Dieu, et vont peut-être à l'Église. Demandez-leur s'ils sont sûrs d'être sauvés et acceptés par Dieu, si la mort sacrificielle de Jésus sur la croix est réelle et si elle les bouleverse, s'ils sont convaincus de la résurrection corporelle de Jésus et de ses disciples. Ils vous répondront probablement par la négative, voire par un silence gêné. Le cadre immanent de la société occidentale affaiblit notre croyance intellectuelle en Dieu et empêche notre cœur de saisir les vérités spirituelles. Cependant, ce christianisme partiel, appelé aussi théisme, est une position bien plus difficile à tenir devant la souffrance que l'athéisme. Comme Taylor l'a démontré, le mal naturel offense ceux qui croient en un Dieu qui existe pour notre bien, et déconcerte ceux qui ne croient pas que nous sommes tous des pécheurs dont le salut dépend de la grâce de Dieu.

Susan Jacoby, auteur athée, a écrit dans le *New York Times* : « Quand je vois des SDF grelotter au plus fort de la tempête, quand les médias me font participer, d'une manière presque obscène, au chagrin de parents endeuillés, je n'ai pas besoin de me demander, comme doivent le faire tous les croyants, pourquoi un Dieu tout-puissant et bon permet de telles choses[119]. » Elle a raison, dans un sens. Si vous ne croyez pas du tout en Dieu, vous ne luttez pas avec la question des injustices de la vie. C'est un fait et il faut faire avec. Mais vous ne bénéficiez d'aucune des joies et des consolations qu'offre une foi authentique. Jacoby dit que l'athéisme vous « libère de la fameuse question de la théodicée ». Vous n'avez plus besoin de « concilier les événements [terribles] » de cette vie « avec un grand patron invisible dans la prochaine ».

Mais, comme nous l'avons observé dans les écrits de Charles Taylor, le « problème de la théodicée » ne découle pas d'une foi solide en Dieu, mais d'une faible croyance. Lorsque nous nous attribuons trop d'importance, que nous dépendons moins de la grâce de Dieu et de sa révélation, que nous sommes certains de comprendre comment l'univers fonctionne et comment l'histoire humaine devrait se dérouler, alors le problème du mal devient absolument intolérable. Au fur et à mesure de l'éloignement de Dieu, qui n'aime que de façon abstraite, sans rapport aucun avec sa souffrance et sa mort pour nous sauver du mal, alors de manière insupportable, ce Dieu paraît insensible devant la douleur. En somme, le théisme sans assurance du salut ou de la résurrection est beaucoup plus décevant dans la douleur, que l'athéisme. Dans la souffrance, croire un petit peu ou de façon abstraite en Dieu est bien pire que de ne pas y croire du tout.

L'histoire vraie de Tess : la fin n'est pas encore écrite

J'ai connu une « crise de foi » au début de ma vie d'adulte, sans aucun lien avec une souffrance personnelle. Lors de mes études de médecine, j'ai soigné d'innombrables victimes de tragédies : un enfant de sept ans éjecté d'un camion, des accidents mortels de la circulation, une jeune de vingt-cinq ans atteinte d'un cancer du sein, une crise cardiaque le jour de Noël, etc. J'en ai vu beaucoup et je me suis occupée de beaucoup. Je m'attaquais à tous ces défis avec mon mari, Barry, et notre foi a été éprouvée. Dieu l'a augmentée pour que nous lui fassions confiance, même si nous ne le comprenions pas. Au cours des sept années suivantes, ma compréhension de la physiologie humaine s'est approfondie. J'étais de plus en plus étonnée que tout fonctionne comme il le faut dans le corps humain. Qu'un bébé naisse sans malformation congénitale relevait du miracle. Que nous continuions à respirer, à digérer et à combattre les maladies pendant notre sommeil m'émerveillait.

Chaque jour, j'étais confortée dans l'idée que la nature existe dans un équilibre fragile et délicat par la *seule grâce* de Dieu. La question du « pourquoi moi ? » ne faisait pas partie de mon vocabulaire. La question logique me semblait plutôt être : « Pourquoi pas moi ? Qu'ai-je fait pour mériter toutes ces bénédictions ? »

Début 2012, ma mère apprend qu'elle a un cancer des ovaires avec métastases en phase terminale. Nous déménageons avec nos deux garçons, alors que je suis enceinte du troisième, pour rejoindre mes parents en Arizona, afin d'être avec ma mère jusqu'à la fin. Elle décédera et retournera auprès de notre Seigneur trois semaines après notre arrivée. Dans ses derniers jours, elle délirait de plus en plus mais, étonnamment, elle citait les Écritures. Elles étaient si profondément ancrées dans son cœur que, lorsque la maladie ravageait son esprit et le réduisait en marmonnements incohérents, tout ce qui restait était la Parole. Lors de son enterrement, j'ai prié que le Seigneur place sa Parole si profondément dans mon cœur que, lorsque mon esprit serait *in extremis*, je ne pourrais prononcer que ses vérités.

En août 2012, nous avons accueilli notre troisième fils en trois ans ; notre aîné a fêté ses trois ans six semaines plus tard. La vie était à nouveau presque parfaite. Quatorze semaines plus tard, par un bel après-midi ensoleillé, je suis rentrée du travail dans le chaos joyeux de notre foyer, au moment même où notre nounou allait réveiller le bébé de sa sieste. Plusieurs secondes se sont écoulées avant que ses cris de terreur ne pénètrent ma conscience. Je suis entrée dans notre chambre, consciente de ce qui s'était passé. Je savais qu'il était mort sans même avoir posé les yeux sur lui. Ma première pensée a été Job 1.21 : « L'Éternel a donné, l'Éternel a repris : que l'Éternel soit loué ! », suivie de près par 1 Thessaloniciens 5.18 : « Remerciez Dieu en toute circonstance : telle est pour vous la volonté que Dieu a exprimée en Jésus-Christ. » J'ai pensé à toutes ces années de formation, avec en plus la puissance incroyable du Saint-Esprit pour répondre exactement à nos besoins au bon moment et nous équiper. J'ai appelé mon mari pour lui dire que Wyatt était mort et qu'il lui fallait rentrer immédiatement. J'ai fait un massage cardiaque au bébé tout en appelant les secours, mais je savais que c'était inutile. La police est venue vérifier qu'il ne s'agissait pas d'un homicide, puis un médecin légiste est arrivé pour prendre le corps de mon bébé. J'ai refusé. Je n'allais pas abandonner mon fils sans me battre, ou du moins, sans argumenter avec Dieu. Je connaissais ses paroles sur le fait de demander pour recevoir, ou ne pas recevoir parce que nous ne demandons pas ; celles aussi sur la veuve qui énerve le juge suffisamment pour qu'il en ait marre et réponde à sa requête, et celles sur la foi de la taille d'un grain de moutarde. Pendant une heure, mon mari, notre nounou et moi, avons prié pour que Dieu ressuscite notre fils, d'une résurrection réelle et physique, comme il l'a fait pour Lazare. Nous nous sommes approchés du trône de Dieu avec audace, complètement lucides, sans désespoir, pour demander clairement qu'il nous rende notre bébé. Non pas ma volonté, mais la tienne. Dieu a entendu notre prière. Et il a dit non. Je lui ai dit : « D'accord, mais il va falloir que tu nous aides à traverser ça, parce que nous ne pouvons pas le faire par nous-mêmes. » Le rapport du médecin légiste a conclu à une asphyxie positionnelle, ou mort subite du nourrisson. Il n'était même pas malade.

Mais la fin de l'histoire n'était pas encore écrite. Le Seigneur nous a montré à maintes reprises qu'il n'avait jamais prévu que nous traversions seuls cette tragédie. Il ne nous a jamais quittés et il nous a donné son corps, l'Église. Le lendemain de la mort de Wyatt, deux de nos amis sont arrivés à l'improviste pour s'occuper de nos deux autres enfants. Notre Église, Redeemer Church, a mobilisé une armée de chrétiens pour prier et prendre soin de nous. Nous avons reçu des repas, les membres de notre famille, venus du Nicaragua, d'Arkansas, du Texas et d'Arizona, ont été logés, soit chez des membres de notre Église, soit dans un appartement qu'ils avaient loué près de chez nous. Ils ont amené des repas à notre nourrice à Brooklyn, organisé la cérémonie en mémoire de Wyatt, imprimé les faire-part... Tout a été pris en charge, d'une manière typiquement new-yorkaise, avec précision et excellence, sans que nous ayons eu notre mot à dire. Nous avons ainsi pu descendre au plus profond de notre chagrin, le vivre dans toute son agonie, et sortir de l'autre côté. Quand nous avons émergé, notre communauté avait été transformée par la souffrance dans l'unité et nous attendions un quatrième enfant. « L'Éternel a donné, l'Éternel a repris : que l'Éternel soit loué ! »

Tim Keller a dit un jour que Dieu nous donne ce que nous aurions demandé si nous savions tout ce qu'il sait. L'idée que le Prince du ciel s'est dépouillé et est devenu pauvre afin de vivre et demeurer parmi nous est bouleversante. Savoir qu'il n'y a rien dans l'expérience humaine que Dieu n'ait lui-même vécu, y compris la perte d'un enfant, nous est d'un grand soutien. L'idée qu'à la résurrection, les cicatrices de Jésus sont devenues sa gloire, nous permet de continuer. Dieu utilisera ces cicatrices pour sa gloire, alors, qu'elles deviennent notre gloire. C'est vrai, la fin n'a pas encore été écrite.

Chapitre 3

Le défi lancé au matérialisme

Tu désires connaître l'art de vivre, mon ami ? Il tient en une phrase : utilise ta souffrance[120].

Henri-Frédéric Amiel

Dans les deux premiers chapitres, nous avons étudié les défis que rencontrait le système matérialiste pour offrir des réponses aux personnes dans la souffrance. Même si les philosophes grecs classiques ont prétendu que leur système soutenait les gens confrontés au deuil et à la mort, tel n'a pas été le cas pour la plupart d'entre eux. Nous observons un phénomène similaire à notre époque. Des écrivains athées, comme Richard Dawkins et Susan Jacoby, affirment eux aussi qu'une vision de la vie uniquement basée sur le matérialisme élimine le « problème du mal » et permet ainsi aux gens libérés de concentrer leurs efforts sur l'amélioration du monde. Mais ce système fonctionne-t-il vraiment pour la majorité d'entre eux ?

Comme le souligne Richard Shweder, s'il est vrai que ce système prévaut chez les élites et institutions occidentales, en général, ceux qui souffrent réellement n'en tiennent pas compte. Shweder affirme que les approches anciennes, plus spirituelles et traditionnelles, persistent dans les catégories populaires derrière le discours matérialiste dominant. Elles agissent en tant que « "contre discours" individuels ou collectifs aux discours officiels offrant des explications scientifiques[121] ».

Où sont passés les humanistes ?

Peu de temps après la fusillade de décembre 2012 à Newtown, dans le Connecticut, et les discours des autorités municipales, les cérémonies et les obsèques, Samuel G. Freedman a rédigé, dans le *New York Times*, une chronique intitulée « In a Crisis, Humanists Seem Absent » [Les humanistes semblent absents en temps de crise]. Il fait remarquer que les responsables politiques et les familles des victimes se sont fortement inspirés du vocabulaire et symbolisme religieux lors des cérémonies publiques. L'état du Connecticut ne se trouve pas dans la « Bible Belt », qui regroupe les états traditionnellement religieux des États-Unis. Cependant, toutes les familles ayant perdu un enfant ont choisi d'organiser des offices religieux qui se sont tenus dans des églises catholique, congrégationaliste, mormone et méthodiste, dans une méga église protestante ou dans un cimetière juif. Un groupe de jeunes chrétiens afro-américains est venu du sud des États-Unis chanter « Amazing Grace[122] ». Le président Obama a prononcé un éloge funèbre qui était essentiellement une prédication. Il a parlé de Dieu « rappelant ses enfants » à lui, et a abondamment cité 2 Corinthiens 4 et 5, avec leur offre d'espérance d'un monde et d'une vie dans l'au-delà, sources de consolation et d'aide pour supporter les pertes que nous subissons ici-bas.

Comme tant d'autres, Freedman a trouvé surprenant qu'une société de plus en plus sécularisée, où vingt pour cent de la population affirme dans les sondages n'avoir « aucune préférence religieuse », se tourne publiquement et collectivement vers Dieu et vers la foi pour faire face à cette tragédie. Selon lui, cet événement « laisse dans son sillage une question épineuse : "où sont passés les humanistes ?" » Pourquoi les « non-croyants » étaient-ils à ce point absents alors même qu'un nombre croissant d'Américains délaissent la pratique religieuse ?

Freedman cite également Greg M. Epstein, aumônier humaniste à l'Université d'Harvard : « Ce que la religion offre dans de tels moments (plus qu'une théologie, plus qu'une présence divine) est une communauté. Nous devons proposer une forme alternative de communauté [...] pour le nombre croissant de personnes qui se disent non croyantes. » En somme, pour Epstein la religion n'offre rien de plus que de l'amour et du lien social à ceux qui souffrent, et il faut que les non-croyants soient capables d'en faire autant.

Mais notre étude des cultures et de l'histoire a montré que ce n'est pas vrai. Richard Shweder, Peter Berger et d'autres sociologues et anthropologues réfuteraient l'idée que les cultures religieuses offrent avant tout un soutien communautaire plutôt qu'une « théologie ». Les religions proposent essentiellement une explication élargie de la vie qui donne un sens à la souffrance et aide ceux qui souffrent à trouver une signification à leur douleur. Cette explication est profondément théologique et c'est justement sur ce point que le sécularisme moderne perd son efficacité.

Freedman ajoute que, si l'humanisme séculier n'a aucune théologie à offrir, on peut se demander dans quelle mesure il est capable d'offrir une communauté. Les religions créent des communautés autour de cultes communs, de célébrations et de fêtes annuelles. Elles en appellent à des relations profondes basées sur des textes sacrés, créent des rites autour de la naissance, du passage à l'âge adulte, du mariage et de la mort. Tout cela lie les membres de la communauté les uns aux autres, mais aussi aux croyants des siècles passés, et donc au passé lui-même. Incapable de produire ces liens, il en résulte que le sécularisme n'a pas fondé de communauté soudée susceptible de réconforter et consoler les gens dans leurs moments de deuil.

Freedman estime que le sécularisme souffre d'un problème fondamental qui l'empêchera toujours de former le même genre de communauté « dense » que le monde religieux. Une communauté ne se forge que lorsque les gens dépassent leurs intérêts personnels pour partager une loyauté plus grande. Pour Freedman, « l'humanisme souffre [...] de la valorisation de l'individu ». Si c'est moi qui décide en dernier ressort de ce qui est bien et mal, et si rien n'est plus important que mon droit de vivre comme je l'entends, le soutien d'une communauté soudée s'altérera, voire n'existera pas.

L'athéisme est-il une bénédiction ?

Quelques jours après la parution de l'article de Samuel Freedman, Susan Jacoby a répondu dans l'éditorial du même journal sous le titre « The Blessings of Atheism », précédemment cité. Elle exprime son « exaspération des discours sans fin sur la foi en Dieu comme seule consolation pour les gens détruits par les meurtres incompréhensibles de Newtown... [que] le manque de foi [...] n'a rien à offrir aux personnes dans la souffrance[123] ». Afin de contrecarrer cette idée, Jacoby raconte comment elle est devenue athée.

> Je fais remonter mon athéisme à mes sept ans, lorsque je me suis trouvée pour la première fois devant ce fléau qu'est la polio. C'était en 1952, un ami de neuf ans l'avait contractée et il s'accrochait à la vie grâce à un poumon d'acier. Après l'avoir vu à l'hôpital, j'ai demandé à ma mère : « Pourquoi Dieu fait-il subir cela à un petit garçon ? » Son soupir a trahi son manque de conviction et elle m'a répondu : « Je ne sais pas. Le prêtre dirait que Dieu doit avoir ses raisons, mais lesquelles, je ne sais pas. » En 1954, à peine deux ans plus tard, le vaccin de Jonas Salk a commencé à éradiquer cette maladie. Ma mère a saisi l'occasion pour suggérer que Dieu avait peut-être guidé ses recherches. Je me souviens lui avoir répondu : « Eh bien, Dieu aurait dû guider les médecins bien avant. Comme ça, Al ne serait pas dans un poumon d'acier. » (Il est mort huit ans plus tard, à cette époque j'étais déjà une athée convaincue.)

Jacoby ajoute : « C'est surtout devant la souffrance [...] que je me souviens avec force de tout ce que l'athéisme a à offrir. » En tant qu'athée, elle est libérée du problème du mal, contrairement aux religieux. Nul besoin de demander « comme les croyants, pourquoi un Dieu tout-puissant et bon permettrait de telles choses. » Se défaire du fardeau du problème du mal « libère » l'athée et lui permet de « se concentrer sur le destin du monde qui l'entoure ». Plutôt que de céder aux doutes et à la confusion qui doivent, selon elle, envahir les croyants lors de tragédies, les athées peuvent prendre soin des victimes et effectuer des transformations pour éradiquer ces tragédies.

Finalement, dit-elle, l'athée peut réconforter en montrant que « la raison et l'émotion ne sont pas opposées, mais plutôt complémentaires ». Elle cite Robert Green Ingersoll, le « Grand agnostique » du XIXe siècle, qui, au bord de la tombe de l'enfant d'un ami, a dit : « Vous qui vous tenez ici devant cette tombe le cœur brisé, n'ayez crainte. La plus grande et plus noble foi, en tout ce qui est et en tout ce qui sera, nous dit que la mort, même la pire, n'est que repos parfait [...] Les morts ne souffrent pas[124]. » Pour Jacoby il s'agit d'un exemple de consolation séculière. Ingersoll avait une position très « rationnelle », à savoir que nous n'existons plus après notre mort, et il s'en est servi pour consoler la famille endeuillée.

Jacoby a raison de souligner que le point de vue des matérialistes encourage à agir contre les diverses sources de souffrance. Les systèmes religieux qui enseignent le karma, ou la nature illusoire du monde, ou une quelconque vie après la mort peuvent, en effet, bercer leurs adeptes et les rendre passifs par rapport au mal et à l'injustice dans le monde. C'est un domaine où la doctrine matérialiste a peut-être raison, si on la compare à d'autres points de vue culturels ou religieux sur la souffrance.

Mais c'est peut-être le seul domaine où le matérialisme a l'avantage.

Tout d'abord, Jacoby va trop loin en prétendant que tous les croyants luttent *nécessairement* avec le problème du mal. Nous avons déjà vu, avec Charles Taylor, que le « problème du mal » n'a été ressenti qu'avec l'émergence du cadre « immanent », cet esprit séculier qui élève la raison individuelle et produit des individus « confiants dans leur propre capacité à décider de leurs valeurs morales ». Une foi solide en Dieu n'élimine pas le problème du mal, comme nous l'avons déjà vu, mais elle l'empêche de devenir une obsession ou un handicap.

Jacoby affirme ensuite que les athées sont libres de « défendre des causes sociales comme l'égalité de la justice pour les Noirs américains, le droit des femmes, la réforme des prisons et les droits des animaux ». Elle désigne à ce sujet Robert Green Ingersoll. Mais elle semble délibérément ignorer deux données : l'une historique et l'autre philosophique. Sur le plan historique, bon nombre de grands mouvements en faveur de la justice sociale étaient religieux. La religion peut donc promouvoir plus de justice sociale[125]. Il est difficile de prouver par l'histoire que l'athéisme a engendré plus de justice sociale que la religion. Il n'est donc pas démontré que l'athéisme offre de meilleures ressources pour répondre à la souffrance.

La question philosophique est peut-être encore plus importante. Pour Jacoby, les principes de justice et d'épanouissement, de bien et de mal, demeurent des évidences même sans Dieu. Mais cela ne se vérifie pas. Dans un contexte religieux, l'éthique et la morale sont clairement établies. Elles sont enracinées dans les sources d'autorité reconnues par la religion. Dans une vision du monde matérialiste, il est extrêmement difficile de définir ce qui est moral ou juste, et pas seulement parce qu'il y a désaccord sur des points éthiques particuliers. La question qui hante les penseurs du système matérialiste est : sur quoi fonder les normes pour qu'elles ne soient pas complètement arbitraires ? Dès le XVIIIe siècle, des philosophes comme David Hume ont relevé que la science et la raison empirique ne pouvaient être la base de la morale, puisqu'elles nous informaient de la manière dont les gens vivaient, mais non sur celle dont ils *devraient* vivre. Hume a écrit que la raison seule « est incapable de répondre à la moindre question sur [...] la morale ou le sens de la vie[126] ».

Michael Sandel, professeur à Harvard, en parle dans son livre, *Justice: What's the Right Thing to Do?* [Justice : Quelle est la bonne chose à faire ?] Il démontre qu'il existe dans notre société au moins trois théories différentes et concurrentes de la justice. Chacune d'elle s'appuie sur une image mentale différente de la nature humaine et du sens de la vie, qui repose à son tour sur une croyance quant à la nature des choses qui ne peuvent être établies. Sandel donne beaucoup d'exemples, dont l'avortement, la politique d'immigration et le mariage pour tous, pour montrer qu'il n'y a pas de base neutre « rationnelle » d'un côté ou d'un autre sur ces questions. Chaque partie fait valoir ses propres conceptions de la liberté, son point de vue sur les bonnes relations entre l'individu et sa communauté, et ses propres définitions de ce qu'est une vie morale. L'athéisme ne résout donc pas les questions épineuses sur la justice[127] ou une société bien conçue.

Enfin, Jacoby reprend l'affirmation de Robert Green Ingersoll, lors de son oraison funèbre, que « les morts ne souffrent pas », pour montrer qu'un point de vue purement matérialiste du monde peut être d'un grand réconfort. Mais Ingersoll se contentait de recycler l'idée d'Épicure selon laquelle nous ne devons pas craindre la mort, puisque nous n'existons pas. Comme nous l'avons vu, Luc Ferry a considéré cette tentative de réconfort « un peu trop courte pour être honnête ». Il est incohérent de défendre qu'il n'y a pas à craindre un état dépourvu d'amour et de tout ce qui donne du sens à la vie. La consolation matérialiste : « les morts ne souffrent pas », semble faible en comparaison de la consolation chrétienne de la résurrection. Une matérialiste comme Jacoby répondrait : « mais c'est une croyance erronée ». Le chrétien pourrait dire la même chose de la philosophie matérialiste. Sans discuter de la véracité de ces différentes croyances, il est difficile de soutenir que, face à la souffrance et au mal, le matérialisme est aussi efficace que la religion.

Si nous étions des parents confrontés à l'horreur de la mort de notre enfant, comment jugerions-nous ces deux formes de consolations ? Des anthropologues comme Shweder et des événements comme la fusillade de Newtown prouvent que la majorité des gens parvient à survivre à sa douleur grâce à des cultures non matérialistes et aux religions.

Une athée convaincue a laissé un commentaire sur un des blogs créés après le discours du président Obama à Newtown. Elle a reconnu l'inefficacité du discours matérialiste chez la majorité des gens. « Depuis que je suis adulte, j'ai cru en Dieu pendant à peu près trente secondes, quand on a enterré mon fils, écrit-elle. J'ai eu le sentiment incroyablement vif qu'un esprit partait. Puis, je suis revenue à la raison. » À cet instant précis, elle a eu l'intuition très forte que ce monde matériel ne pouvait pas être la seule chose qui existe. Même si elle a refusé de se fier à cet instinct, elle en a quand même reconnu la puissance. « Il est facile de comprendre comment les gens peuvent se laisser séduire », a-t-elle ajouté[128].

Cette intuition, selon laquelle nous ne sommes pas le simple fruit d'un enchaînement de matières et de produits chimiques, mais des êtres dotés d'une âme est, d'après Shweder, une des convictions les plus largement partagées depuis la nuit des temps. Même le rejet profond et délibéré de la croyance religieuse n'a pu empêcher cette femme de la ressentir du fond de sa tristesse. Il est irréaliste, et sans doute cruel, de prétendre comme Richard Dawkins, que chacun doit rejeter cette intuition sous peine d'être taxé d'adulte aux réactions puériles.

La souffrance et le retour vers le spirituel

Les recherches et l'expérience nous montrent que la majorité des gens se tournent vers le spirituel pour comprendre et supporter des souffrances épouvantables. Victor Frankl, un psychiatre juif qui a survécu trois ans dans un camp de la mort nazi, a observé comment certains de ses compagnons ont pu endurer les horreurs du camp, alors que d'autres n'y parvenaient pas. La différence tenait dans ce que Frankl appelait « un sens à la vie ». Le problème est que nos contemporains pensent que le but de la vie est de trouver le bonheur. Nous décidons de ce qui nous rendra heureux, puis nous faisons tout notre possible pour l'obtenir. Vivre pour le bonheur signifie essayer d'obtenir quelque chose de la vie. Mais l'irruption de la souffrance balaye les conditions du bonheur et détruit notre raison de vivre. En revanche, si nous cherchons « un sens à la vie », nous ne sommes plus en quête de ce que la vie peut nous donner, mais nous comprenons que la vie attend quelque chose de *nous*. En d'autres termes, notre vie prend tout son sens lorsque nos priorités dépassent nos libertés et bonheur personnels et que nous sommes heureux de les sacrifier pour une cause[129].

Frankl note la fréquence avec laquelle les non-croyants ou les croyants non pratiquants se tournent vers la foi, une fois entrés dans l'horreur de ces camps ; c'est en effet la seule façon de survivre. Bien des prisonniers ont développé un intérêt religieux nouveau « tout à fait authentique. Les nouveaux venus étaient souvent frappés par l'intensité de la foi des prisonniers[130] ». Frankl soutient que cette foi croissante n'était pas seulement normale, mais nécessaire dans un environnement qui dépouillait les hommes et les femmes de tous leurs biens, de sécurité et de raison de vivre.

Après les attentats du Marathon de Boston, Eleanor Barkhorn, rédactrice du *The Atlantic* a remarqué la recrudescence de messages, sur les réseaux sociaux, qui invitaient à « prier pour Boston ». « C'était déconcertant [...] C'était [...] étrange de voir tant d'amis non religieux parler de prière. La majorité de mes amis sur Facebook qui demandaient de prier pour Boston ne sont pas particulièrement pratiquants. Ils vont peut-être à l'église ou à la synagogue lors des fêtes religieuses, mais pas régulièrement, et il est certain qu'ils ne parlent pas de prier en temps normal [...] Ce que j'ai vu sur Twitter et Facebook [...] ce n'était pas des fidèles qui appelaient d'autres fidèles à [...] prier. C'était également des non-croyants qui demandaient l'aide de la prière. » Barkhorn fait remarquer que la devise « il n'y a pas d'athées dans les tranchées » est à la fois condescendante et démentie. Bien des gens *deviennent* athées dans les tranchées. Par ailleurs, selon elle, ce large appel à la prière après une crise majeure ne fait pas long feu. Mais elle reconnaît aussi qu'après le 11 septembre, en tant que non-croyante vivant à Manhattan, elle a eu « un besoin involontaire d'invoquer le nom de Dieu ». Cela s'est mué en désir de lire la Bible, pour finalement l'amener à une foi chrétienne épanouie[131].

Far from the Tree [Loin de l'arbre], le best-seller d'Andrew Solomon, étudie le choc et la réaction des parents qui découvrent que leur enfant qui vient de naître n'est pas « comme eux ». Il est atteint de surdité, de nanisme, de trisomie, d'autisme, d'une maladie chronique ou d'un autre handicap. Solomon présente une série d'études de cas, bien écrites et bienveillantes, de familles ayant affronté ces pathologies. L'arrivée d'un de ces enfants est toujours une période de crise pour la famille. Mais Solomon en tire la conclusion suivante : « L'énigme de ce livre c'est que la majorité des familles que j'ai rencontrées était reconnaissante pour des expériences qu'elles auraient normalement évitées à tout prix[132]. » Ces propos correspondent davantage à la compréhension des cultures anciennes des « doux usages de l'adversité ». La souffrance ne fait pas intrusion dans l'histoire d'une vie, mais y joue un rôle important. Dans ce livre, il sera intéressant de noter toutes les fois où la religion intervient lorsque les familles décrivent la manière dont elles ont appris à accepter l'enfant différent. Pourtant, Solomon lui-même n'est pas croyant et ne cherche pas à mettre la religion en avant.

Un des couples, David et Sara, a eu un garçon, Jamie, aveugle et déficient mental de naissance. Leur fils a grandi sans jamais pouvoir s'asseoir ou se retourner seul, et portait en permanence une sonde urinaire. Convaincus que le cas de Jamie était atypique, le couple a eu un deuxième enfant, une fille tout à fait normale. Leur troisième enfant, Sam, s'est révélé être encore plus déficient, mentalement et neurologiquement que Jamie. Chose incroyable, Sara a confié à Solomon : « Si nous avions su qu'il pouvait lui aussi être handicapé, nous n'aurions pas pris le risque [...] Ceci dit, si on me disait : "On peut effacer cette expérience" (d'avoir un second enfant lourdement handicapé), je refuserais l'offre. » Son mari ajoute : « Je suis stupéfait de l'impact que peut avoir sur les gens un enfant aveugle, handicapé mental, incapable de parler et de se déplacer seul. Il parvient à toucher et à débloquer les gens comme personne. Cela fait partie de l'histoire de notre survie, celle de notre émerveillement sur la manière dont notre fils a touché tant de gens[133]. »

C'est une histoire remarquable, parsemée de nombreuses références à la religion, ce qui ne nous surprendra pas, à la lumière de ce que nous avons déjà vu dans notre étude des cultures et de l'histoire. Le lendemain du jour où elle a appris que leur premier fils était aveugle et handicapé mental, Sara a confié à David : « Je ne sais pas pourquoi, mais je suis intimement convaincue que nous devrions faire baptiser Jamie. » Cette impulsion était d'autant plus surprenante que ni l'un ni l'autre n'avait mis les pieds dans une église depuis des années. Ils étaient opposés à la plupart des doctrines religieuses mais Sara a expliqué : « Je pense que c'était ma façon de reconnaître que Jamie avait une âme. » Il s'agissait d'un pas décisif pour ces parents. Ils devaient être sûrs que leur fils était vraiment humain, pour l'aimer et en prendre soin. S'il n'était qu'un corps, sa vie se défendait difficilement. Il lui manquait la plupart des capacités propres à faire de nous des êtres humains. La philosophe Martha Nussbaum dresse la liste des « capacités » qui, du point de vue des matérialistes, stipule qui est humain et a donc des droits. Elle comprend : se servir de l'imagination et de la pensée, des émotions, du raisonnement, du jeu, pouvoir s'attacher (« posséder les principes sociaux du respect de soi »), et contrôler son environnement[134]. Jamie, bien sûr, n'en possédait aucune. Comment ses parents pouvaient-ils éviter de se laisser gagner par l'idée qu'il n'était qu'un animal ou un objet, et de le traiter en conséquence ? Ils sont revenus à une compréhension plus ancienne de la nature humaine, un corps *et* une âme, parce que chaque être humain, qu'il soit intelligent ou déficient, est créé à l'image de Dieu. Comme l'affirme Richard Shweder, les récits séculiers officiels sont inefficaces pour des millions de gens qui souffrent dans les sociétés occidentales.

Le livre de Solomon regorge d'histoires de familles ayant eu recours au « contre discours » pour survivre, voire s'épanouir, dans des situations à première vue intolérables. On y trouve l'exemple d'un chrétien engagé, père d'un enfant atteint de nanisme, qui a appris à aimer son fils en déclarant : « Je crois qu'il y a un Dieu. Je sais que Dieu ne crée pas de la camelote[135]. » Un parent de fille autiste considère son Église comme son plus grand réconfort. Liza, la sœur de Jamie, prendra deux semaines de congé pour lui lire l'intégrale des *Chroniques de Narnia*. Ces contes pour enfants, de C.S. Lewis, regorgent de symbolisme chrétien. Andrew Solomon, qui n'est pourtant pas croyant, dit que son propre enfant est « pleinement et abondamment humain, détenteur d'une âme qu'aucun handicap ne peut lui retirer[136] ».

L'échec du matérialisme

La plupart des personnes confrontées à la souffrance ne se satisfont pas du point de vue matérialiste. Pourquoi ? Résumons d'abord nos observations.

Une des raisons est que les souffrances humaines présentent une infinité de formes résultant d'une infinité de causes. L'approche occidentale simplifie à outrance ces causes complexes en les réduisant principalement à une « forme d'agression[137] ». C'est bien sûr le cas dans de nombreuses situations. Des enfants qui meurent dans l'incendie d'un bâtiment à risque sont purement et simplement des victimes (de constructeurs qui ont ignoré les règles de sécurité et d'un court-circuit). De nombreuses souffrances, les maladies incluses, résultent à un certain point de nos propres agissements. Par contre, pour une grande part, elles ne rentrent tout simplement pas dans le carcan de l'analyse occidentale. D'autres cultures considèrent qu'elles sont provoquées par des incidents et accidents, des péchés et des échecs, le destin ou la volonté divine, ainsi que la lutte entre le bien et le mal. Certaines font la distinction entre le « mal naturel » (lié aux accidents et à la fatalité) et le « mal moral » (résultant du péché et de l'oppression). Cet éventail de causes prend parfaitement en compte les formes diverses de souffrance, alors que la doctrine matérialiste ne le fait pas.

Par ailleurs, la vision occidentale contemporaine fait preuve d'un optimiste naïf sur la vie. Comme le suggèrent Susan Jacoby et d'autres, la principale réponse d'une personne matérialiste au mal et à la souffrance n'est pas d'y trouver un certain sens, ni de se préparer en vue de les vaincre dans une vie future, mais d'améliorer le monde pour en éliminer, lentement mais sûrement, la souffrance présente. Si les matérialistes accordent tant d'importance au « *ici et maintenant* », c'est qu'ils n'ont rien d'autre à offrir, car si nous ne pouvons trouver notre bonheur ici et maintenant, il n'existe vraiment aucun espoir pour nous.

Dans son livre *Straw Dogs: Thoughts on Humans and other Animals* [Les chiens de paille : réflexions sur les humains et autres animaux], le philosophe John Gray analyse la montée en puissance des drogues et des dépendances dans les sociétés occidentales. « L'usage de stupéfiants, écrit-il, est la reconnaissance tacite d'une vérité muselée [dans la culture occidentale]. » Quelle est cette vérité ? « Pour la plupart des gens, le bonheur est hors de portée », et la vie est forcément difficile, triste et le sera toujours. Dans le système matérialiste, il faut trouver tout bonheur et sens de la vie pendant qu'on est sur terre. Dès lors, pour vivre avec de l'espoir, les matérialistes doivent croire qu'il est possible d'éliminer la plupart des sources de malheur pour une majorité de gens. Mais c'est impossible. Les causes de la souffrance sont infiniment complexes et impossibles à éliminer. Non religieux, John Gray reconnaît d'une manière étonnante que les cultures religieuses sont, par nature, bien plus réalistes sur le côté incurable de la misère humaine :

> Les cultures religieuses pouvaient admettre que la vie terrestre était difficile, puisqu'on leur promettait un autre monde où toutes larmes seraient séchées. Leurs successeurs humanistes affirment quelque chose d'encore plus incroyable, à savoir qu'un jour futur, voire proche, tout le monde sera heureux. Les sociétés fondées sur une foi dans le progrès ne peuvent admettre les malheurs normaux de la vie[138].

L'écrivain Ernest Becker, dans *The Denial of Death* [Le déni de la mort], exprime de manière similaire son dégoût de ce qu'il appelle les « scientifiques manipulateurs », qui ne prennent pas assez au sérieux la misère et l'horreur de la vie. Ils donnent l'impression que « nous pouvons changer le monde » avec telle ou telle technologie, ou que nous pouvons gérer la douleur et la souffrance, « en abolir l'absurdité et inventer une condition humaine "digne" ». C'est pour cela qu'il dit qu'en « ce sens, toute science est "bourgeoise", affaire de bureaucrates ».

L'expansion du moi

La souffrance porte sans doute son plus grand coup aux cultures séculières lorsqu'elle met à jour la faiblesse de l'« Histoire du Monde ». Comme nous l'avons vu, chaque culture doit offrir à son peuple une histoire, une ligne conductrice sur ce qu'est la vie. Dans *The Real American Dream : A Meditation on Hope* [Le vrai rêve américain : Réflexions sur l'espérance], Andrew Delbanco soutient qu'un récit culturel doit accomplir deux choses. D'abord, il doit nous donner de l'espoir. Cela s'avère possible uniquement s'il nous aide à « imaginer une fin à la vie qui transcende notre ridicule décompte de jours et d'heures, si nous voulons repousser "l'impression floue que nous dérivons dans un monde absurde" ». C'est également possible s'il dépasse le « vague soupçon qu'amasser et dépenser de l'argent n'est rien d'autre que de l'agitation nerveuse dans l'attente de la mort[139] ». Ensuite, ce récit doit permettre à une société de former un ensemble cohérent au lieu de l'éparpiller en des millions d'individus. Il doit nous pousser à mettre notre égoïsme de côté au profit de la communauté, en annonçant « la notion indispensable que le monde ne s'arrête pas aux frontières de notre moi[140] ».

Pour Delbanco, chaque récit porte en lui une grande idée sur « ce qu'est la vie ». Elle permet aux membres d'une société de s'identifier. Il énumère les trois grandes idées de la culture américaine selon lui : Dieu, la Patrie, et le Moi. À l'aube de la société américaine, le sens de la vie était de vivre pour la gloire de Dieu.

Puis, les Américains du XIXe siècle ont remplacé Dieu et son royaume par les États-Unis en tant que nation, avec ses valeurs démocratiques, son expansion et sa prospérité. L'espoir lié au royaume de Dieu s'est mué en une mission destinée à améliorer le monde grâce aux valeurs et à la puissance de l'Amérique en tant que nation rédemptrice : « la plus grande nation du monde ». Delbanco rejoint ici de nombreux spécialistes qui sont arrivés aux mêmes conclusions. Ce glissement a été l'étape décisive vers la sécularisation de la société américaine, un pas de plus vers l'immanence. Le nationalisme et la démocratie sont devenus la nouvelle religion puisque les Américains ont entrepris de se « faire eux-mêmes ». Déjà dans les années 1830, Alexis de Tocqueville disait qu'une des « caractéristiques » de l'Amérique était son individualisme. L'Américain, écrit-il, « est la cause et la fin de toutes choses[141] ». Dans cette deuxième étape de l'histoire américaine, la grande majorité du peuple croit donc toujours en Dieu, mais en un Dieu qui devient de plus en plus distant, moins impliqué dans la marche du monde, moins mystérieux et majestueux, laissant aux hommes le soin de comprendre et de refaire le monde.

Mais Delbanco pense que ces « récits » culturels anciens ont fait leurs temps. L'étape nationaliste de l'histoire américaine avait un objectif plus élevé que la liberté individuelle. Comme tous les autres peuples, les Américains étaient appelés à mettre de côté leurs intérêts personnels pour le bien du pays. Mais, vers la fin du XXe siècle, dit-il, « quelque chose est mort : l'idée d'un destin commun qui mérite des larmes, des sacrifices, voire la mort ». La satisfaction immédiate a été érigée en « caractéristique d'une bonne vie ». La dévotion à Dieu et tout ce qui ressemble à du patriotisme américain ont été la risée de ceux qui avaient une « vision progressiste » ; cela a sonné le glas de la « vision collective[142] ». L'homme contemporain, par exemple, n'est guère culpabilisé de ne « plus penser... qu'il existe quelque chose dans ce monde qui le transcende[143] ».

> L'histoire d'espérance que j'ai tenté d'esquisser dans ce livre est celle d'une réduction. D'abord, l'homme a tendu (au point d'en être parfois submergé) vers l'immensité de Dieu. Du début de la république jusqu'à la Grande Société, il est resté investi dans un idéal national plus petit que Dieu, mais plus grand et plus durable que n'importe quel citoyen pris individuellement. Aujourd'hui, l'espérance diminue jusqu'à disparaître[144].

Robert Bellah, dans son œuvre magistrale *Habits of the Heart* [Habitudes du cœur], appelle cela l'individualisme expressif. Ce texte a été publié à peu près au moment où Delbanco observait ce fort « tournant vers soi » dans la culture américaine[145]. Il s'agit d'un vaste sujet. Des écrivains de toutes tendances politiques nous ont alertés de ses conséquences : de Tocqueville au sociologue Émile Durkheim, de Karl Marx à Edmund Burke, tous ont annoncé un corps social en décomposition et « l'enfer de la solitude ».

Mais notre intérêt vis-à-vis de ce livre est plus restreint. Beaucoup s'alarment de « l'expansion du moi » (un moi qui déclare : « Je dois créer mon propre bonheur, devenir plus fort, être le moteur de mon propre élan[146] ») et de sa signification pour la cohésion sociale. Quant à nous, nous nous intéressons à ses conséquences sur la souffrance. Comme Victor Frankl l'a reconnu dans les camps de la mort, ceux qui sont leur propre législateur de morale et de sens n'ont aucun idéal pour lequel mourir, et donc aucune raison de vivre quand on les prive de liberté. Comme le remarquent Richard Shweder et Andrew Delbanco, chacun à sa manière, le « récit de la vie » qu'offre la culture moderne n'a d'autre objectif que le confort et la puissance de chacun. Frankl a noté que, pour celui qui n'a que son propre bonheur comme raison d'être, la souffrance peut rapidement conduire au suicide.

Une histoire différente

Nous avons expliqué que chaque culture offrait à ses membres un récit sur ce qu'est la vie, et que celui de la culture contemporaine (stipulant que le but de l'existence est la liberté individuelle et le bonheur) ne laissait aucune place à la souffrance. Nous allons voir que l'histoire chrétienne est totalement différente. La souffrance y est, en fait, centrale. Elle est le résultat de notre refus de Dieu et le moyen par lequel il est venu nous sauver en Jésus-Christ. Aujourd'hui, la souffrance est l'une des principales manières par lesquelles nous devenons forts, semblables à Jésus, saints et heureux, et un moyen crucial de montrer au monde l'amour et la gloire de notre Sauveur.

William Willimon, pasteur et théologien, raconte une histoire datant du début de son ministère. Une des femmes de son Église venait d'accoucher et il est allé la voir à l'hôpital. Le couple alarmé attendait le médecin, parce qu'on l'avait informé « de problèmes à la naissance ». Le gynécologue est arrivé et a annoncé aux parents que leur bébé était atteint de trisomie 21 et souffrait également d'un trouble respiratoire mineur qui pouvait être corrigé. Il leur dit : « Je vous conseille de laisser faire la nature. Dans quelques jours, il n'y aura plus de problème. » S'ils se contentaient de laisser les choses en l'état, l'enfant aurait une mort « naturelle ». Le couple était désorienté et a demandé au médecin pourquoi il ne voulait pas opérer. Il les a regardés et a expliqué qu'élever un enfant trisomique aurait de lourdes conséquences sur leur mariage, et que les études montraient que beaucoup de parents de tels enfants finissaient par divorcer. Il a conclu : « Est-il juste de faire souffrir ainsi vos deux autres enfants[147] ? »

En entendant le mot « souffrance », la femme a soudain eu l'air de comprendre. Elle a répliqué que ses enfants avaient toujours eu une vie confortable et sans encombre, avec tous les atouts imaginables. Ils avaient peut-être trop peu connu, en revanche, de souffrances et de difficultés. Elle a évoqué « la main de Dieu » et a dit : « Il me semble logique qu'un enfant comme celui-là soit né dans une famille comme la nôtre. Nos enfants s'en sortiront très bien. En y réfléchissant, c'est peut-être une occasion inespérée. »

Le docteur était stupéfait et, se tournant vers le pasteur, lui a demandé de « leur faire entendre raison ». Willimon savait, bien sûr, que le couple avait besoin de conseils avisés sur ce qui les attendait, pour qu'ils ne soient pas trop naïfs quant à leur rôle de parents d'un enfant handicapé. Mais, écrit-il, ce couple avait aussi mené une réflexion, même si elle était étrangère au médecin. Dans l'histoire culturelle dominante, reflétée par la réaction du médecin, « des mots comme "souffrance" sont irrémédiablement négatifs » parce qu'il est « important d'éviter la douleur à tout prix » puisque « nos vies n'ont de [valeur] que par nos désirs ». Ce couple, lui, voyait la vie par le prisme de la logique du récit chrétien, de la chute à la rédemption du monde par Jésus-Christ. Dans cette histoire, la souffrance peut être rédemptrice et nous aider à servir les autres et à glorifier Dieu[148].

Un appel à l'humilité

Le livre de 2 Rois dans l'Ancien Testament retrace l'histoire de Naaman, un riche et puissant général de l'armée syrienne[149]. La lèpre le tuait lentement et il souffrait terriblement. Ayant entendu parler d'un Dieu puissant en Israël, il s'y est rendu, muni d'argent et d'une lettre menaçante de son roi. Il est allé voir le roi d'Israël et a exigé d'être guéri. Comme beaucoup d'entre nous aujourd'hui, Naaman pensait que l'argent, l'influence et l'intelligence pouvaient avoir raison de sa souffrance. Il s'est donc adressé à la personne qui détenait toutes ces qualités et a attendu qu'elle résolve son problème. Pour toute réponse, le roi d'Israël a déchiré sa robe et s'est écrié : « Suis-je Dieu, pour faire mourir et pour faire vivre ? » (2 Rois 5.7, *Colombe*) ; en d'autres termes : « Ne me demandez pas de faire ce que seul Dieu peut faire ! »

Notre société occidentale a besoin d'écouter le cri du roi d'Israël. Quand nous souffrons, nous pensons qu'un changement politique, de meilleurs psychologues ou médecins, ou des progrès technologiques résoudront notre problème. Mais l'obscurité du monde est trop profonde pour être dissipée aussi facilement. Nous nous trompons, par orgueil, quand nous croyons pouvoir tout contrôler et vaincre l'obscurité par nos connaissances. La plupart du temps, nous n'admettons pas la noirceur de ce monde ; des événements comme le 11 septembre ou la fusillade de Newtown nous la démontrent de façon assez intolérable. Nous *ne devons pas* rester passifs face aux désastres et aux tragédies. Si une réforme politique permet d'éviter qu'un mal ne se reproduise, nous devons tout faire pour la mettre en place.

Il est cependant essentiel de comprendre que de telles mesures ne suffiront jamais. La douleur et le mal sont omniprésents et enracinés spirituellement dans ce monde. Ils ne peuvent jamais être réduits à une origine concrète susceptible d'être isolée et anéantie. Comme le dit Hamlet : « Il y a plus de choses sur la terre et dans le ciel, qu'il n'en est rêvé dans votre philosophie. » Une citation du roman de J.R.R. Tolkien, *Le Seigneur des Anneaux*, est peut-être encore plus pertinente : « Toujours après une défaite et un répit, l'Ombre prend une autre forme et croît de nouveau[150]. » Quoi que nous fassions, la souffrance et le mal ne peuvent être éradiqués. Même si nous essayons de toutes nos forces de les arrêter, ils prendront simplement une autre forme et se développeront autrement. Les affronter demande bien plus que des ressources terrestres.

Finalement, Naaman ne se tournera pas vers la richesse, la compétence, ou une grande habileté mais vers Dieu lui-même. Au lieu de laisser son orgueil faire confiance à son expertise ou à celle des autres, on lui demande d'amener son âme à s'humilier. Il est alors guéri de sa maladie, et bénéficie d'une nouvelle relation avec Dieu qui insuffle sa grâce et sa joie dans son âme. La souffrance l'a conduit au salut. Cette histoire ne cherche même pas à répondre à la question : « Pourquoi Dieu permet-il tant de mal et de souffrance dans ce monde ? » L'exemple de Naaman ne justifie pas non plus la souffrance. Pourtant, l'un des principaux enseignements de la Bible c'est que presque tous ceux qui connaissent une vraie croissance spirituelle et une véritable relation avec Dieu passent par la souffrance. Tels des sels de bain, la douleur nous fait sortir de notre aveuglement pour nous éveiller à toutes sortes d'éléments sur notre vie et notre cœur.

Pour des raisons qui nous dépassent, même Jésus n'a pu nous offrir le salut et la grâce qu'à travers la souffrance infinie sur la croix. Tout comme notre Sauveur nous a aimés suffisamment pour affronter la souffrance avec patience et courage, nous devons apprendre à lui faire suffisamment confiance pour agir comme lui. Tout comme sa faiblesse et sa souffrance l'ont conduit à la puissance de la résurrection une fois affrontées, il peut en être ainsi des nôtres.

L'histoire vraie de Kendra :
des cicatrices belles et profondes

Le silence... le calme absolu. « Je suis désolé... mais je n'arrive pas à avoir un battement de cœur », s'écrie l'échographiste. De nouveau le silence. Soudain, tout, dans cette pièce sombre s'obscurcit et se refroidit davantage. Peu auparavant, mon mari, John, et moi-même discutons avec l'assistant. Depuis vingt longues semaines, nous attendions de connaître le sexe de notre bébé... espérant que cela nous donnerait le courage nécessaire pour aborder la seconde moitié de cette grossesse difficile. Mais en un instant, la pièce est devenue glaciale et sans vie. Quand l'échographiste est parti chercher le médecin, l'obscurité de la pièce a fait écho à celle qui envahissait nos cœurs. *Ce n'est pas vrai... le médecin va venir, il va trouver les battements du cœur, et tout ira bien.* Mais en un jour maussade de février, d'une simple phrase, la mort avait transformé nos espoirs et nos rêves.

Il est rare qu'une grossesse désirée génère autant d'anxiété. Bien sûr, nous étions heureux, mais à notre joie se mêlait la peur devant une forte probabilité de l'inévitable. Notre famille avait accueilli l'annonce de cette deuxième grossesse avec un mélange d'espoir et de crainte. Voici notre histoire, faite de souffrance et de perte, de mystère et de paix, de joie et de tristesse.

Notre premier enfant, une petite fille, était née deux ans plus tôt. Elle était belle et en bonne santé, mais ma grossesse avait été une épreuve. Enceinte de quelques semaines, j'avais appris que j'étais atteinte d'une maladie rare : l'hyperémésis gravidarum (HG). Le HG touche environ 2 % des femmes enceintes. Il provoque des nausées et des vomissements constants qui entraînent une rapide perte de poids et un état de dénutrition et de déshydratation. Lors du premier trimestre, j'avais perdu une dizaine de kilos. Pendant toute la durée de la grossesse, on m'a injecté par voie intraveineuse différents médicaments, certains puissants, pour traiter entre autres la déshydratation et les nausées. Tous mes symptômes ont disparu après l'accouchement. Ma santé s'est améliorée et nous nous sommes laissé emporter par ce merveilleux chaos qu'est la vie avec un nouveau-né. Au bout du compte, le prix à payer semblait infime comparé à l'énorme joie de l'arrivée tant attendue de notre fille. Les médecins m'avaient prévenue que chaque grossesse entrainerait les mêmes symptômes, mais notre désir d'un deuxième enfant était plus fort que leur souvenir. Nous avons bêtement cru que l'expérience nous avait tout appris sur la maladie et nous nous sommes préparés à avoir un deuxième enfant.

Une semaine après avoir fêté l'annonce de ma grossesse, la maladie était de retour et s'annonçait pire que la première fois. En effet, seul 0,5 % des femmes souffrent d'HG à un tel degré. Mon médecin a immédiatement mis en place un traitement de choc et m'a hospitalisée. Un cathéter central à insertion périphérique a été posé près du cœur pour administrer à mon organisme les médicaments et nutriments nécessaires pour nourrir la nouvelle vie que je portais en moi. Je n'ai pas mangé pendant quatre mois, sans cesse faible et nauséeuse, en proie aux vomissements plusieurs fois par jour. Les amis et la famille ont pris soin de nous à temps complet, prenant en charge notre fille et la préparation des repas. Ils m'ont tenu compagnie et ont prié pour nous. Ils ont été les mains et les pieds de Christ. Nous nous sommes souvent demandé comment nous aurions survécu sans eux. Leur amour nous a littéralement nourris et soutenus.

En y repensant, nous réalisons que les premières semaines de cette grossesse ont marqué le début de notre deuil. Nous savions que ce serait la dernière. Mon corps étant « chimiquement incompatible » avec la grossesse, nous ne pouvions nous permettre de faire souffrir volontairement notre famille et moi-même une nouvelle fois. Nous faisions seulement de notre mieux pour lutter et tenir bon chaque jour, conscients qu'il en serait peut-être ainsi pendant neuf mois.

Nous étions arrivés à mi-parcours de ma grossesse en ce jour grisâtre de février. Nos espoirs étaient au plus haut alors que nous célébrions cette étape symbolique. Mais au lieu d'être une fête, ce jour a été celui où nous avons perdu notre innocence. *Les bébés ne sont pas censés mourir !* Je l'ai souvent pensé et crié. Cette fin tragique, après tous ces mois de souffrance, semblait trop cruelle. Il fallait encore vivre un accouchement provoqué pour que notre fils, que nous ne connaîtrions jamais, puisse naître.

John Wilson est né paisiblement le lendemain matin. Alors que nous tenions son corps sans vie, un torrent d'émotions nous a envahis. L'annonce d'une nouvelle vie s'accompagne d'une puissance mystérieuse qui nous remplit d'espoir et nous nous prenons à rêver de notre avenir avec cet enfant que nous verrons grandir. Nous avons pleuré la mort de ce rêve. En confiant notre fils à Dieu, ses bras nous ont entourés tendrement et nous avons ressenti qu'il partageait notre peine. Nos chers amis et notre Église ont organisé une belle cérémonie et nous avons commencé à abandonner les rêves que nous avions pour notre famille.

Les jours suivants ont été profondément sombres et vides. Je ne pouvais dormir. J'avais l'impression de ne plus respirer, d'être tellement fragile et à bout de force. Je suis psychothérapeute... intellectuellement, je connais les étapes du deuil. Mais là, je les vivais de l'intérieur... Il n'y a pas de mots pour décrire mes sentiments. Je savais que Dieu pouvait s'occuper de mes émotions et je n'avais pas peur de les lui exprimer... souvent. J'ai eu des moments de colère mais, la plupart du temps, je ressentais de l'angoisse, du désespoir, de la jalousie, de l'amertume et une profonde tristesse. Malgré ce mélange confus d'émotions, une paix, forte et puissante, s'est frayée un chemin jusqu'à mon cœur pour m'apporter du réconfort. J'ai profondément ressenti la présence de Dieu, et j'ai pu commencer à apprendre que, même s'il permet des tragédies, Dieu ne nous abandonne pas et ne nous refuse jamais une relation intime et bienfaisante avec lui. Ma relation avec Dieu grandissait d'une nouvelle façon et devenait plus réelle. Chaque question douloureuse et chaque doute me rapprochaient de lui. Il était véritablement avec nous, DANS ce vécu sombre. Les mots du psalmiste : « Car l'Éternel est proche de ceux qui ont le cœur brisé. Il sauve ceux qui ont un esprit abattu » (Psaumes 34.18) m'ont portée pendant les jours et mois de guérison. Dieu a vraiment été notre abri.

« Heureux ceux qui pleurent » ne sont plus de simples mots imprimés. Nous les avons vécus comme la Parole vivante de Dieu et nous les avons respirés. Comme la plupart d'entre vous, nous sommes certains que nous n'aurions JAMAIS choisi de passer par la fournaise ardente qu'est l'arrivée d'un bébé mort-né. Cependant, si nous n'avions pas traversé ce feu, nous n'aurions pas été conscients des cadeaux de grande valeur que nous avons reçus. Dieu désire vivement que nous fassions l'expérience d'une relation profonde avec lui et les uns avec les autres. Chaque fois que je me rapproche de quelqu'un qui souffre, je suis reconnaissante du cadeau de ma propre souffrance. Elle me rappelle notre vulnérabilité et notre dépendance. Il est dans notre nature d'être forts et indépendants. Mais la souffrance ne laisse aucune place à l'ego et sa mise à nu ouvre la porte aux relations authentiques.

Quand je m'approche des autres, je rencontre Dieu ici et maintenant.

Dans les jours qui ont suivi la mort de notre fils, un ami m'a dit que nous « marcherions désormais en boitant ». Nos cicatrices ne sont pas visibles mais la douleur a laissé sa marque dans nos cœurs. Mais j'aime à penser que ces cicatrices sont des signes uniques de beauté et d'authenticité. Notre histoire n'est pas terminée pour autant; Dieu a réuni quatre vies d'une façon miraculeuse pour faire naître la beauté du milieu des cendres. Nous nous réjouissons aujourd'hui de l'éclat de notre vie avec nos deux précieux enfants, notre fille de neuf ans, et notre deuxième fils, notre enfant-miracle, qui aura cinq ans cette semaine. Nous attendons avec impatience de retrouver notre premier fils au ciel. Mais jusqu'à ce jour, nous vivons dans la reconnaissance parce que nous connaissons Dieu de façon réelle et dynamique, et nous nous réjouissons pour la vie qu'il nous a donnée.

Chapitre 4

Le problème du mal

Puisque l'ordre du monde est réglé par la mort, peut-être vaut-il mieux pour Dieu qu'on ne croie pas en lui et qu'on lutte de toutes ses forces contre la mort, sans lever les yeux vers ce ciel où il se tait.

– Oui, approuva Tarrou, je peux comprendre. Mais vos victoires seront toujours provisoires, voilà tout.

Rieux parut s'assombrir.

– Toujours, je le sais. Ce n'est pas une raison pour cesser de lutter.

– Non, ce n'est pas une raison. Mais j'imagine alors ce que doit être cette peste pour vous.

– Oui, dit Rieux. Une interminable défaite.

Albert Camus, *La Peste*[151]

Le problème du mal dans son contexte

Le « problème du mal » est bien connu. Si nous croyons en un Dieu tout-puissant et souverain, et en même temps parfaitement bon et juste, alors l'existence du mal et de la souffrance pose un problème. La meilleure illustration nous vient de David Hume, dans son livre *Dialogues sur la religion naturelle* : « Les vieilles questions d'Épicure restent sans réponse. La Divinité veut-elle empêcher le mal, sans en être capable ? Elle est alors impuissante. En est-elle capable, mais sans en avoir la volonté ? Elle est alors malveillante. En a-t-elle à la fois le pouvoir et la volonté ? D'où vient alors que le mal soit[152] ? » Cette objection est aussi appelée l'argument du mal contre l'existence de Dieu ou, plus simplement, l'argument du mal.

Pour beaucoup, ce problème est la plus forte objection contre l'existence de Dieu en général et la vraisemblance du christianisme en particulier. Pourquoi n'ai-je pas abordé cette question dès le premier chapitre ? Parce que la souffrance est une réalité, vécue et affrontée depuis des siècles par les individus et les sociétés. Avant d'être une question philosophique, elle est d'abord une crise concrète ; avant de s'intéresser au « pourquoi ? », nous devons étudier le « comment ? » Comment puis-je lui survivre ? C'est pour cela que nous avons d'abord abordé la souffrance d'un point de vue historique et culturel. Nous avons comparé et opposé les voies empruntées par les différents peuples et sociétés pour combattre le mal et la souffrance. Nous avons appris que nous devons tous adopter un système de pensée sur le travail concernant la souffrance, ce qu'elle signifie (et ne signifie pas), et comment y répondre. Personne ne peut vivre sans un ensemble de croyances sur tout ce qui la concerne.

Si j'avais débuté ce livre en évoquant l'habituel problème du mal contre l'existence de Dieu, j'aurais inévitablement donné l'impression que *seul* le fait de croire en un Dieu traditionnel était remis en cause par l'existence de la souffrance. La plupart des gens qui constatent que la souffrance pose problème à une croyance théiste classique, se tournent vers un mode de pensée plus matérialiste. Mais nous avons vu que le matérialisme est lui aussi un ensemble de croyances, sans doute le moins efficace de tous, pour aider à comprendre et supporter les « terreurs de la vie ». Même s'il est toujours aux prises avec le problème du mal, le christianisme s'en sort plutôt bien face à la concurrence, surtout lorsqu'on considère la souffrance sous tous ses angles : socio-culturels, concrets et psychologiques. Voilà pourquoi j'ai commencé par ces aspects avant d'aborder la philosophie dans ce chapitre. La souffrance pose de réels problèmes à la foi en Dieu, et nous devons les prendre en compte.

Ce faisant, gardons en mémoire ce que nous avons appris du développement du matérialisme occidental raconté par Charles Taylor. Le problème de la relation entre Dieu et le mal est au moins aussi ancien que le philosophe grec Épicure, qui l'a soulevé trois siècles avant Jésus-Christ. Cependant, Taylor souligne, à juste titre, qu'en dépit des débats philosophiques, l'argument du mal n'a attiré l'attention du grand public qu'après le siècle des Lumières. Cela a changé lorsque la pensée occidentale a commencé à considérer Dieu comme un être distant et le monde comme une entité tout à fait compréhensible par la raison. Ces tendances intellectuelles ont été renforcées par l'évolution technique qui a conduit à l'expansion et à l'indépendance du « moi-tampon ». Les êtres humains ont acquis une plus grande confiance en leurs propres capacités de raisonnement et de discernement.

Pour ceux qui se placent dans un cadre immanent, la question du mal et de Dieu porte en elle-même une conclusion sceptique. Les débats contemporains sur le problème de la souffrance partent du principe que Dieu est abstrait. Par exemple, un Dieu tout-puissant et bon, mais qui est tout sauf glorieux, majestueux, infiniment sage, éternel, créateur et souverain. Il n'est donc pas surprenant que l'homme moderne soit plus enclin que ses ancêtres à estimer que, si *eux* ne voient aucune raison valable à la souffrance, Dieu ne doit pas en voir non plus. Si le mal n'a aucun sens pour nous, c'est qu'il n'en a aucun.

Dès lors, même si les enjeux philosophiques et les questions demeurent, la culture fausse quelque peu le jeu. Pourquoi est-il crucial de garder cette donnée à l'esprit face au débat philosophique ? Parce que nos croyances ne sont pas uniquement forgées par la raison et l'argumentation, mais aussi par le conditionnement social[153]. Elles nous semblent plus plausibles quand elles sont portées par des personnes que nous admirons et dont nous recherchons l'approbation. Notre milieu, social et culturel, nous rend beaucoup plus ouverts à certains arguments qu'à d'autres. Le seul moyen d'être aussi équilibré, réfléchi et impartial que possible est d'être pleinement conscient de ses préjugés culturels.

Si une affaire concernant une entreprise est soumise à un juge ayant des intérêts dans ladite société, il se récusera de lui-même, parce que son impartialité pourrait être remise en cause. Nous sommes dans la même situation. Dieu est déjà sujet à caution puisque notre propre liberté et autonomie constituent ce que nous valorisons le plus, et l'existence d'un être divin forme la dernière barrière pour l'atteindre. Nous sommes prompts à nous plaindre du mal et de la souffrance dans le monde parce que cela s'accorde avec nos préjugés culturels. Mais, dans cette affaire, nous ne pouvons pas nous récuser comme ce juge. Nous devons nous attaquer au problème. J'implore mes lecteurs qui partagent un certain nombre de préjugés inhérents aux sociétés occidentales, d'en être conscients pour la suite.

L'(es) argument(s) du mal contre Dieu

De nos jours, le problème du mal est largement ressenti et pose un vrai défi à la foi en Dieu. Un Dieu tout-puissant *et* totalement bon devrait, en toute logique, mettre fin au mal et à la souffrance, car il devrait en avoir l'envie et la puissance nécessaire. Cependant, le mal existe bel et bien et il persiste. Ce Dieu aimant et tout-puissant n'existe donc pas ou, du moins, probablement pas. Cette dernière phrase donne un indice sur un point important. L'argument du mal contre l'existence de Dieu peut prendre deux formes : l'argument logique (qui cherche à prouver que Dieu n'existe assurément pas) et l'argument empirique (qui dit qu'un tel Dieu n'existe *probablement pas*). Nous commencerons par l'argument « logique », le plus ambitieux des deux.

Jusqu'aux années 1980, les élites philosophiques estimaient que l'argument du mal était la preuve décisive que le Dieu de la Bible ne pouvait pas exister. Elles annonçaient que le mal rendait le christianisme non seulement improbable mais logiquement impossible. Le philosophe britannique John Mackie a écrit, dans son article maintes fois réimprimé, « Evil and Omnipotence » [Le mal et l'omnipotence] : « Il est établi que les croyances religieuses ne manquent pas seulement de supports rationnels mais qu'elles sont indéniablement irrationnelles, et que plusieurs points essentiels de la doctrine théologique entrent en contradiction les uns avec les autres[154]. »

Les choses ont commencé à changer avec la publication de deux livres d'Alvin Plantinga en 1974 : *God, Freedom and Evil* [Dieu, la liberté et le mal] et, plus technique et argumenté, *The Nature of Necessity*[155] [La nature de la nécessité]. Plantinga y affirme que « l'existence du mal n'est pas incompatible, d'un point de vue logique (même au sens le plus large), avec l'existence d'un Dieu omnipotent, omniscient et parfaitement bon[156] ». Plantinga, et d'autres philosophes à sa suite, ont été si efficaces que, vingt-cinq ans après, l'argument logique contre Dieu ne tenait plus. L'idée que le mal invalide l'existence de Dieu, écrit William Alston, « est (presque) unanimement reconnue comme étant sans fondement[157] ». Plusieurs penseurs sceptiques ont dès lors entrepris de bâtir une variante, qu'ils ont appelée l'argument probant contre Dieu. Cette nouvelle version, moins virulente, estimait que la souffrance n'était pas une preuve mais un indice montrant que l'existence de Dieu était assez improbable sans être impossible[158]. Comme nous le verrons, les arguments du procès contre Dieu qui ont été les plus virulents ont aussi semé le doute quant aux moins virulents.

Tout ceci démontre que l'argument massue qui veut que la souffrance et le mal démentent l'existence de Dieu a été presque entièrement abandonné dans les milieux universitaires et intellectuels. « Il est tout simplement beaucoup trop ardu pour un athée de démontrer, preuves à l'appui, l'impossibilité de la coexistence de Dieu et du mal[159]. » L'argument du mal contre l'existence de Dieu ne convainc plus.

Comment est-ce arrivé ? Afin de saisir l'histoire récente du débat philosophique, il faut comprendre la distinction, communément établie, entre théodicée et défense de Dieu.

La « force de l'âme » et la souffrance

La distinction entre *théodicée* et *défense* a été faite par Plantinga dans *God, Freedom and Evil*. Le philosophe Gottfried Leibniz a inventé le terme *théodicée* qui signifie littéralement la justification des voies de Dieu vis-à-vis des êtres humains[160]. Une théodicée cherche à donner une réponse à la grande question du « pourquoi ? » Son but est d'expliquer pourquoi un Dieu juste permet que le mal existe et persiste. Elle cherche à révéler les raisons et les objectifs de Dieu envers la souffrance afin de la justifier. Quiconque tente de formuler une théodicée place donc la barre très haut.

Une des premières théodicées, formulée par le théologien du IIe siècle Irénée de Lyon, en appelait à la « force de l'âme ». L'écrivain John Hick l'a reprise dans un style plus contemporain. Elle part du principe que nos maux peuvent être justifiés si nous reconnaissons que le monde a été créé pour être un lieu où les humains trouvent Dieu et grandissent spirituellement selon son plan de perfection. Cela se réalise en « affrontant la tentation pour parvenir à la maîtriser [...] et en faisant des choix responsables dans des situations concrètes ». Il en résulte « un caractère positif et responsable, fruit d'efforts personnels coûteux[161] ». Hick soutient que cette force de l'âme constitue un bien infini, qui ne pourrait exister si nous étions simplement créés dans un état d'innocence ou de vertu.

Cette théodicée de la force de l'âme est utile car elle nous oblige à examiner nos idées de base. Vaut-il mieux une vie confortable, sans problèmes, ou grandir spirituellement et moralement ? Quand rien ne va comme prévu, il est normal de s'interroger sur la sagesse de Dieu. Mais notre indignation se trouve amplifiée par le postulat, non formulé, que si Dieu existe, il doit nous rendre heureux selon nos termes du bonheur. En outre, nous pourrions difficilement acquérir des qualités comme le courage, l'humilité, la maîtrise de soi et la fidélité, si chaque bonne action était immédiatement récompensée et chaque mauvaise action immédiatement sanctionnée. Personne n'agirait alors par amour et parce que c'est bien. Notre réaction naturelle serait d'éviter la douleur et de rechercher le plaisir. L'injustice et les difficultés de la vie sont donc un moyen par lequel nous nous élevons au-dessus des animaux au comportement conditionné.

Cependant, la théodicée de la force de l'âme souffre de lacunes majeures. D'abord, la douleur et le mal ne semblent pas être dispensés selon les besoins d'une âme. Il semble que de nombreuses personnes avec une âme mauvaise, rencontrent très peu de malheurs, alors qu'elles en auraient besoin, et que d'autres, dotées d'une grande âme, en reçoivent souvent plus que nécessaire pour leur croissance spirituelle. De plus, cette théodicée ignore la souffrance des petits enfants ou des bébés qui meurent dans la douleur, et celle des animaux.

Dieu, la liberté et le mal

La seconde explication, et peut-être la plus connue, est la théodicée du libre arbitre. Elle remonte à Augustin d'Hippone, dit Saint-Augustin[162]. Dans sa forme la plus simple, elle peut s'énoncer ainsi : Dieu n'a pas fait de nous des robots ou des animaux assujettis à leurs instincts, il nous a créés libres, capables de raisonner, de choisir et, donc, d'aimer. Mais si Dieu nous a rendus capables de choisir librement le bien, il a aussi dû permettre de choisir le mal. Notre libre arbitre peut donc être dupé ; ce qui explique l'origine du mal. Mais le bénéfice, pour nous d'avoir une âme rationnelle et pour Dieu d'avoir des fils et des filles qui l'aiment vraiment, plutôt que des « animaux domestiques », est supérieur au mal inévitable. Jean-Paul Sartre l'analyse très bien : « Au contraire, celui qui veut être aimé ne désire pas l'asservissement de l'être aimé [...] l'amant se retrouve seul si l'aimé s'est transformé en automate[163]. »

Ce point de vue s'accompagne de l'argument que Dieu n'a pas créé le mal car il n'est pas un « objet » comme les autres choses créées. Augustin, suivi plus tard de Thomas d'Aquin et d'autres, a enseigné que le mal est plutôt ce qui arrive lorsque l'on déforme ou détourne de sa fonction ou de son but premier une bonne chose créée par Dieu. Le bien peut donc exister sans le mal, mais le mal, comme un parasite, ne peut fonctionner sans le bien dont il dépend pour exister[164]. Dès lors, Dieu n'est pas l'auteur du mal mais il l'a permis afin d'atteindre le bien supérieur de la liberté et de l'amour humain.

Peter van Inwagen le résume ainsi : « Le Dieu omniscient savait que, malgré le mal qui résultait de la séparation d'avec lui [...] le don du libre arbitre en valait la peine. Car l'existence d'une éternité pleine d'amour dépend de ce don, et cette éternité surpasse de loin l'horreur de la très longue mais provisoire période de séparation entre le divin et l'humain[165]. »

La théodicée du libre arbitre est devenue très populaire, en partie sans doute parce que notre culture nous pousse à la trouver séduisante. Elle semble plausible aux civilisations occidentales qui ont appris que la liberté et le choix sont des valeurs presque sacrées. Mais elle soulève immédiatement deux problèmes.

Tout d'abord, cette théodicée ne semble expliquer qu'une certaine catégorie de mal. Il est d'usage de distinguer le mal *moral*, dont les êtres humains sont responsables, et le mal *naturel*, dont les causes ne sont pas humaines, comme les ouragans, les inondations, les tremblements de terre ou de nombreuses maladies. La théodicée du libre arbitre justifie le mal moral, mais peut-elle expliquer le mal naturel? Peter van Inwagen élargit la question. Lors de conférences qu'il donne à l'université de St Andrews, il retrace l'histoire biblique de la chute. Dans ce récit, l'humanité est bénie par Dieu dans un lieu paradisiaque mais, par sa désobéissance, elle se détourne de son Créateur et perd sa protection et sa présence[166]. Selon Peter van Inwagen cela signifie que « le mal naturel [...] est la conséquence d'un abus originel du libre arbitre[167] ». Dès lors, le libre arbitre humain peut expliquer la violence de la nature.

Mais un second problème bien plus redoutable, à mon avis, est à traiter. Est-il vrai que Dieu ne pouvait pas créer des êtres libres capables d'aimer sans qu'ils soient également capables de faire le mal? On a appelé cette idée la compréhension libertaire du libre arbitre; selon elle Dieu ne peut pas nous amener à faire ce qui est juste sans violer notre libre arbitre, et qu'il est ainsi inévitable que nous commettions le mal.

La Bible présente Dieu comme étant lui-même souverain et libre (Psaumes 115.3), pas seulement capable d'aimer, mais la source même de l'amour. Néanmoins, il n'y a aucun mal en Dieu. Il ne peut pas mentir ou rompre ses promesses (Nombres 23.19 ; Tite 1.2), il ne peut pas être tenté par le mal (Jacques 1.13), il ne peut ni nier ni contredire son caractère parfaitement juste et saint (2 Timothée 2.13 ; 1 Pierre 1.16). Si Dieu, doté d'un libre arbitre, ne peut commettre le mal, pourquoi n'en serait-il pas de même pour nous? De plus, les auteurs bibliques nous enseignent que Dieu nous donnera un jour un monde sans souffrance, sans mal, rempli d'hommes et de femmes rachetés. La souffrance et la mort seront bannies à jamais. Cela signifie que nous serons dans le monde de

Dieu mais que nous ne pourrons plus choisir le mal. En revanche, il est évident que nous serons toujours capables d'aimer.

Enfin, de nombreux théologiens chrétiens soulignent que l'enseignement biblique sur la nature de la liberté diffère nettement des points de vue modernes. La Bible désigne tout péché comme un esclavage, jamais comme une liberté. Nous ne connaîtrons une liberté parfaite que lorsque nous serons libérés de tout péché (cf. Romains 8.21). Nous ne sommes libres que dans la mesure où nous faisons ce pour quoi Dieu nous a créés : le servir. Ainsi, plus nous sommes capables de pécher, moins nous sommes libres. Nous serons réellement et totalement libres quand nous serons au ciel, désormais incapables de faire le mal. Comment considérer alors que la capacité de pécher puisse être une forme de liberté[168] ?

Un autre volet de l'enseignement biblique ébranle la théodicée du libre arbitre qui suppose que si Dieu nous donne le libre arbitre, il ne peut en contrôler les effets. La Bible montre souvent qu'un Dieu souverain peut diriger nos choix dans l'histoire sans violer notre responsabilité et liberté d'action. Par exemple, la crucifixion de Jésus était clairement prévue et prédestinée, mais tous ceux qui ont joué un rôle dans cet événement divinement orchestré ont choisi librement d'agir et étaient donc responsables de leurs actions (cf. Actes 2.23). Cela indique qu'il est possible d'être libre tout en étant dirigé par Dieu, de nombreux exemples en témoignent. Ainsi, Dieu peut donner le libre arbitre et diriger le résultat de nos choix pour qu'ils s'intègrent à son plan pour l'histoire[169].

La théodicée du libre arbitre soulève une dernière question. Est-il vrai que, malgré les horreurs de l'histoire, le simple fait de posséder la liberté de choix en vaille la peine ? Si vous voyez une petite fille traverser la rue devant une voiture, direz-vous : « Je ne peux pas outrepasser sa liberté de choisir ;

elle doit en subir les conséquences » ? Bien sûr que non. Vous n'allez pas estimer que sa liberté de choix importe plus que sa vie. Vous allez violer son libre arbitre aussi vite que possible, l'arracher de la trajectoire de la voiture et lui apprendre à éviter ce genre de situation. Pourquoi Dieu n'en ferait-il pas autant avec nous ? Admettons que la chute de l'humanité se soit vraiment passée comme le dit la Bible. Pourquoi Dieu n'a-t-il pas montré à Adam et Ève un film horrible et détaillé de tout ce qui leur arriverait, ainsi qu'à leurs descendants, s'ils mangeaient du fruit de cet arbre ? Sans doute aurait-il pu les effrayer et les convaincre de ne pas manger du fruit interdit.

En résumé, le libre arbitre est-il la seule raison pour laquelle Dieu autorise le mal ou la raison principale ? Le but d'une théodicée est de suffisamment révéler les raisons pour lesquelles Dieu permet le mal et la souffrance, afin de penser qu'elles sont justifiées. La théodicée du libre arbitre atteint-elle cet objectif ? Répond-elle à nos questions ? Je ne le pense pas et mon avis est largement partagé[170]. Si Dieu a de bonnes raisons de permettre la douleur et la misère, elles doivent forcément dépasser la simple clause de la liberté de choix.

Le problème de toutes les théodicées

D'autres théodicées ont été développées tout au long de l'histoire. C.S. Lewis et Richard Swinburne ont tous deux évoqué la théodicée de la loi naturelle[171], selon laquelle le monde créé par Dieu doit posséder un ordre naturel. Il ne peut être aléatoire, opérant différemment à chaque instant. Si nous allons contre les lois de la nature, cette dernière se retournera contre nous. Nous pouvons imaginer ce que serait un monde sans loi de la gravité, mais puisque la gravité existe, celui qui saute d'une falaise se blessera ou se tuera, qu'il soit bon ou mauvais. Sans les lois naturelles, la vie est impossible, mais la souffrance est alors inévitable. Les maux naturels qui nous blessent tant ne sont que les effets secondaires de quelque chose qui nous fait encore plus de bien.

Pourtant, la plupart des souffrances n'arrivent *pas* d'une façon ordonnée et proportionnelle à nos mauvais choix. Si nous ne nous blessions qu'en faisant quelque chose d'insensé comme sauter d'une falaise, ce serait douloureux mais juste. Toutefois, le mal naturel n'arrive pas de cette manière. Nous ne mourons pas uniquement en tombant d'une falaise ; elle peut aussi s'effondrer et ensevelir les innocents qui passaient par là. La souffrance est souvent aléatoire et terrifiante ; elle touche des gens qui semblent n'avoir rien fait pour la mériter.

Nous n'avons pas épuisé la liste des théodicées. Certaines sont ingénieuses mais trop compliquées, comme la théorie de la plénitude, selon laquelle Dieu a pu créer d'innombrables univers, où la répartition du mal est différente dans chacun, tout en étant équitable[172]. D'autres sont trop simplistes, comme la théodicée de la punition, qui s'inspire du début de la Genèse pour conclure que la souffrance est justifiée par la rébellion de l'humanité contre Dieu et n'est que la punition méritée de notre péché.

Pourtant, comme nous le voyons clairement dans le livre de Job, ce point de vue n'explique pas pourquoi, si la souffrance est la juste punition du péché, elle n'est pas proportionnelle à la bonté ou la méchanceté de chacun. Pourquoi Dieu permet-il une répartition si aléatoire et injuste de la « punition » ? De plus, ce point de vue tombe dans les mêmes travers que la théodicée du libre arbitre. Pourquoi Dieu n'a-t-il pas convaincu nos premiers parents de le suivre sans violer leur libre arbitre et éviter ainsi la punition? Du reste, puisque la Bible nous dit qu'un jour Dieu en finira avec le mal et la souffrance, pourquoi un Dieu d'amour et de puissance leur permet-il de perdurer?

L'ensemble des théodicées peut expliquer une grande partie de la souffrance humaine. Chacune fournit des explications plausibles pour une partie de la souffrance du monde, mais aucune ne parvient à en expliquer la totalité. Il faut ajouter qu'aucune ne démontre de façon convaincante comment Dieu pourrait être pleinement justifié en permettant tout le mal que nous voyons dans le monde. Peter van Inwagen remarque qu'aucune Église, dénomination ou tradition chrétienne n'a officiellement approuvé de théodicée particulière[173]. Alvin Plantinga écrit: « Je dois dire que la plupart des tentatives pour expliquer *pourquoi* Dieu permet le mal, les théodicées, me semblent faibles, superficielles et en fin de compte peu sérieuses[174]. » Nous pouvons compléter ces avertissements par le livre de Job. L'une des conclusions est sans aucun doute qu'il est vain et déplacé de supposer que l'esprit humain puisse comprendre toutes les raisons pour lesquelles Dieu permet des événements tristes et douloureux, sans parler du mal dans son ensemble. La Bible elle-même nous met peut-être en garde contre l'élaboration de telles théories.

Par conséquent, depuis quelques décennies, la plupart des penseurs et philosophes chrétiens ont abandonné l'idée d'aboutir à une théodicée parfaite. Ils recommandent de plus en plus aux croyants (à mon avis, à juste titre) de cesser de formuler des théodicées pour organiser à la place une *défense*. Elle empêche d'être tenté de raconter une histoire qui révèle les raisons pour lesquelles Dieu promulgue ou permet le mal. Elle cherche simplement à démontrer que l'argument du mal contre l'existence de Dieu est mis en échec, et que les sceptiques n'ont pas réussi à prouver leurs affirmations. Elle met en avant le fait que l'existence du mal ne démontre ni l'impossibilité, ni l'improbabilité que Dieu existe. Dans la théodicée, la charge de la preuve pèse sur le croyant. Il doit fournir une explication tellement convaincante aux autres qu'ils lui diront : « Maintenant je vois l'intérêt de la souffrance. » À l'inverse, lors d'une défense, la charge de la preuve incombe au sceptique. Pourquoi ?

De prime abord, affirmer à la fois « il existe un Dieu bon et omnipotent » et « le mal existe » n'est pas clairement contradictoire. Il revient au sceptique de présenter des arguments convaincants pour prouver le contraire et faire s'écrier son auditeur : « Maintenant je vois pourquoi, si le mal existe, il est impossible, ou du moins improbable, que Dieu existe. » Mais il n'est pas facile du tout de le démontrer.

L'argument logique et l'objection des « noseeums »

Peter van Inwagen a imaginé un dialogue entre une personne utilisant le mal comme argument contre l'existence de Dieu, et un croyant :

> Le sceptique : « S'il existait un être omnipotent, moralement parfait qui soit au courant des souffrances que nous connaissons, eh bien, elles n'auraient jamais pris cette importance car il ne les aurait pas permises. Ou si, pour quelque raison, il ne les avait pas empêchées, il les aurait abolies dès leur apparition. Mais le mal existe bel et bien, et depuis très longtemps. Nous devons donc en conclure que Dieu n'existe pas[175]. »

En somme, l'argument est le suivant :

1. Un Dieu vraiment bon ne souhaiterait pas l'existence du mal ; un Dieu tout-puissant ne le permettrait pas.
2. Le mal existe.
3. Donc, un Dieu à la fois bon et puissant ne peut pas exister.

Mais le croyant pourrait répondre en soulignant que l'argument contre Dieu a une hypothèse sous-jacente, à savoir que Dieu n'a aucune raison valable de permettre l'existence du mal. Il pourrait s'exprimer ainsi :

> Le croyant : « Quelqu'un peut désirer ardemment quelque chose qu'il est en mesure d'obtenir, mais décider d'y renoncer parce qu'il estime que quelque chose surpasse la réalisation de son désir. [...] [Alors] Dieu peut avoir des raisons de permettre l'existence du mal qui, pour lui, dépassent l'intérêt de sa non-existence[176]. »

Si Dieu a de bonnes raisons de permettre la souffrance et le mal, son existence et celle du mal n'entrent pas en contradiction. Le sceptique doit alors répondre *qu'il est impossible que Dieu ait de telles raisons* pour éviter que sa démonstration ne s'effondre. Mais c'est extrêmement difficile à prouver.

Pour montrer au sceptique l'inexactitude de son postulat de départ, le croyant pourrait signaler que les humains infligent souvent des souffrances pour obtenir un plus grand bien. Les médecins prescrivent des traitements douloureux à leurs patients afin qu'ils recouvrent une meilleure santé et vivent plus longtemps. Des parents qui punissent un enfant en le privant d'un jouet ou de privilèges lui font du mal (notamment du point de vue de l'enfant) mais, ne pas punir, fait courir le risque de former un futur adulte qui ne saura pas se maîtriser et qui souffrira bien davantage. Beaucoup de gens adhèrent, au moins en partie, à l'aphorisme de Nietzsche : « Ce qui ne me tue pas me rend plus fort. » Ils sont nombreux à se souvenir de revers parfois atroces dans leur vie dont les leçons les ont aidés à éviter d'autres souffrances plus importantes[177]. Accepter la douleur pour la bonne raison qu'elle peut conduire à un plus grand bonheur est un principe valable que nous comprenons et utilisons nous-mêmes. Il n'y a donc pas de contradiction automatique entre Dieu et l'existence du mal et de la souffrance.

Le sceptique pourrait alors répondre que la contradiction ne réside pas dans le duo Dieu et souffrance en général, mais plutôt entre Dieu et certains types de souffrance et leur ampleur. Des personnes sans défense sont souvent victimes de violences et de douleurs terribles qui ne semblent en rien contribuer à leur croissance personnelle ou à leur instruction. Oui, dit le sceptique, certaines souffrances se justifient peut-être mais pas les horreurs que l'on voit dans le monde aujourd'hui. Dieu ne pourrait en aucun cas les justifier.

Toutefois, nous pouvons discerner un autre postulat implicite *dans* la première hypothèse cachée : « Si *je* ne vois pas de raison valable pour que Dieu permette le mal… c'est qu'il n'y en a probablement pas[178]. » Ce postulat est bien évidemment erroné. Souvenez-vous que l'argument du mal contre l'existence de Dieu a pour présupposé l'existence d'un Dieu omnipotent : « Si Dieu est infiniment puissant, comme vous le prétendez, pourquoi n'arrête-t-il pas le mal ? » Mais un Dieu infiniment plus puissant que nous a forcément infiniment plus de connaissance que nous. Nous pouvons donc répliquer au sceptique : « Si Dieu a des connaissances qui nous dépassent infiniment, *pourquoi* ne pourrait-il pas avoir des raisons morales suffisantes, *auxquelles vous ne pouvez pas penser*, pour autoriser le mal ? » Partir du principe que nous en savons autant qu'un Dieu tout-puissant sur la vie et l'histoire relève d'une logique fallacieuse, même si le cadre immanent de notre culture nous pousse à le croire.

Le philosophe Stephen John Wykstra s'est opposé à l'idée de William Rowe. Pour ce dernier, si l'on ne voit aucun « bien l'emporter », alors que Dieu continue à permettre la souffrance, c'est que « ce bien *n'existe pas* ». Wykstra illustre cette erreur de raisonnement en prenant l'exemple des « noseeums », (NDT : littéralement qu'on ne voit pas), « des mouches minuscules dont la piqure est douloureuse, mais qui sont presque invisibles à l'œil nu[179] ». Ne pas voir des noseeums ne signifie pas qu'ils sont absents. Alvin Plantinga reprend cette illustration :

> Je regarde à l'intérieur de ma tente : je ne vois pas de Saint-Bernard. Il est donc assez probable qu'il n'y en ait pas. S'il y en avait un, il est fort probable que je l'aurais vu. Un Saint-Bernard peut difficilement se cacher dans une petite tente. Je regarde une nouvelle fois et je ne vois aucun noseeum [...] Cette fois, rien ne dit qu'il n'y en ait aucun [...] parce que même s'il y en avait, ils sont tellement petits que je ne les verrais sûrement pas. En partant du principe que Dieu a vraiment une raison pour permettre la souffrance, cette raison ressemble-t-elle à un Saint-Bernard ou à des noseeums, et pourquoi croire que je serais le premier averti ? [...] Puisqu'il est omniscient et que nous sommes par définition très limités, est-il vraiment surprenant que ses raisons [...] nous échappent[180] ?

Tel est le talon d'Achille de l'argument « logique » contre Dieu, stipulant que le mal prouve que Dieu *ne peut pas* exister. Nous comprenons désormais pourquoi il a tant de mal à tenir debout. Si, pour vous, Dieu est infini et suffisamment puissant pour être en colère au point de permettre le mal, vous devez admettre, dans le même temps, qu'il est suffisamment infini pour avoir des raisons valables de le permettre.

Nous comprenons également pourquoi Charles Taylor a raison de dire qu'avant l'ère moderne, peu de gens ont considéré le « problème du mal » comme une objection à l'existence de Dieu. Les êtres humains qui évoluent au sein du cadre immanent ont bien plus confiance en leurs pouvoirs de raisonnement et leurs capacités à percer les mystères de l'univers que leurs ancêtres. Affirmer que, notre imagination étant limitée, celle de Dieu l'est aussi, va au-delà du sophisme pour devenir le signe d'un égoïsme exacerbé et d'une foi en sa propre intelligence.

L'argument probant et l'effet papillon

Mais qu'en est-il de la forme édulcorée de l'argument, qui prétend plus modestement que le mal et la souffrance rendent l'existence de Dieu moins probable ? Un sceptique dirait : « Bien sûr, nous ne pouvons ni prouver que Dieu ne peut pas exister, ni que le mal ne répond à aucune raison valable. Mais avez-vous déjà vu un jeune enfant mourir lentement, rongé par le cancer ? Le mal ne dément peut-être pas catégoriquement l'existence d'un Dieu bon et puissant, mais il le rend assez improbable[181]. »

Le problème de l'argument probant est qu'il ne diffère pas fondamentalement de l'argument logique. Il repose sur les mêmes postulats de départ et possède le même talon d'Achille. Si nous sommes incapables de prouver que Dieu n'a moralement aucune raison de permettre le mal, nous sommes certes aussi incapables d'évaluer les probabilités qu'il en ait. Maintenir que nous sommes tout à fait aptes à évaluer de tels pourcentages ou probabilités revient à oublier, une fois de plus, que notre connaissance est limitée. S'il existe un Dieu infini alors que nous sommes limités, nous n'avons aucun moyen de miser sur ces choses.

Imaginez un ballon, posé sur le sommet d'une colline. Il peut rouler dans n'importe quelle vallée, provoquant des avalanches avec des bouleversements du paysage et de vies. Son trajet dépend d'innombrables micros-différences par rapport à son point de départ, son élan, les irrégularités du terrain et même les conditions météorologiques comme le vent ou la pression atmosphérique. Pouvons-nous savoir exactement où ira le ballon une fois lâché et calculer les probabilités qu'il entre dans différentes vallées ? Pas du tout. Les variables sont trop nombreuses. Les scientifiques qui ont étudié la théorie du chaos, ont appris que des systèmes macroscopiques comme le climat, sont sensibles aux moindres changements. L'exemple classique est le battement d'ailes d'un papillon en Chine qui, par une réaction en chaîne, serait susceptible de déclencher un ouragan dans le Pacifique Sud. Cependant, personne ne peut calculer ou prévoir les effets réels d'un vol de papillon.

Et si chaque événement, même le plus insignifiant, provoquait une série de réactions similaires et infiniment complexes ? Ray Bradbury a usé de cette idée dans sa nouvelle, *Un coup de tonnerre*. Dans cette fiction, Travis, guide temporel, avertit Eckels, voyageur dans le temps, de s'assurer totalement de ne pas quitter la passerelle métallique mise à sa disposition lorsqu'il visitera le passé. Il risquerait, par exemple, d'écraser une souris dont tous les futurs descendants, par millions, disparaîtraient instantanément. Il en résulterait que toutes sortes d'animaux se nourrissant de souris mourraient de faim avant d'avoir pu se reproduire, réduisant des humains qui s'en seraient nourris à migrer ou à mourir de faim. Et la mort d'un homme ou d'une femme provoquerait la non-existence de familles entières, voire de nations.

> Le poids de votre pied sur une souris [...] peut ébranler la terre entière et nos destinées dans les temps à venir... Peut-être que Rome ne sera jamais construite sur les sept collines. Peut-être que l'Europe restera pour toujours une forêt vierge [...] Vous marchez sur une souris et vous laissez votre empreinte dans l'histoire pour l'éternité [...] Alors, faites attention. Restez sur la Passerelle. Ne descendez jamais[182] !

Si les effets du vol d'un papillon ou du trajet d'un ballon sur le flanc d'une colline sont trop complexes à calculer, comment un être humain peut-il considérer la mort tragique, apparemment absurde, d'un jeune et en comprendre les effets sur l'histoire ? Si un Dieu omnipotent et omniscient dirige tous les événements par un nombre infini d'interactions possibles vers des fins positives, croire que nous pourrions en isoler un seul et en comprendre ne serait-ce que le millionième de ses conséquences, serait pure folie. L'effet papillon signifie que « seul un esprit omniscient peut comprendre les complexités liées au fait de diriger un monde d'êtres libres vers [...] des objectifs [positifs] connus d'avance [...] Il est vrai qu'une bonne partie des souffrances nous semble inutile et dénuée de sens, mais notre position ne nous permet tout simplement pas de juger[183] ».

L'argument viscéral du mal

Les arguments et contre-arguments philosophiques étudiés ici font souvent l'objet de débats détachés et froids. Par contre, la plupart de ceux qui sont confrontés à une souffrance réelle ne s'opposent pas à l'existence de Dieu pour des raisons philosophiques mais viscérales. Peter van Inwagen distingue ainsi le problème « global » et le problème « local » du mal. Dans son exposé sur le problème local, il raconte l'histoire vraie d'une femme agressée par un homme, qui l'a violée, lui a coupé les bras au niveau du coude, puis l'a laissée pour morte. Elle s'est traînée tant bien que mal jusqu'à la rue, où elle a été secourue. Elle a survécu mais vit désormais sans bras, avec les horribles souvenirs de cette nuit[184].

Notre réaction initiale à un tel drame monte du plus profond de nous-mêmes, nous prenant aux tripes avant que notre cerveau puisse réfléchir. Nous sommes tentés de dire : « Vous pouvez garder tous vos raisonnements. Je connais les arguments. Je sais que ce genre de cruauté ne dément pas formellement l'existence d'un Dieu personnel. Pour autant, prétendre que de telles horreurs puissent être justifiées *est un non-sens*. C'est *injuste*, tout simplement *injuste*. Je *ne veux pas* croire en un Dieu qui permette cela, qu'il existe ou non. » Voici l'argument viscéral du mal contre l'existence de Dieu. Le réduire à une simple émotion, un sentiment passager serait incorrect. Le mal a tendance à rendre Dieu peu plausible, irréel pour le cœur humain. Que répondre ?

L'argument viscéral n'est pas strictement logique, même s'il possède une certaine logique morale. Il y a quelques années, j'étais aux côtés d'une jeune famille dont le mari, et père, était mort électrocuté en travaillant dans le vide sanitaire de sa maison. Son corps était encore sur les lieux et l'ambulance arrivait. Seul l'aîné de ses trois enfants, âgé de neuf ans, a pu exprimer ce que tout le monde ressentait. « Ce n'est pas juste ! Un garçon a besoin de son papa. Ce n'est *pas* juste. » Tout comme le poète Dylan Thomas, nous avons beau savoir que la mort et la souffrance font partie de la vie, nous « enrageons, enrageons » contre elles.

Le meilleur exemple de l'argument viscéral se trouve probablement dans le livre *La Nuit*[185], d'Élie Wiesel. Il donne une description saisissante de la façon dont sa première nuit dans un camp de la mort l'a anéanti. Elle « a fait de ma vie une nuit longue, sept fois maudite et sept fois verrouillée ». Il a vu les fours qui transformaient des êtres humains, petits enfants inclus, en « volutes de fumée ». Les flammes de ces fours ont détruit sa foi en Dieu.

> Jamais je n'oublierai ces flammes qui consumèrent pour toujours ma foi [...] Jamais je n'oublierai ces instants qui assassinèrent mon Dieu et mon âme et mes rêves qui prirent le visage du désert[186].

Que répondre ? Avec le plus grand respect pour ce qu'a vécu Wiesel et pour son talent d'écrivain, nous devons cependant souligner que d'autres ont vu les mêmes horreurs et en sont sortis avec une foi intacte, voire grandie[187]. Nous avons déjà abordé les différentes réactions des détenus de ces camps, face à l'horreur. Beaucoup ont perdu tout espoir mais d'autres l'ont trouvé, y compris l'espoir religieux. J. Christiaan Beker, ancien professeur du Princeton Theological Seminary, a été esclave des nazis dans un camp de travail à Berlin. Il a réussi à se cacher dans un grenier, vivant dans la crainte d'être trahi ou découvert par les Allemands. Il a été témoin de bien des horreurs et est devenu maniaco-dépressif pour le restant de ses jours. C'est pourtant pendant son travail forcé qu'il a décidé de devenir théologien chrétien, pour finalement écrire *Suffering and Hope: The Biblical Vision and the Human Predicament*[188] [La souffrance et l'espérance : La perspective biblique et la condition humaine]. Dans ce livre, il énonce l'idée que l'espérance chrétienne de la résurrection et de la restauration du monde nous permet d'envisager « le pouvoir actuel de la mort par rapport au futur vide, de cette dernière, et donc d'avoir l'assurance de sa défaite[189] ».

L'effet boomerang

Tous ceux qui sont confrontés au mal absolu n'abandonnent pas automatiquement leur foi en Dieu. Ainsi, même une réaction viscérale à la souffrance porterait en elle des arguments et des hypothèses, apparemment inconscients au premier abord. Nous ne faisons pas que *réagir* aux maux écœurants qui tordent nos tripes. Nous nous parlons intérieurement, nous les interprétons d'une manière spéciale. Comme l'écrit Blaise Pascal : « Les raisons me viennent après, mais d'abord la chose m'agrée, ou me choque, sans en savoir la raison, et cependant cela me choque par cette raison que je ne découvre qu'ensuite... Le cœur a ses raisons que la raison ne connaît point[190]. »

Ceux dont la foi est affaiblie plutôt que renforcée par la souffrance, conservent néanmoins un postulat moral solidement ancré dans leur esprit et leur cœur. Ils partent du principe que Dieu, s'il existe, n'a pas fait ce qu'il fallait, qu'il a violé une norme morale. Le mal n'est mal que dans la mesure où il transgresse une norme morale. Lorsque nous disons : « Je ne peux pas croire en un Dieu qui permette de telles choses », nous faisons de Dieu, en quelque sorte, un complice du mal.

Mais cela crée un problème épineux pour les sceptiques. Le fait indéniable que les humains ont des *sentiments* moraux, nous amène à ressentir que certains comportements sont bons, d'autres mauvais, voire répugnants. Si Dieu n'existe pas, d'où viennent ces instincts et ces sentiments ? De nos jours, beaucoup diraient que notre sens moral vient de l'évolution. Notre jugement sur le bien et le mal proviendrait d'une sorte de programme génétique dont nos ancêtres avaient besoin pour survivre. Même si cette explication peut tenir pour les sentiments moraux, elle n'est pas valable pour *la contrainte* morale. De quel droit diriez-vous à quelqu'un qu'il doit mettre un terme à certains comportements si *ses* sentiments lui disent qu'il agit bien alors que vous ressentez qu'il a tort ? Pourquoi votre sens moral primerait-il sur le sien ? D'où tenez-vous la norme selon laquelle vos sentiments moraux seraient justes et pas les siens ? Sur quelle base diriez-vous à quelqu'un : « Ce que vous faites est mal », si ses sentiments diffèrent des vôtres ?

Il s'agit d'un vrai casse-tête, car les présupposés sur lesquels on s'appuie pour ne pas croire en Dieu, à savoir une certitude à propos du mal et l'obligation morale de ne pas s'y soumettre, s'effondrent si Dieu n'existe pas. Le sol sur lequel nous construisons nos objections se dérobe sous nos pieds. Non seulement l'argument du mal contre l'existence de Dieu ne tient pas, mais il a de plus un « effet boomerang » sur ses défenseurs. Il montre en effet qu'ils bâtissent sur quelque chose qui ne peut exister à moins que Dieu n'existe. Dans un sens, ils comptent sur la réalité de Dieu pour le contrer. C.S. Lewis est la victime la plus connue de cet effet boomerang.

Il nie l'existence de Dieu pendant des années car il est partisan de l'argument du mal contre Dieu. Il finit par se rendre compte que le mal et la souffrance lui posent plus de problèmes en tant qu'athée qu'en tant que chrétien. Il conclut que la conscience du mal dans le monde est, en fait, un argument *en faveur,* et non contre, l'existence de Dieu. Lewis décrit ce processus dans son livre, *Les fondements du christianisme*[191]. Il en parle par contre plus longuement dans son essai *De Futilitate*, où il explique « qu'il existe, d'évidence, un motif flagrant de nier qu'une quelconque raison morale opère dans l'univers, si l'on considère le cours des événements dans toute leur cruauté, leur hostilité et leur indifférence apparente à la vie[192] ». La cruauté et le mal empêchaient donc Lewis de croire en l'existence d'un Dieu bon, en une « raison morale » à l'œuvre dans les coulisses de l'univers.

Mais il en vient à réaliser que le mal dans le monde est « précisément le levier que nous ne pouvons pas utiliser » pour nous opposer à Dieu. Pourquoi ? « À moins d'estimer que ce gâchis et cette cruauté sont de vrais fléaux nous ne pouvons pas... condamner l'univers de nous les avoir montrés ... À moins de placer nos propres normes au-dessus de nous, comme étant, en fait, un principe objectif auquel nous répondons, nous ne pouvons pas les considérer comme fondées[193].» Tel est le dilemme de l'athée qu'est Lewis à l'époque. Il conteste l'existence de Dieu parce qu'il ne perçoit aucune norme morale derrière l'univers ; le monde est arbitrairement cruel et mauvais. Mais si Dieu n'existe pas, sa définition du mal n'est qu'une question de ressenti personnel. Lewis écrit : « Pour résumer, à moins d'admettre que la réalité suprême est morale, nous ne pouvons pas la condamner moralement[194]. » Et il conclut :

Lorsqu'un bon athée hurle son désaccord à un cosmos qu'il croit impitoyable et absurde, il rend, en fait, inconsciemment hommage à quelque chose à l'intérieur, ou derrière ce cosmos, à qui il reconnaît une valeur et une autorité infinies. Car si la miséricorde et la justice n'étaient que des lubies personnelles, sans racines objectives et extérieures, le comprendre ne lui permettrait plus de persister dans l'indignation. Le fait même qu'il fasse un procès au ciel pour les avoir ignorées, signifie qu'il sait, quelque part, qu'elles trônent dans un Ciel bien plus haut[195].

Nous voici donc confrontés à une question : et si le mal et la souffrance qui nous entourent rendaient l'existence de Dieu encore *plus* probable ? Et si notre conscience du mal absolu était le signe que nous savons, quelque part au fond de nous, que Dieu existe réellement ? Alvin Plantinga écrit qu'une vision du monde matérialiste « ne laisse aucune place pour une quelconque obligation morale [...] nous ne pouvons donc pas dire que le mal, réel et effroyable, existe. Ainsi, si vous pensez que ce mal-là existe vraiment (et n'est pas une simple illusion), vous avez un argument [...] puissant [pour la réalité de Dieu[196]] ».

A.N. Wilson, écrivain et critique, avait abandonné le christianisme de sa jeunesse mais a récemment signé un article intitulé : « Why I Believe Again » [Pourquoi je crois à nouveau]. Il est revenu à la foi après avoir travaillé sur un livre dédié à la famille Wagner et à l'Allemagne nazie. Ses recherches lui ont montré « quelle sorte de monde fou créent ceux qui croient que la morale est une construction purement humaine[197] ». *Faith and other flat Tires* [la foi et autres pneus crevés] est un livre qui rassemble des témoignages récents de personnes revenues à la foi. Il nous montre que cet effet boomerang n'est pas seulement ressenti par des érudits comme Lewis, Plantinga ou Wilson. Andrea Palpant Dilley a été élevée au Kenya par des médecins missionnaires quakers. Enfant, elle a côtoyé plus de morts et de noirceur que la plupart des enfants occidentaux. À l'adolescence, elle a commencé à s'interroger sur la bonté de Dieu et, arrivée à l'âge adulte, elle a rejeté le christianisme en bloc. Sa colère contre Dieu, motivée par la souffrance et l'injustice, a agi comme un déclencheur.

Mais une nuit, elle a discuté de l'existence de Dieu avec un jeune homme. Il soutenait que la morale est relative, chaque culture et personne possédant la sienne. Il a conclu en disant : « Je pense que la morale est totalement subjective, donc Dieu est inutile. » La jeune femme s'est entendu répondre : « Mais si la morale est totalement subjective, tu ne peux pas dire qu'Hitler avait tort. Tu ne peux pas dire qu'il est injuste de laisser des bébés mourir de faim. Et tu ne peux pas condamner le mal. Comment peux-tu défendre un tel point de vue ? [...] Tu dois consentir à une norme morale objective, qui vient de là-haut. » Elle a tiré un trait horizontal au-dessus de sa tête. « Dès lors, la possibilité d'un esprit moral divin entre en jeu. » Elle a alors pris conscience qu'elle faisait ses premiers pas vers un retour à la foi[198].

Ultérieurement, Dilley conclura :

Quand quelqu'un me demande ce qui m'a fait quitter l'Église et ce qui m'a ramenée à la foi, je ne donne qu'une seule et même réponse à ces deux questions. J'ai quitté l'Église en partie parce que j'étais fâchée contre Dieu à cause de l'injustice et de la souffrance humaine. Mais je suis revenue à cause de la même lutte. J'ai compris que je ne pouvais pas parler de justice sans me retrouver dans un cadre théiste. D'un point de vue naturaliste, l'existence d'orphelins dans les bidonvilles de Nairobi ne peut s'expliquer que par la loi du plus fort. Nous ne sommes rien de plus que des animaux qui survivent dans un monde sans Dieu et se battent pour une place et de la nourriture. Le mot justice ne signifie pas grand-chose. Pour parler de justice, vous devez parler de morale objective, et pour parler de morale objective, vous devez parler de Dieu[199].

En somme, le problème de l'absurdité de la souffrance ne disparaît pas si l'on perd la foi. Si Dieu n'existe pas, pourquoi sommes-nous tellement outrés et horrifiés lorsque quelqu'un souffre de manière injuste ? La violence, la souffrance et la mort sont des phénomènes tout à fait naturels. Sur quelle base pouvons-nous dire que la cruauté est mauvaise ? Deux penseurs bien connus ont donné deux réponses très différentes à cette question. Martin Luther King dans ses *Lettres d'une prison de Birmingham* a écrit que, sans loi divine pour définir la justice, il est impossible de savoir si une pratique ou une expérience humaine particulière est injuste ou non. En revanche, quand Friedrich Nietzsche a appris que l'île de Java avait été détruite par une catastrophe naturelle en 1883, il a écrit à un ami : « Deux cent mille êtres anéantis d'un coup… c'est magnifique ! » La logique de Nietzsche était implacable. Puisque Dieu n'existe pas, disait-il, tout jugement de valeur est arbitraire. Toutes les définitions possibles de la justice ne sont que le résultat de notre culture ou de notre tempérament.

Bien qu'ayant des points de vue diamétralement opposés, King et Nietzsche étaient d'accord sur une chose. Si Dieu et sa loi divine n'existent pas, la violence est parfaitement naturelle. Dès lors, abandonner la foi ne résout pas le problème de la souffrance et, comme nous allons le voir, enlève un bon nombre de ressources nécessaires pour l'affronter.

L'histoire vraie de Mary : l'espérance en Christ

Mes deux parents ont été détruits par l'alcoolisme. J'avais trois ans quand ils ont divorcé.

Ma mère m'aimait et elle a fait de son mieux, mais l'alcool était devenu son seul refuge, l'ivresse et la folie son quotidien. Je devais souvent rester dehors pour des motifs aussi futiles qu'avoir raté un concours de piano ou vidé une bouteille de vodka dans l'évier. Elle fermait la porte à clef et j'étais obligée de casser une vitre du sous-sol pour pouvoir rentrer.

Jésus s'est révélé à moi quand j'avais dix-sept ans. Une amie m'avait invitée à son Église et je me suis accrochée aux paroles rassurantes du pasteur sur l'amour inconditionnel de Dieu. J'espérais voir ma vie changer.

Je me suis mariée avec un homme de six ans mon aîné. Au début, notre relation m'a réconfortée mais il est devenu violent. Il me frappait souvent, dont une fois avec la chaîne du chien ; il m'a étranglée ; il m'a donnée des coups de pieds au ventre ; il m'a poussée dans les escaliers et une fois d'un quai. De façon incroyable, je m'étais convaincue que je l'aimais encore.

À vingt-trois ans, j'ai retrouvé mon père. J'ai cru qu'il me protégerait, me défendrait et j'ai quitté mon mari. Mais mon père a abusé de moi sexuellement. J'ai plongé dans le désespoir et j'ai tenté de me suicider. Ayant échoué, j'ai hurlé ma colère à Dieu : pourquoi m'avait-il permis de vivre ? Où était-il ?

J'ai commencé une relation d'aide avec un jeune diacre extrêmement intelligent et gentil. Au bout d'un an, nous sommes tombés amoureux mais il était déjà marié. Nous avons lutté, et j'ai supplié Dieu de nous aider, mais nous avons cédé au péché. Il a divorcé et nous nous sommes mariés. Nous ne méritions pas les trois beaux enfants que Dieu nous a donnés. Pour la première fois, j'avais une famille.

Mes enfants avaient tous moins de six ans quand j'ai commencé à souffrir de maux de tête sévères, d'une perte d'audition et d'une paralysie faciale partielle. Un spécialiste m'a décelé une grosse tumeur au cerveau. Aujourd'hui encore, des parties de la tumeur restent inopérables et me causent de nouvelles complications. Je me souviens m'être sentie étrangement calme. Même si nos vies étaient chamboulées, notre famille restait solide.

Mes enfants ont grandi, et bien qu'ils aient fréquenté l'Église, ils étaient de plus en plus influencés par le monde. Ils ont tous eu affaire à la police à un moment ou un autre. Un médecin a établi que le plus jeune souffrait de schizophrénie, et l'aîné a passé deux ans en prison. Nous étions anéantis.

Peu de temps après, mon mari a eu deux AVC, ce qui a profondément altéré sa personnalité. J'ai découvert que nos finances étaient dans un état lamentable et nous avons finalement perdu notre maison. J'étais tellement abattue que j'arrivais à peine à parler à un psychologue.

Ma vie n'a pas changé depuis, mais Dieu me change.

J'ai découvert que Dieu permet le chagrin et les problèmes, notamment ceux qui nous dépassent, parce que nous sommes justement dépassés et que nous n'arrivons pas à gérer la douleur et l'anxiété qu'ils provoquent. Mais Dieu le peut. Je pense qu'il veut que nous prenions conscience que lui faire confiance est déjà un don. Le don de sa paix au milieu de la folie. Les problèmes ne disparaissent pas et la vie continue, mais il remplace la brûlure du chagrin par l'espérance, et c'est bouleversant.

Je commence à croire que la vie ne sera pas toujours comme elle l'est aujourd'hui. Je trouve du réconfort en cessant de me focaliser sur le chagrin et en fixant mon regard sur celui qui, un jour, guérira mon cœur brisé, complètement et à jamais.

J'ai passé ma vie entière à chercher, sans succès, une recette pour passer du désespoir à l'espérance. Je ne l'ai trouvée dans rien de ce que j'ai fait ou n'ai pas fait. L'espérance ne vient pas en résolvant mes problèmes, mais en me centrant sur Christ, qui rend tout changement possible.

Deuxième partie

Face à la fournaise

Chapitre 5

La foi mise au défi

« Les autres dieux étaient forts ; mais tu étais faible ; Ils étaient à cheval, mais tu titubais vers un trône ; Mais à nos blessures ; seules les blessures de Dieu peuvent répondre, Et il n'est pas de dieu sinon Toi qui ait des blessures. »

Edward Shillito, « *Le Jésus aux Cicatrices*[200] »

Réponses pour le cœur

Nous avons vu que l'argument viscéral contre Dieu venait du cœur. Quand Pascal parle avec perspicacité des « raisons du cœur », il ne fait référence ni à des sentiments irrationnels ni à de simples propos logiques, mais plutôt à des intuitions, des explications qui éclairent la pensée, réconfortent ou satisfont sur le plan existentiel. Loin d'être une proposition abstraite, une « raison du cœur » touche et modifie nos attitudes et actions. Dans une perspective chrétienne, je vois trois grands thèmes susceptibles de nous aider à affronter la douleur et la souffrance. Chacun d'eux contribue à enrichir notre compréhension de la souffrance tout en affectant directement nos attitudes, il offre un nouveau « cadre » à notre cœur pour le rendre capable de surmonter l'adversité.

Le premier thème comprend les doctrines qui touchent à la création et à la chute. Genèse 1 et 2 décrivent une humanité placée par Dieu dans un monde exempt de mort et de souffrance. Le mal actuel n'avait pas sa place dans le plan originel de Dieu. Ce n'était pas son objectif pour l'humanité. La mort, même paisible à l'âge quatre-vingt dix ans, *ne faisait* donc *pas* partie du plan de Dieu. Ceux qui ressentent « l'injustice » de la mort, sous toutes ses formes, ont raison. Comme Dylan Thomas, suppliant son père mourant de : « Rager, s'enrager contre la mort de la lumière », nous sentons que nous n'étions destinés ni à mourir, ni à perdre l'amour, ni à être vaincus par les ténèbres. Nous disons souvent à ceux qui souffrent que la mort fait partie de la vie. C'est leur demander de réprimer une intuition juste et profondément humaine : nous n'étions pas destinés à tomber en poussière, et l'amour devait perdurer.

Genèse 3 confirme cette intuition en détaillant comment les ténèbres sont nées de notre refus de faire de Dieu notre seigneur et notre roi. Lorsque nous nous sommes détournés de Dieu, nous avons perdu cette relation et toutes les autres relations se sont brisées. Puisque nous avons rejeté son autorité sur toutes choses (notre cœur, nos émotions, notre corps, nos relations avec les autres et notre relation avec la nature), elles ont cessé de fonctionner correctement.

Le plan originel de Dieu pour le monde a été brisé par la Chute de l'humanité. Dans le jardin, l'homme et la femme devaient travailler, cultiver et prendre soin de la terre. Quand Adam et Ève ont péché, Dieu les a maudits en disant que des

« épines et des ronces » sortiraient de la terre, en plus des fleurs et de la nourriture. Le dessein originel de Dieu n'est donc pas complètement aboli, mais nous sommes loin de ce qu'il avait prévu. Un dur labeur aurait toujours dû garantir la prospérité, désormais, nous pouvons nous donner beaucoup de peine et tout perdre à cause d'un désastre ou d'une injustice. La doctrine de la Chute nous offre ainsi une compréhension remarquablement nuancée de la souffrance.

D'un côté, cet enseignement rejette l'idée que plus nous sommes mauvais, plus nous souffrons. C'était l'hypothèse moralisatrice des amis de Job : « Tout ceci t'arrive à toi plutôt qu'à nous, parce que nous vivons une vie juste et toi non. » À la fin du livre, Dieu exprime sa fureur envers ces « piètres consolateurs ». Le monde est bien trop déchu et détraqué pour être divisé en deux groupes bien distincts : les gentils aux bonnes vies et les méchants aux mauvaises vies. La race humaine entière a hérité de la désolation de ce monde. Comme l'a dit Jésus, le soleil brille et la pluie tombe sur les justes et les injustes (Matthieu 5.45). Celui qui souffre ne reçoit pas forcément un juste salaire par rapport à des méfaits précis.

Mais d'un autre côté, bien qu'il ne faille jamais affirmer que chaque situation difficile est le résultat d'un péché en particulier, nous pouvons dire que la souffrance et la mort sont, en général, les conséquences naturelles et un juste jugement de nos péchés. Si l'on considère son histoire, nous ne pouvons en aucun cas objecter que la race humaine mérite une vie meilleure que celle qu'elle a actuellement.

Cette situation constitue une « raison du cœur » ; une fois acceptée, elle rend humble et soulage. L'homme imagine souvent qu'il incombe à Dieu de créer un monde à son unique bénéfice. Nous avons vu comment le déisme du XVIIIe siècle a encouragé cette idée, en désaccord flagrant avec la Genèse et le reste de la Bible. Néanmoins, d'après le sociologue Christian Smith, cette idée a séduit la plupart des gens. Ses recherches l'ont amené à conclure que la plupart des jeunes adultes américains sont des « déistes pragmatiques », même si très peu d'entre eux savent de quoi il s'agit. Pour eux, Dieu est quelqu'un dont le travail consiste à pourvoir à leurs besoins. Selon cette hypothèse culturelle, implicite mais fortement ancrée chez les jeunes, Dieu doit à tous une vie confortable, sauf aux plus infâmes d'entre nous. La désillusion des tenants de cette théorie sera inévitablement amère. La vie est méchante, dure, brutale et semble toujours trop courte. Croire que l'on a des « droits » spirituels condamne à sombrer dans la confusion quand quelque chose tourne mal.

Quand nous prenons du recul et considérons l'hypothèse que Dieu nous doit une vie bonne, elle apparaît clairement infondée. S'il existe vraiment un Dieu infiniment glorieux, pourquoi l'univers devrait-il tourner autour de nous plutôt qu'autour de lui? Si nous comparons les standards bibliques divins, comme la réciprocité, les Dix Commandements ou le Sermon sur la Montagne avec le comportement de l'humanité, nous pourrions réaliser que la véritable énigme du mal n'est pas ce que nous pensions. Le vrai casse-tête est peut-être: pourquoi Dieu permet-il tant de *bonheur*? Les enseignements de la création et de la chute effacent l'apitoiement sur soi qui afflige ceux qui ont une vue déiste de la vie. Ils fortifient l'âme et la préparent à accepter les moments difficiles.

Le renouvellement du monde

La deuxième doctrine qui nous va droit au cœur concerne le jugement dernier et le renouvellement du monde. Beaucoup de gens prétendent ne pas pouvoir croire en un Dieu qui juge et punit. Mais sans jour du jugement, que faire de toute l'injustice passée et présente ? Si ce jour n'existait pas, il ne nous resterait que deux choses à faire : perdre tout espoir ou nous venger. Soit la tyrannie et l'oppression qui dominent depuis des siècles ne seront jamais renversées, auquel cas il importe peu que notre vie soit juste et bonne ou cruelle et égoïste, soit nous devons prendre les armes aujourd'hui et tuer les malfaiteurs. S'il n'y a pas de Juge, nous devrons endosser le rôle de juge et faire justice nous-mêmes.

Ainsi, la doctrine biblique du jour du jugement, loin d'être un concept lugubre, nous permet de vivre dans l'espérance et la grâce. Si nous l'acceptons, nous sommes remplis d'espoir et incités à travailler pour la justice. Peu importe si nous avons des résultats moindres aujourd'hui, nous savons que la justice prévaudra de manière totale et parfaite. En ce jour, toutes les injustices (ce qu'on appelle le mal moral) seront éliminées. Mais cette doctrine nous permet aussi d'être remplis de grâce, de pardonner et de renoncer à la vengeance ainsi qu'à la violence. Pourquoi ? Si nous n'avons pas l'assurance d'un jugement dernier, nous aurons très envie de prendre les armes et d'abattre ceux qui nous auront causé du tort. Mais si nous savons que personne ne sera quitte et que tous les torts seront un jour redressés, nous pouvons alors vivre en paix. La doctrine du jugement dernier nous rappelle que nous n'avons ni la connaissance nécessaire pour juger et punir, ni le droit de le faire, puisque nous sommes pécheurs (Romains 2.1-16 ; 12.17-21). Ainsi, croire au jour du jugement nous garde d'une passivité exagérée ou d'une attitude trop violente, dans notre quête de vérité et de justice.

Mais un autre aspect du jour du jugement est la consolation suprême de ceux qui souffrent. Peter van Inwagen écrit :

Un jour, la souffrance imméritée cessera pour l'éternité : ce monde empli de ténèbres, cet « âge du mal », ne sera plus qu'un vague souvenir du début de l'histoire humaine. Chaque mauvaise action commise envers des innocents aura été vengée, et chaque larme essuyée[201].

Nous avons déjà vu qu'aucune théodicée ne montrait de manière complète et satisfaisante pourquoi Dieu était justifié en permettant le mal. Néanmoins, la doctrine chrétienne de la résurrection et du renouvellement du monde (quand toutes les promesses et les implications bibliques seront mesurées et comprises) est la meilleure explication que nous ayons. La résurrection de notre corps ne nous offre pas seulement une consolation pour la vie que nous aurons perdue mais une restauration de celle-ci. Nous n'aurons pas simplement notre corps et notre vie mais ceux que nous aurions toujours souhaités. Nous aurons une vie glorieuse, parfaite, incroyablement riche, dans un monde renouvelé.

Nous voyons souvent comment des événements négatifs « concourent à notre bien » (Romains 8.28). Le problème est que nous n'en avons qu'un bref aperçu et dans un nombre limité de cas. Et si Dieu permettait le mal pour tous nous conduire à une gloire et une joie bien plus profondes que celles que nous aurions connues autrement ? Et si la gloire et la joie que nous connaîtrons un jour étaient infiniment plus grandes qu'elles ne l'auraient été si le mal n'avait pas existé ? Ce monde futur ne sera-t-il pas meilleur parce qu'il a d'abord été brisé et perdu ? Dans ce cas, la défaite du mal sera totale. Loin d'être un obstacle à notre beauté et notre bonheur, le mal aura servi à les améliorer. Il aura accompli exactement l'inverse de ce qu'il projetait.

Comment cela se produira-t-il ? Au premier abord, nous savons que le courage ne se manifeste que face au danger.

Sans le péché et le mal, nous n'aurions jamais été témoins du courage de Dieu, de l'étendue incroyable de son amour, ou de la gloire d'un être divin qui se dépouille de sa gloire pour aller à la croix. Le concept de la gloire de Dieu est plutôt vague et abstrait pour nous. Mais nous devons comprendre que nos plus grands plaisirs : la beauté d'un paysage, les mets les plus succulents, la joie d'une embrassade, ne sont que des gouttes d'eau comparés à l'océan infini de joie de voir Dieu face à face (1 Jean 3.1-3). C'est ce qui nous attend, rien de moins. Selon la Bible, cette beauté glorieuse a été considérablement amplifiée grâce à Christ qui nous a libérés du mal et de la mort, et elle nous remplit de joie. Il est écrit que les anges désirent plonger leurs regards dans l'Évangile, tant ils sont émerveillés de ce que Jésus a fait lors de son incarnation et de son expiation (1 Pierre 1.12).

Paul partage le mystère suivant : si nous connaissons le Christ et le pouvoir de sa résurrection, nous connaissons aussi « la communion de ses souffrances[202] » (Philippiens 3.10-11, *Colombe*). Alvin Plantinga souligne l'enseignement de certains théologiens de la Réforme, comme Jonathan Edwards et Abraham Kuyper, qui disent que grâce à la chute et à la rédemption, nous atteindrons un niveau d'intimité avec Dieu que nous n'aurions pu connaître autrement. Et les anges en sont envieux[203]. Que se passera-t-il si nous réalisons ultérieurement que, comme Jésus qui n'a pu manifester sa gloire et son amour qu'en passant par la souffrance, nous ne pouvons connaître une telle gloire, une telle joie et un tel amour qu'en passant par un monde de souffrances ?

Et si notre gloire à venir « consumait » le mal passé si totalement que son souvenir n'assombrisse plus nos cœurs mais nous rende encore plus heureux ? Dans *Le Grand Divorce*, une histoire fantastique sur l'enfer et le paradis, C.S. Lewis décrit l'enfer et ses habitants comme étant devenus minuscules. Il écrit que les gens sur terre, pensent qu' « aucun

bonheur futur ne pourra compenser [leurs souffrances…]
sans savoir que le ciel, lorsqu'ils y seront, œuvrera à rebours
et changera cette agonie même en gloire[204] ». Il rejoint J.R.R.
Tolkien dans sa vision d'un futur où « tout ce qui était triste
va se révéler faux[205] ».

Les blessures de Dieu

Les dernières doctrines utiles à notre cœur sont celles de l'incarnation et de l'expiation.

Le sociologue Peter Berger n'est pas théologien, mais il sait que chaque culture doit aider les siens à comprendre la souffrance. Selon lui, la Bible le fait de deux manières. Dans l'Ancien Testament, le livre de Job nous offre la plus difficile et la plus sévère des vérités concernant la souffrance : nous ne pouvons pas interroger Dieu. Job demande à Dieu de lui expliquer pourquoi tant de douleurs et de chagrins s'abattent sur lui. Pour toute réponse, « le droit de poser des questions lui est radicalement refusé[206] ». Dieu confronte Job avec sa propre finitude, son incapacité à comprendre la sagesse et les objectifs divins, même s'ils lui étaient révélés, ainsi que son statut de pécheur qui ne lui permet pas d'exiger une vie confortable. Berger avoue que ce point de vue est d'une logique implacable, pourtant « difficile à supporter pour la plupart des gens […] et accessible uniquement à certains "virtuoses" religieux[207] ». Dans la Bible, il ne s'agit pas du mot de la fin sur le sujet, heureusement pour nous.

Berger dit que « la tension insupportable provoquée par l'Ancien Testament » est résolue par « la solution chrétienne essentielle », à savoir que « le Dieu incarné est un Dieu qui souffre. Sans cette souffrance, sans l'agonie de la croix, l'incarnation n'aurait pas pu régler ce problème [de la souffrance] auquel, croyons-nous, elle doit son immense puissance ». Berger poursuit, en citant Albert Camus : « Seul le sacrifice d'un dieu innocent pouvait justifier la longue et universelle torture de l'innocence. Seule la souffrance de Dieu, et la plus misérable, pouvait alléger l'agonie des hommes[208]. »

Berger a parfaitement compris le génie de la solution. Il écrit :

> À travers le Christ, l'altérité terrible du Yahvé de la tempête [dans le livre de Job] est adoucie. En même temps, quand l'homme contemple les souffrances de Christ il intensifie sa conviction qu'il est indigne. L'ancienne soumission [dans la repentance] peut ainsi se répéter d'une manière plus affinée [...] Car les souffrances de Christ ne justifient pas Dieu mais les hommes[209].

Le livre de Job souligne, avec justesse, l'indignité et la finitude de l'humanité, et appelle à s'abandonner totalement à la souveraineté de Dieu. Mais, telle quelle, cette injonction pourrait être trop difficile à supporter pour celui qui souffre. Puis arrive le Nouveau Testament, rempli d'un réconfort inimaginable pour ceux qui placent leur confiance dans la souveraineté de Dieu. Le Dieu souverain est descendu en personne dans ce monde et en a connu les ténèbres. Il a bu la coupe de la souffrance jusqu'à la lie, non pour se justifier lui-même mais pour *nous* justifier, pour subir la souffrance, la mort et la malédiction du péché que nous méritions. Il a endossé la punition afin de pouvoir revenir un jour et mettre un terme au mal sans avoir à nous condamner et nous punir.

Le Nouveau Testament enseigne que Jésus était Dieu incarné : « Car c'est en lui, c'est dans son corps, qu'habite toute la plénitude de ce qui est en Dieu » (Colossiens 2.9). Il était Dieu et il a pourtant souffert. Il a vécu la faiblesse, une vie remplie « de grands cris » et de « larmes » (Hébreux 5.7).

Il a personnellement éprouvé le rejet et la trahison, la pauvreté et les mauvais traitements, la déception et le désespoir, le deuil, la torture et la mort. Il est donc « capable de se sentir touché par nos faiblesses » car « il a été tenté en tous points comme nous le sommes, mais sans commettre de péché » (Hébreux 4.15). Sur la croix, il est allé au-delà des pires souffrances humaines ; il a fait l'expérience du rejet cosmique et d'une douleur qui dépasse la nôtre d'une manière aussi infinie que sa connaissance et sa puissance dépassent les nôtres. Aucune agonie intérieure n'est pire que la perte d'une relation d'amour. Nous ne pouvons imaginer l'ampleur de la perte, non seulement d'une relation humaine qui a duré des années, mais de l'amour infini du Père, que Jésus connaissait de toute éternité. Cette séparation a dû être insupportable à l'extrême. Sur la croix, Jésus a ressenti la séparation même d'avec Dieu lorsqu'il s'est écrié : « Mon Dieu, mon Dieu, pourquoi m'as-tu abandonné ? »

Nous voyons ici la puissance suprême, celle d'un Dieu suffisamment fort pour devenir volontairement faible et vulnérable, pour s'immerger dans l'obscurité, par amour pour nous. Là réside la plus grande gloire imaginable : la volonté de mettre toute sa gloire de côté par amour pour nous.

Aucune autre religion ne s'approche, même vaguement, de cette idée. Le pasteur John Dickson a donné un jour une conférence, sur un campus à Sydney, en Australie, sur le thème des *blessures de Dieu*. Pendant le débat, un musulman s'est levé pour expliquer « à quel point il était ridicule d'annoncer que le Créateur de l'univers avait été soumis aux contraintes de sa propre création : manger, dormir, faire ses besoins, sans parler de sa mort sur la croix ». Dickson rapporte que ses commentaires étaient intelligents, pertinents et polis. L'homme a ensuite déclaré qu'il était illogique que Dieu, « la cause de toutes causes » ait pu subir des douleurs infligées par des êtres inférieurs. Le pasteur, sentant qu'il n'avait aucun argument convaincant, aucune réponse brillante, a simplement remercié l'homme d'avoir rendu si claire la singularité du christianisme. « Ce que le musulman dénonce comme blasphème, le chrétien le chérit : Dieu a des blessures[210]. »

Peter Berger a raison. La réponse du livre de Job : « Dieu sait ce qu'il fait, tiens-toi tranquille et fais-lui confiance », est correcte mais insuffisante. Elle est inadaptée par sa froideur et par le fait que le Nouveau Testament nous offre bien plus d'éléments pour surmonter les terreurs de la vie. Nous nous sommes détournés de Dieu, mais il ne nous a pas abandonnés. Le christianisme est la seule religion au monde à enseigner que Dieu est venu sur terre en Jésus-Christ pour être soumis à la souffrance et à la mort.

Comprenons-nous ce que cela signifie ? Il est vrai que nous ne connaissons pas la raison pour laquelle Dieu continue de permettre le mal et la souffrance, ni pourquoi ils surviennent au hasard mais, au moins, nous savons que Dieu n'agit pas ainsi parce qu'il ne nous aime pas ou qu'il ne se soucie pas de nous. Notre bonheur ultime lui importe tant qu'il a accepté de plonger lui-même dans les plus grandes profondeurs de la souffrance. Il nous comprend, il a vécu sur cette terre et il affirme posséder un plan pour essuyer un jour toutes larmes. « Mais cela ne répond qu'à moitié à la question "Pourquoi ?" » Oui, mais il s'agit de la moitié dont nous avons besoin.

Nos cerveaux limités ne pourraient comprendre toutes les raisons de Dieu, quand bien même il nous les expliquerait. Pensez à la relation entre les enfants et leurs parents. Un enfant de trois ans ne peut pas comprendre pourquoi ses parents autorisent ou non certaines choses. Mais même s'il ne comprend pas tout, il est capable de savoir qu'ils l'aiment et qu'il peut leur faire confiance, se sentant ainsi en sécurité. C'est tout ce dont il a besoin. La différence entre Dieu et nous est infiniment plus grande que celle qui existe entre un parent et un petit enfant. Nous ne devrions donc pas nous attendre à pouvoir comprendre tous les desseins de Dieu. Mais nous savons qu'il nous aime, par la croix et l'Évangile de Jésus-Christ. C'est ce dont nous avons le plus besoin.

Dans son livre, *Mille Cadeaux*, Anne Voskamp raconte le cheminement qu'elle a suivi pour comprendre la mort absurde de sa sœur, écrasée par un camion à l'âge de deux ans. Elle conclut que le problème principal est de savoir si l'on fait confiance au caractère de Dieu. Est-il vraiment un Dieu d'amour ? Est-il vraiment juste ?

> [Dieu] nous a donné Jésus. [...] Si Dieu ne nous a pas privés de son propre Fils, nous priverait-il de *quoi que ce soit* d'indispensable ? S'il doit gagner notre confiance, Dieu ne se l'est-il pas acquise sans équivoque avec les écorchures des plaies à vif, avec les épines enfoncées sur le front, avec ton nom sur les lèvres desséchées ? Comment ne nous donnerait-il pas aussi, en toute gratuité, toutes ces choses qu'il considère excellentes et justes ? Il a déjà donné l'incommensurable[211].

La lumière dans les ténèbres

Notre monde est obscur. Nous tenons l'obscurité à distance de bien des manières mais toujours provisoirement. Tôt ou tard, les lumières de notre vie : l'amour, la santé, le foyer, le travail s'éteindront. Nous aurons alors besoin de quelque chose de supérieur à ce que notre compréhension, nos compétences et notre pouvoir peuvent nous offrir.

La Bible nous dit, en Ésaïe 9.1 et en Matthieu 4.16, qu'à la naissance de Jésus, « le peuple qui vivait dans les ténèbres a vu briller une grande lumière, et sur ceux qui habitaient dans le pays sur lequel planait l'ombre de la mort, une lumière s'est levée ». Mais, dirons-nous, si Jésus est la lumière du monde, pourquoi une fois sur cette terre, n'a-t-il rien fait pour remédier à la souffrance et à l'obscurité ? Les enfants continuent de mourir prématurément dans des conditions horribles. Les pauvres sont toujours opprimés. De jeunes pères meurent encore dans des accidents, laissant des veuves et des orphelins se débrouiller seuls. Il y a encore des guerres et des rumeurs de guerres. Pourquoi n'a-t-il pas arrêté tout cela ?

Et si au lieu de mourir jeune, Jésus était venu pour éradiquer le mal et l'injustice ? Quel aurait été le résultat, pour nous ? Souvenez-vous de Tolkien : « Toujours après une défaite et un répit, l'Ombre prend une autre forme et croît de nouveau[212]. » Il a raison. Prenons les avancées technologiques et scientifiques. Elles ont apporté d'énormes bienfaits à la communication et à la santé. La révolution de la communication a même été créditée de la chute du rideau de fer et la fin de la Guerre froide. Mais, aujourd'hui, de nombreux spécialistes craignent que des terroristes utilisent cette même technologie pour faire tomber des pans entiers du réseau électronique, éliminant ainsi de grandes quantités de richesses et provoquant une crise financière mondiale. Le nucléaire est une belle source d'énergie quand il est exploité correctement, mais nous connaissons le risque de prolifération des armes nucléaires et la menace terroriste qui l'accompagne. Chaque fois qu'un nouveau progrès combat un aspect du mal, celui-ci trouve toujours comment le détourner pour revenir sous une nouvelle forme.

En effet, le mal et l'obscurité de ce monde viennent en grande partie de nous-même. Martin Luther expliquait que la nature humaine est *in curvatus in se*, courbée sur elle-même.

Nous sommes si profondément et instinctivement centrés sur nous-mêmes que nous ne nous en rendons même pas compte. Ce repli sur soi est la source d'une grande quantité de nos souffrances et de nos maux. Cela va de la violence et des génocides qui font les gros titres, aux raisons pour lesquelles votre mariage rencontre tant de difficultés. Le philosophe John Gray est athée mais, sur ce point, il est d'accord avec la Genèse :

> Comparé au mythe de la Genèse, le mythe moderne qui veut que l'humanité soit en marche vers un avenir meilleur n'est que superstition. Comme la Genèse nous l'enseigne, la connaissance ne peut pas nous sauver de nous-mêmes. Si notre connaissance s'est accrue, cela veut seulement dire que nous avons plus de latitude pour réaliser nos fantasmes. [...] Le message de la Genèse est qu'aucun progrès n'est possible dans les domaines essentiels de la vie, nous ne pouvons que lutter sans fin contre notre nature[213].

Voyez-vous maintenant ce qui serait arrivé si Jésus était venu, l'épée à la main, anéantir toutes les sources du mal et de la souffrance ? Aucun être humain n'aurait survécu. Si vous trouvez cela injuste, je vous répondrais que vous ne connaissez ni vos capacités, ni votre cœur.

Mais Jésus n'est pas venu apporter la justice, il est venu la produire. Il n'est pas venu avec une épée, des clous ont par contre percé ses mains. Le christianisme enseigne depuis des siècles que Jésus est mort à la croix à notre place, il a subi la punition de nos péchés, pour pouvoir un jour revenir sur terre et mettre fin au mal sans avoir à tous nous détruire.

Jésus n'est pas venu avec un programme politique destiné à mettre fin à l'oppression romaine, aussi séduisant que cela aurait pu être. Il ne voulait pas faire ce que nous pouvons (et devons) tous faire : combattre les dernières avancées du mal. Son programme était bien plus radical. Il est né sur cette terre, est mort sur la croix et est ressuscité d'entre les morts pour mener à bien son plan. Sa mort et sa résurrection ont créé un peuple qui a désormais la capacité unique et puissante de diminuer le mal qui réside dans son propre cœur et de s'opposer sans se lasser au mal qui règne dans sa communauté et sa société. Il en est ainsi parce que le Fils de Dieu a pris part à la souffrance humaine pour inverser le mal et pour, un jour, en finir définitivement avec lui, le péché, la souffrance et la mort.

La Bible dit que Jésus est *la* lumière du monde. Si vous savez que vous demeurez dans son amour, que rien ne peut vous arracher de sa main, et qu'il vous amènera un jour dans la maison du Père et vers un avenir avec le Père, alors il sera une lumière pour vous lorsque toutes les autres lumières s'éteindront. Son amour pour vous aujourd'hui, et cette espérance infaillible de l'avenir, sont vraiment une lumière qui luit au sein des ténèbres et vous permet de trouver votre chemin.

L'histoire vraie de Georgianna : le pardon

Mes filles et moi aimons les histoires, surtout celles qui finissent bien. Notre vie avec Ted, leur père et mon mari, était tellement heureuse et pleine de joie que, si Dieu m'avait dit : « Je vais autoriser votre famille à traverser une crise très douloureuse *et vous souffrirez tous* », j'aurais répondu calmement : « D'accord, Père, que ta volonté soit faite. » Ensemble, nous pouvions tout supporter.

Le 13 mai 2011, notre plus jeune fille, Jane, a eu un accident. En se balançant sur sa chaise haute, elle est tombée en arrière et sa tête a cogné durement sur le sol. Étant infirmière pédiatrique, j'ai immédiatement évalué la situation. Elle ne présentait aucune blessure. Ma sœur, également infirmière, a aussi estimé qu'elle avait l'air d'aller bien.

Le 16 mai, nous sommes allés chez le pédiatre pour la visite annuelle de Jane. Apprenant ce qui était arrivé, le pédiatre a jugé plus prudent de faire des radios. À l'hôpital pédiatrique, la radio a révélé une fracture du crâne. Un scanner a confirmé qu'il n'y avait pas d'autres complications. Je me sentais évidemment très coupable et j'ai posé beaucoup de questions. Les médecins nous ont réconfortés et rassurés. Sur le chemin du retour, nous avons loué Dieu d'avoir protégé notre fille de blessures plus graves.

Une semaine après, j'étais seule à la maison avec Anne, Paige et Jane. Soudain, des policiers, accompagnés des services de protection de l'enfance ont frappé à la porte. Ils étaient venus enquêter à propos de « maltraitance grave d'enfant ». Leurs questions étaient choquantes, accusatrices et déroutantes. Pire encore, nos filles étaient témoins de l'interrogatoire.

Le rapport de « maltraitance aggravée sur mineur » émanait d'un nouveau médecin de l'hôpital, que nous n'avions jamais vu, sur la seule base des radios. Puisque Jane avait moins d'un an, ce rapport a immédiatement déclenché une enquête criminelle.

On nous a retiré la garde de nos trois filles.

Aucun de nos enfants n'avait jamais montré de signes de maltraitance. Nous n'étions pas une famille à risque et aucune de nos filles n'avait été blessée auparavant. Tous les médecins qui ont examiné Jane et qui nous ont parlé ont écarté l'hypothèse de maltraitance.

Malgré cela, notre famille a été déchirée et il a fallu neuf mois pour que nous soyons à nouveau réunis. Ted et moi n'avions plus le droit de vivre sous le même toit que nos filles. Nous avons dû déménager et n'avions droit qu'à des visites surveillées.

Je n'oublierai jamais la première nuit loin de mes filles. J'étais *furieuse*, suppliant Dieu, hurlant de douleur. Puis, une puissante sensation de paix et de chaleur m'a envahie. J'ai soudain pris conscience que Dieu était là, qu'il me tenait dans ses bras, qu'avec moi il était furieux devant cette injustice et qu'il pleurait avec nous, ses enfants. Je ne me suis jamais sentie plus protégée de toute ma vie.

Je n'ai certes pas été tout le temps sereine ou paisible pendant les neuf mois qui ont suivi. Je ressentais chaque seconde comme une persécution maléfique. Nos enfants souffraient, j'étais accusée à tort d'avoir « gravement maltraité » Jane. J'ai aussi subi diverses attaques personnelles et professionnelles. Depuis plus de dix ans, j'étais infirmière auprès des familles à risque. J'étais précisément formée à la prévention de la maltraitance et de la négligence dans l'enfance.

En plus du choc émotionnel, notre famille a dû subir l'énorme charge financière des frais juridiques, expertises médicales et autres consultations. Pour couronner le tout, je ne pouvais exercer mon métier, puisque je travaillais avec des enfants.

Qu'était-il advenu de cette sensation de présence et de protection de la part de mon Père ? Elle était toujours là, telle une base me donnant la force de vivre chaque nouvelle journée. Malgré les déceptions, frustrations et tristesses quotidiennes, je dormais en paix chaque nuit. Tous les matins, je remerciais Dieu pour mes forces renouvelées.

La journée, je luttais souvent avec Dieu, broyant du noir quand il « n'arrangeait pas les choses ». J'étais tellement lasse d'attendre que la vérité soit rétablie. Nous avons supporté d'innombrables convocations au tribunal, pétitions, audiences, visites des services de protection de l'enfance, procédures policières, procédures judiciaires, rumeurs, rapports d'experts, conseils officieux et montagnes de paperasse. La plupart du temps, j'ai accepté le courage que Dieu me donnait pour m'occuper de ces défis quotidiens. À d'autres moments, je m'écroulais sous la pression. Avec le temps, j'ai appris que Dieu faisait peu de cas de ma force et de ma faiblesse ; lui ne changeait pas. Le vrai miracle n'est pas qu'il nous ait sortis d'affaire, mais qu'il nous ait aidés à vivre et à survivre dans la fournaise.

Nous nous sommes souvent retrouvés à partager des mots d'encouragement et d'espérance avec d'autres. Mais je n'ai jamais caché mes sentiments et mes luttes. Dieu m'a rendue suffisamment vulnérable pour toucher les cœurs et assez résistante pour témoigner de son aide. J'ai souvent entendu : « Si cela m'arrivait, je m'écroulerais ; j'en mourrais. La colère me ferait faire quelque chose de terrible. Toi, tu es si forte, si fidèle, si patiente ! » Je ressentais alors un élan de joie, parce que j'étais contente que Dieu m'utilise. Toutes ces émotions douloureuses me transperçaient, mais Dieu était ma force. Je m'écroulais, souvent, mais Dieu me relevait toujours. Je ruminais parfois de me venger, mais Dieu remplaçait mon amertume par la miséricorde. C'est Dieu qui était patient, pas moi !

Un jour nous avons finalement comparu devant le tribunal pour enfants. Bien qu'il s'agisse d'une enquête criminelle, la police, qui avait effectué de nombreuses recherches, n'a jamais découvert aucune preuve contre nous et nous n'avons donc jamais été inculpés pour crime. Le juge avait une réputation d'homme juste et objectif, alors que c'était le contraire pour le procureur. À la barre, je me suis souvent sentie blessée, en colère, irritée, découragée, trompée, trahie et impuissante ; mais j'étais aussi consciente de la présence de Dieu à mes côtés et je savais qu'il se battait pour moi. Le soir du troisième jour du procès, quand Ted et moi étions enfin seuls, j'ai prié : « Merci Père, pour le privilège de ces souffrances, car je sais que tu es avec nous. Merci de briller en nous pendant ces jours sombres... »

Le quatrième jour, le juge a étonné tout le monde. Il a conclu à un non-lieu, avant même que nous ayons présenté notre défense. J'ai chuchoté : « Merci, merci ». Notre avocat nous a confié : « Ce n'est ni ma victoire, ni la vôtre. C'est la victoire de Dieu. Remerciez-le, pas moi. »

Le combat terminé, nous avons dû panser nos blessures. Au début, notre soulagement et notre joie étaient tels que nous n'avons pas anticipé les luttes émotionnelles à venir. Bien que notre famille soit à nouveau réunie, nos filles ont continué de souffrir des conséquences de ce qu'elles avaient vécu.

Ted et moi avons aussi eu des symptômes de stress post-traumatique. Pourtant, à la maison, le sentiment de soulagement a dominé. Nous avons ressenti la paix et la joie avec une intensité nouvelle, ainsi qu'un émerveillement et une gratitude renouvelés d'avoir nos enfants en cadeau. La cohabitation entre la douleur persistante et la joie profonde, de même que le vécu simultané du deuil et de la guérison, tenaient de l'extraordinaire.

Février 2013 a marqué le premier anniversaire de notre épreuve. Le pardon a été l'élément le plus précieux sur le chemin de notre guérison. Je pense qu'il est très difficile de pardonner l'injustice. De moi-même, sans l'intervention de Dieu, je n'aurais jamais pu y parvenir.

Après l'abandon des poursuites, nous avons essayé à plusieurs reprises de contacter l'hôpital responsable de tout ce calvaire. Le chef du personnel a finalement accepté de nous rencontrer en présence du médecin qui avait fait le signalement. Nous voulions discuter des événements afin d'éviter des épreuves similaires à d'autres familles.

Confiante et calme, sans colère et sans amertume, je leur ai exposé en détail l'horreur que nous avions vécue.

Le chef du personnel a présenté des excuses : « Des erreurs ont été commises, a-t-il dit. Je suis vraiment désolé pour ce que votre famille a enduré. » Le médecin qui avait annoncé le faux diagnostic de maltraitance d'enfant s'est également excusé. Au moment de quitter le bureau, je l'ai *pris dans mes bras*.

Croyez-moi, je ne ressentais aucune envie de lui manifester de l'amour, mais Dieu oui. J'ai vécu la plus puissante guérison et réconciliation que je n'aie jamais connue. Dieu m'a davantage transformée à ce moment précis que pendant toute l'épreuve. Il a changé mon regard de façon miraculeuse : soudain, je me suis vue dans la femme aux imperfections que me renvoyait le miroir. Combien d'erreurs ai-je déjà commises dans ma vie ? Combien de personnes ai-je blessées, volontairement ou non ? Combien de fois ai-je laissé mon orgueil m'empêcher d'agir comme j'aurais dû le faire ? En quoi étais-je différente de celui qui m'avait accusée ?

Je pense que notre histoire finit bien, mais, à vrai dire, elle ne sera jamais terminée. Je remercie Dieu de continuer à écrire les chapitres de ma vie. Notre famille est humblement reconnaissante pour les souffrances que Dieu a endurées avec nous. Sans tout cela, nous serions toujours en train de vivre notre « vieille vie normale » au lieu de vivre courageusement notre « nouvelle vie normale ».

Chapitre 6

La souveraineté de Dieu

> Toute difficulté signale quelque chose qui dépasse notre théorie de la vie.
>
> George MacDonald[214]

Nous avons étudié la souffrance et le mal sous leurs angles culturel, historique et philosophique. Nous avons comparé différents points de vue avec le christianisme et posé en conséquence les bases d'une théologie biblique de la souffrance. Utilisons maintenant ce que nous savons pour tracer les grandes lignes de ce que la Bible, dans son ensemble, nous en dit.

Elle traite la souffrance de la façon la plus nuancée et multidimensionnelle qui soit. Quand nous pesons les données bibliques, nous observons deux vérités d'importance égale.

La souffrance est à la fois juste et injuste.

Dieu est un Dieu à la fois souverain et qui souffre.

Ces deux vérités adjointes, assemblées sans que l'une prenne le pas sur l'autre, permettent une compréhension remarquablement riche et multidimensionnelle des différentes causes et formes de la souffrance. Elles offrent également des ressources et des approches nombreuses pour l'affronter, sans prétendre à une solution unique.

Dans ce chapitre et le suivant, nous étudierons ces deux ensembles de vérités complémentaires, puis nous ré-examinerons comment, par la croix et la nouvelle création, Dieu répond de façon définitive au mal.

La souffrance comme justice et jugement

Les trois premiers chapitres de la Genèse expliquent que la souffrance du monde découle du péché, et notamment du péché originel de l'homme quand il a tourné le dos à Dieu. Après la désobéissance d'Adam et Ève, Dieu décrit à quoi ressemblera le monde déchu. Il établit l'inventaire de toutes les formes de souffrance, dont l'égarement spirituel, la douleur psychologique intérieure, les conflits sociaux et entre individus, la cruauté, les catastrophes naturelles, la maladie et la mort (Genèse 3.17 et suivants). Tous ces maux naturels et moraux proviennent de la rupture fondamentale de notre relation avec Dieu. La souffrance a commencé dès qu'Adam et Ève ont été expulsés du jardin d'Éden (Genèse 3.23-24). Elle leur est infligée à l'origine dans cet exil en tant que jugement.

Paul s'y réfère lorsqu'il écrit :

J'estime d'ailleurs qu'il n'y a aucune commune mesure entre les souffrances de la vie présente et la gloire qui va se révéler en nous. [...] Car la création a été soumise au pouvoir de la fragilité ; cela ne s'est pas produit de son gré, mais à cause de celui qui l'y a soumise. Il lui a toutefois donné une espérance : c'est que la création ellemême sera délivrée de la puissance de corruption qui l'asservit pour accéder à la liberté que les enfants de Dieu connaîtront dans la gloire.

Romains 8.18, 20-21

Le mot « fragilité » peut aussi être traduit par « futilité ». Une chose futile s'éloigne du but recherché, malgré tous nos efforts. Le monde se trouve aujourd'hui sous une malédiction, bien loin de son dessein. Les êtres humains n'ont pas été créés pour connaître la mort, la douleur, le deuil, la déception, les ruptures, la maladie et les catastrophes naturelles[215]. Nous n'étions pas censés vivre dans un tel monde. Un monde futile est un monde brisé, dans lequel rien ne fonctionne comme prévu, d'où l'irruption du mal et de la souffrance.

Paul nous rappelle cependant que ce jugement ne signifie pas que Dieu nous ait abandonnés. Même si son jugement passe par la souffrance, il a un plan pour la rédemption de toutes choses. Dieu a jugé le monde « dans l'espérance » d'une rédemption finale et glorieuse. Ce petit verset est d'une grande profondeur. Il suggère qu'après avoir tourné le dos à Dieu, les humains n'avaient que deux options : la destruction immédiate ou un chemin qui mène à la rédemption à travers d'énormes pertes, deuils et douleurs, autant pour eux que pour Dieu. Il sous-entend même que la gloire à venir sera encore plus grandiose à cause de toutes les souffrances. Mais pour le moment, nous vivons dans les ténèbres.

La Bible affirme que la souffrance est, en fait, une forme de justice. Mais ce jugement ne se limite pas au péché originel et à l'expulsion du jardin d'Éden. L'histoire nous enseigne que Dieu a souvent récompensé ou puni des peuples et des individus sur la base de leurs actions, ou simplement pour qu'ils récoltent logiquement ce qu'ils ont semé. Le livre des Proverbes est rempli d'exemples de « justice rétributive[216] ». L'avare finit souvent dans le besoin, car il n'a pas d'amis (Proverbes 11.24-26) ; une personne paresseuse et indisciplinée risque de souffrir de la faim (Proverbes 19.15) ; celui qui a de mauvaises fréquentations en pâtira (Proverbes 13.20). La littérature de sagesse dit clairement que la souffrance provient souvent de comportements qui vont à l'encontre de l'ordre moral de Dieu, au même titre qu'essayer de s'envoler d'une falaise va à l'encontre de la loi de la gravité.

La souffrance comme injustice et mystère

Ceci dit, la Bible est tout aussi catégorique dans son affirmation que la souffrance individuelle n'est pas nécessairement le résultat d'un péché particulier. Comme le résume Rittgers : « La souffrance est le résultat du péché, surtout du péché originel, mais cela n'implique pas que chaque cas de souffrance soit lié à un péché spécifique et à une punition divine[217]. »

Job en est le meilleur exemple. Ses souffrances dépassent de loin celles de ses amis qui en concluent, avec suffisance, que Job doit leur être moralement inférieur. Le livre montre de façon éclatante qu'il s'agit d'une conviction orgueilleuse, cruelle et fausse, que Dieu condamnera avec force à la fin. Les amis de Job avaient oublié une moitié de ce double principe essentiel : la race humaine mérite, certes, le monde déchu dans lequel elle vit, mais le mal n'est pas distribué de manière proportionnelle et juste. La vie des méchants n'est pas pire que celle des gentils qui ont souvent des vies éprouvantes. Nous en avons un exemple en Job et en Jésus, le « Job ultime », le seul vrai innocent.

L'Ecclésiaste met aussi en avant des cas de souffrances injustes, imméritées et apparemment inexplicables. Son auteur constate que « le sage a des yeux pour voir, alors que l'insensé marche dans les ténèbres », mais « qu'un même sort attend l'un et l'autre » (Ecclésiaste 2.14). L'homme sage et celui qui travaille dur perdent souvent tous leurs biens, alors que le méchant prospère, « à la place du droit, il y a la méchanceté, et à la place de la justice, il y a la méchanceté » (Ecclésiaste 3.16). Au début du quatrième chapitre, l'auteur tourne son regard :

> *... vers toutes les oppressions qui se pratiquent sous le soleil. Les opprimés versent des larmes et il n'y a personne pour les consoler ; la force est du côté de leurs oppresseurs, c'est pourquoi ils n'ont pas de consolateurs. Alors j'ai trouvé que les morts, qui ont déjà fini leur carrière, sont plus heureux que les vivants, qui n'ont pas encore achevé la leur. Et encore plus heureux que tous deux est celui qui n'est pas encore venu à l'existence, parce qu'il n'a pas vu tout le mal qui se commet sous le soleil.*
>
> Ecclésiaste 4.1-3

Il écrit aussi : « Alors je me suis mis à haïr la vie, car tout ce qui se fait sous le soleil m'est apparu détestable, parce que tout est dérisoire : autant courir après le vent » (Ecclésiaste 2.17). Le mot hébreu utilisé ici pour « dérisoire » est semblable à la « futilité » présente dans le monde à cause du péché.

Dans la Bible, les livres de Proverbes, l'Ecclésiaste et Job se suivent et forment la « littérature de sagesse ». Il est primordial de reconnaître leurs perspectives différentes mais complémentaires, sur la souffrance. Alors que le livre des Proverbes insiste sur la justice de la souffrance et sur le fait qu'elle est le résultat direct d'un mauvais comportement, Job et l'Ecclésiaste démontrent que ce n'est *pas* toujours le cas.

Le récit biblique de la création est unique. Selon d'autres récits anciens, le monde est né d'une lutte entre des êtres divins ou d'autres forces surnaturelles. Dans leur optique, de multiples pouvoirs sont constamment en conflit et sous tension. Le monde est donc chaotique, tout peut s'y passer, selon la puissance qui a l'avantage. Ce point de vue resurgit aujourd'hui dans les écrits de scientifiques matérialistes pour qui l'univers est le produit de forces violentes et aléatoires. La force et la puissance sont les valeurs principales d'un tel monde.

Gerhard von Rad, spécialiste de l'Ancien Testament, souligne le caractère unique du récit hébraïque[218]. Nous y découvrons que la création est l'œuvre d'un Dieu tout-puissant, sans rival, qui n'a pas façonné le monde comme un guerrier victorieux mais comme un artiste qui réalise une chose belle et merveilleuse. En tant qu'artiste, il crée pour la joie que cela lui procure (Proverbes 8.27-31). Ainsi, le monde possède un motif, une sorte de *tissage,* qui correspond à un ordonnancement complexe et intentionnel.

Selon von Rad, la sagesse biblique « recherche l'efficacité au sein même des réalités de la vie[219] ». Puisque le monde a été créé par un Dieu bon et juste, il est constitué d'un ordre moral, fondé non sur le pouvoir mais sur la justice. À court terme, le pouvoir et l'intérêt personnel semblent offrir le succès, mais en fin de compte, ils n'en ont pas dans un monde créé par un Dieu bon et juste. Un pouvoir cruel et égoïste est à la fois absurde et un péché. Il en résulte solitude, vide et destruction. La fidélité, l'intégrité, le don de soi et l'amour sont aussi justes que sages, parce qu'ils font partie de la toile tissée de la réalité.

Il y a une exception. Si les Proverbes soulignent que l'assiduité dans le travail mène généralement à la prospérité et la paresse à la disette, ce n'est pas toujours le cas. Job et Ecclésiaste offrent une autre compréhension. Notre univers a été créé par Dieu et possède un ordre moral. Pourtant quelque chose s'est détraqué. Le cosmos est en partie, mais pas entièrement, chamboulé. Le théologien Graeme Goldsworthy explique que, si les Proverbes nous montrent la réalité de l'ordre divin, Job en souligne la « face cachée » et l'Ecclésiaste la « confusion[220] ». À la fin du livre de Job, Dieu apparaît et insiste sur le fait que l'ordre moral de l'univers est toujours intact, mais caché en grande partie aux yeux des humains. Même s'il existe une certaine proportion de « justice immanente » qui retourne les pièges des méchants contre eux, une grande partie des souffrances est disproportionnée et mal répartie. Il est souvent vrai que les gens les meilleurs meurent les premiers.

Le Nouveau Testament l'atteste. En Jean 9, Jésus guérit un aveugle et prend soin de préciser à ses disciples que sa cécité n'est pas due à ses péchés ni à ceux de ses parents, mais qu'elle est là pour accomplir les desseins impénétrables de Dieu. Ceux qui souffrent ne sont pas forcément responsables de leur état, et il ne faut donc pas les en blâmer.

Cette notion biblique s'oppose à l'idée de karma, mais va également à l'encontre du bon sens. Le psychologue Mel Lerner a démontré que la plupart des gens veulent croire que « l'on obtient ce que l'on mérite, et que l'on mérite ce que l'on obtient ». Ils ont tendance à rejeter la faute sur les victimes lors d'une tragédie, surtout s'il n'est pas possible de punir un agresseur[221]. Cela provient de l'impulsion humaine normale de donner du sens aux choses, mais également du profond besoin humain de croire que notre propre vie est sous notre contrôle. Les gens veulent croire : « Ça ne pourrait jamais m'arriver parce que je suis plus intelligent, je suis meilleur, je sais ce que je fais. » Le jugement de la Bible est bien moins flatteur pour les bien-portants et bien plus attentionné envers ceux qui souffrent. Une grande part de la souffrance est mystérieuse et injuste.

La souffrance, ennemie de Dieu

Le mal est un intrus dans la création parfaite de Dieu. Il frappe souvent sans tenir compte des mérites supposés de ses victimes. Même si la Bible rappelle avec insistance que la souffrance ne se soustrait pas à la souveraineté de Dieu, nous devons quand même considérer le mal comme l'ennemi de Dieu. Au lendemain du tsunami meurtrier de 2004, David Bentley Hart a signé un essai où il professe :

> ... un enfant qui meurt de la diphtérie, une jeune maman ravagée par le cancer, des dizaines de milliers de personnes avalées en un instant par la mer, des millions d'autres assassinées dans les camps de concentration, les goulags ou qu'on a laissé mourir de faim... Nous croyons en un Dieu venu sauver sa création de l'absurdité du péché et du vide de la mort. Nous avons donc le droit de haïr ces choses d'une haine parfaite... Je n'imagine pas de plus grand réconfort que de savoir, quand je vois mourir un enfant, que je ne vois pas le visage de Dieu, mais celui de son ennemi. C'est [...] une foi qui [...] nous libère de l'optimisme et le remplace par l'espoir[222].

Cette vérité se retrouve en Jean 11, quand Jésus se rend dans la famille de son ami Lazare, décédé quelques jours auparavant. La plupart des traductions disent qu'en approchant du tombeau, il « frémissait en lui-même » ou « fut profondément bouleversé » (v. 38). Mais ces traductions sont trop faibles. Le mot grec qu'emploie Jean signifie plutôt « hurler de colère ». C'est un terme étonnant. Le théologien B.B. Warfield écrit : « Jean nous dit que Jésus ne s'est pas approché de la tombe de Lazare en proie à un chagrin incontrôlable, mais dans une colère irrépressible[223]. » Pourquoi la tombe et le deuil de la famille de Lazare ont-ils rendu Jésus furieux ? À certains égards, sa colère et ses larmes semblent déplacées. Il sait très bien qu'il va transformer toute cette tristesse et ces larmes en cris de joie. Il s'apprête à ressusciter Lazare (v. 42-44). Alors pourquoi est-il si furieux ? Et quel est l'objet de sa fureur ? En se basant sur le commentaire de Jean Calvin de ce passage, Warfield offre une réponse remarquable :

> Jésus était furieux devant la détresse de Marie et de ses compagnons parce qu'il avait compris, avec beaucoup d'émotion, que la mort apporte la douleur, qu'elle est contre nature et, selon les mots de Calvin (dans le v. 38), une « violente tyrannie ». Il voit chez Marie, toujours selon Calvin (v. 33), « la misère et la calamité commune de tout le genre humain » et il brûle de rage contre l'oppresseur des hommes. Il est saisi d'une fureur irrépressible et son être entier est bouleversé et perturbé...
>
> La mort est l'objet de sa colère et, avec la mort, celui qui en détient le pouvoir, celui qu'il est venu détruire. Les yeux de Jésus se remplissent de larmes, mais cela a peu d'importance. Son âme est en proie à une vive rage et il avance vers le tombeau, comme le dit Calvin « comme un champion se préparant au combat »... Jean nous dévoile le cœur de Jésus alors qu'il gagne notre salut, non dans une attitude de froideur blasée, mais dans une colère brûlante contre l'ennemi. Il ne nous a pas seulement sauvés de ce qui nous op-

prime, il a ressenti notre oppression et, sous l'impulsion de ces sentiments, il a accompli notre salut[224].

Jésus est en colère contre le mal, la mort et la souffrance mais, bien qu'il soit Dieu, il n'est pas en colère contre lui-même. Le mal est donc l'ennemi de la création merveilleuse de Dieu et de Dieu lui-même. La mission même de Jésus a été d'affronter le mal et d'y mettre fin. Par contre, comme nous l'avons vu, le mal est tellement enraciné dans le cœur humain que, si Christ s'était incarné dans toute sa puissance pour l'éradiquer sous toutes ses formes, il aurait dû nous détruire également. Il n'est pas venu comme un général avec son armée, il est venu dans la faiblesse, jusqu'à la croix, pour payer la dette de nos péchés. Il reviendra un jour éradiquer le mal sans avoir à nous juger en même temps. Il pourra alors nous accueillir car il a supporté notre jugement au Calvaire.

Des passages comme Jean 9 et 11 nous enseignent que la souffrance, bien qu'imposée par Dieu à titre de punition, sera abolie au jour du jugement. Entretemps, elle reste souvent injuste et toujours haïe de Dieu. Ronald Rittgers le résume ainsi : « Christ maintient le [...] modèle de justice [à savoir que la souffrance est due au péché]. Quand il reprend ceux qui se posent des questions sur les dix-huit morts lors de la chute de la tour de Siloé (Luc 13.4-5) ou quand il reprend les disciples d'avoir tenté de lier la souffrance de l'aveugle à un péché spécifique (Jean 9.1-12), il ne renie pas le modèle mais s'oppose à une application simplifiée susceptible de mener à l'autoglorification[225]. »

La souffrance, la justice et la sagesse

Nous avons vu que la souffrance est à la fois juste et injuste. Cette double vérité nous confère une certaine sagesse pour la gérer. D'après Gerhard von Rad, la sagesse est la conscience d'une réalité complexe. Il est vrai, en partie, que la justice de Dieu a imposé la souffrance sur le monde. Dieu nous a créés, il nous maintient en vie et nous lui devons tout. Il est donc raisonnable et juste que nous l'aimions par-dessus tout, et que nous soyons à son service plutôt qu'à celui de nos propres intérêts et envies. Malheureusement, nous vivons pour nous-mêmes et nous péchons. Par conséquent, nous ne sommes pas dignes d'un monde bon, créé pour notre bien-être.

Mais il faut nous rendre à l'évidence que l'ordre de la création (la toile tissée de ce monde) est effiloché et déchiré. La souffrance et la douleur ne sont pas proportionnelles à notre innocence ou à notre méchanceté. Nous devons donc veiller à ne pas attribuer la souffrance à un mauvais comportement. Nous ne devons pas, devant des parents dont les enfants sont sortis des rails, des groupes ethniques qui souffrent de la pauvreté et de la criminalité, des homosexuels qui meurent du SIDA, supposer que, si nous souffrons moins, c'est que nous sommes meilleurs aux yeux de Dieu. Ainsi, quand la souffrance nous tombe dessus d'une manière inexplicable, comme pour Job, nous pouvons exprimer vivement notre trouble. Nous avons le droit d'être affligés et notre sentiment d'injustice est justifié.

Si nous ignorons l'une de ces vérités, nous serons déconnectés de la réalité de l'univers. Si nous oublions que la souffrance est en général justifiée (la première vérité), nous vivrons dans un apitoiement sur soi orgueilleux et plein d'amertume qui nous amènera à rejeter la bonté ou même l'existence de Dieu. Si nous oublions que la souffrance est souvent injuste (la seconde vérité), nous pouvons nous faire piéger par une culpabilité démesurée et croire que Dieu nous a abandonnés. Ces leçons éliminent ce que j'appelle les réponses « Je te hais » (colère destructrice envers Dieu) et « Je me hais » (culpabilité dévastatrice et impression d'échec personnel). Les conseillers spirituels savent qu'un bon nombre de personnes tombent dans l'une ou l'autre de ces catégories, voire les deux. Cet équilibre (Dieu est juste et apportera une justice finale mais en attendant, la vie est souvent d'une injustice profonde) nous épargnera bien des erreurs fatales. Finir embourbés dans l'une des deux catégories signifiera que nous aurons manqué de sagesse et que nous sommes « incompétents à l'égard des réalités de la vie ».

La souveraineté de Dieu

Un deuxième ensemble de vérités est à prendre en considération : Dieu est un Dieu souverain mais qui souffre également. Ces enseignements bibliques correspondent à la description philosophique d'un Dieu « tout-puissant » et « totalement bon ». La Bible dépasse ces abstractions pour présenter Dieu comme à la fois omnipotent et souverain sur tous les événements de l'histoire, ainsi que comme un Dieu « bon et rempli d'amour » mais qui est entré dans notre monde et s'est exposé au mal, à une souffrance et à une douleur bien plus grands que les nôtres. Rittgers écrit que, sans une connaissance de ces deux vérités, la souffrance ne peut avoir ni sens ni solution :

> Le Dieu de la Bible [...] souffre dans son humanité, infiniment à la croix, tout en étant aussi souverain sur la souffrance. Ces *deux* croyances ont toujours été (et

restent) essentielles au christianisme traditionnel qui affirme que la souffrance a, en fin de compte, un sens, et que le Dieu trinitaire est capable de nous en délivrer[226].

Tout d'abord, que voulons-nous dire en affirmant que Dieu est souverain sur l'histoire et donc, sur la souffrance ? La doctrine biblique de la souveraineté de Dieu est parfois appelée compatibilisme[227]. Dieu contrôle absolument tout ce qui se passe dans l'histoire mais de manière à laisser les humains responsables de leurs choix, de leurs actions et des conséquences. La liberté humaine et la direction divine des événements historiques sont alors tout à fait compatibles. Autrement dit, si quelqu'un braque une banque, le mal moral est de sa seule responsabilité, bien qu'il fasse partie du plan de Dieu.

Il est trivial mais efficace d'y réfléchir en termes de pourcentages. Nous pensons que Dieu a projeté quelque chose ou qu'un individu a exercé son libre arbitre pour l'accomplir. Les deux propositions ne peuvent être vraies en même temps. Nous dirons donc qu'un événement est dû à 50 % à Dieu et 50 % à un être humain. Ou peut-être 80 % contre 20 % ou 20 % contre 80 %. Mais la Bible affirme que l'histoire est à 100 % sous la direction de Dieu, et pourtant elle est remplie d'individus responsables à 100 % de leurs actions, en même temps.

Ce raisonnement prend le contre-pied des pensées anciennes et modernes. Le « destin » grec ou le « kismet » islamique diffèrent totalement de la doctrine chrétienne de la souveraineté de Dieu. Le mythe grec d'Œdipe raconte l'histoire du héros éponyme qui, selon la prédiction de l'oracle, tuera fatalement son père et épousera sa mère. Œdipe et tout son entourage font leur possible pour éviter ce destin, mais tous leurs efforts ne font que le précipiter. Ce qui doit arriver arrive malgré les choix de chacun. Le concept chrétien de la souveraineté est tout autre. Le plan de Dieu œuvre *à travers* nos choix et non en les contournant ou malgré eux. Nos choix ont des conséquences, et Dieu ne nous force jamais à faire quoi que ce soit. Nous faisons toujours ce que nous voulons faire. La volonté de Dieu opère parfaitement à travers notre volonté.

La Bible présuppose toujours ce compatibilisme entre les plans de Dieu et nos actions, et elle l'enseigne parfois de manière explicite[228].

En Ésaïe 10, Dieu appelle l'Assyrie le « bâton de ma colère » (v. 5). Il prétend utiliser l'Assyrie pour punir Israël de ses péchés, tout en la rendant responsable de ses actions. « Je l'enverrai [l'Assyrie] pour attaquer une nation impie [Israël] » dit Dieu, « mais ce n'est pas ainsi que le roi d'Assyrie a vu les choses et qu'il a raisonné. Car il ne songe qu'à détruire et à exterminer » (Ésaïe 10.6-7). Bien que Dieu se serve de l'Assyrie comme d'un châtiment selon son plan sage et juste, cette nation n'est pas animée d'une passion immodérée pour la justice, mais d'un désir cruel et orgueilleux de domination. Dieu jugera donc l'instrument de son jugement. Les actions de l'Assyrie font partie du plan de Dieu, et pourtant les Assyriens sont tenus responsables de leurs choix. Il s'agit là d'un équilibre remarquable. D'un côté, le mal est une réalité sérieuse et, de l'autre, nous sommes assurés qu'il ne triomphera jamais.

Dieu est appelé « celui qui met en œuvre toutes choses, selon l'intention qui inspire sa décision » (Éphésiens 1.11). « *Tout* » ce qui se passe s'accorde avec le plan de Dieu. Le plan de Dieu inclut aussi « les petits riens ». Proverbes 16.33 : « On jette le sort dans les pans du vêtement du prêtre, mais c'est de l'Éternel que dépend toute décision. » Même un roulement de dé fait partie de son plan. En fin de compte, les accidents n'existent pas. Son plan inclut aussi les mauvaises choses. Selon Psaumes 60.5 : « Tu as fait passer ton peuple par des moments très pénibles ! Tu nous as fait boire un vin qui nous étourdit ! »

La souffrance n'est donc pas extérieure au plan de Dieu, elle en fait partie. En Actes 4.27-28, les disciples prient ainsi : « En effet, c'est bien une *ligue* qu'Hérode et Ponce Pilate, les nations et les peuples d'Israël ont formée dans cette ville contre ton saint serviteur Jésus, que tu as choisi comme Messie. Ils n'ont fait qu'accomplir tout ce que tu avais décidé d'avance, dans ta puissance et ta volonté. » La souffrance et la mort de Jésus étaient des actes profondément injustes, mais elles faisaient partie intégrante du plan de Dieu.

Les plans de Dieu et les nôtres

Selon la Bible, Dieu planifie nos projets. Proverbes 16.9 le confirme : « L'homme projette de suivre tel chemin, et Dieu dirige ses pas. » L'auteur part du principe que l'homme établit des plans qui s'accordent finalement avec ceux de Dieu.

Bien des passages associent libre arbitre et souveraineté divine d'une manière étonnante. En Genèse 50.20, Joseph explique comment les mauvaises actions de ses frères, qui l'ont vendu comme esclave, ont été utilisées par Dieu pour faire le bien. « Vous aviez projeté de me faire du mal, mais par ce que vous avez fait, Dieu a projeté de faire du bien en vue d'accomplir ce qui se réalise aujourd'hui, pour sauver la vie à un peuple nombreux. » Remarquez que Joseph estime qu'ils ont mal agi, ils ont « projeté » de lui faire du mal, délibérément. Mais il ajoute que le plan divin l'a emporté et que Dieu a utilisé le trouble et la tristesse de Joseph à ses propres fins. Le Nouveau Testament propose sa propre version de cet état de fait en Romains 8.28 : « Nous savons en outre que Dieu fait concourir toutes choses au bien de ceux qui l'aiment. »

En Actes 2.23, Pierre rappelle que Jésus a été crucifié « conformément à la décision que Dieu avait prise » mais, qu'en même temps, les mains qui l'ont mis à mort étaient « impies » et coupables d'injustice. La mort de Jésus devait avoir lieu, par la volonté de Dieu ; il ne pouvait en être autrement. Mais aucun de ceux qui ont trahi Jésus et l'ont mis à mort n'a été forcé de le faire. Ils ont tous choisi librement d'agir et sont entièrement responsables de leurs décisions. Jésus le résume lui-même : « Certes, le Fils de l'homme s'en va selon ce que Dieu a décidé, mais malheur à l'homme par qui il est trahi ! » (Luc 22.22).

Le récit de la confrontation entre Moïse et le Pharaon, en Exode 7 à 14, en est un des exemples les plus fascinants. Moïse demande sans cesse au Pharaon de libérer les Israélites de l'esclavage, en déclarant que telle est la volonté de Dieu. Pendant plusieurs chapitres, le texte nous dit que le Pharaon « endurcit » son cœur et refuse obstinément de libérer le peuple d'Israël. Ce refus provoque des misères indicibles et la mort de bien des Égyptiens. Mais le texte est captivant, car Dieu endurcit le cœur du Pharaon (Exode 7.3 ; 9.12 ; 10.1 ; 11.10 ; 14.4, 8) presque autant de fois que le Pharaon s'endurcit lui-même (Exode 8.15, 28 ; 9.34 ; 10.3 ; 13.15). Alors, qui endurcit ? Dieu ou le Pharaon ? La réponse biblique est : les deux.

Considérons les péchés du patriarche Jacob, dans le livre de la Genèse. Il a berné son père, dépossédé son frère et a dû fuir son pays. Il a vécu de grandes souffrances et des injustices dans un pays étranger. Cependant, il y a rencontré l'amour de sa vie et a eu des enfants dont Jésus est un descendant. Il est clair que son péché ne l'a pas placé dans une sorte de « plan B ». Tout a fait partie du plan de Dieu parfait pour lui et même, pour le salut du monde. N'était-il alors, pas responsable de ses péchés ? Il l'était, assurément. N'a-t-il pas souffert des conséquences de son comportement insensé ?

Certes. Mais le Dieu infaillible contrôlait tout, même si Jacob était pleinement responsable de ses actions.

Le concept chrétien de la souveraineté de Dieu est, en fin de compte, un principe concret et merveilleux. Personne ne peut prétendre comprendre exactement *comment* ces deux vérités s'accordent[229]. Pourtant, même dans notre quotidien, nous savons qu'il est possible de guider les gens sans violer leur liberté de choix. Si un bon dirigeant le fait en partie, pourquoi le Dieu souverain ne pourrait-il pas le faire parfaitement ? La souveraineté de Dieu est mystérieuse mais non contradictoire. Nous sommes incités à faire le meilleur usage de notre sagesse et de notre volonté, tout en sachant que Dieu nous tient pour responsables et que nous souffrirons des conséquences d'une vie insensée ou de débauche. Par ailleurs, nous avons la promesse absolue que nous ne pourrons jamais totalement gâcher notre vie. Même nos échecs et nos difficultés seront utiles à la gloire de Dieu et à notre intérêt. Je ne connais pas d'assurance plus réconfortante. Dieu « mènera tout à bien pour moi » (Psaumes 57.3).

Cet enseignement a des conséquences pratiques, à tous les niveaux. Par exemple, comme l'écrit Don Carson : « Dieu n'est pas derrière le mal de la même façon qu'il est derrière le bien, mais [...] sa position derrière l'un et l'autre est *asymétrique*[230]. » Si le mal moral ne peut être commis en dehors des objectifs divins, « ce n'est pas la faute de Dieu » puisque l'auteur du mal est responsable[231]. Mais puisque toute impulsion positive du cœur humain vient finalement de Dieu (Jacques 1.17)[232], les bonnes choses peuvent lui être directement attribuées.

Concrètement, nous avons la ferme assurance que la méchanceté et les tragédies, qui ne font pas partie du plan originel de Dieu, ont une place dans le tissage d'un plan sage. La promesse de Romains 8 que « toutes choses concourent au bien » est un réconfort incomparable pour les croyants.

L'histoire vraie de Russ et Sue : la dépendance à Dieu

RUSS : Nos dix premières années de mariage ont été marquées par une succession de réussites et de crises. Nos efforts perpétuels pour grimper l'échelle sociale ont brutalement pris fin. Sans crier gare, le chômage nous a conduits à tenter une reconversion professionnelle. C'était difficile de nous sentir en sécurité. Mais ces années-là ont été une préparation aux défis qui nous attendaient.

En 2000, notre univers a été chamboulé par l'annonce inattendue d'un cancer.

SUE : J'ai vécu l'attente des résultats de ma biopsie dans l'angoisse et le désespoir. Mais, soudain, une présence indéniable est entrée dans la pièce. Un calme irrésistible m'a envahie et j'ai entendu : « Ça va aller, je suis avec toi. » Ce moment a été un cadeau qui, non seulement m'a rassurée au point de pouvoir m'endormir cette nuit-là, mais qui m'a aussi donné la force d'entendre que j'étais atteinte de la maladie de Hodgkin. Ce cadeau m'a soutenue pendant toute cette épreuve.

Nous venions de fêter la fin de ma chimiothérapie quand le cancer a récidivé en force. J'ai alors dû subir une greffe de cellules souches, une violente chimiothérapie, suivie d'une radiothérapie, le tout me laissant 50 % de chances de survie. Nous n'avions manifestement aucun contrôle de la situation.

RUSS : Je suis resté aux côtés de Sue pendant les trois semaines de la greffe. Son immunité est tombée à zéro. Nous avons fait face à l'éventualité de sa mort et vécu des moments de discussions profondes et de contemplation silencieuse. Je me sentais tellement proche de ma femme et de Dieu, comme si nous étions dans un univers parallèle. La question « et si

Dieu la laissait mourir » était la plus difficile à gérer. J'avais besoin de pouvoir lui dire : « Ta volonté et non la mienne. » Heureusement, elle a survécu et Dieu m'a épargné ce tourment.

SUE : Le traitement a éliminé le cancer mais a entrainé, un an plus tard, une fibrose pulmonaire, une maladie évolutive et incurable qui crée des lésions irrémédiables dans les poumons. Ma seule chance de survie a été une double transplantation des poumons.

J'ai prié désespérément que Dieu m'épargne cette opération, mais la maladie progressait à grands pas. Le soutien que nous avons reçu de notre Église, de nos amis, de nos voisins et de notre famille témoignait de la main fidèle de Dieu. L'opération avait échoué trois fois quand des poumons compatibles ont enfin été trouvés. J'ai vu des anges entrer dans le corps des médecins qui m'opéraient. Deux jours après, je me suis réveillée euphorique. Ma première pensée a été : « Seigneur, tu as réussi ! » Il me bénissait en m'offrant plus de temps. Mes pensées sont ensuite allées vers le donateur dont la mort me sauvait la vie.

RUSS : Quand Sue est rentrée à la maison, notre première nuit a été un émerveillement mutuel, une joie délirante et une adoration profonde pour Dieu. Nous avons alors eu un aperçu du paradis en ressentant un amour et une intimité avec Dieu qui dépassaient tout ce que nous avions connu. Notre soulagement et contentement, associés à une joie si intense que nous ne voulions pas qu'elle cesse, en ont fait une expérience inoubliable qui continue de nous soutenir aujourd'hui.

Une immense joie nous a envahis les jours suivants mais, quatre mois plus tard, Sue a présenté des signes de rejet, suivis d'une maladie pulmonaire chronique. Les médecins ont envisagé une nouvelle greffe.

Ces problèmes médicaux récurrents et la santé instable de ma femme sont une source de frustration et de tristesse profondes. Ils font peser un lourd fardeau sur notre famille. Pourtant, Dieu apaise notre douleur, notre épuisement et notre colère quand nous ne pouvons plus rien supporter. À travers les actes pleins de grâce de nos proches, nous voyons son visage, notre gratitude s'alliant à notre tristesse. Nous savons que Dieu nous soutient et qu'il œuvre pour nous. Nous le voyons, nous le ressentons et nous en sommes réconfortés.

Nous en sommes venus à accepter de ne pas avoir la vie stable et confortable que nous aurions souhaitée, ainsi qu'à apprendre à ne pas rechercher la stabilité et le confort mais une dépendance *totale* de Dieu, source de notre force. Tout lui abandonner demande un effort quotidien. Notre vrai réconfort c'est la promesse « qu'au paradis, notre joie sera encore plus grande à cause de la profondeur de nos détresses ». Nous sommes peut-être boiteux, mais notre foi renouvelée nous remplit d'énergie. Dieu nous a aidés à persévérer, cela nous donne l'espérance et la force d'aller de l'avant.

Chapitre 7

La souffrance de Dieu

Je trouve fort dommageable qu'on ait répandu l'idée que le christianisme est une religion mystique, irréaliste et idéaliste, qui enseigne que si nous sommes bons nous serons heureux [...] Au contraire, il est vigoureusement, voire extrêmement réaliste, insistant sur le fait [...] qu'il existe certaines réussites éternelles qui feraient passer le bonheur même pour de la boue.

Dorothy L. Sayers, *Creed or Chaos?*

Dieu est souverain sur la souffrance, et pourtant le christianisme, enseigne que Dieu s'est également rendu vulnérable et s'est exposé à la souffrance, ce qui le distingue des autres grandes religions. L'autre facette de la souveraineté de Dieu concerne sa propre souffrance. Pour Ronald Rittgers, il est crucial d'affirmer ces deux vérités, aussi paradoxales semblent-elles de prime abord, si l'ont veut comprendre le côté unique de la vision chrétienne de la souffrance. Dans les chapitres précédents, nous avons appris que « *la raison princi-*

pale qui permet aux chrétiens de maintenir que l'on peut faire confiance à Dieu au sein même de la souffrance, c'est parce que … Dieu en a fait l'expérience avant nous[233]. »

Nous ne pouvons que mettre l'accent sur l'importance de cette vérité qui, selon Rittgers et Peter Berger, contrebalance et complète la doctrine que Dieu est souverain et que la souffrance fait partie de ses plans impénétrables. Certes, le Seigneur est le Maître de l'histoire, mais il est aussi le Dieu vulnérable qui y a fait irruption pour subir les forces du mal. Certes, Dieu semble souvent absent, mais Jésus lui-même a ressenti la douleur intense de son absence lorsqu'il a crié : « Mon Dieu, mon Dieu pourquoi m'as-tu abandonné ? » Certes, Dieu est roi, mais un roi descendu sur terre pour monter sur une croix, et non sur un trône. Certes, Dieu est glorieux, mais sa plus grande gloire est de l'avoir délaissée, ainsi que sa puissance, pour devenir faible et mortel.

> *Lui qui, dès l'origine,*
> *était de condition divine,*
> *ne chercha pas à profiter*
> *de l'égalité avec Dieu,*
> *mais il s'est dépouillé lui-même,*
> *et il a pris*
> *la condition du serviteur.*
> *Il se rendit semblable*
> *aux hommes en tous points,*
> *et tout en lui montrait*
> *qu'il était bien un homme.*
> *Il s'abaissa lui-même*
> *en devenant obéissant,*
> *jusqu'à subir la mort,*
> *oui, la mort sur la croix.*

Philippiens 2.6-8

Comment le Dieu souverain s'est-il transformé en Dieu de souffrance ? Bien avant que Jésus ne vienne dans le monde, on a déjà des indications de la souffrance de Dieu dans l'Ancien Testament, qui présente un Dieu qui nous porte tellement dans son cœur qu'il est affecté par notre état. Dans le livre de Jérémie, Dieu appelle Israël « Éphraïm » et dit :

> *Éphraïm est pour moi un fils que je chéris,*
> *et un enfant que j'affectionne.*
> *Chaque fois que j'en parle,*
> *je me souviens encore plus vivement de lui.*
> *Mon cœur est en émoi,*
> *j'aurai pour lui beaucoup de compassion,*
> *l'Éternel le déclare.*
>
> Jérémie 31.20

Le passage d'Osée 11, où Dieu épanche son cœur, est devenu célèbre : « Comment pourrais-je t'abandonner, ô Éphraïm ? Comment pourrais-je te livrer, ô Israël [...] Mon cœur est tout bouleversé, je suis tout ému de pitié. Non, je n'agirai pas selon mon ardente colère, je ne détruirai pas de nouveau Éphraïm » (Osée 11.8-9). On trouve un autre exemple particulièrement marquant en Genèse 6.5-6 : « L'Éternel vit que les hommes faisaient de plus en plus de mal sur la terre : à longueur de journée, leur cœur ne concevait que le mal. Alors l'Éternel fut peiné d'avoir créé l'homme sur la terre, et il en eut le cœur très affligé. » D'après Derek Kidner, spécialiste de l'Ancien Testament, il s'agit des « termes les plus forts susceptibles d'être contrebalancés ailleurs [dans la Bible], mais sans qu'ils soient pour autant plus faibles[234]. »

Pour Kidner, il faut mettre ces passages de la Bible en parallèle avec ceux qui attestent l'omnipotence de Dieu, de sa souveraineté, sainteté, éternité, de son infini et de son auto-suffisance absolue. Le théologien Alec Motyer exprime cette même idée : « Le Dieu vivant [est] une réalité auto-existante, autosuffisante qui n'a pas besoin de tirer son énergie d'une source extérieure[235]. » Autrement dit, Dieu ne dépend de rien ni de personne, mais toutes choses dépendent de lui. Dieu n'a pas besoin de notre amour et de notre louange. Il n'a besoin de rien pour se parfaire, contrairement à nous. Nous ne devrions pas étudier les passages concernant les émotions et les afflictions de Dieu sans considérer ce qu'en dit le reste de la Bible. Nous risquerions autrement d'inventer un Dieu « vulnérable, hésitant, souffrant, compréhensif, en perpétuel changement[236] » ou ayant besoin de notre amour.

Cependant, il ne nous faut pas non plus tomber dans l'autre extrême. Certains théologiens ont développé l'idée de « l'impassibilité de Dieu », celle d'un Dieu qui ne pourrait ressentir aucune émotion, ni joie, plaisir, douleur ou tristesse[237]. Un tel enseignement dépasse le message des Écritures. Ne minimisons pas l'intensité de passages tels qu'Osée 11 ou Genèse 6. Kidner écrit à propos de Genèse 6.6 : « Le mot *affligé* est apparenté aux mots peine et douleur [infligés aux humains à cause de leurs péchés] en Genèse 3.16-17 : *Dieu souffre déjà à cause de l'homme[238]*. »

Nous savons tous que quand le cœur s'engage, il en résulte de la souffrance. Plus nous aimons quelqu'un, plus son chagrin et sa douleur deviennent les nôtres. Ainsi, dès les premiers chapitres de la Genèse, Dieu souffre à cause de notre souffrance et de la détresse de ce monde. Nous n'avons pas affaire à une déité abstraite, à un « principe divin » ni même à « une structure rationnelle à l'origine de l'univers ». Il ne s'agit pas non plus de l'« étincelle de vie divine dans chaque être vivant ». Il s'agit du Dieu à la fois transcendant et personnel, qui nous aime tellement que son cœur est rempli de douleur à cause de nous. Quelle splendeur, mais ce n'est pas tout, il y a Jésus !

La souffrance de Dieu, le Fils

Les Évangiles nous montrent Jésus en proie aux difficultés quotidiennes, aux pressions et aux douleurs d'une vie humaine normale. Il a vécu la fatigue et la soif (Jean 4.6), la détresse, le chagrin, et son âme a été « attristée » (Marc 3.5, Jean 11.35, 12.27). Sa souffrance était telle qu'il a prononcé, tout au long de sa vie, des prières dans de « grands cris et des larmes » (Hébreux 5.7, cf. Luc 22.44). Il connaissait la sensation d'être tout à fait incompris de ses meilleurs amis et rejeté par sa famille et sa ville (Jean 7.3-5, Matthieu 13.57, Marc 3.21). De surcroît, il a été tenté et attaqué par le diable (Matthieu 4.2). Aussi incroyable que cela puisse paraître, Jésus a « appris » de ses souffrances (Hébreux 5.8). Don Carson conclut : « Le Dieu sur lequel nous comptons sait ce que souffrir veut dire, non seulement parce qu'il est omniscient, mais parce qu'il a *lui-même* souffert[239]. »

Mais, à la fin de sa vie, nous sommes confrontés à la *Passion*, littéralement la souffrance de Jésus. Il est abandonné, rejeté et trahi par toutes les personnes auprès desquelles il a investi sa vie. Sur la croix, même son Père l'abandonne (Matthieu 27.46). Cette dernière expérience engendre une agonie infinie et cosmique qui dépasse l'entendement humain. En effet, la plus grande souffrance est la perte d'un être aimé et la passion constitue la perte d'un amour éternel et parfait. Rien n'est plus douloureux que le bouleversement et la perte des relations familiales. Ici, par contre, nous voyons que « Dieu sait ce que veut dire souffrir, non seulement parce qu'il perçoit la souffrance bien mieux que nous, mais parce qu'il a personnellement vécu de la pire façon qui soit [...] l'agonie de la perte à cause de la mort, la séparation avec un bien-aimé [...] [et] la perturbation de sa propre famille (la Trinité) à cause de l'immensité de sa propre colère contre le péché[240]. » Dieu devait lui-même payer le prix exigé par le péché, pour que cet acte satisfasse sa justice et punisse le péché et qu'ainsi dans son amour, il puisse nous pardonner et nous accueillir. Dieu le Fils a subi le châtiment que nous méritions, la séparation d'avec le Père incluse. Dieu s'est donc délibérément infligé un immense supplice ; par amour pour nous.

Le prédicateur écossais du XIXᵉ siècle, Robert Murray M'Cheyne, élargit le propos en parlant de ce qu'il appelle « l'infini de la souffrance de Christ » sur la croix. M'Cheyne commente le « Mon Dieu, mon Dieu, pourquoi m'as-tu abandonné ? » :

> Il n'a reçu aucun réconfort, aucune preuve d'amour, aucune pitié, ni aucun soutien de la part de Dieu. Autrefois son soleil, Dieu est devenu un soleil de ténèbres. [...] Il est sans Dieu, comme s'il n'a pas de Dieu. Tout ce que Dieu a été pour lui auparavant, lui est à présent enlevé. Il est sans Dieu, privé de sa présence. Il a les sentiments du condamné au moment où le Juge annonce : « Arrière de moi, maudit ... tu seras voué à une ruine éternelle, banni de la présence du Seigneur et de la puissance de sa gloire. » Il a l'impression que Dieu lui dit cela. Comme un enfant jetant une pierre dans un ravin et espérant entendre sa chute, en vain ... [...]

> Tel est l'enfer que Christ a subi. L'océan de souffrance de Christ est insondable ... Il a été abandonné à la place des pécheurs. Si vous lui faites confiance, s'il est votre garant, vous ne serez jamais abandonné ... « Mon Dieu, mon Dieu, pourquoi m'as-tu abandonné ? » [La réponse ?] Pour moi, pour moi. L'océan de souffrance de Christ est abyssal[241].

Nous n'en avons toutefois pas terminé avec l'enseignement biblique sur la souffrance de Dieu. Actes 9 retrace la conversion de l'apôtre Paul. Comme tout bon pharisien zélé, Saul, le futur Paul, a persécuté les chrétiens. Quand Jésus lui apparaît sur le chemin de Damas, il lui demande : « Saul, Saul, pourquoi *me* persécutes-tu ? » (Actes 9.4). Nous voyons ici que Jésus s'identifie tellement à son peuple qu'il partage ses souffrances. Quand les chrétiens sont blessés ou attristés, Jésus l'est aussi.

Parfois, le Nouveau Testament retourne le propos et parle de chrétiens partageant les souffrances de Christ. Pierre encourage ses lecteurs lorsqu'ils traversent les épreuves et la fournaise en leur disant que Jésus n'est pas seulement présent spirituellement : « réjouissez-vous, car vous participez aux souffrances de Christ » (1 Pierre 4.13, cf. Colossiens 1.24). Pierre affirme que nous souffrons ensemble, lui et nous. À la lecture de la Bible, il est évident que les souffrances de Jésus ont pleinement accompli notre rédemption, et que nous ne pouvons participer en rien à son œuvre salvatrice. Jésus a donc déclaré : « Tout est accompli », juste avant de mourir. La dette a été entièrement payée (Jean 19.30). Luther, comme nous l'avons vu, a fermement soutenu que notre souffrance ne nous sauve pas. Pour autant, nous pouvons être pleinement réconfortés de savoir que nous sommes en communion avec Christ par son Esprit et qu'unis à lui nous sommes en « communion » avec ses souffrances (Philippiens 3.10).

Dan McCartney exprime cette idée de la meilleure manière qui soit : « Christ a appris l'humanité dans sa souffrance (Hébreux 5.8). [Dès lors] nous apprenons à vivre en chrétien dans nos souffrances[242]. » Tout comme Jésus a adopté son humanité au travers de la souffrance (Hébreux 2.18, 4.14-15), nous pouvons aussi grandir à la ressemblance de Christ dans l'adversité, si nous l'affrontons avec foi et patience. « Voilà pourquoi nous ne perdons pas courage. Et même si notre être extérieur se détériore peu à peu, intérieurement, nous sommes renouvelés de jour en jour. En effet, nos détresses présentes sont passagères et légères par rapport au poids in-surpassable de gloire éternelle qu'elles nous préparent » (2 Corinthiens 4.16-17).

Quand les chrétiens souffrent, Jésus est littéralement avec eux dans la fournaise, il ressent les flammes avec eux, en quelque sorte.

Le Souverain qui souffre

Il faut prendre ces deux vérités ensemble, comme dans la Bible, où elles sont toutes deux exactes, ne se contredisent pas, mais se complètent plutôt. Don Carson et Dan McCartney l'ont montré : croire que Dieu n'est pas capable d'exprimer des émotions et de souffrir serait une erreur. Il en résulterait un Dieu impassible ressemblant plus à l'idéal platonicien qu'au Dieu de la Bible. La croyance chrétienne selon laquelle Jésus était pleinement Dieu, mais privé de sa gloire et vivant une vie humaine, en serait peut-être ébranlée. Dieu a appris la souffrance par l'expérience. À l'inverse, de plus en plus de théologiens, trop contents d'insister sur la souffrance de Dieu, occultent la notion de souveraineté divine. Ils brossent le portrait d'un Dieu impuissant et incapable de mettre fin à la souffrance du monde[243]. Ronald Rittgers écrit : « L'idée que Dieu est corrélé avec l'adversité et le malheur, est rejetée par de nombreux théologiens actuels. La notion de Dieu qui "souffre avec" est populaire, mais la vision d'un Dieu agent de la souffrance est rejetée[244]. »

Rittgers ajoute qu'« un Dieu sans lien avec la souffrance ne serait pas un Dieu du tout, et pas celui de la Bible ... qui souffre et est aussi souverain. Ces deux croyances ont été (et sont toujours) nécessaires pour réaffirmer la vérité chré-tienne que la souffrance a un but[245]. » C'est tout à fait vrai. Si

Dieu n'a pas la mainmise sur l'histoire, alors la souffrance n'est pas prévue, elle est aléatoire et absurde. Il s'agit alors du point de vue matérialiste défendu par Richard Shweder. Par contre, si Dieu n'a pas souffert, comment lui faire confiance ?

En d'autres termes, c'est parce que Dieu est tout puissant et souverain que sa souffrance est proprement stupéfiante. Si Dieu était limité, ses souffrances ne proviendraient pas aussi radicalement de sa *volonté*, et l'amour n'en serait pas autant la motivation. C'est pour cette raison que nous sommes profondément touchés et réconfortés quand nous considérons l'agonie de la croix. Albert Camus écrit : « Seul le sacrifice d'un dieu innocent pouvait justifier la longue et universelle torture de l'innocence. Seule la souffrance de Dieu, et la plus misérable, pouvait alléger l'agonie des hommes. Si tout, sans exception, du ciel à la terre, est livré à la douleur, un étrange bonheur est alors possible[246]. » Ailleurs il complète son propos : « Le dieu-homme [Christ] souffre aussi, avec patience. Le mal ni la mort ne lui sont plus absolument imputables, puisqu'il est déchiré et meurt. La nuit du Golgotha n'a autant d'importance dans l'histoire des hommes que parce que dans ces ténèbres la divinité, abandonnant ostensiblement ses privilèges traditionnels, a vécu jusqu'au bout, désespoir inclus, l'angoisse de la mort[247]. »

Peter Berger qualifie Camus de « critique clairvoyant » du christianisme, qui comprend néanmoins « l'immense potentiel religieux » de cette réponse au problème de la souffrance[248]. Si Dieu ne fait pas exception, si lui aussi a souffert, alors nous ne pouvons pas dire qu'il ne nous comprend pas, que sa souveraineté sur la souffrance est cruelle et insensible, ou qu'il est un roi froid qui permet que des choses arrivent sans se soucier de ce que nous endurons. Comme l'atteste Camus, la croix rend caducs de tels raisonnements. Puisque Dieu lui-même ne s'est pas exonéré de la douleur, nous pouvons lui faire confiance.

Il en résulte des conséquences riches et puissantes. La souffrance étant à la fois juste et injuste, nous pouvons pleurer et déverser notre chagrin, mais sans l'élément toxique de l'amertume. Parce que Dieu souffre et est à la fois souverain, nous savons que notre souffrance a toujours un sens, même si nous ne le connaissons pas. Nous pouvons lui faire confiance sans tout comprendre. À l'âge de huit ans, l'un de mes fils a commencé à se montrer rebelle et à ne pas obéir. Un jour, je lui ai demandé de faire quelque chose. Il a répliqué : « Papa, je t'obéirai et je le ferai, mais uniquement si tu m'expliques pourquoi je dois le faire. » J'ai répondu : « Si tu m'obéis seulement parce que ça a un sens pour toi, alors je ne peux qualifier ça d'obéissance, tu donnes juste ton accord. Le problème, c'est que tu es trop jeune pour comprendre la plupart des raisons pour lesquelles je veux que tu fasses quelque chose. Fais-le parce que tu as huit ans et que j'en ai trente-huit, parce que tu es un enfant et moi un adulte, et ton père. »

Il est facile de comprendre pourquoi les enfants ont besoin de faire confiance à leurs parents même lorsqu'ils ne les comprennent pas. À combien plus forte raison devons-nous faire confiance à Dieu même si nous ne le comprenons pas. Non seulement il est infiniment plus sage qu'un parent envers un enfant, mais en plus il est souverain et tout-puissant. Nous devrions aussi lui faire confiance parce qu'il a gagné cette confiance sur la croix. Nous pouvons donc lui faire confiance même s'il ne nous donne pas d'explications.

La dernière défaite du mal

L'Apocalypse est un texte vertigineux qui traite de nombreux sujets. Mais j'ai toujours considéré qu'il était intéressant de se pencher sur sa vision de la souffrance et du mal.

Au chapitre 6, l'apôtre Jean a une vision : « Quand l'Agneau ouvrit le cinquième sceau, je vis, sous l'autel, les âmes de ceux qui avaient été égorgés à cause de leur fidélité à la Parole de Dieu et du témoignage qu'ils avaient rendu » (Apocalypse 6.9). Il s'agit de chrétiens mis injustement à mort à cause de leur foi. Ils crient qu'on leur rende justice : « Maître saint et véritable, jusques à quand tarderas-tu à juger les habitants de la terre et à leur demander compte de notre mort ? » (Apocalypse 6.10). C'est un cri torturé dont l'écho a résonné tout au long des livres bibliques. « Seigneur, comment supportes-tu cela ? Soustrais ma vie à leurs sévices, ma vie qui m'est précieuse, à ces lions ! » (Psaumes 35.17). « Où est le Dieu de la justice ? » (Malachie 2.17). « Pourquoi supportes-tu la vue des traîtres ? Pourquoi gardes-tu le silence quand l'impie engloutit un plus juste que lui ? » (Habaquq 1.13).

Cependant, le théologien Louis Berkhof affirme : « La Bible nous enseigne à attendre le jugement dernier en tant que réponse définitive de Dieu à toutes ces questions, solution à tous ces problèmes et fin de toutes les contradictions apparentes du temps présent. » Berkhof dresse ensuite la liste de passages étayant sa thèse : Matthieu 25.31-46, Jean 5.27-29, Romains 2.5-11 et Apocalypse 20.11-15. Ce dernier passage parle du « grand trône blanc » et de tous les peuples « les grands et les petits » se tenant devant ce trône, avec les livres ouverts et chacun recevant un juste jugement. « Ces passages, révèle Berkhof, ne font pas référence à un processus, mais à un événement bien précis qui aura lieu à la fin des temps[249]. »

Toutefois, la Bible ne se contente pas de nous dire que le mal sera puni, même si cela revêt une signification importante. Dans ce monde, les fauteurs de troubles sont parfois rattrapés par la justice, mais si nous pouvons *punir* le mal, nous ne pouvons pas *défaire* le mal. Nous pouvons toujours, par exemple, emprisonner ou exécuter les meurtriers, mais cela ne ramènera pas les personnes assassinées et ne restaurera pas les vies brisées. L'Apocalypse promet bien plus qu'un jugement dernier. Berkhof rappelle que le jugement dernier est « accompagné [...] du retour de Jésus-Christ, de la résurrection des morts, et du renouvellement du ciel et de la terre[250]. »

En Apocalypse 5, Jean voit Dieu en vision assis sur un trône, un livre scellé dans sa main. Pour de nombreux spécialistes de la Bible ce livre représente « le sens et le but de l'Histoire, le grand plan de Dieu pour tous les temps ». Il est scellé de sept sceaux. Jean se met à pleurer parce qu'il lui semble que personne n'est digne d'ouvrir ce livre, c'est-à-dire « d'interpréter et d'accomplir le plan de Dieu[251] ». Soudain des gens lui disent de ne pas pleurer, car « un Agneau [...] se tenait debout. Il semblait avoir été égorgé » (Apocalypse 5.6). Il s'avance et ouvre les sceaux, un à un. Pourquoi est-il en mesure de partager le trône et d'ouvrir les sceaux ? À cause de sa souffrance rédemptrice. Un chant s'élève alors :

> *Oui, tu es digne*
> *de recevoir le livre,*
> *et d'en briser les sceaux*
> *car tu as été mis à mort*
> *et tu as racheté pour Dieu,*
> *par ton sang répandu,*
> *des hommes de toute tribu,*
> *de toute langue, de tout peuple,*
> *de toutes les nations.*
> *Tu as fait d'eux*
> *un peuple de rois et de prêtres*
> *au service de notre Dieu,*
> *et ils régneront sur la terre.*
>
> Apocalypse 5.9-10

Au cours des chapitres suivants, les sceaux sont ouverts et de grands jugements ont lieu, exercés dans un pouvoir immense. Nous avançons inexorablement vers le jugement dernier et le renouvellement de toutes choses. À première vue, ce passage semble presque ironique. Le Nouveau Testament nous montre que de nombreux maux ont été infligés à Jésus à la fin de sa vie. Il a été abandonné, trahi et renié par ses amis. Il a été livré à une foule déchaînée. Il a eu droit à un procès truqué, on l'a torturé et exécuté injustement. La liste de péchés et de malveillances commis à son égard est longue : lâcheté, mensonges, intérêts personnels, nationalisme et racisme, institutions religieuses et politiques corrompues, avec la puissance même de Satan derrière tout cela (Jean 13.27). Christopher Wright le résume ainsi : « La croix était la pire chose qu'aient pu accomplir le mal humain [et non-humain] ainsi que la rébellion contre Dieu[252]. »

Observez donc ce retournement de situation. Qui ouvre les sceaux et prononce les jugements à l'encontre des forces des ténèbres ? Un agneau blessé ! Une figure rarement associée à la force et au pouvoir, et c'est voulu. La Bible déclare qu'au moment où Jésus est mort sur la croix, il « a désarmé toute Autorité, tout Pouvoir, les donnant publiquement en spectacle [...] après sa victoire à la croix » (Colossiens 2.15). À travers sa mort, il a pris sur lui la malédiction de la désobéissance de l'homme (Galates 3.10-14), et a ainsi vaincu le péché et la mort, de même que les forces démoniaques. Pour ceux « qui sont unis à Jésus-Christ », il n'y a plus de condamnation (Romains 8.1). La mort ne peut plus nous réclamer. C'est donc un agneau blessé qui est désormais non seulement capable de juger les méfaits, mais aussi de réparer le mal qui a dévasté la création.

Il s'agit non seulement d'ironie, mais de la stratégie suprême pour défaire le mal. Sans la souffrance de Jésus, le mal triomphe. Il en résulterait la destruction de toute la race humaine. Seule la souffrance de Jésus peut mettre fin à la nôtre, permettre le jugement et le renouvellement du monde, sans avoir à nous détruire. Le théologien Henri Blocher affirme qu'à la croix « nous parvenons au seuil de la sagesse mystérieuse et cachée[253] », nous touchons au plus grand éclairage que nous ayons sur la manière dont la croix a répondu au problème du mal.

Dans son livre *Le mal et la croix* Blocher prétend que si le mal était purement « local », une imperfection dans tous les êtres finis, Christ aurait pu se contenter de prêcher une philosophie de vie différente. Si le mal était seulement une entité, une force externe en suspension dans l'univers, alors « il aurait simplement fallu exercer contre lui une puissance extérieure[254] ». Mais le mal n'est ni la simple conséquence d'individus corrompus, ni celle d'un seul être puissant comme le Diable. Le mal découle de ces facteurs, mais aussi des effets d'un ordre créé corrompu. In fine, il est impossible de connaître toutes les racines et sources du mal, c'est un mystère.

Mais, à la croix, le mal s'est « retourné contre lui-même ». Ou, comme Jean Calvin l'a exprimé, à la croix la destruction a été détruite, le « tourment tourmenté, la damnation damnée, l'abîme abîmé, l'enfer enferré, la mort morte, la mortalité immortelle[255] ». Blocher écrit :

> À la croix, le mal est vaincu par le mal ... Le mal est vaincu comme mal parce que Dieu le retourne contre lui-même. Le Seigneur fait du crime suprême, de l'assassinat du seul Juste, l'opération même qui abolit le péché ! La manœuvre est inouïe. On ne conçoit pas de victoire plus entière [...] Il [Dieu] piège le fourbe de ses propres ruses, le mal, comme un judoka, profite de la force du bien qu'il pervertit ; et bien ! Le Seigneur,

comme le champion suprême, riposte en utilisant la prise même de l'adversaire[256].

C'est, sans conteste, la défaite finale du mal, puisque cette stratégie consiste à utiliser la force du mal pour le faire basculer, comme dans le judo, pour reprendre l'analogie de Blocher. Il continue : « Le péché des péchés, le meurtre du fils [...] fournit l'occasion à l'amour de se porter au comble, car il n'y a pas de plus grand amour que de donner sa vie pour ses amis (Jean 15.13) ». Le mal est vaincu, car Dieu l'utilise pour faire surgir son extrême opposé : le courage, la fidélité, le sacrifice désintéressé, le pardon. Mais il y a plus. La croix n'est pas qu'un simple exemple d'amour. « L'exigence de l'ordre juste [...] veut que le mal soit puni de mort, mais permet que le frère et chef intervienne par amour et se charge de la dette à la place du coupable [...] À la Croix, le mal est vaincu par l'extrême de l'amour dans l'accomplissement de la justice[257]. » Blocher conclut en attestant avec justesse que la réponse chrétienne au mal est à la fois plus optimiste *et* plus pessimiste que les interprétations concurrentes :

> Nous n'avons pas d'autre lieu que le pied de la Croix, la réponse de la sagesse de Dieu, elle qui affole les théodicées optimistes et les philosophies tragiques. La réponse de Dieu : le mal retourné contre lui-même, vaincu par l'extrême de l'amour dans l'accomplissement de la justice. Cette réponse nous console et nous appelle. Elle permet d'attendre la Venue du Crucifié vainqueur. Il essuiera les larmes de tous les visages, bientôt[258].

Si d'une part le christianisme ne prétend pas offrir une *explication* complète de toutes les raisons de Dieu derrière chaque manifestation du mal et de la souffrance, d'autre part il lui donne une *réponse* définitive. Cette réponse sera donnée à la fin des temps, tous ceux qui l'entendront et la verront seront pleinement satisfaits et la trouveront tout à fait suffisante. Dostoïevski retrace cela mieux que personne :

> Je suis convaincu, comme un enfant, que la souffrance disparaîtra, que la comédie révoltante des contradictions humaines s'évanouira comme un piteux mirage, comme la manifestation vile de l'impuissance mesquine, comme un atome de l'esprit d'Euclide ; qu'à la fin du drame, quand apparaîtra l'harmonie éternelle, une révélation se produira, précieuse au point d'attendrir tous les cœurs, de calmer toutes les indignations, de racheter tous les crimes et le sang versé ; de sorte qu'on pourra, non seulement pardonner, mais justifier tout ce qui s'est passé sur la terre[259].

Plus de larmes

Henri Blocher a raison de scruter l'avenir et le passé. La croix a garanti la défaite du mal dans le passé, et promet désormais que l'expérience finale de cette défaite aura lieu dans le futur, lors du renouvellement de toutes choses, quand toute larme sera effacée. Avant même d'ouvrir les sceaux, l'apôtre Jean rapporte :

> *Ils ne connaîtront plus ni la faim, ni la soif ; ils ne souffriront plus des ardeurs du soleil, ni d'aucune chaleur brûlante. Car l'Agneau qui est au milieu du trône prendra soin d'eux comme un berger, il les conduira vers les*

> *sources d'eaux vives, et Dieu lui-même essuiera toute larme de leurs yeux.*
>
> Apocalypse 7.16-17

L'apogée du livre de l'Apocalypse décrit « un ciel nouveau et une terre nouvelle » (Apocalypse 21.1). « Il n'y aura plus aucune malédiction » (Apocalypse 22.3), la malédiction qui a été infligée à la création à cause de la chute est effacée. Résultat : « Il essuiera toute larme de leurs yeux. La mort ne sera plus et il n'y aura plus ni deuil, ni plainte, ni souffrance. Car ce qui était autrefois a définitivement disparu » (Apocalypse 21.4). Le langage est bien entendu poétique, mais le message est clair. Il n'y aura plus ni mal, ni souffrance, ni péché ni douleur. La souffrance de Jésus a mis fin à la souffrance.

Comme nous l'avons vu précédemment, la Bible ne présente pas un avenir fait d'un « paradis » immatériel, mais d'un nouveau ciel et d'une nouvelle terre. Matthieu 19.28 et Actes 3.21 parlent de « monde nouveau » et de « l'univers entier [...] restauré ». Pierre dit que nous attendons le jour où nous verrons le nouveau ciel et la nouvelle terre (2 Pierre 3.13), et Paul enseigne que la création sera glorieusement libérée des liens de la mort et du déclin (Romains 8.19-22).

C'est le nouveau monde anticipé par Jean dans sa vision d'Apocalypse 21 et 22. En cela, le christianisme propose un espoir unique en son genre. La vision séculière n'entrevoit aucun avenir radieux, tandis que les autres religions prêchent une éternité ou un ciel qui serait une consolation des pertes et douleurs subies dans cette vie et des joies qui auraient pu être. Mais, comme nous l'avons déjà exposé, le christianisme offre plus qu'une consolation, il offre une restauration, non seulement de notre vie passée, mais aussi de la vie parfaite que nous aurions aimé avoir. L'ennemi, dont le but était de détruire le projet de Dieu pour le monde, à savoir vivre en paix avec son peuple et se réjouir à tout jamais, a échoué. La joie sera décuplée parce que le mal subira cet échec cuisant.

L'histoire vraie d'Andi : l'alliance

Je suis tombée à genoux à côté de mon lit. C'était l'heure de se coucher, mais je n'en avais pas la force. Je devais retirer l'alliance. C'était le moment.

Cette après-midi-là, un juge avait prononcé mon divorce. Depuis quelque temps, l'effondrement de notre mariage semblait inéluctable, mais je me refusais à enlever mon alliance, symbole de ma confiance en Dieu. J'espérais qu'il puisse tout changer en un instant, aussi désespérée la situation soit-elle. Mais trente ans plus tard, je me trouvais à genoux à côté du lit, seule. Je sanglotais, mais non de chagrin. J'ai fondu en larmes au moment où une prise de conscience de la fidélité de Dieu dans cette épreuve a éclipsé les images négatives. Je ne m'étais jamais sentie abandonnée par lui. Oui, je m'étais trouvée dans la confusion parce qu'il avait permis que cet insoutenable calvaire dure si longtemps alors qu'il aurait pu tout restaurer. Oui, j'avais été plus d'une fois à la limite de l'effondrement mental, physique et émotionnel. Oui, spirituellement j'avais souvent eu l'impression d'avoir perdu le nord.

En réalité, une nuit tout a empiré et j'ai vécu une véritable crise spirituelle. Où était ce Dieu sur lequel je m'étais reposée ? Existait-il ? Si oui, se souciait-il de moi ? Je n'avais pas la force de faire une prière intelligible. J'ai beaucoup sangloté et gémi. Quand j'ai réussi à mettre des mots ensemble, j'ai crié : « Je ne pourrais jamais regarder quelqu'un que j'aime souffrir autant sans y mettre un terme ! Tu dis que tu m'aimes, mais ça ne correspond pas avec ce que je vis. C'est cruel. Je dois m'assurer que tu es vraiment ce que tu dis être autrement je ne peux pas aller de l'avant. » Je n'avais pas besoin d'explications … j'avais besoin de lui.

Le lendemain matin, une amie en qui j'ai entièrement confiance m'a donné ce sage conseil : « Andi, tu devrais te forcer à te nourrir de la Parole. Le Saint-Esprit peut s'en servir pour parler à des recoins de ton cœur que des mots humains ne pourraient atteindre. »

J'avais besoin d'être profondément touchée, alors le jour suivant, j'ai ouvert ma Bible. Mes yeux sont tombés sur ce passage des Psaumes : « La force est à Dieu, à toi aussi, Seigneur ! la bienveillance. » Tels des sels ranimant mon cœur en syncope, ces mots ont réduit au silence ma peur dévastatrice et mes doutes. Une profonde certitude qu'il m'aimait et se tenait tout près de moi a été insufflée dans mon cœur. J'étais remise sur pied en un clin d'œil. Les circonstances n'avaient plus d'importance.

Ce soir-là, mon cœur s'est ouvert. Alors que je m'agenouillais près du lit, je ne pouvais plus contenir ma gratitude envers Dieu. Il avait continué de m'aimer alors que le chaos de ma vie aurait dû le faire fuir … Au lieu de cela, il s'est rapproché de moi comme jamais auparavant.

En enlevant mon alliance, une prière a jailli de mon cœur : « Je veux désormais t'offrir le dévouement que j'aurais voulu offrir à un mari en ce monde. Toi seul es digne que je te fasse entièrement confiance, et je le ferai jusqu'à la fin de mes jours. »

Comment un cœur qui avait tellement souffert pouvait-il prononcer un tel serment de confiance et d'amour... à l'intention de celui qui avait été mon seul espoir ? Une seule explication possible : alors que tout semblait mourir, quelque chose de nouveau voyait le jour.

J'avais été transformée par l'expérience de cet irrépressible amour qui ne cessait de s'approcher de moi alors que je n'avais à lui offrir que ma faiblesse, ma confusion et mes besoins. Je ne peux exprimer clairement ce qui est arrivé. Je sais seulement que cette prière était la seule réponse possible.

En me couchant, j'ai eu cette pensée : *Je devrais m'acheter une nouvelle alliance pour me rappeler du serment que j'ai fait au Seigneur ce soir.*

Le lendemain matin, je suis allée à mon groupe quotidien de prières pour les femmes. En général, nous n'échangions pas nos sujets de prière, nous nous contentions de prier.

Pendant le moment de silence avec lequel nous commencions chaque fois, une sœur s'est accroupie près de ma chaise. Elle a enlevé une bague de son doigt et me l'a tendue en disant : « J'ai l'impression que le Seigneur veut que tu aies cette bague. Il veut que tu saches que tu es sa bien-aimée, et que vous êtes fiancés jusqu'à la fin de tes jours. Il sera ton protecteur et ton soutien. Il ne te délaissera jamais et ne t'oubliera pas. Il sera à tes côtés pour toujours. »

La bague qu'elle m'a donnée était bien plus belle et précieuse que celle que j'aurais pu m'offrir. Je n'avais dit à personne que je comptais m'en acheter une.

Au cours des années, regarder cette bague a apaisé mes craintes, mis fin à ma solitude et m'a réconfortée un nombre incalculable de fois.

Je voulais une alliance qui me rappelle mon grand engagement envers Dieu. J'en ai finalement reçu une qui me rappellera toujours son engagement envers moi.

Chapitre 8

Les raisons de la souffrance

Seigneur, avec quel soin nous as-tu entourés !
Pupitres et dimanches, péchés lancinants,
Afflictions diverses, angoisses de toutes sortes,
Autant de filets et de stratagèmes pour nous saisir.

George Herbert, *Sin*

Peter Berger prétend que toutes les cultures et tous les peuples cherchent à « trouver du sens dans l'expérience de la souffrance et du mal ». J'ai défendu l'idée selon laquelle le christianisme dépasse de loin toutes les autres cultures et systèmes en la matière. Selon la théologie chrétienne, la souffrance n'est pas absurde, que ce soit d'un point de vue général ou particulier. Le but de Dieu a été de vaincre le mal à la croix de manière si poussée, qu'un jour tous ses ravages seront anéantis, et malgré le fait d'y avoir eu une grande part, les chrétiens seront sauvés. Dieu accomplit son plan, non pas malgré la souffrance, la douleur et la perte, mais *à travers* tout cela. Il est tentant de se demander si Dieu n'aurait pas pu agir autrement, en n'autorisant ni misère, ni deuil. Mais la croix nous assure que les voies insondables cachées derrière le cours de l'histoire sont motivées par l'amour de Dieu pour nous et son engagement total envers notre joie et gloire.

La souffrance se situe donc au cœur même de la foi chrétienne. Elle constitue non seulement la voie par laquelle Christ s'est fait homme et nous a rachetés, mais elle est aussi la voie principale par laquelle nous devenons comme lui et vivons sa rédemption. Ainsi, notre souffrance, aussi douloureuses soit-elle, a énormément de sens et d'utilité.

Ne pas souffrir en vain

Notre époque rejette l'idée antique de « l'utilité » de la souffrance. Le psychologue Jonathan Haidt explique qu'après avoir survécu à une mort imminente les gens développent souvent un stress post-traumatique susceptible de les affaiblir définitivement. Ce symptôme peut les rendre « anxieux et avec des réactions exacerbées », au point qu'ils « paniquent ou s'effondrent plus facilement face à une infortune ultérieure ». Des études sur le stress montrent qu'il engendre des conséquences négatives sur la santé. Les facteurs de stress sont variables : mort d'un conjoint (ou d'un de ses parents, frère ou sœur pour un jeune), rupture, divorce, accident de santé, maladie, perte d'un emploi ou revers financier. Les études indiquent qu'ils peuvent être la cause de dépressions, troubles de l'anxiété, maladies physiques et surtout de problèmes cardiaques[260].

Toutefois, pour Haidt il existe un soutien empirique de l'ancien point de vue qui atteste que « les gens ont besoin d'adversité, de revers et peut-être même de traumatismes pour atteindre le sommet de la force, de l'épanouissement et du développement[261] ». Il raconte l'histoire d'un de ses amis, prénommé « Greg », jeune professeur d'université que sa femme quitte un jour pour un autre homme en emmenant leurs deux enfants. Après des années de luttes et de procédures coûteuses, Greg obtient finalement la garde de ses enfants. Mais il se retrouve père célibataire, mal payé pour un travail à plein temps, avec peu d'espoir de finir d'écrire le livre sur lequel repose toute sa carrière universitaire. De plus il s'inquiète pour la santé mentale de ses enfants[262].

Quelques mois plus tard, Haidt rend visite à Greg et découvre que beaucoup de gens lui ont prêté main-forte. Des membres de son Église s'occupent de ses enfants et préparent leurs repas, tout en offrant un soutien psychologique et spirituel. Ses parents ont vendu leur maison pour emménager dans le voisinage afin de prendre soin des enfants. Haidt écrit que Greg a eu « alors une phrase si forte que je m'en étranglais ». Il avait remarqué que vers le milieu, de nombreux opéras comportaient un moment crucial, un « solo triste et déchirant », où le personnage principal transformait sa tristesse en quelque chose de beau. Greg ajoute :

> C'est à mon tour de chanter l'aria. Je n'en ai pas envie, je ne voudrais pas avoir cette opportunité, mais ça y est, c'est là. Que vais-je faire ? Serai-je à la hauteur[263] ?

En écoutant ces mots, le psychologue a su qu' « en cadrant les choses de cette manière, il [Greg] montrait qu'il était déjà à la hauteur ». Haidt rapporte la « croissance post-traumatique » de son ami après ces événements : « Avec l'aide de sa famille, de ses amis et de sa foi religieuse profonde, Greg reconstruisit sa vie, acheva son livre et trouva, deux ans après, un bien meilleur travail. Chaque jour passé avec ses enfants lui procurait plus de joie qu'avant la crise. » Greg affirme que cette expérience « avait modifié ce qui comptait vraiment dans sa vie ». La réussite professionnelle n'était plus aussi importante à ses yeux, ce qui lui a permis d'être un bien meilleur père. Il « avait développé de la sympathie, de l'amour et de l'indulgence. Il ne se fâchait plus aussi souvent[264] ».

Haidt constate que les trois bénéfices expérimentés par Greg dans la souffrance sont aussi visibles chez d'autres. Premièrement, les personnes capables de supporter et de dépasser la souffrance deviennent plus résistantes. Une fois qu'elles ont appris à se battre, elles se savent capables de le refaire et de vivre avec une angoisse moindre. Romains 5.3-4 résume ce propos : « La tribulation produit la persévérance, la persévérance une fidélité éprouvée, et la fidélité éprouvée l'espérance. » Deuxièmement, la souffrance améliore les relations humaines. L'affligé approfondit souvent sa relation avec ses amis et renforce ses liens familiaux, ce qui le fortifie et le nourrit durablement.

Troisièmement, la souffrance « change les priorités et la philosophie du quotidien[265] », son plus grand bénéfice, semble-t-il. Le psychologue Robert Emmons a classé les buts de nos vies en quatre catégories fondamentales : réussite personnelle et bonheur, relations et intimité, religion et spiritualité, et enfin, transmission intergénérationnelle (laisser un héritage utile à la société). Les personnes qui investissent leur énergie dans leur réussite personnelle et leur bonheur, sont les plus vulnérables devant les circonstances défavorables de la vie[266]. Rechercher Dieu, vouloir améliorer la société ou approfondir ses relations peut être intensifié par la souffrance, mais pas par la liberté ou le confort. Les difficultés et les tribulations ont tendance à nous obliger à revoir certaines priorités pour en choisir d'autres.

Haidt explique ces propos à sa manière. Chacun évolue dans une histoire personnelle qui intègre les événements de la vie dans un « récit cohérent et vital ». Ceux qui n'ont jamais souffert ont tendance à partager des histoires naïves sur le sens de la vie. Haidt prend l'exemple d'une femme qui se considérait comme une artiste brillante tout en se sentant frustrée. Ses parents l'avaient en fait orientée de force vers un métier pratique. Elle avait une vision d'elle-même irréaliste quant à ses capacités, ce qui a développé de l'apitoiement sur soi et du ressentiment. Cela a également contribué à son échec pour trouver le conjoint idéal qui devait être, selon elle, extrêmement créatif et parfaitement compatible avec elle. Haidt conclut que l'adversité lui offrira un avenir. « Cette personne présente donc un mélange de buts et d'histoires mal assortis. Et c'est peut-être uniquement dans l'adversité qu'elle sera capable d'opérer les changements radicaux dont elle aurait besoin pour retrouver une cohérence entre les différents niveaux[267]. » Il poursuit : « Les traumatismes font voler en éclat les systèmes de croyances et privent les gens de l'impression de sens. Ce faisant, ils les obligent à tenter de recoller les morceaux. On utilise alors souvent Dieu ou toute autre raison supérieure comme principe unificateur[268]».

Haidt anticipe les critiques possibles quand il affirme : « Je ne veux pas faire l'apologie de la souffrance, la recommander à chacun, ou minimiser l'impératif moral de la réduire partout où cela est possible. Je ne veux pas non plus ignorer la souffrance qui découle de chaque diagnostic de cancer[269]. » La Bible lui donne tout à fait raison. Dieu est peiné par notre peine. Dans la Bible les personnes se lamentent et crient « Pourquoi ? », et Dieu ne les rejette pas. Pourtant Dieu est si déterminé à mettre fin au mal qu'il est prêt à nous aider à l'utiliser pour le bien y compris dans nos vies actuelles. De nombreux psychologues, dans la lignée de Davies et Haidt, affirment qu'il existe un côté logique ainsi qu'une base empirique, pour étayer l'idée que la souffrance produit de la persévérance, de l'espérance et améliore le caractère.

Bien évidemment, la Bible soutient cette opinion et retrace avec force détails les différents sens et bénéfices de la souffrance, ainsi que les nombreux buts qu'ils peuvent atteindre dans notre vie. Quels sont ces buts ?

Glorifier Dieu

Toutes les dénominations chrétiennes s'accordent sur ce point : le but ultime de la vie est de glorifier Dieu. La première raison de notre souffrance, la plus difficile à comprendre, sans doute, est donc la gloire de Dieu. Dans de nombreux passages bibliques, les mots *souffrance* et *gloire* sont étonnamment associés.

Comme Paul ne cesse de le répéter, nos souffrances nous préparent à une gloire éternelle (Romains 8.17-18, 2 Corinthiens 4.17). Pierre ajoute que nos afflictions feront croître notre joie lorsque nous serons dans la gloire (1 Pierre 4.13). Paul a été emprisonné pour la gloire de ses lecteurs, selon Éphésiens 3.13. Pour compléter, l'apôtre Pierre rappelle aux lecteurs de sa première épître (1 Pierre 1.6-7) qu'ils sont « attristés pour un peu de temps par diverses épreuves : celles-ci servent à éprouver la valeur de [leur] foi. Le feu du creuset n'éprouve-t-il pas l'or qui pourtant disparaîtra un jour ? Mais beaucoup plus précieuse que l'or périssable est la foi qui a résisté à l'épreuve. Elle [leur] vaudra louange, gloire et honneur, lorsque Jésus-Christ apparaîtra. » Si nous traversons nos épreuves avec succès, nos souffrances glorifient Dieu.

Un grand nombre d'Églises populaires de nos jours enseignent que Dieu est là pour notre bien-être personnel, pour faire de nous des gens heureux, prospères et en bonne santé. Si nous acceptons tacitement cette façon de voir, entendre quelqu'un dire que les tragédies et le mal peuvent honorer et glorifier Dieu risque de nous choquer. Tenir de tels propos à quelqu'un dont la mère ou la fille se meurt d'un cancer serait déroutant et cruel.

Dans son livre *Réflexions sur les Psaumes*, C.S. Lewis confesse que bien des années après sa conversion il était toujours troublé par le fait que Dieu nous demande de le glorifier et de le louer, de proclamer sa grandeur et de nous réjouir de ses merveilles. Lewis précise que les humains détestent tout désir de recevoir des éloges. « Nous éprouvons tous du mépris pour un homme qui réclame qu'on l'assure continuellement de sa vertu, de son intelligence ou de son merveilleux caractère[270]. »

Par la suite, Lewis commence à réfléchir à diverses fonctions de la louange et de l'adoration. Quand nous disons qu'une œuvre d'art est admirable, cela ne signifie pas qu'elle « réclame » qu'on l'admire de la même manière qu'un étudiant studieux mérite une bonne note. L'œuvre d'art exige plutôt l'admiration parce qu'il s'agit de la seule « réaction adéquate ou appropriée ». Par contre, si nous n'en faisons pas l'éloge, nous deviendrons des êtres « stupides, insensibles, et largement perdants, nous aurons manqué quelque chose ». Il conclut que Dieu est de par sa nature l'« objet suprêmement beau et entièrement satisfaisant[271] ».

Lewis en déduit que Dieu nous ordonne de le glorifier, car ce n'est qu'ainsi que nous trouverons le repos, le contentement et la joie en lui pour lesquels il nous a créés. Dieu nous le demande parce que c'est juste, mais aussi parce que nous en avons besoin. Pour le psalmiste « il convient aux hommes droits de le louer » et « il est bon de célébrer notre Dieu » (Psaumes 33.1, 147.1). Il *convient* de louer Dieu, parce qu'il est infiniment et suprêmement digne de louange, mais encore parce que rien ne *nous* convient mieux. Toute la beauté que nous recherchons dans l'art, les visages ou les paysages, tout l'amour que nous cherchons dans les relations amoureuses, ne sont pleinement satisfaits qu'en Dieu seul. Par conséquent, quand nous lui donnons la gloire qu'il mérite, en priant, chantant, obéissant, en lui faisant confiance ou en espérant, nous offrons à Dieu ce qui lui revient tout en accomplissant notre dessein.

Le Dieu de gloire

La foi chrétienne comme sa mise en pratique dépendent largement du concept de la gloire de Dieu. Mais de quoi s'agit-il ?

Les livres de théologies ont bien du mal à la définir. Je crois que c'est parce que la gloire de Dieu rassemble l'ampleur de tous les attributs de Dieu et toutes ses qualités. Premièrement, la gloire de Dieu reflète ce qu'on pourrait appeler *sa distanciation infinie*. Il n'est pas un Dieu « apprivoisé », un Dieu à portée de main. Le Dieu biblique dépasse notre entendement, ce qui rebute bon nombre de nos contemporains. Il est fréquent de s'entendre dire : « Je ne peux pas croire à un Dieu capable de faire ceci » ou « Je ne peux pas croire à un Dieu qui nous juge. » En réalité, nous ne voulons pas d'un Dieu glorieux, d'un Dieu qui nous dépasse.

Deuxièmement, la gloire de Dieu reflète également son *importance suprême*. *Kabod*, mot hébreu pour « gloire », pourrait se traduire par « poids » (le « poids de Dieu » littéralement). Heureusement, notre langue comporte un mot qui partage le même champ lexical et qui fonctionne de la même manière : le mot *matière*. Matière signifie « par opposition à l'immatériel, chose solide et substantielle », mais aussi « contenu, importance ». Dès lors, quand la Bible dit que Dieu est glorieux, elle veut dire qu'il devrait compter, et qu'il est important, au-delà de toute autre chose ou personne. Si quelque chose ou quelqu'un a plus d'importance à vos yeux que Dieu, vous ne reconnaissez pas sa gloire. Vous rendez gloire à quelqu'un d'autre.

Après la publication du *Seigneur des Anneaux* dans les années 1950, une femme nommée Rhona Beare a écrit à J.R.R. Tolkien pour lui poser une question à propos du chapitre où l'anneau du pouvoir est détruit dans les flammes de la Montagne des morts. Une fois l'anneau fondu, tout le pouvoir du Seigneur des Ténèbres s'effondre et disparaît. Pour Rhona Beare, il est inexplicable que la disparition d'un si petit objet cause la destruction de ce pouvoir extrême et indétrônable. Tolkien lui répond qu'au cœur de son intrigue se trouvent les efforts du Seigneur des Ténèbres pour augmenter et magnifier son pouvoir en le mettant en grande partie dans l'anneau. Il écrit : « L'anneau de Sauron n'est que l'une des diverses expressions du fait de placer sa vie, ou son pouvoir, dans un objet extérieur, qui est ainsi menacé d'être volé ou détruit, ce qui entraîne des conséquences désastreuses pour soi[272]. »

L'idée de Tolkien c'est qu'aimer quelqu'un et en retirer de la joie est une chose. Par contre, si cette personne rompt avec vous et que vous voulez vous tuer, vous avez trop glorifié cette personne, vous lui avez donné trop de place dans votre vie. Peut-être vous êtes-vous dit dans votre cœur : « Si cette personne m'aime, alors je sais que je suis quelqu'un. » Mais si elle met un terme à la relation, vous vous effondrez, et vous n'êtes plus rien, parce que vous lui avez attribué plus de gloire et d'honneur qu'à Dieu. Si, à vos yeux, quoi que ce soit est plus important que Dieu, alors vous placez votre vie dans quelque chose d'externe. Vous n'aurez une vie saine que si Dieu est ce qui compte le plus, c'est-à-dire si vous le glorifiez.

Troisièmement, la gloire de Dieu est son *absolue splendeur et beauté*. Dans l'Ancien Testament, le mot « gloire » signifie importance et « louanges, merveilles, luminosité, éclat ou beauté » dans le Nouveau Testament (*doxa* en grec). Jonathan Edwards a dit un jour : « Dieu est glorifié quand sa gloire est visible, mais aussi quand elle nous ravit[273]. » Il ne suffit pas de dire : « Bon, il est Dieu, je vais me soumettre. » Il vous faut discerner sa beauté. Glorifier Dieu ce n'est pas lui obéir par obligation, mais parce qu'on le *veut*, parce qu'on est attiré par lui, parce qu'on prend plaisir en lui. C.S. Lewis l'explique avec brio dans son chapitre sur la louange. Nous avons besoin de beauté. Nous sommes prêts à faire des centaines de kilomètres pour voir de beaux paysages, nous nous entourons de belles personnes et nous écoutons de la belle musique. Mais nous nous sentirons vides si nous ne prenons pas conscience que ces choses découlent de Dieu, fontaine et source suprême de tout.

Reconnaître que Dieu est glorieux consiste non seulement à admettre son côté incompréhensible et sa suprématie, à faire de lui ce qui compte le plus, mais encore à travailler son cœur de manière à le considérer comme l'être le plus beau et le plus agréable qui soit pour nous.

Pas d'image taillée

Dès lors, comment pouvons-nous glorifier Dieu dans notre souffrance ? Et comment notre souffrance peut-elle nous aider à glorifier Dieu ?

En 1966, Elisabeth Elliot, ancienne missionnaire auprès des Huaorani (Waorani), peuple de la forêt équatoriale de l'Amérique du Sud, a écrit un roman intitulé *No Graven Image* [Pas d'image taillée][274]. Il raconte l'histoire d'une jeune célibataire, Margaret Sparhawk, qui dévoue sa vie à traduire la Bible pour des peuplades reculées dont les dialectes n'ont pas encore été mis par écrit. Elle travaille un temps auprès des Quechua des montagnes de l'Ecuador. Elle trouve un allié de taille en la personne de Pedro, qui parle leur dialecte. Il commence alors à lui donner des cours, une avancée considérable dans son travail de fourmi de documentation et d'enregistrements systématiques pour la traduction de la Bible.

Un jour, en chemin pour aller voir Pedro, Margaret ressent de la reconnaissance. Elle se souvient du verset : « Espère en l'Éternel, fortifie-toi et que ton cœur s'affermisse ! » Elle se met à prier : « Seigneur, je patiente depuis si longtemps. Une longue attente. Tu sais que j'ai attendu longtemps pour devenir missionnaire auprès des Indiens des montagnes ... Tu semblais me dire de traduire et d'offrir une aide médicale. Tu m'as donné Pedro ... Être ici aujourd'hui est une réponse à la prière[275]. » Elle repense à tout ce qui a permis qu'elle soit là : le soutien de ses amis, l'aide financière des États-Unis, des années de formation, des années à tisser des liens et, bien entendu, le soutien d'un homme qui parle l'espagnol et le dialecte visé. Dieu semble assembler les pièces du puzzle. Margaret rêve d'apporter la Bible à un million de personnes vivant dans des régions reculées des montagnes.

Elle arrive enfin chez Pedro pour découvrir qu'il a une vilaine blessure infectée à la jambe. Margaret a toujours de la pénicilline et une seringue sur elle pour son travail médical. Pedro désire une injection, elle accepte. Mais, très vite, Pedro fait une anaphylaxie, une forte réaction de rejet de la pénicilline et se met à avoir des convulsions. Toute sa famille est à son chevet en pleurs.

« Vous ne voyez pas qu'il est en train de mourir ? » se met à crier sa femme Rosa. « Vous l'avez tué. »

Abasourdie, Margaret prie : « Seigneur Dieu, notre Père, si tu ne m'as jamais écoutée, fais-le maintenant ... Sauve-le, Seigneur, sauve-le[276]. » Mais l'état de Pedro empire, il commence à avoir des hauts le cœur et est pris de spasmes violents. Rosa met ses mains sur son front et commence le rite mortuaire des femmes de sa communauté. Mais Margaret continue de prier intérieurement : « Oh Seigneur, qu'adviendra-t-il de Rosa? Qu'adviendra-t-il de *ton œuvre*? Tu en es à l'origine, Seigneur, pas moi. C'est toi qui m'as amenée ici. Tu as répondu à mes prières et tu m'as donné Pedro, lui seul en est capable ... Seigneur, souviens-t'en. Il n'y a personne d'autre[277]. »

Pedro meurt, et son travail se trouve réduit à néant, avec toutes ses années de labeur pour rien. « Quant à la traduction de la Bible, je ne peux la poursuivre sans un informateur. Dieu le savait quand Pedro est mort. Je n'écris plus de lettres de nouvelles [à mes soutiens]. Je n'ai plus rien à leur dire. Le soir où Pedro est mort, c'est comme si le mot *Fin* s'était inscrit sur tout ce que j'avais entrepris[278]. »

À la fin du roman, l'héroïne est complètement déroutée. Il n'y a ni retournement de situation, ni lueur d'espoir. Devant la tombe de Pedro, elle réfléchit: « Et Dieu? Où est-il dans tout ça? "Je suis avec toi", avait-il dit. Avec moi, vraiment? Il avait permis que Pedro meure, ou il s'était peut-être servi de moi pour le détruire, je ne pourrai jamais en avoir le cœur net. Et maintenant, me suis-je demandé face à la tombe veut-il que je le loue[279]? »

La réponse était oui. Ma femme Kathy et moi-même l'avons appris quelques années plus tard alors que nous suivions les cours d'Elisabeth Elliot à la faculté de théologie. Elle a indiqué la dernière page où se trouvaient les deux phrases clés :

> Dieu, s'il n'était que mon complice, m'avait trahie. Mais s'il était Dieu, il m'avait libérée[280].

Elle nous a expliqué que l'image taillée, l'idole du titre, était un dieu qui agissait toujours comme nous le pensions; plus exactement, un dieu qui soutenait *nos* projets, notre manière de concevoir la marche du monde et de l'histoire, à savoir un dieu créé par nous: une idole du cœur. Un tel dieu n'est en réalité qu'une simple projection de notre propre sagesse, de notre moi. Dans ce sens-là, Dieu est notre « complice » ; nous maintenons une relation avec lui tant qu'il accomplit nos désirs. S'il agit différemment, nous cherchons à le « renvoyer », tel un assistant personnel qui s'est avéré insubordonné ou incompétent.

À la fin de l'ouvrage, Margaret prend conscience que l'échec de ses projets a tué son faux dieu, et qu'elle est désormais libre d'adorer le Seul Vrai Dieu. Quand elle servait le « dieu conforme à ses plans », elle était très anxieuse. Elle n'avait jamais eu la certitude que Dieu la soutiendrait dans ses moments difficiles et qu'il « fasse les bons choix ». Elle cherchait sans cesse à lui forcer la main pour qu'il accomplisse ses projets. Mais, elle ne l'avait pas vraiment traité *comme* Dieu, l'être le plus sage, bon et puissant qui soit. Elle est libre à présent de placer sa confiance non pas en ses projets, mais en Dieu seul. Si elle pouvait changer sur *ce* point, elle trouverait le repos et la sécurité qu'elle n'avait jamais eus. En résumé, la souffrance l'avait menée vers un Dieu glorieux et aidée à le considérer comme tel. Cette expérience l'a libérée de ses tentatives désespérées et exténuantes de maîtriser toutes les circonstances de sa vie et de ceux qu'elle aimait.

Le roman d'Elliot ne manque pas d'audace. Il égratigne les sensibilités religieuses et séculières traditionnelles. Alors qu'il est évident que les enfants doivent faire confiance aux adultes même s'ils ne les comprennent pas, la plupart de nos contemporains sont horrifiés à l'idée de faire confiance à un Dieu qu'ils ne comprennent pas. Mais le roman a également fait scandale dans le milieu évangélique. De nombreux lecteurs ont écrit à Elliot pour s'insurger vigoureusement contre sa vision. À leurs yeux, Dieu ne permettrait *jamais* que de tels tourments arrivent à une femme fidèle dans la prière, ayant voué sa vie à sa cause. Un pasteur évangélique renommé a fièrement dit à Elliot qu'il avait œuvré pour exclure son livre de sa liste des « livres de l'année ».

Pourtant, Elisabeth nous a affirmé avoir vécu des expériences similaires à celle de son héroïne, voire pires parfois. Dans *These Strange Ashes* [Ces étranges cendres], qui décrit ses premières années de traductrice de la Bible en Amérique du Sud, elle raconte l'histoire de Macario. Cet homme était « une réponse de Dieu à mes prières ... la clé de tout mon travail linguistique ; Dieu savait qu'il était le seul homme sur terre à parler aussi bien espagnol que tsafiqui. » Mais cet homme a été tué par balle sans sommation. Leur travail de traduction « s'est arrêté d'un coup[281] ».

Quelque temps plus tard, les traducteurs ont perdu leurs précieuses fiches linguistiques, fruits d'années de labeur, dans une inondation, puis un vol[282]. Elisabeth s'est mariée avec Jim Elliot, un des cinq jeunes missionnaires cherchant à atteindre les Waorani, peuple de la forêt d'Amazonie, alors isolé et dangereux. Un soir, ils ont fredonné l'hymne « We rest on thee, our shield and our defender » [Nous nous reposons en toi, notre bouclier et notre défenseur]. Le lendemain, ils ont voyagé dans la forêt. Ils y ont rencontré un groupe de Waorani qui les ont tués à coup de lance. Ces missionnaires ont laissé derrière eux des veuves et des orphelins[283]. Tous les chrétiens indignés, sûrs que Dieu ne permettrait jamais rien de tel envers ses fidèles, ne savaient pas de quoi ils parlaient.

Dans l'épilogue de *Through Gates of Splendor* [À travers les portes de la splendeur], où elle raconte la mort de ces missionnaires, Elliot s'inscrit en faux contre les visions séculières et religieuses de Dieu et de la souffrance, qu'elle taxe de simplistes et naïves. Elle déconseille d'essayer de trouver de l'espoir ou du réconfort au milieu des difficultés pour justifier ce qui s'est passé. Elle écrit :

De manière récurrente dans l'histoire de l'Église chrétienne, le sang des martyrs en a été la semence. Nous le savons et nous sommes tentés de faire un simple calcul. Cinq hommes sont morts. Il en résultera tant de conversions chez les Waorani. Peut-être que oui. Peut-être que non ... Dieu est Dieu. Je le détrône dans mon cœur si j'exige qu'il agisse d'une manière qui satisfasse mon idée de la justice. On retrouve le même esprit qui raille : « Si tu es le Fils de Dieu, descends de la croix. » Il s'agit du fruit de l'incrédulité, de la rébellion, d'une attitude qui dit : « Dieu n'a pas le droit de faire ça à cinq hommes sauf si ...[284] »

Voilà le thème dominant de l'œuvre d'Elliot : faire confiance à Dieu lorsqu'on ne le comprend pas, revient à le considérer comme Dieu et non comme un simple être humain ; comme glorieux, donc infiniment au-dessus de nous dans sa bonté et sa sagesse. Mais, selon Jésus, la gloire de Dieu a été le plus brillamment révélée à la croix (Jean 12.23, 32), dans ces heures où nous comprenons que Dieu est si infiniment et radicalement juste que Jésus devait mourir à cause du péché. Nous comprenons aussi que l'amour de Dieu est si fort que Jésus était disposé et heureux de mourir. Il s'agit de sagesse parfaite dans la mesure où l'amour et la justice de Dieu, deux entités apparemment incompatibles, ont été honorés en même temps. Nous confier dans la sagesse de Dieu au sein de notre souffrance, même quand nous ne la comprenons pas, consiste à nous souvenir de la gloire et de la signification de la croix. Elliot l'exprime ainsi : « Ces mains qui empêchent un million de planètes de sombrer dans le chaos ont été clouées, donc immobilisées, sur une croix, pour nous [...] Pouvez-vous lui faire confiance[285] ? »

Pour résumer, l'un des buts de la souffrance est de glorifier Dieu en le traitant comme le Dieu infini, souverain, sage, qui s'est pourtant incarné et qui a souffert. Cela glorifie Dieu en tant que Dieu. Dans la mesure où nous accomplissons ce qui convient le mieux pour Dieu et pour notre âme, nous trouverons, nous dit Elisabeth Eliott, un repos qui ne dépendra pas des circonstances.

Glorifier Dieu devant les autres

Faire confiance à Dieu dans la souffrance le glorifie aussi devant les autres. Quand des gens affligés souffrent dignement, ils ne se contentent pas de glorifier Dieu vis-à-vis de Dieu. Ils dévoilent au monde quelque chose de la grandeur de Dieu, que rien d'autre ne pourrait révéler de la même manière : « C'est un privilège que de supporter les souffrances imméritées, par motif de conscience envers Dieu. » (1 Pierre 2.19). Quand des chrétiens endurent la souffrance avec patience devant leurs contemporains non croyants, ils peuvent révéler la puissance de Dieu. Paul le dit de manière encore plus poignante : « Oui, nous portons toujours et en tout lieu, dans notre corps, la mort de Jésus, afin que la vie de Jésus soit, elle aussi, rendue manifeste par notre corps » (2 Corinthiens 4.10).

Étienne, premier martyr de l'Église primitive, est mort lapidé pour avoir proclamé l'Évangile en public. Sa mort nous est racontée en Actes 6.8–8.1. Alors que sa vie était en jeu, il n'a pas eu peur, mais rayonnait et « son visage leur apparut comme celui d'un ange » (Actes 6.15). Au milieu des jets de pierres, il a prié à voix haute, avant d'expirer : « Seigneur, ne leur demande pas compte de ce péché » (Actes 7.60). Ce jour-là, le spécialiste de la loi Saul de Tarse est témoin de cette scène (Actes 7.58, 8.1). Quelque temps plus tard, en route pour Damas pour y détruire l'Église et emprisonner des chrétiens, il rencontre le Christ ressuscité. Jésus lui dit : « Saul, Saul, pourquoi me persécutes-tu ? Tu te blesses toi-même en te rebiffant contre l'aiguillon » (Actes 26.14). On utilisait alors les aiguillons pour guider le bétail dans la bonne direction. Jésus indique qu'en dépit de l'opposition affichée de Saul au christianisme, intérieurement, il est poussé à en accepter la vérité malgré lui. Beaucoup pensent qu'un de ses aiguillons était l'absence de haine associée à la joie et la paix inexplicables d'Étienne agonisant. Comment Étienne a-t-il pu rester si calme ? Comment a-t-il pu avoir cette certitude d'être en règle avec Dieu, cette capacité de pardonner aux hommes qui le lapidaient ? C'est incompréhensible. La façon dont Étienne a enduré la souffrance dépasse les « éloges », et transperce le cœur de Saul.

Il s'agit sans doute du premier exemple de ce que répéteront ultérieurement des auteurs chrétiens comme Ambroise, Cyprien, Ignace et Polycarpe. Quand les spectateurs voyaient les chrétiens mourir si dignement, ils se demandaient d'où ils tiraient leur puissance. « Les chrétiens se servaient de la souffrance pour prouver la supériorité de leurs principes [...] [parce qu'ils] souffraient mieux que les païens[286]. » Saul, appelé Paul après sa conversion, n'oubliera jamais ce principe. Il sera ainsi capable d'écrire ultérieurement aux chrétiens qu'ils ne se découragent pas de son emprisonnement (Éphésiens 3.13) parce que sa souffrance est un moyen de révéler au monde le caractère de son Sauveur. Il dira aux Philippiens : « Je tiens à ce que vous le sachiez, frères : ce qui m'est arrivé a plutôt servi la cause de l'Évangile. En effet, toute la garde prétorienne et tous les autres savent que c'est parce que je sers le Christ que je suis en prison » (Philippiens 1.12-13).

En octobre 2006, un forcené a pris des enfants en otage dans une école d'une communauté amish de Lancaster County, en Pennsylvanie. Il a tiré sur dix personnes, cinq en sont mortes, puis il s'est suicidé. Ses victimes avaient entre sept et treize ans. Quelques heures après ce drame, des membres de la communauté amish ont rendu visite aux parents du tireur fou pour leur exprimer leurs condoléances et leur soutien. Toute une communauté chrétienne a fait face à la souffrance dans une paix similaire à celle d'Étienne en Actes 7. L'amour et le pardon dont ont fait preuve les amish ont servi de témoignage national. La façon dont ils ont géré leur souffrance a été une puissante démonstration de leur foi, de la grâce et de la gloire de leur Dieu.

Il convient de souligner que le témoignage des amish envers Christ a été si fort que beaucoup ont choisi de le passer sous silence. Un téléfilm retraçant ce fait divers a mis en scène une héroïne de fiction nommée Ida Graber, une des mères des victimes. Elle y est présentée comme une femme pleine de doute et de colère envers Dieu, incapable de pardonner au forcené au point de presque délaisser sa foi. Ceux qui ont côtoyé les amish après cet événement ont affirmé que, malgré leur profonde tristesse et douleur, il ne s'est trouvé personne dans leur communauté qui ait refusé de pardonner ou dont la foi ait été ébranlée[287]. Inconsciemment, ce téléfilm a montré que les cinéastes non croyants vivaient dans le « cadre immanent » et étaient donc incapables de comprendre qu'on puisse accepter la mystérieuse providence de Dieu et offrir le pardon sans amertume envers Dieu ou le tueur.

Quatre ans après les faits, un groupe de sociologues a publié un livre sur le sujet. Ils en ont principalement conclu que notre culture matérialiste avait peu de chances de produire des personnes capables de faire face à la souffrance aussi bien que les amish[288]. De nombreux commentateurs américains ont essayé de rattacher le surprenant amour des amish à « notre meilleur instinct naturel », tout en laissant de côté les racines intrinsèquement chrétiennes de leur acte. Les analystes de la *grâce amish* ont qualifié ce genre d'interprétations de naïves, fondant la capacité de pardonner des amish sur deux raisons. La première raison est issue de profondes réflexions et méditations sur la façon dont le Christ a pardonné à ses persécuteurs et meurtriers[289]. Au cœur de la foi amish se trouve un homme qui meurt pour ses ennemis, si vous êtes membres de cette communauté vous ne cessez de chanter, de parler, voire de fêter cet homme. Dès lors, pardonner aux meurtriers de ses propres enfants ne semblera pas impossible.

La seconde raison concerne le « renoncement à soi-même » qui se trouve au cœur du pardon selon les auteurs. Il s'agit de laisser tomber notre droit à nous venger. Ces sociologues savaient que le christianisme prêche que le sens de la vie est de renoncer à ses propres intérêts pour le bien de Dieu et des autres, de renoncer à sa liberté pour vivre en accord avec la volonté de Dieu et d'en faire bénéficier son prochain. Cette vision s'oppose radicalement à la manière de vivre américaine.

Nous vivons dans une société individualiste centrée sur la consommation, une société qui prône non pas le renoncement à soi, mais l'affirmation de soi : mon intérêt, ma liberté et mes besoins doivent toujours venir en premier[290]. En général, une culture prônant l'affirmation de soi véhiculera la vengeance comme réponse à la souffrance. À l'inverse, une culture du renoncement à soi comme celle des amish incitera généralement ses membres à pardonner. « La plupart d'entre nous sont les produits d'une culture qui nourrit la vengeance et ridiculise la grâce[291] » concluent les auteurs, à raison. C'est pourquoi manifester l'amour et la paix (comme Jésus, les amish et Étienne) face à la souffrance et au mal présente l'un des plus grands témoignages possible de la réalité de Dieu, de sa gloire et de sa grâce.

Glorifier Dieu quand personne ne le voit

Le martyr de Jim Elliot, mari de l'écrivain Elisabeth Elliot, a marqué les esprits d'une génération de responsables chrétiens. Mais qu'en est-il de la souffrance invisible ? Peut-elle glorifier Dieu ? Oui.

Joni Eareckson Tada a passé la majeure partie de sa vie sur un fauteuil roulant. À l'âge de dix-sept ans, suite à un plongeon dans l'eau, elle se retrouve tétraplégique, paralysée des épaules aux doigts de pieds. Durant les deux années suivantes, Joni passe par la dépression, l'amertume, des envies de suicide et des doutes quant à sa foi chrétienne. Lors de son séjour à l'hôpital de réadaptation, elle partage sa chambre avec trois ou quatre femmes souffrant d'un mal similaire. L'une d'entre elles se nomme Denise Walters[292].

Lycéenne populaire et heureuse, Denise a dix-sept ans et vit à Baltimore dans le Maryland. Un jour, alors qu'elle grimpe les escaliers de son lycée, une faiblesse des genoux la fait trébucher. À la fin de la journée, elle peut à peine marcher. Elle rentre chez elle et se couche. Elle se réveille pour aller manger et découvre qu'elle est paralysée de la taille aux pieds ; puis du cou aux pieds en peu de temps. Elle devient ensuite aveugle. Elle souffre d'un cas rare de sclérose en plaques à progression rapide.

À l'hôpital, elle reste allongée sur son lit sans pouvoir bouger ni voir. Elle peut à peine parler, donc converser avec elle est difficile. Très vite, plus personne ne vient la voir à part sa mère. Mais Denise et sa maman sont chrétiennes. Tous les soirs cette dernière lui lit la Bible et prie avec sa fille mourante qui sait que sa fin est proche. Pourtant la mort ne vient pas assez vite pour la considérer comme un soulagement. Denise restera en effet seule huit longues années sur un lit d'hôpital.

Puis elle mourra.

Joni partage à quel point la vie de Denise la dérange. Dans son livre, elle explique qu'elle doit d'abord accepter ses propres pertes et souffrances. Elle mentionne toutes les questions qui la taraudent, jour après jour. « Pourquoi ça m'est arrivé ? Je suis chrétienne, attachée à Jésus. Pourquoi dois-je passer le reste de ma vie sur une chaise roulante ? Comment Dieu peut-il faire sortir quoi que ce soit de bon de ma vie ? Pourquoi faire confiance à un Dieu qui a permis que j'en sois là ? » Malgré tout, elle commence à progresser, lentement mais sûrement. Elle comprend que le sens de la souffrance est en grande partie lié à un approfondissement de la notion de la gloire de Dieu. Elle se rend compte que la souffrance est un moyen de témoigner de la gloire de Dieu. Les gens peuvent réaliser que Dieu est réel quand ils vous voient rester patient dans la souffrance.

Mais quand Denise meurt, Joni est en proie à des luttes intérieures. Denise aimait Christ, elle ne se plaignait jamais, mais sa souffrance n'avait aucun sens. Personne ne la voyait. « Personne ne lui a jamais dit : "Je veux avoir la même vie que toi. Comment faire ?" Elle semblait souffrir pour rien[293]. »

Quand Joni apprend la mort de Denise, elle parle de ses luttes avec certains amis. L'une d'elles lui lit le passage de Luc 15.10, qui affirme que les anges se réjouissent dans le ciel lorsqu'un pécheur se repent. Puis elle cite Éphésiens 3.10, où il est mentionné que les anges observent ce qui se passe dans l'Église. Elle aurait aussi pu se référer au livre de Job. En effet, la souffrance de Job est vue par un grand nombre d'anges et même par le Diable. Soudain, Joni comprend.

Le matérialisme nous enseigne qu'il n'existe que *ce* monde. Le monde visible et matériel de l'ici-et-maintenant est la seule réalité qui soit. Le naturel existe, mais pas le surnaturel. L'immanent existe, mais pas le transcendant. Il n'y a ni anges, ni démons, ni esprits, ni âmes, ni Dieu, ni Diable. Si vous vivez dans le « cadre immanent » matérialiste, selon le mot de Charles Taylor, alors vous ne pourrez jamais avoir l'espoir qui a alors animé Joni. « J'ai compris ! Elle n'a pas vécu pour rien... On la regardait dans sa chambre d'hôpital, et ils étaient nombreux[294]. »

Pour comprendre le nouveau regard de Joni, faites cette petite expérience. Vous imaginez que l'on vous annonce que demain, toute la journée, une caméra très sophistiquée filmera et enregistrera tout ce que vous pourrez faire, dire et *penser*. Toutes ces données seront ensuite diffusées sur les télévisions du monde entier sous les yeux d'un milliard de personnes. Cela changerait-il votre manière de vivre la journée de demain ? Je pense que oui. Cela donnerait énormément de sens à tout ce que vous feriez. Le geste le plus anodin ou la pensée la plus fugace de votre journée prendrait une autre dimension. Ce serait quelque peu effrayant, car vous devriez vous conduire le mieux possible. Mais ce serait aussi passionnant. Vous pourriez raisonner ainsi : « Il y a une ou deux choses que j'ai toujours voulu dire à la face du monde. Maintenant, je peux le faire pour de bon. » La différence serait de taille. Cette journée serait pleine de sens.

Mais si le christianisme est la vérité, alors c'est d'ores et déjà le cas. Vous rendez-vous compte que vous êtes déjà filmé. Il existe un monde spirituel inimaginable, mais bien réel. Vous êtes déjà en direct. Tout ce que vous faites, vous le faites devant des millions de personnes. Dieu le voit aussi. Joni a écrit cette phrase à propos de Denise : « Les anges et les démons étaient stupéfaits de voir son esprit, si patient, qui ne se plaignait pas, s'élever comme un parfum de bonne odeur pour Dieu[295]. »

Aucune souffrance n'est inutile.

Souffrance et gloire

Paul écrit aux Éphésiens, découragés par son emprisonnement, que ses détresses sont pour leur gloire. Pourquoi? Parce que souffrance et gloire sont intimement liées. La souffrance glorifie Dieu dans l'univers pour finalement opérer une gloire pour nous. Savez-vous pourquoi souffrance et gloire ont un tel lien entre elles? À cause de Jésus. Philippiens 2 proclame que Jésus a mis sa gloire de côté. Pourquoi? Un chant de Noël de Charles Wesley nous éclaire à ce sujet:

> Humblement, il délaisse sa gloire; né pour que les hommes ne meurent plus; Né pour ressusciter les fils de la terre. Né pour leur donner une deuxième naissance.

Jésus a perdu toute sa gloire afin que nous puissions nous en revêtir. Il a été jeté dehors pour que nous puissions entrer. Il a été attaché et cloué pour que nous soyons libres. Il a été banni pour que nous soyons accueillis.

Jésus a éliminé la seule souffrance susceptible de vraiment nous détruire: le rejet de Dieu. Il a accompli cela afin que toute souffrance vécue nous rende meilleurs. Sous pression, un morceau de charbon devient un diamant. La souffrance d'une personne en Christ la magnifiera.

Jésus-Christ a souffert, non pas pour que nous ne souffrions plus, mais pour que nous soyons comme lui lorsque nous souffrons. Sa souffrance a mené à la gloire. On peut le voir chez Paul, toujours heureux malgré son emprisonnement, car ses détresses étaient pour « votre gloire ». À présent, il est comme Jésus. Car c'est sa manière de procéder. Si vous savez que la gloire vous attend, vous pourrez aussi supporter la souffrance.

L'histoire vraie de Gigi :
la trame de la souffrance

J'ai grandi à Oakland, en Californie, dans un quartier majoritairement afro-américain. Je me suis toujours identifiée comme noire, bien que je sois d'origine brésilienne et amish. Avec le temps, je me suis passionnée pour l'aspect social de l'Évangile, la lutte contre la pauvreté, le combat contre le racisme et les déterminismes socio-économiques. J'ai consacré ma vie à œuvrer dans des quartiers pauvres pour la justice sociale. Je considérais tous ces problèmes en tant que personne de couleur.

En 2009, j'ai déménagé en Afrique du Sud. Je suis devenue blanche du jour au lendemain. J'étais pleinement consciente que l'Afrique du Sud reste l'un des pays où la ségrégation raciale est la plus importante. En 2010, je me suis mariée à un Sud-Africain noir, un homme formidable. Nous formions l'un des seuls couples interethniques du pays. Nous sommes immédiatement devenus une menace pour une société dont l'essence même était la hiérarchisation et la séparation des races, même après la fin de l'apartheid. Où que nous allions, nous étions comme transpercés par le regard des foules.

Lorsque nous nous sommes rencontrés, mon mari venait d'implanter une Église à Soweto, le plus grand township d'Afrique du Sud. Les townships, zones d'habitat de communautés noires, ont vu le jour sous la férule de l'apartheid. Aujourd'hui ce sont des communautés dynamiques et pleines de vie, avec leur culture et des gens formidables. Malheureusement, elles sont aussi frappées par la pauvreté, la délinquance et la souffrance.

Pour résumer, je suis devenue « blanche » du jour au lendemain, et j'ai été propulsée dans la plus grande zone résidentielle noire d'un pays souffrant toujours de ses maux passés : préjugés raciaux, haine et colère. J'étais loin d'imaginer ce qui m'attendait dans ce beau pays peuplé de gens formidables, mais brisés. Je désirais ardemment devenir une source de guérison au milieu d'une telle dévastation, et je ne cessais de prier Dieu qu'il me transforme à sa ressemblance pour le servir dans ce pays. Je ne me doutais pas de la manière dont il allait me répondre. Certains fruits ne sortent apparemment qu'au travers de la souffrance.

Un mois avant mon mariage, le meilleur ami de mon mari, le plus fiable des responsables de l'Église, a été pris dans un scandale. Il avait fauté moralement avec de nombreuses jeunes filles vulnérables de l'Église. On a découvert qu'il vivait une double vie depuis longtemps, et qu'il nous l'avait cachée. Il a été déchu de son statut d'ancien et est entré dans un processus de restauration. Bien qu'il se soit repenti verbalement, il est vite devenu clair qu'il cherchait à se venger.

Lors de notre nuit de noces, un incendie s'est déclaré dans notre chambre alors que nous dormions. La pièce a rapidement été envahie par la fumée. À mon réveil, je suffoquais. Arrivés à l'hôpital, les médecins nous ont informés que nous n'aurions jamais dû survivre.

Suite à un scanner, j'ai appris que j'étais atteinte d'une pneumonie causée par la fumée. J'ai peu de souvenirs de mes deux semaines de lune de miel, car je tenais à peine debout. À notre retour, nous avons découvert une Église divisée où d'infâmes rumeurs circulaient. L'ancien à la double vie en avait profité pour rencontrer tous les responsables et se plaindre d'avoir été maltraité quand son péché avait été révélé. Il a notamment affirmé que j'avais refusé de lui pardonner et que je ne voulais plus lui adresser la parole. Puisque j'étais blanche, et qu'on se méfiait des blancs dans cette communauté, tout le monde s'est empressé de croire à son histoire. Au bout de six mois, nous avions perdu 75 % de notre Église à cause de ces mensonges. La plupart de nos meilleurs amis, remplis de haine, se sont détournés de nous à cause de cette supercherie.

Ma santé a continué de se dégrader. J'ai découvert que j'avais contracté une maladie tropicale incurable qui me rendait faible et exténuée la plupart du temps.

En 2011, notre Église, autrefois florissante et en pleine expansion, s'était réduite à une trentaine de membres, dont un grand nombre se demandait toujours si nous étions dignes de confiance. Les rumeurs en ont conduit plusieurs à se méfier de nous, et notre salaire a presque été divisé par deux. Nous avons eu du mal à payer le loyer, les courses et le gaz et nous avons vécu au jour le jour.

Je me sentais complètement perdue et isolée, haïe et harcelée par ceux pour qui j'avais tout quitté, mais aussi abandonnée par Dieu.

En octobre 2011, j'étais tellement malade que je luttais pour vivre. Il s'avérait que notre quartier pauvre était très pollué. Mon médecin m'a informée que si je continuais de vivre à Soweto, je mourrais probablement dans les deux ans à venir.

Cette nouvelle nous a ébranlés. Après avoir beaucoup prié, nous avons senti que le Seigneur voulait que nous restions et que je serai restaurée.

À la fin de l'année, l'Église a commencé à reprendre de l'élan. Nos nombreuses épreuves nous avaient vidés, nous essayions de récupérer, mais le processus de reconstruction avait commencé. Nous pensions que le pire était derrière nous... mais il était à venir.

Au cours de ces deux années de calomnies, de rejets et de haines, une seule personne m'a soutenue. Une seule personne a refusé d'écouter les rumeurs, n'a pas hésité à dire la vérité à ceux qui mentaient, et est restée publiquement mon amie alors qu'on ne voyait pas d'un bon œil quiconque s'approchait de moi. Elle a été la seule que je pouvais qualifier de sœur.

Le 30 décembre 2011, jour de mon trente-cinquième anniversaire, cette personne, ma meilleure amie sud-africaine, s'est noyée. Un autre ami proche est mort en essayant de la sauver. Les mots peinent à exprimer mon chagrin et ma perte. Perdre cette amie revenait à perdre dix personnes. À cette époque, elle représentait à elle seule la vraie communauté pour moi. Nous avons circulé dans la ville pendant trois jours pour atteindre les membres de sa famille et ses amis proches afin de leur annoncer l'horrible nouvelle.

Une semaine plus tard, sept policiers nous ont agressé mon mari et moi sous la menace d'une arme à feu, sans raison apparente. Le calvaire a duré vingt longues minutes. Je me suis demandé quel niveau de barbarie nous avions atteint pour que ceux censés me protéger menacent ma vie.

Mes tourments ne s'arrêtent pas à cette liste. Ma confusion et mes souffrances intérieures sont incalculables, incommensurables et indescriptibles. Depuis des mois je criais à Dieu, me demandant pourquoi il semblait si loin dans mes pires moments. Lors d'un moment des plus sombres, le Seigneur s'est approché de moi au point de pouvoir ressentir sa présence. Je lisais Ésaïe 53 : « Méprisé et abandonné des hommes, homme de douleur, et habitué à la souffrance, semblable à celui devant qui l'on se voile la face, il était méprisé [...] On a mis sa tombe parmi les méchants. [...] Il a plu à l'Éternel de le briser par la souffrance » (*Colombe*).

Mon Dieu a quitté le confort et la gloire du ciel pour venir sur terre dans la faiblesse de la chair. C'est tout bonnement incroyable. Mais ce n'est pas tout. Il est venu sur terre pour sauver une humanité déchue. Il s'est départi de ses privilèges divins (Philippiens 2). Son acte est le plus désintéressé de toute l'histoire, pour en arriver à être « méprisé et abandonné des hommes », à devenir un « homme de douleur, habitué à la souffrance », à être compté au nombre des transgresseurs. Mon Dieu saint, juste, omniprésent et omnipotent, qui avait tout créé par sa parole, était compté au nombre des pécheurs ! Bien qu'il soit parfait et innocent, il a été jugé coupable. Pour la première fois en trois ans, j'ai profondément senti sa présence. Moi aussi, jeune femme de couleur, j'avais tout quitté pour venir en Afrique du Sud, voulant servir et aimer. Moi aussi, j'avais souffert de la haine alors que j'étais innocente, on avait perpétré des actes d'injustice sur moi, et on m'avait considérée comme un oppresseur blanc. Je suis bien trop faillible pour être comparée à mon Sauveur glorieux, mais j'ai vu son histoire dans la mienne. Pour la première fois depuis bien longtemps, j'ai senti qu'il y avait un but rédempteur au sein de cette souffrance insondable.

J'ai compris que c'était le message de l'Évangile. Même si le Seigneur s'en sert pour nous discipliner, j'ai vu dans la souffrance le fil de couleur de base dans la tapisserie de l'Évangile ; la trame sur laquelle le salut a été tissé. Nous autres chrétiens contemporains mesurons, en quelque sorte, la fidélité de Dieu à sa capacité à nous sauver de la souffrance. Certes, parfois, dans son immense miséricorde, il nous sauve de la souffrance. Mais la marque de sa fidélité ne se trouve pas là. Les Écritures nous montrent qu'un grand nombre de ceux que Dieu a aimés profondément sont aussi ceux qui ont beaucoup souffert.

Ce grand moment de proximité avec Dieu n'a pas effacé ma douleur et mon chagrin inexprimables, mais il lui a donné du sens. À la fin de l'année 2012, ma santé s'est progressivement améliorée et ma relation avec Dieu se restaure peu à peu. J'ai mis des mois à me rapprocher de lui, mais je suis à nouveau debout ; encore sur la voie de la guérison, mais bel et bien debout. Je perçois les fruits de la souffrance, et son histoire dans la mienne.

Chapitre 9

Apprendre à marcher

> On ne reçoit pas la sagesse. Il faut la découvrir soi-même, après un trajet que personne ne peut faire pour nous, ne peut nous épargner.
>
> Marcel Proust[296]

Qu'en est-il de notre gloire ?

Nous ne devons pas souffrir en vain. La Bible enseigne d'ailleurs qu'entre autres buts et utilité, la souffrance sert à glorifier Dieu, dans la mesure où elle révèle, communique et transmet la gloire de Dieu comme rien d'autre ne peut le faire. Bien entendu, la gloire de Dieu est parfaite et ne peut en aucun cas être améliorée. Par contre, comme l'exprime le psalmiste, elle peut être « magnifiée ». Si nous considérons Dieu pour ce qu'il est quand nous souffrons, alors notre douleur peut révéler toute sa splendeur.

Mais Paul affirme aussi que la souffrance nous prépare une gloire. « En effet, nos détresses présentes sont passagères et légères par rapport au poids insurpassable de gloire éternelle qu'elles nous préparent » (2 Corinthiens 4.17). Nous pouvons nous demander en quoi la souffrance nous est bénéfique. Avant de répondre, il importe d'examiner l'enseignement de la Bible quant à ce que l'on appelle aujourd'hui l'amélioration de soi. Deux citations connues de Jésus-Christ expriment un principe inscrit au cœur de la vie chrétienne :

> *Heureux ceux qui ont faim et soif de justice, car ils seront rassasiés !*
>
> Matthieu 5.6

> *Celui qui cherche à sauver sa vie la perdra ; et celui qui l'aura perdu à cause de moi la retrouvera.*
>
> Matthieu 10.39

On pourrait traduire la première déclaration par : « Heureux celui qui recherche non pas le bonheur, mais la justice. » L'idée va au-delà du simple bonheur, pour entrer dans une relation apaisée avec Dieu et avec son prochain. Si vous recherchez Dieu comme le bien absolu de votre vie, alors le bonheur s'y adjoindra. En revanche, si vous recherchez votre bonheur personnel, vous n'aurez ni l'un, ni l'autre. La seconde déclaration de Jésus fonctionne sur le même principe. Si vous êtes prêt à perdre votre vie pour lui, à savoir laisser de côté votre sécurité, votre confort, votre satisfaction pour suivre Jésus et lui obéir, alors vous découvrirez qui vous êtes vraiment en Christ, et vous trouverez la paix. À l'inverse, si vous essayez d'atteindre la satisfaction et le confort personnels, sans centrer votre vie sur Dieu en Christ, alors vous ne pourrez que constater votre ignorance de vous-même et votre vide intérieur.

Rien ne saurait entrer davantage en opposition avec notre culture occidentale saturée d'individualisme. Cela s'applique concrètement à la manière dont les chrétiens gèrent la souffrance. Comme nous l'avons vu, nous devrions faire confiance à Dieu, parce qu'il est Dieu, et non notre assistant personnel ou notre coach. Nous devrions lui faire confiance, car il en est digne, et non pas pour en retirer quoi que ce soit. Si nous aimons et obéissons à Dieu pour lui-même, et non pour nous, nous croissons en force et sagesse. Si nous ne cherchons pas à nous découvrir, mais à découvrir Dieu, nous finirons par découvrir les deux. « Aspirez au ciel et aussitôt la vision du monde vous assaillira : ne pensez qu'à ce monde et vous n'aurez plus aucune vision du ciel et de la terre[297]. »

Comment fonctionne le principe énoncé par Jésus ? Prendre Dieu tel qu'il est nous rend sages, car cela nous connecte à la réalité. Allumer la lumière dans une pièce sombre, nous permet d'avancer sans nous cogner, de même, voir la justice, la grandeur, la souveraineté, la sagesse et l'amour de Dieu, nous empêchent de nous heurter contre les murs de l'aigreur, de l'orgueil, de l'anxiété et du découragement. Rechercher non pas à retirer des bienfaits, mais la gloire de Dieu, conduira paradoxalement à développer notre propre gloire, à savoir notre caractère, l'humilité, l'espérance, l'amour, la joie et la paix.

La souffrance peut ainsi conduire à la croissance, formation et transformation personnelles, mais il ne faudrait jamais la considérer avant tout comme un moyen de se perfectionner. Une telle interprétation pourrait nous pousser au masochisme, à prendre plaisir à la douleur, parce que nous ne nous sentirions vertueux qu'en souffrant. Cette perspective mise à part, la souffrance nous pousse en général à nous centrer sur nous-mêmes. Si elle ne concerne que vous et votre croissance personnelle, elle vous étouffera. Il nous faut plutôt utiliser la souffrance, quelles qu'en soient les causes, comme un moyen de mieux connaître Dieu, comme une occasion inédite de le servir, de lui ressembler et de se rapprocher de lui comme jamais auparavant.

Ce n'est qu'en plaçant la gloire de Dieu au premier plan lorsque nous souffrons que nous atteindrons notre gloire. Les chagrins et autres difficultés peuvent atteindre ce but. Ne gaspillons pas nos peines, utilisons-les pour croître et intégrer grâce et gloire dans notre vie.

La souffrance productive

Dans notre société occidentale matérialiste, la souffrance vient contrecarrer la liberté de vivre en fonction de ce qui nous rend le plus heureux. Tout ce qui cause notre souffrance, le lot d'émotions négatives inclus, doit être éliminé ou alors minimisé et géré. Le psychologue James Davies, préfère parler de « souffrance productive » tout en sachant qu'il rencontrera de la résistance. Comme Richard Shweder, il renvoie aux nombreuses recherches anthropologiques qui montrent comment des cultures non occidentales croient que « la souffrance nous aide à appréhender de nouveaux aspects de la réalité[298] ». Dans son livre *The Importance of Suffering* [L'importance de la souffrance], il remet en cause la position majoritaire des thérapeutes occidentaux qui consiste à lutter contre la souffrance en aidant le patient à se débarrasser ou à gérer les sentiments négatifs engendrés par l'adversité. À l'inverse, James Davies affirme : « C'est une erreur clinique de penser qu'un patient avec un "manque d'estime de soi", qui se sent "incompétent" ou "sans valeur", souffre simplement de [...] "façons de penser dysfonctionnelles" ou de "modèles de pensées erronés"[299]. »

Dès lors, comment appréhender la souffrance ? Davies fait une suggestion radicale : Et si nos pensées négatives sur nous-mêmes étaient vraies ? « Le sentiment d'être "lâche" est peut-être moins un symptôme de "mauvaise façon de penser" qu'une appréciation exacte d'une part de notre être qui *est effectivement lâche*. Suite à notre auto-évaluation, il est parfaitement naturel de ressentir du désarroi face à notre lâcheté, mais il s'agit également d'un prérequis nécessaire pour la changer[300]. » La souffrance peut donc nous amener à constater un manque de courage important en nous.

Par ailleurs, elle peut mettre à jour des tendances égoïstes. Davies rapporte que des études ont prouvé que le « manque d'estime de soi » n'est pas un problème universel. Beaucoup de gens ne souffrent pas du tout de ce problème, et Davies cite les recherches de psychologues démontrant qu'ils sont « si intoxiqués par leur amour d'eux-mêmes qu'ils sont incapables d'aimer les autres [...] [et] de voir au-delà de leurs propres besoins et préoccupations. Ils ne peuvent donc se mettre à la place des autres et faire preuve d'empathie devant leurs besoins et leurs douleurs. Leur façon de voir étant la meilleure, tout le monde devrait l'adopter[301] ».

Dans un élan encore plus anticonformiste, Davies proclame que les personnes qui sont passées par la dépression peuvent devenir plus sages et plus réalistes que les autres. Nombre d'études montrent que celui qui n'a jamais connu la dépression a tendance à surestimer le contrôle qu'il exerce sur sa vie. S'il est vrai que les personnes souffrant de dépression sévère sont fragilisées, vivre une dépression peut permettre de mieux évaluer nos limites et l'influence que nous exerçons sur notre vie. Davies cite le Dr. Paul Keedwell :

> L'opinion majoritaire est [...] que la personne dépressive a tendance à déformer négativement la réalité [...] [Mais les études récentes ont] renversé cette idée reçue, en prouvant que ce ne sont pas les dépressifs qui déforment la réalité, mais les personnes soi-disant en bonne santé mentale [...] Même si la dépression déforme parfois la réalité de façon négative [...] il n'en reste pas moins qu'elle *met fin aux illusions égocentriques présentes chez les non-dépressifs*. Une fois surmontée et la bonne humeur retrouvée, une nouvelle vérité peut émerger[302].

James Davies, Jonathan Haidt et les autres auteurs défendant l'idée que l'adversité peut être bénéfique, s'accordent cependant à dire que la souffrance n'améliore pas forcément la vie. Haidt distingue deux façons de la supporter : d'un côté « la résolution [...] et la réévaluation de la situation » et de l'autre « l'évitement[303] ». Cette seconde stratégie peut mener au désastre, car elle va « travailler à émousser ses réactions émotionnelles par le déni, l'évitement, la consommation d'alcool ou de drogues, les distractions ». La première stratégie, en revanche, peut être fructueuse. Elle joue sur les deux tableaux : s'efforcer de grandir et d'apprendre intérieurement tout en changeant les circonstances extérieures douloureuses. Autrement dit, Haidt et Davies distinguent plusieurs « positions » face à la souffrance. Nous pouvons persévérer sans relâche au travers des souffrances, ou nous pouvons rester debout impassibles, nous allonger ou encore prendre nos jambes à notre cou.

Les enjeux sont donc considérables. Soit la souffrance vous rendra meilleur, soit vous deviendrez pires qu'avant. Pour Haidt, ceux qui œuvrent le plus pour gérer leur douleur au lieu de faire face à leur souffrance et d'en retirer un enseignement peuvent se laisser gagner par l'amertume et le désespoir. Pour eux, le monde est injuste, il est impossible de diriger sa vie, et le pire est à venir. « Ils insèrent cette conclusion dans leur histoire de vie et celle-ci s'en trouve contaminée[304]. » Adopter une mauvaise stratégie affaiblira votre caractère et vous empêchera de grandir. Les tribulations et les problèmes sont inévitables. À vous de voir s'ils vous élèveront ou vous détruiront. Dans tous les cas, vous ne resterez pas le même.

Comment Dieu utilise la souffrance

La Bible explique et confirme les principes psychologiques décrits par Haidt et Davies. Elle enseigne que Dieu utilise la souffrance pour réduire nos faiblesses et nous renforcer. De nombreux passages du Nouveau Testament en témoignent : Hébreux 12.1-17, Romains 8.18-30, 2 Corinthiens 1.3-12, et 4.7–5.5, 11.24–12.10, et presque toute la première épître de Pierre.

Premièrement, la souffrance transforme notre attitude envers nous-mêmes. Elle nous rend plus humbles et nous dépossède de notre fierté et estime personnelle disproportionnées. Elle nous montre à quel point nous sommes fragiles. Comme Davies le dit, l'occidental moyen a une vision extrêmement irréaliste de la maîtrise de sa vie. La souffrance n'indique pas tant notre faiblesse et notre incapacité à tout contrôler, que le fait que nous avons *toujours* été vulnérables et dépendants de Dieu. Elle enlève nos œillères, nous éveille à cette réalité et nous aide à nous y conformer.

La souffrance nous pousse également à nous examiner et à considérer nos faiblesses, parce qu'elle révèle les pires aspects de notre personnalité. Dans les moments difficiles, notre faible foi, langue acérée, paresse, insensibilité, inquiétude, amertume et autres défaillances de caractère, nous apparaîtront (et aux autres aussi) de manière évidente. Certains sont critiques, manquent de générosité et de tact, ou ils sont impulsifs et impatients, ou alors têtus, prompts à polémiquer et peu aptes à écouter. Beaucoup de gens ont un besoin énorme de tout contrôler. À la moindre frustration, la fragilité en fait tomber d'autres dans la pitié de soi. En période de stress, la souffrance met en lumière ces failles intérieures à un degré tel que cela nous permet de sortir du déni pour commencer un travail sur nous-mêmes.

Deuxièmement, la souffrance change profondément notre rapport aux bonnes choses de notre vie, en nous faisant réaliser la trop grande place de certaines. Si nous sommes anéantis par une perte d'emploi, les émotions ressenties sont normales. Mais nous pouvons aussi comprendre que l'ampleur de notre souffrance provient d'un poids excessif placé sur notre carrière et nos réussites pour en retirer une valorisation personnelle. Il peut s'agir d'une occasion unique de nous investir davantage auprès de Dieu, de notre famille et des autres. Cela nous fortifiera efficacement pour affronter de futurs revirements de situation sans être anéantis. Nous en retirerons aussi des occasions de joie jusque-là insoupçonnées.

Troisièmement, la souffrance peut renforcer notre relation avec Dieu comme rien d'autre ne peut le faire. La maxime de C.S. Lewis est bien vraie : dans l'abondance Dieu nous parle tout bas, dans la douleur il crie. La souffrance met notre communion avec Dieu à l'épreuve. Parfois, notre colère contre Dieu et la vie nous aveugle au point de n'avoir aucune envie de prier. Mais la souffrance peut nous permettre d'approfondir notre amitié divine. Quand tout va bien dans votre vie, comment savoir si vous aimez Dieu ou si vous aimez les bénédictions qu'il vous donne ? Vous n'en savez rien. Quand vous êtes en bonne santé et que vous avez assez d'argent pour vivre, il est facile de croire que vous avez une relation d'amour avec Dieu. Vous priez et accomplissez vos devoirs religieux, car cela vous réconforte et semble payant. Mais ce n'est que quand vous souffrez que vous entendez Dieu « crier » des questions comme : « Tout allait bien entre nous tant que je veillais sur toi jour et nuit ? Tu as cette relation pour que je te serve ou pour me servir ? M'aimais-tu avant, ou aimais-tu seulement ce que je te donnais ? » La souffrance révèle les impuretés, voire le manque de sincérité, de notre foi en Dieu. Dans un sens, on ne reconnaît qu'à travers la souffrance que la foi et la confiance en Dieu sont placées *en Dieu*. Par conséquent, notre relation d'amour avec Dieu ne peut devenir de plus en plus vraie que dans la souffrance.

La souffrance nous pousse à prier Dieu comme jamais, une expérience en général difficile et douloureuse. Mais si nous nous accrochons, nous vivrons plus en profondeur l'amour et la joie de Dieu, entre autres, à des degrés jusqu'ici inconnus. Comme l'a dit le pasteur John Newton à une femme dans le deuil : « Avant toutes choses, restez près du trône de grâce [dans la prière]. Si nous ne voyons pas toujours les bénéfices à nous rapprocher de lui, soyons certain que nous n'en retirerons aucun si nous ne le faisons pas[305]. »

Enfin, la souffrance est un prérequis si nous voulons être utiles aux autres, notamment lors de leurs épreuves. L'adversité augmente notre compassion. Auparavant, quand nous voyions des personnes dans la peine, nous avons pu nous demander intérieurement pourquoi elles pleuraient comme des Madeleines et pourquoi elles n'encaissaient pas le coup pour ensuite avancer. Un jour nous souffrons à notre tour et alors nous comprenons, notre cœur devient plus tendre et nous sommes plus à même d'en aider d'autres qui souffrent. La souffrance engendre de la sagesse dans la mesure où on la gère sans s'endurcir. Elle nous donne de nombreux outils susceptibles d'aider les autres. En 2 Corinthiens, Paul écrit :

Béni soit Dieu, le Père de notre Seigneur Jésus-Christ, le Père qui est plein de bonté, le Dieu qui réconforte dans toutes les situations. Il nous réconforte dans toutes nos détresses, afin qu'à notre tour nous soyons capables de réconforter ceux qui passent par toutes sortes de détresses, en leur apportant le réconfort que Dieu nous a apporté.

De même, en effet, que les souffrances du Christ surabondent dans notre vie, surabonde le réconfort qu'il nous donne. Si donc nous passons par la détresse, c'est pour votre réconfort et votre salut. Et si nous sommes réconfortés, c'est pour que vous receviez, vous aussi, du réconfort afin de pouvoir supporter les mêmes souffrances que celles que nous endurons.

Et nous possédons à votre sujet une ferme espérance. Car nous savons que si vous avez part aux souffrances, vous avez aussi part au réconfort.

2 Corinthiens 1.3-7

Observez les dynamiques à l'œuvre ici. Les souffrances de Paul l'attirent vers Dieu et son réconfort insondable. Nous avons étudié de nombreux aspects de cette réalité. Elle permet de mieux comprendre la gloire de Dieu, de reconnaître que les souffrances de Christ transforment le cœur, de vivre davantage son amour et sa joie, de se connaître et de grandir et de regarder différemment la vie et la nature humaine. Que tire Paul de ces réalités? Il les partage avec d'autres personnes dans l'affliction, qui trouvent elles aussi de profonds réconforts au travers de leurs souffrances. Dès lors, les affligés consolent d'autres affligés et ainsi de suite. L'Église devient alors une communauté qui console puissamment, un endroit où l'on est efficacement soutenu et où l'on grandit, dans les difficultés, pour devenir la personne que Dieu veut que l'on soit.

L'auteur chrétien George McDonald l'exprime ainsi :

> Le Fils de Dieu a souffert jusqu'à la mort non pas afin de permettre aux hommes de ne pas souffrir, mais afin que leurs souffrances puissent être semblables aux siennes[306].

Le gymnase de Dieu

Nous avons mentionné la métaphore biblique de la fournaise symbolisant la souffrance, et nous y reviendrons. Une image moins connue, mais tout aussi biblique est celle du « gymnase. » Comme 1 Pierre, l'épître aux Hébreux s'adresse à un groupe de chrétiens bombardés d'épreuves et d'afflictions. En Hébreux 12, l'auteur concède qu'une telle expérience est « une cause de tristesse » mais « par la suite, elle a pour fruit, chez ceux qui ont ainsi été formés, une vie juste, vécue dans la paix ». Le mot grec pour « formés » est *gymnazdo*, d'où on a tiré le mot *gymnase*[307]. Ce mot signifiait littéralement « entièrement déshabillé », « s'entraîner nu, s'exercer ». Cela revenait à faire une série d'exercices visant à affermir des parties encore peu musclées du corps, et à développer celles qui l'étaient déjà.

Pensez à ce qui se passe dans une salle de gym. Vous devez d'abord vous déshabiller. Pourquoi ? Parce vos habits normaux vous empêchent d'effectuer des étirements ou autres mouvements sportifs. Mais il y a une autre raison. L'exercice physique expose tout défaut physique (force, endurance et apparence). Vos vêtements de tous les jours dissimulent des parties de votre corps que vous ne voulez pas montrer. Mais quand vous faites du sport, elles sont visibles. Tout le monde autour de vous peut voir vos rondeurs ; une stimulation pour faire de l'exercice.

Cette métaphore montre que quand tout va bien dans notre vie, nous arrivons à masquer nos défauts aux autres et à nous-mêmes. Mais quand des problèmes et des difficultés arrivent, nous nous trouvons dans le « gymnase de Dieu » : exposés aux autres. Tout ressort : nos angoisses intérieures, nos réactions intempestives, notre regard irréaliste sur nos talents, notre tendance à mentir ou à cacher la vérité, notre manque de discipline personnelle. Ces attributs négatifs sont peut-être à l'origine de notre malheur. Ou alors une nouvelle situation exige une réponse immédiate et il en ressort que les qualités requises manquent cruellement. Dans tous les cas, le gymnase révèle qui nous sommes vraiment, sans échappatoire possible.

Que faire dès lors ? Un bon entraîneur imposera des exercices, lesquels ? Ceux qui seront source de stress ou de pression sur différentes parties du corps. En soulevant des haltères, on exerce une pression sur ses biceps. La course à pied offre de nombreux bénéfices, notamment au niveau des systèmes respiratoires et circulatoires. Un bon entraîneur n'en demandera pas trop à votre corps. Trop courir ou trop faire de musculation peut mener à l'effondrement. À l'inverse, trop peu d'exercice physique ne mettra plus notre corps sous pression et nous vieillirons plus vite. Il faut donc que notre corps soit correctement mis sous pression, avec une gêne et une douleur supportables.

L'auteur biblique a raison de dire que la souffrance est « d'abord » pénible, mais qu'on en récoltera des fruits ultérieurement. Il en va exactement de même pour l'exercice physique. Quand nous faisons des haltères, nos bras semblent de plus en plus faibles, mais avec le temps cet exercice les rendra plus forts. Quand nous sommes à la salle de sport, nous avons *l'impression* d'être de plus en plus faibles, au point de pouvoir à peine monter des escaliers. Pourtant, si vous avez un bon entraîneur, cette faiblesse se changera en force.

Bien évidemment, un mauvais entraîneur peut occasionner des dégâts. Nous avons par contre l'entraîneur parfait, le Grand Entraîneur. « Les tentations qui vous ont assaillis sont communes à tous les hommes. D'ailleurs, Dieu est fidèle et il ne permettra pas que vous soyez tentés au-delà de vos forces » (1 Corinthiens 10.13). Cela signifie que tout ce qui nous arrive a à la fois un but et une limite. Dieu fixe des limites. Face aux difficultés, nous ne devrions pas dire : « Il essaye de me détruire. » Souvenons-nous de la salle de sport, d'où nous sortons affaiblis et exténués. Dieu recherche également un but. « Dieu fait concourir toutes choses au bien de ceux qui l'aiment. » Il serait dommage de dire : « J'aurais pu courir la course de ma vie nettement mieux que je ne l'ai fait. »

Nous ne devrions en aucun cas considérer la souffrance comme un jeu dont Dieu serait le maître d'œuvre. Nous devons replacer cet enseignement dans la lignée de celui qui classe le mal comme une perturbation et un ennemi de Dieu. Dieu est peiné quand nous le sommes.

> *Dans toutes leurs détresses,*
> *il a été lui-même dans la détresse,*
> *et l'ange qui se tient en sa présence les a sauvés.*
> *Dans son amour et dans sa compassion,*
> *il les a libérés,*
> *il les a soutenus et il les a portés*
> *tous les jours d'autrefois.*
>
> Ésaïe 63.9

Alors que notre entraîneur divin nous guide dans la vie avec cet équilibre, nous devrions répondre avec la même modération. Selon l'auteur de l'épître aux Hébreux, il ne nous faut ni prendre à la légère la discipline de Dieu ni nous décourager (Hébreux 12.5). Il ne faut ni être stoïque, serrer les dents et refuser de considérer la souffrance comme un entraînement imposé par Dieu, ni nous décourager en cédant au désarroi et en fuyant Dieu. Nous ne devons ni faire du surplace ni prendre nos jambes à notre cou, mais au contraire avancer et nous entraîner, en nous souvenant des souffrances de Dieu. Hébreux 12 nous incite à garder « les yeux fixés sur Jésus [...] il a enduré la mort sur la croix, en méprisant la honte [... il] a enduré de la part d'hommes pécheurs une telle opposition contre lui, pour que vous ne vous laissiez pas abattre par le découragement » (Hébreux 12.2-3).

La clé du succès dans la salle de sport de Dieu est de regarder à Jésus. Notre apitoiement sur nous-mêmes est balayé lorsque nous prenons conscience de ce qu'il a enduré pour nous sans se plaindre. S'il a enduré une souffrance et une perte infinies pour nous, alors nous devrions être capables de supporter une douleur et une perte limitées, en sachant que Dieu agit au travers du mal pour en faire ressortir le bien. Si nous gardons les yeux « fixés » sur Jésus, il résultera une paix plus profonde de la souffrance et des malheurs.

Les thèmes communs entre la métaphore du gymnase et celle de la fournaise sont frappants. Ces deux lieux sont dangereux. De mauvaises réactions pourraient s'avérer désastreuses, alors que des réponses adaptées, susciteront beauté et force. Il ne faut éviter ni l'un ni l'autre, ni paniquer quand nous y sommes enfermés. Regardons plutôt à celui qui est passé par la fournaise suprême et qui a couru la course la plus difficile qui soit quand il est allé à la croix. Il marche désormais à nos côtés dans nos souffrances.

Préparer notre esprit à la souffrance

En conséquence à la souffrance, il ne résulte pas nécessairement de la croissance et une issue favorable. Nous devons lui faire face avec foi et patience. Mais qu'est-ce que cela signifie concrètement ? Il est temps d'expliciter *comment* traverser la souffrance et la douleur. Si nous ne voulons pas que la souffrance nous prenne par surprise, il faut préparer notre esprit et notre cœur, avant qu'elle frappe ; puis, être sensible aux différents types de souffrances pour ne pas utiliser des stratégies ciblées d'une façon générale et grossière.

Comment se préparer ?

Une préparation efficace doit avoir lieu avant d'être frappé par la douleur. Comme nous l'avons déjà vu, la majorité des vérités et des thèmes centraux de la théologie biblique peuvent puissamment réconforter et aider ceux qui souffrent. Mais plus tôt nous intégrons ces enseignements, plus tôt nous sommes apaisés. En pleine crise, il n'est plus temps de s'asseoir pour étudier en profondeur différentes parties de la Bible. Pasteur depuis une quarantaine d'années, j'ai rencontré de nombreuses personnes affligées de terribles maux. Elles regrettaient de ne pas avoir pris le temps d'approfondir leur foi avant d'être submergées par le raz-de-marée. Comme vu précédemment, les « raisons du cœur » principales qui nous aident à supporter la souffrance sont les doctrines fondamentales de la foi chrétienne : création, chute, expiation, résurrection. Nous devons comprendre ces vérités riches et profondes avant de souffrir, ou nous affronterons les difficultés en étant non préparés car beaucoup de ces enseignements sont très difficiles à apprendre « sur le tas ».

Se préparer méticuleusement est simple, mais crucial. Cela consiste à acquérir une bonne connaissance de la Bible ainsi qu'une vie de prière affermie, clés pour n'être ni surpris ni anéanti par l'affliction. Le théologien Michael Horton écrit :

> Comprendre qui est Dieu, qui nous sommes, et les voies de Dieu dans la création, la providence et la rédemption (du moins ce que les Écritures nous en révèlent) revient au même pour les épreuves de la vie qu'étudier pour les examens finaux de droit pour devenir avocat. La théologie est d'une importance extrême. Se préparer à cet examen n'est pas seulement une activité intellectuelle [...] C'est une question de vie ou de mort. [...] Bien vivre ou mourir, en somme[308].

Pour Horton, le terme *théologie* signifie plus qu'une simple étude théorique. La Bible décrit la Parole de Dieu comme une puissance vivante (Romains 1.16, Hébreux 4.12), comme une semence surnaturelle qui transforme de l'intérieur lentement mais sûrement (1 Pierre 1.23). Au fur et à mesure que nous croyons, digérons, pratiquons et intégrons la Parole dans notre cœur, elle nous éclaire (Psaumes 119.11, 130). Elle devrait « résider dans toute sa richesse » en nous (Colossiens 3.16).

Nous passons souvent à côté d'une des vérités théologiques les plus évidentes. « Mes chers amis », écrit l'apôtre Pierre « vous avez été plongés dans la fournaise de l'épreuve. N'en soyez pas surpris, comme s'il vous arrivait quelque chose d'anormal. Au contraire, réjouissez-vous, car vous participez aux souffrances du Christ, afin d'être remplis de joie quand il paraîtra dans toute sa gloire » (1 Pierre 4.12-13). Certains pensent naïvement que rien, mais vraiment rien de *mauvais* ne peut leur arriver puisqu'ils sont assez perspicaces, disciplinés, moraux ou des chrétiens fidèles. Il s'agit là d'une théologie erronée. Leur malheur et leur détresse sont doublés ou triplés, uniquement à cause du choc ressenti quand ils prennent conscience qu'ils *souffrent* bel et bien.

Nous pouvons éliminer la surprise grâce à une réflexion théologique. Sans l'avoir examinée, nous vivons peut-être avec cette idée que Dieu ne permettra pas que de mauvaises choses arrivent à de bonnes personnes. Mais Jésus-Christ lui-même la réfute. Si Dieu a permis qu'un homme parfait souffre horriblement (pour un plus grand bien), pourquoi penser que cela ne nous pourrait jamais nous arriver. Nous ne souffrirons jamais autant que Jésus, parce qu'aucun d'entre nous ne servira d'expiation pour le salut du monde. Mais nous pourrions vivre quelque chose de semblable à une plus petite échelle. Romains 8.19-23 et Genèse 3.16-18 attestent que le monde est plein de maladies, de morts et de catastrophes naturelles à cause du péché. Il s'agit de la malédiction qui repose sur la race humaine, sous laquelle nous sommes tous placés, car nous sommes tous humains.

D'autres points théologiques peuvent aussi nous aider ici. Parce que Dieu est infiniment majestueux et sage, nous nous *attendons* à ne pas comprendre toutes ses voies. Il ne serait pas logique que tout ce qu'il fait ait un sens. Comment un être infini et éternel pourrait-il agir dans nos vies d'une manière toujours intelligible ? N'étant même pas capables de comprendre les autres parfaitement, comment espérer comprendre tout ce que Dieu fait ? Parce que nous sommes pécheurs et qu'il est saint, la vie que nous vivons, avec son lot d'adversités, est meilleure que celle que nous mériterions. Si nous demandions à Dieu d'être tout à fait juste et qu'il l'accepte, nous serions tous instantanément détruits.

Croître dans la connaissance de la Bible et acquérir de la maturité dans la réflexion théologique constituent en cela, et en bien d'autres choses, une préparation indispensable aux assauts des ténèbres et du malheur.

Préparer son cœur à la souffrance

Comme nous l'avons montré, la souffrance n'est pas une simple problématique intellectuelle (comme la question « Pourquoi y a-t-il autant de mal et de souffrance sur terre ? »), mais un problème personnel (avec la question : « Comment m'en sortir ? ») ; questions qui viennent de deux planètes différentes. Nous devons donc préparer autant notre esprit que notre cœur ; développer une vie de prière riche, intense, théologiquement profonde et constante.

La philosophe Simone Weil a écrit qu'une âme en souffrance a du mal à aimer quoi que ce soit. Elle doit se forcer à aimer Dieu et les autres, « ou du moins à vouloir aimer, fût-ce avec une partie infinitésimale d'elle-même ». Si, quand elle est affligée « l'âme cesse d'aimer, elle tombe dès ici-bas dans quelque chose de presque équivalent à l'enfer[309] ». Quand la souffrance s'installe, Dieu, l'amour et l'espoir semblent irréels. Mais s'ils étaient déjà abstraits, il devient pratiquement impossible de mettre en pratique le conseil de Weil. La souffrance sera comme une vague qui nous envoie dans l'océan du désespoir. En revanche, si notre compréhension et notre expérience de l'amour de Dieu étaient déjà consolidées, elles peuvent agir comme une ancre qui nous gardera du naufrage.

Si l'esprit s'est bien préparé, il ne sera pas bouleversé par l'adversité. Mais, quand la souffrance nous frappe, l'écart entre notre connaissance intellectuelle et la réponse de notre cœur peut être étonnamment grand. Quand les problèmes surgissent, nous avons besoin de l'aide de Dieu pour nous donner des clés, des idées solides, et une sagesse qui nous aideront à les surmonter. Nous en connaîtrons déjà certaines intellectuellement, mais Dieu devra leur insuffler une réalité et une pertinence toutes nouvelles. Nous devrons en acquérir d'autres, jusqu'ici inconnues. C'est ainsi qu'on survit. Si nous voulons nous en sortir, Dieu doit être à nos côtés. Il nous aidera à traverser la fournaise grâce à la connaissance et l'appréciation de nombreuses idées et vérités, sources de puissance et de réconfort pour nous.

Voici l'histoire d'un homme qui a été stupéfait de découvrir l'écart entre son cœur et son esprit. Alvin Plantinga écrit :

> Quand [le croyant] ou un de ses proches souffre, il lui devient parfois difficile de conserver la bonne attitude (selon lui) envers Dieu. Confronté à d'importants maux personnels ou revers de fortune, il sera peut être tenté de se rebeller contre Dieu, de lever son poing contre lui, voire d'abandonner la foi. Mais il s'agit là d'un problème d'une autre dimension. Un tel problème ne fait pas appel à une illumination philosophique, mais à des soins pastoraux[310].

John S. Feinberg était encore étudiant en théologie quand il a lu cette affirmation de Plantinga, sans vraiment la comprendre. Il rapporte : « Je pensais que de simples réponses intellectuelles expliquant pourquoi Dieu permettait l'existence du mal dans le monde [...] satisfaisaient les personnes en souffrance.[311] » De son propre aveu, il manquait de patience envers les chrétiens en lutte dans leur relation avec Dieu suite à une tragédie. Il est ensuite devenu professeur de théologie à l'université. Il a appris à cette époque que sa femme était atteinte de la maladie de Huntington, maladie neurodégénérative progressive, qui entraîne des troubles moteurs, des pertes de mémoire, des états dépressifs et des formes diverses de démence, hallucinations et crises de paranoïa incluses. Cette maladie étant héréditaire, tous ses enfants avaient 50 % de chances d'en être atteints, même si les symptômes ne se déclarent qu'à la trentaine au plus tôt[312].

Après un temps de déni, Feinberg a plongé. « D'un seul coup, nous avons appris que notre famille était dans l'œil du cyclone[313]. » D'un point de vue intellectuel, il connaissait la bonne réponse théologique :

> De toute façon, qui étais-je, moi, la créature, pour remettre en cause le Créateur ? Comme le dit Paul (Romains 9.19-21), la créature n'a aucun droit de traîner son Créateur devant les tribunaux et de lui faire un procès sur la morale humaine, comme si elle avait quelque chose à lui reprocher. Dieu exerce un plein contrôle et une pleine autorité sur moi. J'avais l'impression que Dieu m'avait trompé[314].

Il est frappant de constater que l'enchaînement entre les deux dernières phrases se fait sans mot de restriction comme *néanmoins*, ou *pourtant*. Feinberg connaît la réponse biblique et théologique à sa situation, à savoir que Dieu a le droit de faire ce qu'il veut. Il énonce une vérité ancrée dans son esprit que Dieu ne peut faire le mal, mais son cœur crie que Dieu l'a traité injustement. Ironie du sort, il a écrit son mémoire sur le livre de Job, et sa thèse sur le problème du mal. « J'avais toutes les réponses intellectuelles en main, mais aucune n'a changé quoi que ce soit à mon flot d'émotions[315]. »

Voilà un homme qui a proposé des réponses bibliques et rationnelles au problème de la souffrance, et ce à un niveau académique élevé. Pourtant, le jour où la souffrance a fait irruption dans sa vie, il a tellement perdu espoir qu'il ne pouvait plus vivre normalement. Une fois dans la fournaise, ses vérités bibliques sur le mal et la souffrance ne lui ont été d'aucun secours. Il n'a pas su comment y avoir accès sur un plan existentiel. Son cœur a été submergé par la colère, ainsi que par un sentiment d'abandon et d'absence de Dieu.

Peut-on en conclure que ces réflexions bibliques étaient erronées ou tout bonnement inutiles ? Non. Feinberg explique comment il est finalement parvenu à retrouver un équilibre, en réexplorant ces vérités autrefois abstraites. En d'autres termes, il a découvert à quel point la réflexion biblique peut et doit être essentielle pour celui qui souffre. Par contre, elle nécessite d'abord un travail interne important. Il conclut : « Beaucoup de ces réponses [bibliques] ne vous aideront pas pour un problème particulier, et [...] d'autres seront utiles, mais pas à tous les stades de votre souffrance[316]. » Le théologien Don Carson explique bien ce propos :

> Il existe des millions de croyants ordinaires [...auxquels la souffrance] ne pose pas le plus souvent, le moindre problème. Ils ont trouvé des réponses théologiques qui tiennent en quelques mots et dont ils se satisfont : la souffrance est la conséquence du péché ; le libre arbitre veut que Dieu laisse les hommes commettre leurs propres erreurs, le ciel et l'enfer régleront définitivement cette question [...] C'est alors que survient dans leur vie un événement qui les ébranle au plus profond [...] Et voilà que tout à coup, les questions concernant la souffrance deviennent cruciales. Cela ne veut pas dire, cependant, que [leur] système de croyances est inapproprié. Cela signifie que [...] le chrétien doit apprendre à les utiliser[317].

La Bible parle énormément de la souffrance. Intégrer ses préceptes dans notre « système de croyances[318] » est une chose, c'en est une autre de savoir se les appliquer à soi-même, dans son cœur, sa vie, son expérience, de manière à en retirer sagesse, endurance, joie, connaissance de soi, courage et humilité. Croire en Dieu est une chose, lui faire confiance en est une autre. Expliquer intellectuellement pourquoi Dieu permet la souffrance est une chose, c'en est une autre de se frayer un chemin dans la souffrance, dans le but d'éviter l'amertume, le cynisme, la consternation et l'abattement, pour progresser et devenir plus sage, humble, fort et même satisfait.

Nous ne devons donc ignorer ni l'esprit ni le cœur. Le simple raisonnement rationnel ne pourra pas répondre à toutes vos attentes dans ce monde, de plus il serait cruel d'asséner des arguments théologiques à une personne dans la souffrance, sur les raisons pour lesquelles Dieu n'est pas responsable du mal, et sur sa sagesse insondable. Comme le dit un proverbe de la Bible :

> *Entonner des chansons pour une personne affligée,*
> *c'est comme lui enlever son habit par un jour de froid*
> *ou verser du vinaigre sur du salpêtre.*

Proverbes 25.20

Toutefois, la théorie et la pratique sont entremêlées. L'expérience de la souffrance pose automatiquement des questions philosophiques. « Pourquoi ? Quel Dieu peut permettre cela ? » Il est donc logique d'utiliser son intellect pour essayer de trouver du sens à la douleur, mais cela doit être accompagné non seulement de connaissances sur Dieu, mais aussi de la connaissance de *Dieu*.

L'histoire vraie de Mark et Martha : la douceur de la vie avec Dieu

MARTHA : Mark, mon mari, est assis dans son fauteuil roulant, incapable de bouger quoi que ce soit d'autre que ses yeux, et ce avec grande difficulté. Voilà bientôt dix ans qu'il se trouve dans cette situation.

Tout a commencé par une petite contraction musculaire, quand Mark avait quarante-huit ans. Moins d'un mois plus tard, le médecin a rendu son diagnostic : Sclérose Latérale-Amyotrophique (SLA), une maladie mortelle également appelée maladie de Charcot. Nous étions mariés depuis vingt-cinq ans et avions quatre enfants. Nous avions toujours été une famille active et le soudain déclin physique de Mark n'en a été que plus dévastateur.

Quand Mark est tombé malade, j'ai été plongée dans un désespoir sans fond. Je ne savais pas comment j'allais réussir à supporter la douleur à venir. Dans mes luttes, j'ai demandé à tous mes amis de prier pour que la peur du lendemain ne prenne pas le dessus sur ma joie. Je me demandais : « Qui suis-je si je ne suis pas la femme de Mark ? »

Aujourd'hui, j'ai compris l'idolâtrie cachée derrière ce propos, et pourquoi j'étais si désespérée. J'avais considéré Mark comme mon mari et mon bienfaiteur à outrance. Je l'avais mis à la place de Dieu. Comment suis-je sortie du désespoir ? C'est un mystère. Je n'ai pas eu conscience d'être « appelée à aller de l'avant », mais j'ai pourtant expérimenté une sorte de résurrection. Au début de la maladie, Mark et moi avons recherché tous les versets exprimant l'attention de Dieu à notre égard. Nous avons essayé d'inscrire l'amour et la fidélité de Dieu dans nos cœurs. Nous nous sommes enracinés dans la vérité que nous comprenions même si tout dans nos vies semblait la nier.

MARK (écrivant sur un ordinateur capable de reconnaître les mouvements des yeux) : Plus jeune, je faisais du sport, je détestais rester sur la touche. Le jour suivant mon diagnostic, j'ai crié à Dieu que j'avais l'impression d'être sorti du jeu alors que j'étais toujours utile sur le terrain. Il m'a répliqué : « Tu es sur le banc de touche depuis quelque temps déjà, tu viens juste de revenir sur le terrain. » Je m'accroche à l'idée que Dieu en fait bien plus que je ne peux le voir, et que la souffrance est utile dans son plan. Mais cela reste un exercice de foi quotidien.

Le « corps de Christ » est entré dans nos vies d'une façon tangible. Nos amis nous ont donné un coup de main pour la cuisine, le jardinage, les anniversaires des enfants ; ils ont envoyé des cartes-cadeaux, nous ont rendu visite et ont été disponibles. Dix ans après, de nombreuses personnes continuent de manifester leur soutien, leur amour et leur force.

MARTHA : Au début, il y a eu tant de choses que j'ai pensé ne jamais pouvoir m'en sortir émotionnellement. Par exemple, j'ai dû choisir un endroit pour enterrer Mark, ce que nous avons fait mes filles et moi. Ce jour-là nous avons vécu de la tendresse et même des rires, comme si Dieu me disait : « Je suis là. Dans tous ces endroits où tu te crois incapable de faire face, je serai là. » J'ai particulièrement ressenti sa présence en moi, puis aussi par la suite pour tout le reste.

MARK : Je me suis rendu compte de l'utilité de chanter des hymnes et des negro-spirituals dans ma tête, puisque j'ai perdu l'usage de la parole depuis huit ans. De nombreux hymnes traitent de la souffrance, ils résonnent en moi, car j'ai besoin de sentir la présence de Dieu dans ma douleur. Ces hymnes sont des trésors qui nous rappellent que ce monde et ses tourments ne sont pas notre vrai foyer. La musique chrétienne moderne est bien en deçà. On m'a récemment annoncé que j'étais atteint d'une maladie du foie incurable. Parfois je dis que je souffre injustement, mais le seul à avoir vraiment souffert injustement est Jésus. Sa séparation d'avec Dieu sur la croix dépasse de loin toute expérience personnelle. Comment me plaindre alors qu'il a enduré cette douleur cosmique pour moi? Je me souviens d'une histoire racontée par Tim Keller à propos d'un homme en phase terminale. Il lui avait avoué qu'il n'échangerait pas la douceur de sa vie avec Dieu, suite à sa maladie, contre des années de vie supplémentaires. Je trouve que c'est également vrai en ce qui me concerne.

MARTHA: Dans notre perte, nous avons trouvé du sens, un but, de la joie, une occasion de croissance et de la plénitude. Je me demande combien de choses j'aurais ratées si j'avais fui cette épreuve. Dieu m'a tellement donné dans tout cela. Je comprends en quoi la peine et la douceur intenses sont intimement liées. La profondeur et la richesse de nos vies ont jailli de notre souffrance. Je mesure combien j'ai appris en cours de route et combien Jésus est plus doux à mes yeux désormais.

Chapitre 10

Les différents types de souffrances

La vie n'est que peine, Altesse. Ceux qui vous disent le contraire essaient de vous vendre quelque chose.

The Princess Bride (1987)

La souffrance est une source importante de croissance. Les personnes ayant peu souffert sont souvent superficielles, peu au fait de leurs qualités et défauts, naïves quant à la nature humaine et au sens de la vie, et presque toujours fragiles et facilement découragées. Mais la souffrance ne nous enrichit pas nécessairement. Les métaphores de la fournaise et du gymnase en témoignent. Le feu d'une fournaise peut tuer et l'excès de sport occasionner des blessures sévères. Une expression anglo-saxonne dit ceci : « Le même soleil fait fondre la cire et solidifie l'argile. » Ainsi, la même expérience traumatique peut détruire quelqu'un, et fortifier, voire rendre plus heureux, quelqu'un d'autre. Comment nous préparer à gérer la souffrance de façon à en sortir grandis ?

Des souffrances différentes

Il est impératif d'examiner l'incroyable variété d'enseignements que la Bible prodigue sur la douleur et l'adversité. Un drogué est en prison, car dans un accès de rage, il a attaqué et blessé quelqu'un. Un autre voit sa vie bouleversée le jour où il renverse accidentellement un enfant de sept ans qui s'est jeté sous ses roues. Une jeune mère de trois jeunes enfants se meurt d'une tumeur du cerveau. Les adolescents d'une famille sont terrassés quand ils apprennent que leur père s'est suicidé. Enfin, de jeunes parents viennent de mettre au monde un enfant gravement handicapé. Toutes ces personnes souffrent, mais les causes et formes de leur douleur et de leur angoisse diffèrent radicalement.

En conséquence, la Bible nous présente plusieurs types de souffrances et apporte des réponses concrètes à chacune d'entre elles. Une réponse unique à la souffrance est vouée à l'échec, car il existe de nombreuses souffrances différentes et au moins autant de réactions de la part des affligés, qui ont eux-mêmes des tempéraments et des vies spirituelles distincts. À l'inverse, la culture moderne apporte une réponse réductionniste. Nous vivons dans une société technologique qui pense qu'un mode d'emploi ou un bouton peuvent résoudre nos problèmes. Pourtant, quand on souffre, penser qu'il n'existe qu'une seule série de conseils pour résoudre son tourment est peu réconfortant.

Au début de mon ministère pastoral, j'ai rendu visite à une femme en plein divorce. Je lui ai prêté un recueil de prédications qui l'a fortement encouragée : « Ça m'a sauvé la vie ! » m'a-t-elle dit. Certain d'avoir un très bon outil pastoral, j'ai offert ce même livre à une femme traversant une situation apparemment analogue un an plus tard. Elle a eu une réaction à l'opposé. Certaines parties du livre l'ont perturbée et d'autres énervée. J'ai appris qu'il ne fallait pas partir du principe que chaque patient devait recevoir le même médicament.

Peu de temps après avoir été opéré et soigné de mon cancer de la thyroïde, j'ai rencontré une femme atteinte d'un cancer du sein. « Moi aussi, j'ai survécu au cancer », m'a-t-elle confié. Puis elle m'a raconté son histoire. Je me suis senti mal pendant toute la conversation. Elle m'a considéré comme un égal dans la souffrance. Nous avions tous deux été choqués à l'annonce du médecin : « Vous avez une tumeur. » Mais, contrairement à elle, je n'avais pas subi d'ablation qui me laisserait mutilé à vie, et je n'avais pas autant de risques de rechute. En l'écoutant, j'étais non seulement frappé par la dissemblance de nos expériences, mais aussi par nos moyens pour la surmonter. Je me suis rendu compte que nombre d'idées et de pensées qui m'avaient réconforté pendant mon cancer ne lui auraient été d'aucune utilité, et vice-versa.

Nous serons donc incapables de faire face à notre malheur, ou d'aider les autres, à moins de reconnaître les différents types de souffrances. Penchons-nous sur quatre genres de souffrance dont parle la Bible, chacune possédant sa propre cause et ses défis particuliers.

Jonas, David et la souffrance que nous nous infligeons

Il existe un type de souffrance qui découle directement de nos erreurs. Une femme cherche à réussir dans sa vie professionnelle en se montrant cruelle et impitoyable. Au fil du temps, elle perd un grand nombre de ses alliés et amis. Le jour où elle prend une décision professionnelle qui entraîne une perte financière pour son entreprise, elle découvre que personne ne la soutient. Par conséquent, elle est licenciée sans ménagement. Sa réputation est minée par ses ennemis qui s'en donnent à cœur joie en colportant des exagérations sur ses erreurs sur le terrain. Sa carrière ruinée, elle se rend progressivement compte que son comportement stupide et odieux en est à l'origine. Prenons un autre exemple. Un homme marié a une aventure d'un soir pendant un voyage d'affaires. Très vite, la vérité éclate. Son mariage prend l'eau et ses enfants se détournent de lui pour toujours. La souffrance, quand elle se double de honte et de culpabilité, véhicule un tourment intérieur unique en son genre.

Dans la Bible, nous retrouvons le premier type de souffrance avec Jonas et David. Au sein de son livre, pourtant court, le prophète Jonas passe par deux expériences traumatisantes. D'abord, Dieu envoie un immense orage sur la mer susceptible de causer la mort. Ultérieurement, alors que l'ombre et la beauté d'une vigne grimpante réjouissent Jonas, Dieu envoie un « ver » et un « vent d'est » pour détruire la plante, ce qui décourage fortement Jonas. Pourquoi ? Parce qu'il a refusé l'appel de Dieu d'aller prêcher aux Assyriens de Ninive. Mais il est ensuite furieux que Dieu ne les ait pas détruits. Jonas est rempli d'une haine raciste envers ce peuple et Dieu se sert de circonstances adverses pour lui montrer le mal dans son cœur. C'est pour cela que tout va de travers pour lui. Il a failli mourir noyé. Ses ennemis mortels s'en sont sortis. Un vent chaud venant de l'est a même détruit son petit nid douillet à l'ombre. Mais Dieu essayait de révéler quelque chose à Jonas, il voulait le réveiller.

De la même manière, la vie du roi David a basculé à cause d'un péché précis, et Dieu lui a envoyé un message précis au travers de sa souffrance. David avait violé la loi de Dieu en ayant une liaison avec Béthseba, la femme d'un autre, puis il s'est arrangé pour que son mari meure. À cause de cela, le nouveau-né de Béthseba et David est tombé malade et a perdu la vie. David a alors compris que Dieu l'avertissait : il devait changer d'attitude ou il perdrait son trône et sa vie.

Dieu « punissait »-il David et Jonas à cause de leurs péchés ? Pas exactement. Selon Romains 8.1 il n'y a « plus de condamnation » pour un croyant[319]. Cela signifie, simplement, que si Jésus a reçu notre punition et a payé pour nos péchés, Dieu ne peut pas recevoir un deuxième paiement de notre part. Grâce à Jésus, Dieu ne « châtie » pas un croyant pour ses péchés. Et s'il nous punissait réellement pour nos péchés, nous serions tous morts depuis longtemps. Cependant, Dieu permet parfois que certains aspects de ce monde déchu (causés par le péché, Genèse 3, Romains 8.18) fassent irruption dans notre vie, nous réveillent et nous poussent dans ses bras. Leur sévérité est adaptée aux besoins de notre cœur.

Il est primordial de distinguer une souffrance « de type David » de celle « de type Job » dont nous ne sommes nullement responsables. Un chrétien atteint d'un lymphome ne devrait pas penser qu'il est puni pour ses péchés. Mais il ne doit pas non plus passer à côté de cette occasion de s'enraciner en Dieu et de découvrir une nouvelle dimension de croissance spirituelle et de sagesse qu'il n'aurait jamais connue autrement.

Réfléchissons à l'illustration suivante. Un jeune homme se fiance cinq fois de suite, et finit toujours par rompre. Il impute toujours la faute à ses fiancées successives pour leurs défauts personnels. En réalité, son perfectionnisme et sa supériorité morale sont à l'origine de l'échec de ses relations. Il se trouve dans un énorme angle mort. Peut-être qu'une rupture particulièrement brutale l'ébranlera et lui montrera enfin sa part de contribution à tous ces malheurs. Sa souffrance et sa détresse représentent un appel à effectuer des changements bien précis. Peut-être est-ce sa seule manière de s'humilier et de prendre conscience de ses défauts. Le Psaume 25 mentionne cela : « Pardonne-moi les péchés dont je n'ai pas conscience. » En général, seuls les problèmes et les difficultés pourront les révéler.

Paul, Jérémie et la souffrance de la trahison

Certaines souffrances sont donc causées par nos mauvaises actions, mais d'autres sont le produit de nos bonnes actions et d'une attitude courageuse, sources parfois de trahison ou d'agressions de la part des autres. C'est le cas de l'apôtre Paul et du prophète Jérémie. Paul a été maintes fois attaqué, battu et emprisonné par des païens comme par des membres de son propre peuple. Dans une de ses épîtres, Paul établit une liste non exhaustive des tourments qu'il a dû endurer en tant que messager de Dieu :

> *Ils sont serviteurs du Christ ? C'est une folie que je vais dire : je le suis plus qu'eux. Car j'ai travaillé davantage, j'ai été plus souvent en prison, j'ai essuyé infiniment plus de coups ; plus souvent, j'ai vu la mort de près. Cinq fois, j'ai reçu des Juifs les « quarante coups moins un ». Trois fois, j'ai été fouetté, une fois lapidé, j'ai vécu trois naufrages, j'ai passé un jour et une nuit dans la mer. Souvent en voyage, j'ai été en danger au passage des fleuves, en danger dans des régions infestées de brigands, en danger à cause des Juifs, mes compatriotes, en danger à cause des païens, en danger dans les villes, en danger dans les contrées désertes, en danger sur la mer, en danger à cause des faux frères.*

> *J'ai connu bien des travaux et des peines, de nombreuses nuits blanches, la faim et la soif, de nombreux jeûnes, le froid et le manque d'habits. Et sans parler du reste, je porte mon fardeau quotidien : le souci de toutes les Églises. En effet, qui est faible sans que je sois faible ? Qui tombe sans que cela me brûle ?*
>
> 2 Corinthiens 11. 23-29

Jérémie a lui aussi été frappé et mis aux fers pour avoir dit la vérité au pouvoir en place (Jérémie 20.1-6). Aujourd'hui encore, dans de nombreux pays, ceux qui osent critiquer le gouvernement, la religion dominante et les institutions culturelles, sont roués de coups, incarcérés ou même tués. Dans notre culture occidentale actuelle, on peut être violemment critiqué au travail ou dans son voisinage si l'on défend ouvertement une cause peu populaire. Mais nous subirons probablement ce genre de trahison quand une relation tournera au vinaigre. Si quelqu'un a le sentiment que nous l'avons traité injustement, il peut essayer de nous blesser, voire salir notre réputation. Il arrive souvent qu'une personne que l'on croyait bien connaître se retourne contre nous et nous attaque pour défendre ses intérêts ou sa carrière. Ce genre de trahison est particulièrement atroce à vivre et peut nous tenter de laisser libre cours à une colère avilissante et à l'amertume.

Alors que le premier type de souffrance nous pousse à la repentance, le deuxième nous oblige à nous battre pour pardonner. Nous serons tentés de sombrer dans l'amertume et de cacher notre haine croissante et notre cruauté derrière le masque de la noble victime. Il est souvent impératif de confronter la personne, voire de porter plainte, mais sans qu'un esprit de vengeance en soit la cause, auquel cas nous deviendrions pires qu'avant l'outrage.

Marthe, Marie et la souffrance de la perte

Si certaines souffrances peuvent nous submerger de haine et de ressentiment, un autre type de souffrance, appelée la « souffrance universelle », nous plonge dans le chagrin. Elle concerne tout le monde, bon ou méchant, tôt ou tard. Il s'agit du chagrin et du sentiment de perte face à la mortalité, au déclin physique et psychique et à la mort. Nous en avons un exemple dans la Bible quand Jésus réconforte Marthe et Marie, en plein deuil suite à la mort de leur frère.

Tout le monde est confronté à ce type de souffrance, mais elle se révèle sous des formes extrêmement variées. C'est une chose d'affronter la mort de sa femme après cinquante ans de mariage, c'en est une autre quand elle laisse des enfants en bas âge. C'est une chose d'affronter sa mort imminente à cause d'une maladie à l'âge de quatre-vingts ans, c'en est une autre quand on en a trente. C'est une chose de perdre un proche avec qui nous avions une bonne relation, c'en est une autre s'il restait des problèmes non résolus, et que la culpabilité et le ressentiment empêchent le deuil. Il existe aussi de nombreuses façons de mourir, et de décliner physiquement et psychiquement. Il y a la lente dégradation causée par le grand âge, et la mort abrupte dans un accident de voiture, lors d'une inondation ou d'un glissement de terrain.

Le déclin et la mort, perte d'êtres chers ou de biens, sont inévitables, d'où le terme de « souffrance universelle ». Des problèmes à l'origine de ces pertes obligeront alors de passer par un examen de soi et la repentance, ou la confrontation et le pardon. Il importera pour chaque chrétien, de diriger ses pensées et son cœur vers les formes variées de réconfort et d'espoir que lui offre sa foi. Paul exhorte un groupe de chrétiens endeuillés par ces mots : « Ne soyez pas tristes de la même manière que le reste des hommes, qui n'ont pas d'espérance » (1 Thessaloniciens 4.13). Il témoigne : « Voilà pourquoi nous ne perdons pas courage. [...] En effet, nos détresses présentes sont passagères et légères par rapport au poids insurpassable de gloire éternelle qu'elles nous préparent. Et nous ne portons pas notre attention sur les choses visibles, mais sur les réalités encore invisibles » (2 Corinthiens 4.16-18).

Job et la souffrance mystérieuse

Enfin, il existe un type de souffrance qui n'a rien de commun avec les précédentes, bien qu'elle puisse s'y superposer. Il s'agit de la souffrance mystérieuse, imprévue et horrible, souvent qualifiée d'« absurde » ; le type de souffrance sur laquelle la Bible se penche le plus, pourrait-on argumenter. Les auteurs du Psaume 44, les « fils de Qoré » observent leur pays dévasté et demandent à Dieu :

> *Tout cela nous est arrivé sans que nous t'ayons délaissé et sans que nous ayons violé ton alliance avec nous. Nous n'avons pas renié nos engagements envers toi, nous n'avons pas quitté la voie que tu nous as prescrite. Pourtant, tu nous as écrasés dans le domaine des chacals, et tu nous as couverts de l'ombre de la mort [...] Car pourquoi te détournes-tu, pourquoi ignores-tu nos maux et nos détresses ?*

> Psaumes 44.18-20, 25

La Bible est remplie de cris comme celui-ci, des Psaumes aux écrits des prophètes comme Habacuc et Jérémie. Et puis il y a Job. La Parole retrace les histoires de David, Paul, Marie et Marthe, des personnes ayant énormément souffert. Mais la Bible se penche plus sur la souffrance de Job que sur celle de n'importe qui d'autre. On peut facilement identifier les causes des autres types d'afflictions : problèmes moraux, persécution et trahison, fatalité de la mort. Dans chaque cas, il est difficile de gérer la culpabilité, la colère et le chagrin qui en découlent, mais ces émotions sont au moins évidentes. Et puis il y a la souffrance « de type Job », avec des afflictions au-delà de l'imaginable. Tous ses enfants meurent en même temps. La totalité de ses richesses part en fumée en un instant. Non seulement on ne vit pas de telles douleurs sur le plan mondial, mais en plus Job n'a pas fait preuve de déroute morale, de persécution ou de trahison. Quand les gens sont confrontés à des souffrances horribles et particulièrement éprouvantes, ils ne sont ni remplis de culpabilité ou de ressentiment envers les autres, ni d'une véritable tristesse, mais de colère contre la vie et Dieu lui-même.

Quand sa vie s'est écroulée, Job a d'abord cherché à savoir pour quel péché il était puni, ou du moins, quelle leçon en tirer ; bref, l'origine de tout cela dans sa vie. Les amis de Job ont eux aussi cherché des péchés ou des points à améliorer dans sa vie. Mais Dieu n'avait rien de particulier à reprocher à Job. Tout le sens de la souffrance de Job se trouvait en fait là. Il a été mis dans une position où il allait obéir à Dieu uniquement parce qu'il est Dieu, et non pour recevoir ou obtenir quelque chose.

La souffrance de Job n'avait pas pour but de punir ou de transformer Job. Mais cela ne signifie pas qu'elle n'ait pas servi à l'édification de Job et à la gloire de Dieu. Job avait cherché en vain une « leçon », mais la leçon a consisté en une révélation sur la teneur de sa vie, sur son besoin de la fonder de tout son être sur Dieu seul. Toutefois, Job a mis énormément de temps, du début à la fin du livre, pour le comprendre. Il en est de même pour nous quand nous passons par ce genre de souffrance mystérieuse et inexplicable. Sans doute faudra-t-il nous repentir, pardonner et garder les yeux fixés sur notre espérance. Mais la souffrance incompréhensible invite avant tout à la sincérité dans la prière et dans les larmes, au travail difficile de placer délibérément notre confiance en Dieu, et comme dirait Saint-Augustin, à remettre de l'ordre dans nos amours.

Des tempéraments variés

La diversité des souffrances dépend non seulement des facteurs externes, mais aussi internes, à savoir les tempéraments et différentes personnalités de ceux qui connaissent l'adversité.

L'exposé de Simone Weil intitulé « L'amour de Dieu et le malheur »[320] extrait d'*Attente de Dieu* est l'une des plus brillantes tentatives visant à décomposer toutes les facettes de la souffrance. La philosophe française appelle cette douleur intérieure « le malheur ». Weil écrit : « Le malheur est un déracinement de la vie, un équivalent plus ou moins atténué de la mort. [...] Une sorte d'horreur submerge toute l'âme[321]. » Weil fait une distinction entre la souffrance, les circonstances externes du monde, et le malheur en tant qu'expérience interne de la douleur et de la tristesse, dont elle essaye de souligner les différents aspects.

Weil observe qu'une des marques du malheur est *l'isolement*[322]. Un mur de séparation s'érige entre celui qui souffre et ses amis les plus proches, sans doute à cause de son impression qu'un gouffre s'est creusé entre lui et quiconque n'a pas vécu les mêmes tourments. Le partage d'expérience commune n'est donc plus là. Andrew Solomon a fait des recherches sur les parents d'enfants atteints de surdité, de troubles autistiques, de schizophrénie et autres handicaps. Il constate qu'ils passent par un changement d'identité[323], un fait avéré pour toute personne dans une très forte adversité. La souffrance extrême fait de vous quelqu'un de différent, et change votre regard sur ceux pour lesquels vous aviez de l'affinité. Mais l'isolement provient également des amis qui restent à l'écart. Pourquoi évitons-nous si souvent les gens qui souffrent[324] ? Sans doute parce que nous ne nous sentons pas à la hauteur, nous ne savons que dire ou que faire ; ou alors nous avons peur d'être happés et broyés par la souffrance même de l'autre. Comme les amis de Job, certains pensent peut-être que la personne dans le malheur a sa part de responsabilité, ou a manqué de sagesse. Nous pouvons ainsi nous rassurer que cela ne *nous* arrivera jamais. La personne dans le malheur nous met au défi d'accepter ce que nous préférons souvent occulter, à savoir qu'une difficulté aussi terrible peut arriver à n'importe qui, n'importe quand.

Un second aspect du malheur est ce que l'on appelle *l'implosion*. Une douleur physique intense nous fait inévitablement nous replier sur nous-mêmes. Impossible de penser à qui ou quoi que ce soit, à part ressentir la douleur et vouloir y mettre un terme. De la même manière, la douleur intérieure peut nous engloutir en nous-mêmes, au point de ne pas nous rendre compte de ce qui se passe autour de nous. Dans *Le Seigneur des Anneaux* l'anneau unique a pour effet de renforcer l'égo. Après que Samsagace l'a mis, toutes « choses alentour étaient à présent non pas sombres, mais vagues, tandis que lui-même se trouvait là dans un monde gris et embrumé, seul, comme un petit roc noir et solide[325] ». La souffrance peut avoir le même effet, donner l'impression que nous et nos besoins sont la seule chose solide réelle, et que tout le reste n'est qu'une vague masse informe et sans importance. Cet égocentrisme peut nous rendre incapable de donner, de recevoir ou de ressentir de l'amour. Pris dans une torpeur, nous nous focalisons sur ce qui nous arrive ; il nous est impossible de « sortir de nous-mêmes », de penser aux autres, de les aider, d'aimer ou de nous sentir aimés. Pour couronner le tout, Weil affirme que nous perdons toute notion de Dieu. « Le malheur rend Dieu absent pendant un temps, plus absent qu'un mort, plus absent que la lumière dans un cachot complètement ténébreux [...] Pendant cette absence il n'y a rien à aimer[326]. » Intellectuellement, nous savons que nous sommes aimés, nous pouvons même croire que Dieu nous aime, mais émotionnellement, notre cœur reste de marbre.

Une troisième marque du malheur consiste en une impression de destin tragique, de désespoir et de *condamnation*, liée en partie à une honte à peine consciente et définissable. « Le malheur durcit et désespère parce qu'il imprime jusqu'au fond de l'âme, comme avec un fer rouge, ce mépris, ce dégoût et même cette répulsion de soi-même, cette sensation de culpabilité et de souillure, que le crime devrait logiquement produire et ne produit pas[327]. » En d'autres termes, alors que nous devrions nous sentir coupables quand nous faisons le mal, en général ce n'est pas le cas. Lorsque nous souffrons intensément, nous pouvons avoir le sentiment d'être puni, ce qui nous amène à nous examiner et à admettre le mal que nous avons commis. Il n'y a pas à chercher bien loin. Même si nos péchés n'ont aucun lien direct avec notre malheur, il nous rend douloureusement conscients de nos défauts et de nos fragilités. Cette culpabilité perdure même dans les pays occidentaux, qui s'efforcent de présenter ceux qui souffrent comme des victimes sans aucune responsabilité dans leur malheur.

Une quatrième marque du malheur est *la colère*. Elle sera plus ou moins dirigée vers différents objets, en fonction du contexte et de la cause. Nous pouvons être en colère contre nous-mêmes, l'injustice et l'absurdité de la vie, contre Dieu ou éprouver une profonde amertume envers des personnes qui nous ont fait du mal ou laissés tomber.

Weil termine sur un effet toxique du malheur qui se manifeste souvent. Il s'agit de *la tentation*, celle de la complicité : « Un autre effet du malheur est de rendre son âme complice, peu à peu, en y injectant un poison d'inertie. » Nous devenons complices de notre malheur, nous nous confortons dans notre inconfort, nous nous satisfaisons de notre insatisfaction. « Cette complicité entrave tous les efforts qu'il pourrait faire pour améliorer son sort ; elle va jusqu'à l'empêcher de rechercher les moyens d'être délivré, parfois même jusqu'à l'empêcher de souhaiter la délivrance[328]. » La complicité peut donner l'impression d'être noble, la pitié de soi peut être douce et créer une dépendance. Notre malheur peut servir d'excuse pour toutes sortes de comportements ou d'habitudes de vie autrement injustifiables. D'une manière inconsciente, nous pensons peut-être devoir payer pour nos péchés par la souffrance.

En tant que pasteur et personne qui souffre, je trouve l'analyse de Simone Weil pleine de discernement. Elle montre à quel point le malheur est complexe et varié. Ces facteurs de vie intérieure – isolement, implosion, engourdissement, colère, condamnation et honte, ainsi que la tentation d'embrasser la souffrance – sont similaires aux éléments entrant dans une composition chimique. Ils sont presque tous présents dans chaque malheur, à différents degrés. Ils ne dépendent pas seulement des circonstances, mais aussi du tempérament de chacun. Les êtres humains vivent leurs émotions de manière différente en fonction de leur sexe, personnalité et culture. Ils possèdent également des valeurs et des engagements distincts. Prenons l'exemple d'une famille. Le père aime sincèrement ses enfants, mais est plus attaché à sa carrière. À l'inverse, la mère est certes dévouée à son travail, mais attache plus de valeur à la façon dont ses enfants s'en sortent. Si le père perd son emploi, il sera plus profondément abattu. Si l'un des enfants est gravement blessé, ce sera la mère qui sera anéantie. Tous deux font face aux mêmes problèmes, mais y réagissent différemment, car leur identité intérieure est différente.

Les concepts de Weil existent donc dans des proportions extrêmement variées et s'imbriquent d'une façon complexe et différente dans chaque cas particulier.

Une diversité de chemins

Chaque affliction est, en quelque sorte, unique. Dès lors, chaque personne en souffrance empruntera un chemin différent. Le jour où John Feinberg apprend que sa famille est gravement malade, il broie du noir. Il se souvient de ses amis venant le voir pour le réconforter dans cette période difficile et lui partager des réflexions théologiques. En guise de description, il nous dresse deux listes.

La première liste rassemble des conseils qu'il sait être vrais, mais qui l'agacent et le découragent fortement à l'époque. Les amis de Job disent beaucoup de choses vraies concernant Dieu. « À la fin, le mal sera puni », « Dieu se réjouit dans le juste », « Dieu n'est ni injuste ni déloyal », « Nous ne pouvons pas comprendre les voies de Dieu, elles dépassent nos esprits simples ». Toutes ces affirmations sont justes. Pourtant, Job les qualifie de « bien piètres consolateurs » (Job 16.2). À la fin du livre, Dieu condamne les amis de Job à cause de la manière dont ils lui ont répondu. Pourquoi ? Ils ont énoncé des vérités fondamentales, mais les ont mal appliquées. Le théologien Don Carson écrit à propos des amis de Job :

> Il y a une façon d'utiliser la théologie et les raisonnements théologiques qui blesse au lieu de soigner. Ce n'est pas la faute de la théologie ni de ses raisonnements, c'est celle des « consolateurs pénibles » qui brandissent un fragment de vérité qui ne convient pas à la situation, qui vient au mauvais moment, qui est prononcé avec condescendance, dont l'application manque de sensibilité, ou dont la véritable théologie est formulée dans des clichés tellement marqués par la culture qu'ils écorchent au lieu d'adoucir[329].

Feinberg mentionne certains « consolateurs pénibles » qu'il a connus, des amis qui ont soutenu que Dieu utilisait souvent un problème pour nous éviter d'autres problèmes dont nous ne serons jamais conscients. Il le savait dans l'absolu, mais cela n'a fait qu'empirer son état. Qu'est-ce qui pouvait être bien pire que de voir sa femme mourir à petit feu au fil des ans ? Quelqu'un d'autre lui a confié : « On doit tous mourir de quelque chose. Tu connais la réponse à l'avance pour ta femme. » Feinberg a judicieusement répondu que même si c'était vrai, personne ne voulait vraiment le savoir. D'autres ont raconté leurs terribles problèmes, pour pouvoir dire : « Je sais ce que tu ressens. » Feinberg a répliqué : « Te mettre dans ma peau ne m'aide pas, ce qui m'aide est de savoir que tu te soucies de moi[330]. »

L'« aide » la moins utile et la plus fréquente qu'il ait reçue a été ce genre de phrases : « Nous savons que tout concourt à notre bien, nous devons faire confiance à Dieu. » John Feinberg enseignait la théologie systématique dans une école biblique. Il avait écrit de nombreux articles sur le sujet et il y croyait. Mais plus il entendait cet argument, plus il culpabilisait. On ne lui permettait pas de pleurer ou de se lamenter comme David ou Job. On lui disait implicitement que s'il n'avait pas la paix dans son cœur, alors qu'il connaissait la sagesse et la bonté de Dieu, il était donc spirituellement immature[331].

Notez que la liste des « éléments qui n'aidaient pas » contenait des vérités, mais énoncées de façon inadéquate. Elles étaient exprimées sans tact ou au mauvais moment. Quant à la liste d'« éléments qui aidaient » (et qui ont eu un effet curatif), il s'agissait de vérités énoncées dans le bon ordre et de la bonne façon. Un jour, un des amis de Feinberg lui a parlé d'une idée qui le culpabilisait sur le sujet : « se réjouir dans ses souffrances ». Il ne voulait pas dire qu'il se réjouissait *pour* ses souffrances, ce qui reviendrait à du masochisme. Il l'a énoncé ainsi : « Tu dois apprendre à vivre avec, mais tu n'as pas à aimer ça. » Feinberg allait devoir apprendre à se réjouir davantage en Dieu et en son amour, mais le mal resterait le mal et serait toujours douloureux[332]. *Eurêka*, cette conversation lui a ouvert les yeux. Un autre réconfort lui est venu de son père qui lui a conseillé de ne pas s'attendre à ressentir la grâce et la force de Dieu tout de suite pour l'épreuve à venir. Feinberg était pétrifié à l'idée d'avoir à faire face à la mort d'un ou plusieurs membres de sa famille, c'était au-dessus de ses forces. Mais, comme le suggérait son père, il ne le vivait pas encore et il ne devait donc pas s'attendre à se sentir assez fort tout de suite en anticipation de quelque chose qui n'était pas encore arrivé. « Dieu n'a jamais promis de te donner la grâce de demain aujourd'hui. Il a promis la grâce d'aujourd'hui pour aujourd'hui, et c'est tout ce dont tu as besoin » (cf. Matthieu 6.34). *Eurêka*, Feinberg a reçu une autre illumination.

Il a commencé à ressentir de manière croissante l'amour et la présence de Dieu suite à ces rayons de soleil, petits mais importants. Il a réexaminé ce qu'il savait déjà : l'origine du mal et de la souffrance, la sagesse et la souveraineté de Dieu, la mort sacrificielle de Jésus pour lui. Petit à petit, il s'est réapproprié chaque vérité, en l'appliquant à son cœur et au monde. Sous ce nouvel angle, les choses ont brillé d'un autre éclat.

L'histoire de Feinberg est utile à tout le monde. De mon point de vue pastoral, ces deux listes étaient stupéfiantes. J'avais vu des « éléments qui n'aidaient pas » réconforter des gens qui souffraient, alors que des « éléments qui aidaient » en avaient irrité et rendu furieux plusieurs autres. Ce constat révèle la diversité remarquable des souffrances.

Au fil des ans, je me suis rendu compte que la plupart des livres sur la souffrance parlaient universellement (par exemple : « Quand vous souffrez, pensez de cette manière »), mais se référaient en réalité à un seul type de malheur ou de personnes concernées. Les gens qui souffrent se réfugient parfois dans la pitié de soi et l'orgueil ou se prennent pour un martyr saint. Ils ont besoin que l'on s'oppose à eux avec tact et mesure. D'autres peuvent plonger dans la honte et la haine de soi. Ils ont besoin de prendre confiance en eux.

Certains livres sur la souffrance optent pour l'approche directe. Ils vous incitent à « tirer parti » de votre souffrance, à en tirer des leçons. En effet, utiliser ces moments difficiles pour effectuer des changements utiles bénéficiera à certains. Prenons l'exemple d'un homme pour qui avoir et dépenser beaucoup d'argent a énormément d'importance. S'il perd un marché important sur le plan professionnel, il sera sans nul doute traumatisé. Il devra dès lors se confronter à son avidité et son inclinaison à confondre estime de soi et compte en banque. Il est valable de rappeler la souveraineté du plan de Dieu dans nos vies, la manière dont il utilise les difficultés pour nous interpeller et comment il fait ressortir du bien de mauvaises circonstances. Mais qu'en est-il du jeune couple dont la fille de cinq ans vient d'être tuée, percutée par une voiture ? Leur direz-vous en premier : « Dieu essaye de vous interpeller. Soyez sûrs d'en retirer quelque chose ! D'après vous, que devez-vous changer ? » Les parents protesteraient avec véhémence : « Quel Dieu sacrifierait une petite fille innocente pour nous enseigner des "leçons spirituelles"[333] ? »

Ne négligeons pas l'importance d'énoncer des vérités dans le bon ordre. Il importe de savoir que rien n'arrive en dehors des desseins sages de Dieu et de son contrôle souverain, même les événements les plus horribles qui soient, et de se souvenir qu'il promet de dépasser et d'utiliser même les pires circonstances pour un plus grand bien. Cette vérité est sans doute importante à rappeler à un homme qui a perdu un important marché par avidité. Mais il serait cruel de la partager à des parents détruits par la mort de leur enfant, même s'ils devront s'en imprégner ultérieurement pour guérir.

Nous avons vu à quel point la souffrance est diverse dans ses formes, son caractère et ses voies. La Bible enseigne de nombreuses vérités en la matière, qu'il faut appréhender dans un ordre différent selon les circonstances, le tempérament de chacun, et l'ampleur de la souffrance. Ces idées s'expriment également de nombreuses manières. Quand ma femme Kathy a traversé les périodes les plus sombres de sa vie, en dehors de la Bible, les lettres de l'ancien trafiquant d'esclaves et compositeur d'hymnes du XVIIIe siècle John Newton, ont été sont plus grand réconfort. Beaucoup de personnes dans la peine seraient incapables de lire des centaines de pages de sa prose imposante et quelque peu archaïque. Kathy, elle, en a été extrêmement satisfaite. Par exemple, le principe selon lequel « Dieu maîtrise tout » peut sembler froid, voire effrayant. Mais quand Kathy ou moi-même lisons l'aphorisme de John Newton : « Tout ce qu'il envoie est utile, rien de ce qu'il retire ne peut être utile », nous sommes à la fois mis à l'épreuve et encouragés. Dans les moments difficiles, ce qui nous aide peut être un poème, une histoire, une citation, un verset biblique, une chanson, un hymne ou un raisonnement. Quelques bribes deviennent « radioactives ». Nous les méditons alors et elles nous illuminent, nous réconfortent, nous rassurent et nous guérissent. Les tumeurs que sont la colère et le désespoir diminuent.

« Si je devais traverser la vallée où règnent les ténèbres de la mort, je ne craindrais aucun mal, car tu es auprès de moi : ta houlette me conduit et ton bâton me protège » (Psaumes 23.4). Il s'avère qu'il existe plus d'un chemin dans cette vallée. Le Seigneur, le guide parfait, nous aidera à trouver la meilleure voie vers la sortie.

L'histoire vraie de Gloria : renoncer à soi-même ne signifie pas la défaite

La plus grande partie de ma vie s'est déroulée sans événements dramatiques. J'ai grandi dans une famille chrétienne. Ma grand-mère maternelle m'a appris ma première prière. Par la grâce de Dieu, Christ m'a attirée à lui à l'âge de seize ans et je me suis fait baptiser la même année. J'ai été bénie dans de nombreux domaines : bonnes études et carrière professionnelle, voyages à travers le monde et santé de fer.

En août 2013, à soixante-sept ans, j'ai décidé de prendre ma retraite. Je me faisais une joie de m'impliquer dans de nombreuses activités spirituelles auxquelles je n'avais pu participer à cause de mon travail. Toutefois, le cancer des poumons découvert lors d'un scanner ne faisait pas partie de mes plans. Des examens plus approfondis ont révélé des tumeurs dans les deux poumons, ainsi que des métastases cérébrales et ganglionnaires. Le diagnostic final était un cancer du poumon du non-fumeur, lié à une mutation génétique. Le traitement proposé consistait en une chimiothérapie, mais sans espoir de guérison ou d'éradication du cancer.

Où se trouvait Dieu pendant cette période sombre ? Premièrement, il était avec moi quand j'ai découvert ma maladie, par hasard, car je n'avais aucun symptôme. Deuxièmement, il avait renforcé ma foi dans ses projets pour moi et m'avait évité d'avoir peur. Le cancer des poumons est un ennemi rampant et silencieux. Il attaque sans crier gare, sans causer de dégâts physiques apparents. Il distille la peur de voir sa vie se raccourcir d'un coup. Mais Jésus, le berger qui guérit, m'a accordé d'être en paix dans son amour plein de grâce.

Je me suis accrochée à la prière que m'avait enseignée ma grand-mère : « Père céleste, merci pour la nourriture et l'eau que tu nous donnes, pour la paix et la joie. Que ta volonté soit faite. » Nul besoin de demander « pourquoi moi ? » et « pourquoi maintenant ? » J'ai prié, non pas pour être guérie miraculeusement, mais pour garder ma foi en Jésus, le Seigneur souverain. Je me suis soumise à son pouvoir, pour qu'il me guérisse miraculeusement de ma maladie, et m'offre la vie éternelle en tant que Fils de Dieu. Je savais que Jésus me porterait dans les déserts que j'étais sur le point de traverser.

La première chimiothérapie ayant considérablement réduit la taille de mes tumeurs au cerveau, je m'attendais à un résultat similaire pour les poumons. Mais, après neuf mois de traitement, ce n'était toujours pas le cas. Il s'agissait désormais de contenir les tumeurs. Ma nouvelle routine consistera à attendre les résultats du scanner, tous les trois mois.

Cependant, au lieu de me réjouir de ma stabilisation, j'ai commencé à baisser les bras. Je m'en suis voulu de ne pas avoir demandé un traitement de choc. Peu à peu, je me suis découragée, je ne ressentais plus la paix de Jésus pendant mon culte personnel. Ma douleur n'avait rien de physique, elle était spirituelle, et j'en étais seule responsable. Mais, une fois encore, le Seigneur m'a rattrapée à l'aide de Proverbes 3.5 :

« Mets ta confiance en l'Éternel de tout ton cœur, et ne te repose pas sur ta propre intelligence. » Pour faire confiance à Jésus, il me fallait adopter une obéissance totale et soumise à sa volonté, jour après jour. Par l'immense grâce de Dieu, j'ai commencé à percevoir ma soumission comme ma façon de prendre part aux souffrances de Christ et à sa complète soumission envers le Père. Je continue à prier pour que Dieu accepte et guide ma renonciation à moi-même.

Désormais, j'ai trouvé ma liberté en m'attachant, jour et nuit, à l'Esprit Saint. Vivre au jour le jour, sans paniquer à cause du lendemain, me libère et apaise mes souffrances. Ma confiance renouvelée en Jésus entraîne aussi le renouvellement de mon amour, de mon espérance et de ma foi. Mon regard se détache de ma souffrance pour se tourner vers son amour. J'ai découvert un nouveau trésor : le cadeau de la douleur c'est le cadeau de Dieu lui-même. En fin de compte, lui seul fait mes délices et me réconforte. J'ai appris l'enseignement de Psaumes 119.71 : « Il m'était bon d'être affligé afin d'apprendre tes préceptes. »

Psaumes 27.4 guidera désormais mes pas, jusqu'à la fin : « J'ai présenté à l'Éternel un seul souhait, mais qui me tient vraiment à cœur : je voudrais habiter dans la maison de l'Éternel tous les jours de ma vie afin d'admirer l'Éternel dans sa beauté, et de chercher à le connaître dans sa demeure. »

Troisième partie

Marcher avec Dieu dans la fournaise

Chapitre 11

Marcher

Quand tes chemins se feront sinueux et tortueux,
Ma grâce suffisante sera ton soutien,
La flamme ne te brûlera point, j'ai en effet préparé
L'impureté pour être consumée et l'or pour être affiné.

John Rippon, « How firm a Foundation »
[Une fondation solide[334]]

Nous avons examiné comment se préparer à la souffrance. Il est temps de se demander comment gérer et surmonter la souffrance sur le plan pratique.

De nos jours, la plupart des livres et ressources d'aide aux personnes en difficulté n'expliquent plus comment endurer la souffrance, mais utilisent un vocabulaire emprunté au monde du business et de la psychologie. Nous sommes encouragés à « manager » et « gérer » notre stress et nos traumatismes. Selon ces ouvrages, les personnes en souffrance doivent éviter d'avoir des pensées négatives, amortir les chocs avec du sport, du repos, de la relation d'aide et résoudre les problèmes. Il leur faut aussi « apprendre à accepter ce qu'ils ne peuvent pas changer ». Dans cette configuration, toute l'énergie se concentre sur les réactions émotionnelles immédiates et l'environnement. Depuis des siècles, le christianisme est allé plus loin et plus en profondeur dans l'art d'équiper les croyants face à la tribulation.

Traverser la souffrance avec Dieu

Jésus est passé par les mêmes peines et difficultés que nous. Comme nous l'avons vu précédemment, une des métaphores les plus répandues dans la Bible pour faire face à l'affliction est celle de *traverser* une situation périlleuse et difficile, susceptible d'être fatale, ou parfois celle de marcher dans les ténèbres. « Si je devais traverser la vallée où règnent les ténèbres de la mort, je ne craindrais aucun mal, car tu es auprès de moi : ta houlette me conduit et ton bâton me protège » (Psaumes 23.4, cf. Ésaïe 50.10, 59.59, Lamentations 3.2). Une autre analogie est celle de la traversée d'eaux profondes : « Ô mon Dieu, sauve-moi, j'ai de l'eau jusqu'au cou » (Psaumes 69.2, cf. Psaumes 69.15, 88.17, 124.4, Job 22.11, Exode 15.19). La Bible esquisse aussi l'image d'une ascension dans la montagne sur des sentiers glissants et dangereux (Psaumes 73.2). Le lien entre toutes ces métaphores est la nécessité de traverser les souffrances.

La métaphore de la traversée inclut l'idée de progrès. Beaucoup d'auteurs antiques voyaient l'adversité comme une plaie à supporter impassiblement, jusqu'à ce qu'elle disparaisse. Aujourd'hui, en Occident, la souffrance est perçue comme une tempête, dont on doit se protéger ou qu'il faut éviter, jusqu'à ce qu'elle ait disparu. La spécificité du christianisme tient dans la métaphore de la traversée : des ténèbres, des eaux tourbillonnantes ou du feu. Nous ne devons pas perdre l'équilibre et laisser la souffrance nous écraser. N'imaginons pas non plus pouvoir l'éviter ou y être imperméable. Il nous faut l'accueillir et la traverser sans être choqués ou surpris, sans nous laisser paralyser par la peur, sans nier notre tristesse et notre faiblesse, sans éprouver du ressentiment, et sans pour autant non plus y consentir ou capituler, nous rendre ou sombrer dans le désespoir.

Examinons la métaphore de la traversée d'un feu. Bien évidemment, le feu détruit tout sur son passage et peut causer une mort lente et douloureuse. L'image était familière dans la littérature juive, grecque et romaine pour évoquer l'adversité et le jugement[335]. Dans de nombreux passages des Écritures, le malheur est comparé au feu (Psaumes 66.10, Proverbes 17.3, 27.21, Zacharie 13.9, Malachie 3.3). Il n'y a donc rien d'étonnant à ce qu'on ait décrit la peine et l'adversité comme plongeant les gens dans le feu (Job 18.14-16, Psaumes 66.12). Le passage le plus connu utilisant cette analogie est Ésaïe 43. Dieu lui-même s'adresse à son peuple, en disant :

> *Quand tu traverseras l'eau profonde,*
> *Je serai avec toi,*
> *quand tu passeras les fleuves,*
> *tu ne te noieras pas ;*
> *Quand tu marcheras au milieu du feu,*
> *il ne te brûlera pas,*
> *les flammes ne te toucheront pas.*
> *En effet, moi, le SEIGNEUR,*
> *je suis ton Dieu. [...]*
> *N'aie pas peur, je suis avec toi.*

Ésaïe 43.2-5 (Parole de Vie)

Les mots *fleuve* et *feu* expriment « une grande adversité[336] ». Notez bien que tout comme au Psaume 23, il n'est pas promis aux croyants qu'ils échapperont aux difficultés. Il n'est pas écrit : « *Si* tu traverses le feu, l'eau profonde, les fleuves » les vallées sombres, mais « *quand* tu traverseras ». Dieu promet en revanche de nous accompagner en marchant à nos côtés. Ésaïe va même plus loin. Il affirme que le peuple de Dieu ne se « brûlera pas » dans le feu. Il semblerait qu'en se trouvant au milieu de la chaleur, elle ne pénètre pas dans *la personne*. Autrement dit, elle ne contaminera pas son âme, n'endurcira pas son cœur et ne la mènera pas au désespoir.

Proportionnellement à sa taille, le livre de 1 Pierre parle le plus de souffrance[337]. L'apôtre a alors Ésaïe 43 en tête lorsqu'il assimile la souffrance au feu du fondeur, à une fournaise ou un creuset. Il s'adresse à des gens en grande détresse. Il leur dit qu'ils se trouvent « attristés pour un peu de temps par diverses épreuves » (1 Pierre 1.6). Le mot grec pour « épreuves » signifie « essayer d'apprendre la nature ou le caractère de quelque chose. Un test[338] ». Ils étaient calomniés et dénigrés à cause de leur foi. Leur statut social, leurs relations familiales et même leurs moyens de subsistance étaient menacés[339]. Tel est le feu dont parle Pierre, mais il élargit la métaphore au creuset, susceptible de détruire ou d'améliorer un objet dans le feu, selon la manière dont il est travaillé. Pierre ajoute donc :

> *Le feu du creuset n'éprouve-t-il pas l'or qui pourtant disparaîtra un jour ? Mais beaucoup plus précieuse que l'or périssable est la foi qui a résisté à l'épreuve. Elle vous vaudra louange, gloire et honneur, lorsque Jésus-Christ apparaîtra.*
>
> 1 Pierre 1.7

Nous avons brièvement évoqué cette image en introduction. L'adversité est comme un feu qui, plutôt que de détruire, raffine, endurcit et embellit celui qui le traverse, tel un creuset avec de l'or. Comment fait-il cela ? Comment est-il en mesure de le faire ?

L'or est un métal précieux. Une fois dans le feu, il peut s'amollir, voire fondre, mais il ne peut ni s'enflammer ni tomber en cendre[340]. Toutefois, l'or peut être rempli d'impuretés qui peuvent être détruites. Au contact du feu, elles s'embrasent ou montent à la surface pour être éliminées par l'orfèvre. D'une certaine manière, le feu « essaye » de détruire le métal placé en son centre, mais au final, il ne le rend que plus beau et plus pur.

Pierre compare les chrétiens à de l'or plein d'impuretés. Notre foi en Dieu est contaminée par toutes sortes de virus : confort, pouvoir, fierté, plaisir et égoïsme. Elle est, pour une large part, plus abstraite et intellectuelle que sincère. Sur le plan intellectuel, nous croyons que nous sommes des pécheurs sauvés par la grâce de Dieu, mais nous nous basons sur le fait que nous nous en sortons bien, parce qu'au fond de notre cœur nous nous croyons plus droits, ouverts, travailleurs, remplis d'amour ou instruits que les autres. Notre caractère est rempli d'imperfections. Soit nous supportons mal les critiques, soit nous sommes trop durs en les faisant. Nous ne savons pas écouter l'autre, nous sommes impatients envers ceux que nous qualifions d'idiots, de trop impulsifs, de trop timides ou de peu fiable, ou qui veulent tout contrôler. Par contre, nous nous voilons la face sur ces mêmes défauts qui entachent pourtant nos vies et blessent les autres.

Puis la souffrance s'installe. Timidité et lâcheté, égoïsme et pitié de soi, tendances à l'amertume et à la malhonnêteté, toutes ces « impuretés » de l'âme sont révélées par les épreuves et la souffrance qui les font remonter à la surface, de la même manière qu'une fournaise pour les impuretés d'un or non raffiné. Nous pouvons enfin voir qui nous sommes vraiment. Comme le feu purifiant l'or, la souffrance peut détruire certains de nos travers, nous rendre meilleurs et nous fortifier. Ou l'inverse. Tout dépend de notre réponse. Pierre exhorte ses lecteurs à ne pas être choqués par la souffrance (1 Pierre 4.12), et à ne pas perdre espoir. Ceux qui souffrent sont incités à s'en remettre « entièrement au Créateur, qui est fidèle » et à faire le bien (1 Pierre 4.19). Il leur est promis que quand ils auront « souffert un peu de temps, Dieu, l'auteur de toute grâce [...] vous rétablira lui-même ; il vous affermira, vous fortifiera et vous rendra inébranlables » (1 Pierre 5.10). Selon Pierre, la fournaise ardente ne nous rend pas forcément meilleurs. Nous devons reconnaître Dieu, dépendre de lui, lui parler, croire en lui quand nous sommes au milieu du feu. En Ésaïe 43, Dieu lui-même promet qu'il sera *avec* nous, qu'il marchera à nos côtés dans le feu. Le connaître personnellement pendant nos malheurs est la clé qui nous renforcera au lieu de nous affaiblir.

Trois dans la fournaise

En Daniel 3, la promesse d'Ésaïe 43.2-3 se trouve réalisée dans l'histoire de trois juifs exilés à Babylone sous le règne du roi Nabuchodonosor[341]. Ce dernier a fait ériger une grande statue en or sur une place publique. On ne sait pas qui elle représente, le roi, le dieu du roi, l'empire, ou les trois ; mais c'est peut-être délibéré. La ville de Babylone est alors une société polythéiste, à l'image du reste du Proche-Orient. Chaque ville et région a son propre dieu, et chacun peut aussi rendre hommage à d'autres dieux en toute liberté. Pourtant, Nabuchodonosor exige que chaque fois que ses musiciens jouent tout le monde se prosterne devant cette statue. Par ailleurs, « celui qui refusera de se prosterner devant elle et de l'adorer sera jeté aussitôt dans la fournaise où brûle un feu ardent » (Daniel 3.6). Le but du roi est évident. Chacun est libre de servir différents dieux ou pas, comme il l'entend, mais tous *doivent* adorer un objet symbolisant le pouvoir de l'état.

La grande majorité des habitants se plie de bonne grâce, à l'exception de trois juifs qui travaillent pour l'état. Leurs noms babyloniens sont Shadrak, Méshak et Abed-Nego. Ils savent qu'obéir au roi reviendrait à désobéir au Dieu d'Israël, qui s'est révélé non pas comme un *simple* dieu mais comme *le* Dieu créateur de l'univers. Le moment venu, ils refusent de se prosterner et le roi en a vent. Comme le dévoile Daniel 3.14-15, il les convoque et leur dit :

> *Est-il vrai, Shadrak, Méshak et Abed-Nego, que vous n'adorez pas mes dieux et que vous ne vous prosternez pas devant la statue d'or que j'ai érigée ? [...] Si vous refusez de l'adorer, vous serez jetés aussitôt dans la fournaise où brûle un feu ardent. Et quel est le dieu qui pourrait alors vous délivrer de mes mains ?*

Ces trois hommes se retrouvent dans la même situation que des millions de croyants passés et présents qui refusent de se conformer à la religion d'un régime totalitaire. D'une certaine manière, ces trois jeunes hommes représentent aussi tous ceux qui sont frappés par des malheurs subis malgré leur innocence. Ils opposent une fin de non-recevoir au roi en ces termes :

> *Si le Dieu que nous servons peut nous délivrer de la fournaise où brûle un feu ardent, ainsi que de tes mains, ô roi, qu'il nous délivre ! Mais même s'il ne le fait pas, sache bien, ô roi, que nous n'adorerons pas tes dieux et*

> *que nous ne nous prosternerons pas devant la statue*
> *d'or que tu as fait ériger.*
>
> Daniel 3.17-18

Leur réponse est un mélange presque paradoxal de confiance et d'humilité. Leur discours rassemble des éléments diamétralement opposés à première vue. D'un côté, ils expriment leur conviction que Dieu non seulement peut les sauver mais qu'il les *délivrera* (v. 17). Mais le « s'il ne le fait pas » de la phrase suivante nous laisse perplexes. S'ils ont tellement confiance en Dieu, pourquoi admettre la possibilité qu'il ne les délivre pas ?

En fait, ils placent bel et bien leur confiance en Dieu, et non dans leur compréhension limitée de leur idée de ce qu'il fera. Ils sont intimement persuadés que Dieu les sauvera. Cependant, ils n'ont pas l'arrogance de prétendre lire correctement les plans de Dieu. Ils savent qu'il n'est pas obligé de se conformer à leur sagesse limitée. En d'autres termes, ils placent leur confiance en Dieu lui-même, dans le fait qu'il connaît le futur mieux qu'eux, et non dans du favoritisme de sa part vis-à-vis de leurs priorités. Pour résumer, voici la teneur de leur propos : « Même si notre Dieu ne nous porte pas secours, et il en a le droit, c'est lui que nous servirons et pas toi. Nous le servirons, qu'il agisse en conformité ou non à notre sagesse. Nous ne te tenons pas tête parce que nous pensons que nous allons vivre, nous te tenons tête parce que Dieu *est* Dieu. »

J'entends souvent des gens dire : « Si Dieu doit nous bénir, nous devons croire, sans douter, de toute notre force qu'il le *fera*. Nous devons réclamer notre bénédiction dans la pleine assurance que nous l'obtiendrons. » Ce genre d'attitude ne correspond ni à notre passage ni à aucun autre dans la Bible. Songez à tous les grands serviteurs de Dieu, d'Abraham à Joseph, de David à Jésus lui-même, qui *n'ont pas* toujours été exaucés suite à leurs prières. Si nous disons : « Seigneur, je *sais* que tu répondras à ma prière. Tu *ne peux pas ne pas* y répondre », alors nous plaçons notre confiance en nous-mêmes, et non en lui. En tant que pasteur, d'innombrables personnes m'ont dit : « J'ai fait confiance à Dieu, j'ai tellement prié pour avoir X, mais il ne l'a jamais donné. Il m'a laissé tomber. » Ils plaçaient en réalité leur plus grande foi et espérance dans le plan qu'ils avaient imaginé pour leur vie, Dieu n'étant qu'un moyen d'arriver à cette fin. Au mieux, ils faisaient confiance à Dieu-et-à-mon-plan-pour-ma-vie. Par contre, ces trois hommes faisaient confiance à Dieu. *Point final.*

L'approche : « Je sais qu'il me délivrera » semble être un signe de confiance, mais en réalité elle cache de l'anxiété et de l'insécurité. Nous avons peur qu'il puisse ne *pas* répondre à notre prière de délivrance. Mais Shadrak, Méshak et Abed-Nego croyaient de tout leur cœur en Dieu. Ils n'étaient pas du tout nerveux. Ils avaient déjà été épurés par le feu spirituel. Ils étaient prêts à être délivrés comme à mourir. Quoi qu'il arrive, ils savaient que Dieu en serait glorifié et qu'ils seraient avec lui. Ils avaient la certitude que Dieu les délivrerait *de* la mort ou *au travers* de la mort.

Honorer Dieu était leur plus grande joie, ils ne voulaient pas utiliser Dieu pour obtenir ce qu'ils désiraient. En conséquence, ils n'éprouvaient aucune peur. Rien ne pouvait les ébranler.

Quatre dans la fournaise

Après cette réponse provocatrice, le roi était encore plus furieux. Il a ordonné de chauffer sept fois plus le feu de la chambre d'exécution de la fournaise, d'attacher les trois hommes et de les y jeter. La chaleur des flammes était telle, qu'elle a tué les soldats lorsqu'ils les ont jetés dedans (v. 22). Puis, au moment où le roi a regardé à l'intérieur, ce qu'il a vu l'a ébranlé de la tête aux pieds.

> *C'est alors que le roi Nabuchodonosor fut saisi de stupeur ; il se leva précipitamment et, s'adressant à ses conseillers, il demanda :*
> *– N'avons-nous pas jeté trois hommes tout ligotés dans le feu ?*
> *Ils répondirent au roi :*
> *– Bien sûr, Majesté.*
> *– Eh bien, reprit le roi, je vois quatre hommes sans liens qui marchent au milieu du feu sans subir aucun dommage corporel ; et le quatrième a l'aspect d'un fils des dieux.*
>
> Daniel 3.24-25

Le roi n'entend pas de cris d'agonie et ne voit pas trois corps se tordre de douleur. Il voit à la place *quatre* formes marcher tranquillement dans le feu, sans liens ni blessures. La quatrième retient son attention, car elle « a l'aspect d'un fils des dieux ». Manifestement, même à travers les flammes et la fumée, cette silhouette semble avoir un énorme pouvoir. D'une certaine manière, il semble surhumain, divin. Il est incontestable que ces trois hommes marchent dans le feu sans se brûler grâce au quatrième. D'ailleurs il ne ressortira pas avec eux.

Qui est-ce ? Il existe une figure mystérieuse de l'Ancien Testament appelée « l'ange de l'Éternel ». Il ne s'agit pas d'*un* ange, mais de *l'*ange. Même le roi reconnaît plus tard que le Seigneur « avait envoyé son ange pour délivrer ses serviteurs » (v. 28). Il ne ressemble pas aux autres anges ailleurs dans la Bible. Quand il apparaît à Moïse dans le buisson ardent et parle, ses mots sont ceux de Dieu ; sa voix est celle de

Dieu (Exode 3.2-6). Quand l'ange apparait, on l'adore (Josué 5.15) alors que les autres anges refusent l'adoration (Apocalypse 19.10). Voir cet ange revient à voir Dieu (Juges 13.16-22). L'ange est mystérieux car il semble être Dieu dans une forme visible. Depuis des siècles, les chrétiens ont effectivement compris qui il est. Le théologien spécialiste de l'Ancien Testament Alec Motyer en résume fort bien le point de vue :

> L'ange s'avère être un « arrangement » miséricordieux ou un « abaissement » de Dieu. Ainsi le Seigneur peut rendre visite à un peuple pécheur, alors que s'il y était présent lui-même, sa présence le consumerait [...] C'est un mode de déité qui permet au Dieu saint d'être aux côtés des pécheurs. Dans la Bible, il n'existe qu'une seule autre figure qui est à la fois identique et distincte du Seigneur. Une personne, capable d'accepter la présence des pécheurs [...] sans abandonner la pleine essence et les prérogatives de la déité [...] Jésus-Christ[342].

Ce texte peut donc être lu sous différents angles d'une manière puissante. L'intrépide ami divin semble être présent dans un commentaire d'Ésaïe 43.2, 5 : « Quand tu marcheras dans le feu, il ne te fera pas de mal et tu ne seras pas brûlé [...] Sois sans crainte, car je suis *avec* toi, je ferai revenir tes enfants de l'orient je te rassemblerai de l'occident. » Qui aurait cru que les paroles de Dieu soient si concrètes ? Percevons-nous jusqu'à quelles extrémités il est allé pour être avec nous ? Quand nous songeons au fait que Jésus vivait dans une gloire inimaginable et une béatitude éternelle avant de venir à nous, nous prenons conscience que toute sa vie terrestre n'a été pour lui qu'une traversée du feu.

À sa naissance, Jésus est venu partager notre faible humanité et a adopté notre finitude. Tout au long de sa vie, il a connu des moments de tensions et a été attaqué par des gens cherchant à le faire mourir (Luc 4.29). Il a été sans cesse incompris et rejeté. Mais c'est à la croix qu'il est véritablement entré dans la fournaise. Comme Shadrak, Méshak et Abed-Nego, il a été condamné injustement à une mort douloureuse par un régime totalitaire.

Le jour fixé pour Jésus d'entrer dans la fournaise de l'affliction, personne ne vient marcher à ses côtés. Il est livré à lui-même. Aucun être divin ne se tient à ses côtés, comme le confirme son cri à la croix : « Mon Dieu, mon Dieu, pourquoi m'as-tu abandonné ? » « Quand le feu de la colère de Dieu l'a brûlé jusqu'à la moelle, que des flammes déchainées l'ont recouvert, il était entièrement seul[343]. » Pourquoi ? Pourquoi Dieu a-t-il été avec Daniel et ses amis et pas avec son seul Fils bien-aimé ? Sur la croix, Jésus n'a pas seulement souffert avec nous, mais *pour* nous. Shadrak, Méshak et Abed-Nego étaient des hommes respectables, mais ils avaient encore des défauts. David a affirmé que si l'on devait tenir un registre de tous nos péchés personnels, en actions et en pensées, personne ne pourrait se tenir devant Dieu (Psaumes 130.3). Ces trois hommes ne méritaient donc pas d'être sauvés à cause de la pureté parfaite de leur vie. Dieu a pu marcher à leurs côtés dans le feu parce qu'il est venu sur terre en Jésus-Christ pour subir le feu de la punition qu'ils méritaient, tout comme nous. C'est pour cela qu'il peut pardonner et accepter ceux qui croient en sa compassion. C'est pour cela qu'il peut être avec nous dans la fournaise, même si nous sommes des pécheurs sans mérites.

Les leçons de la fournaise

Quelle leçon tirer ? Si vous croyez en Jésus et que votre repos se trouve en lui, alors la souffrance agira sur votre caractère comme le feu sur l'or. Pensez à quatre choses que vous souhaiteriez : savoir qui vous êtes, avec vos forces et vos faiblesses ; être rempli de compassion et de tact pour aider des personnes blessées ; avoir une telle confiance en Dieu que vous serez fortifié face aux déceptions de la vie ; ou vouloir simplement être sage pour comprendre la vie ? Il s'agit de quatre éléments cruciaux, mais aucun d'eux ne s'obtiendra sans souffrir. Il est impossible de savoir qui l'on est vraiment avant d'avoir été éprouvé. Il est impossible d'avoir de l'empathie et de compatir avec ceux qui souffrent si l'on n'a pas souffert soi-même. Il est impossible d'apprendre à faire confiance à Dieu tant qu'on ne se noie pas.

Mais cette histoire nous apprend également que Dieu est avec nous dans le feu. Cette métaphore signifie qu'il connait les misères du monde. Il comprend, est proche de nous, prêt à ce qu'on dépende de lui dans la difficulté et à se laisser connaître. Il marche avec nous. La vraie question est : marcherons-nous avec *lui* ? Si nous nous sommes taillé un dieu sur mesure, quand tout s'écroulera, nous penserons qu'il nous a abandonné, et nous ne le chercherons pas.

Il est particulièrement important de souligner ce point, car nous savons tous que la souffrance ne fait pas que purifier. Elle peut aussi nous durcir et dévorer. La souffrance en a brisé beaucoup, de manière épouvantable. Que faire dès lors pour rendre la souffrance productive et non destructrice ? Il faut marcher avec Dieu. Mais dans quel sens ?

Cela veut dire qu'il faut traiter Dieu *en tant que* Dieu et *comme étant là-bas*. Il convient de lui parler, d'épancher votre cœur dans la prière, de lui faire confiance. Mais avant tout, il faut voir avec les yeux de votre cœur, comment Jésus a plongé dans la fournaise pour vous à la croix. Voilà ce qu'il vous faut savoir pour lui faire confiance, rester avec lui et par conséquent être transformé en or plus pur grâce à la chaleur. Si vous vous souvenez dans un esprit de reconnaissance, que

Jésus a été jeté dans la pire des fournaises pour *vous*, vous commencerez à le sentir à *vos côtés* dans vos fournaises plus petites.

Il faut donc se rappeler l'Évangile. Jésus a été jeté dans le feu suprême, le feu que nous méritions. C'est ainsi que nous sommes sauvés : si nous croyons en lui, alors aucune colère ne nous atteindra. En revanche, si vous croyez que Dieu ne sauve que ceux qui mènent une vie juste et digne, lorsque la souffrance vous atteindra, soit vous haïrez Dieu, soit vous vous haïrez. Vous serez susceptibles de dire : « J'ai mené une vie assez digne. Je mérite d'être mieux traité. Dieu s'est montré injuste envers moi. » Ou peut-être direz-vous : « Oh, je n'ai pas vécu comme j'aurais dû. Je suis un raté. » Ces deux attitudes mènent au désespoir. Un cœur qui oublie l'Évangile sera toujours tiraillé entre la colère et la culpabilité.

Si vous entrez dans la fournaise sans l'Évangile, il sera impossible d'y trouver Dieu. Vous serez persuadé qu'il vous a fait un grand tort ou que vous en avez fait subir aux autres, et vous vous sentirez tout seul. Rien n'est plus dangereux que d'entrer dans la fournaise sans l'Évangile. Vous serez en colère contre Dieu, contre vous-mêmes ou les deux à la fois.

À l'inverse, vous pouvez dire quand vous êtes jeté dans la fournaise : « C'est ma fournaise. Je n'y suis pas puni pour mes péchés parce que Jésus a été jeté dans le pire des feux pour moi. S'il a tenu ferme pour moi en le traversant, alors je peux moi aussi traverser cette petite fournaise en tenant ferme pour lui. De plus, si je lui fais confiance, cette fournaise ne peut que me rendre meilleur. »

Le compositeur d'hymnes John Rippon l'a exprimé ainsi :

Quand dans les grandes eaux je t'appellerai, mon enfant,
Les torrents du malheur ne te submergeront pas,

Car je serai avec toi, je bénirai tes problèmes,
Et sanctifierai tes plus grandes détresses.
Quand tes chemins se feront sinueux et tortueux,
Ma grâce suffisante sera ton soutien,
La flamme ne te fera point de mal, j'ai préparé
L'impureté pour être consumée et l'or pour être affiné.
L'âme qui se repose sur Jésus,
Je ne l'abandonnerai pas,
Cette âme, même si l'enfer tout entier s'évertuait à l'as-
saillir,
Je ne l'abandonnerai jamais.

Différentes façons de marcher avec Dieu

Marcher avec Dieu dans la souffrance revient à le traiter en tant que Dieu là-bas, et comme présent ici et maintenant. La marche est une activité normale et rythmée ; elle consiste en des actions répétées et constantes que l'on peut recommencer de façon soutenue pendant un long moment. En Genèse 17.1, il n'était pas question pour Abraham de « sauter » ou de « courir devant Dieu » parce que personne ne peut faire cela des jours entiers. Beaucoup de gens considèrent la croissance spirituelle comme de la plongée sous-marine. Ils s'exclament : « Je vais consacrer ma vie au Seigneur ! Je vais changer toutes ces mauvaises habitudes, je vais vraiment être métamorphosé ! Donnez-moi six mois et je serai une nouvelle femme ou un nouvel homme ! » Ça n'a rien à voir avec la marche. Marcher c'est prier jour et nuit, lire la Bible jour et nuit, obéir jour et nuit, parler à ses amis chrétiens, louer en groupe, être engagé et participer pleinement à la vie d'une Église. C'est une activité rythmée, encore et encore. La métaphore de marcher avec Dieu symbolise un progrès lent mais continu.

Marcher avec Dieu dans la souffrance ne signifie pas que vous serez délivré en un instant de vos questions, chagrins et peurs. Comme nous le verrons plus tard, il y aura peut-être des moments où vous recevrez une « paix qui dépasse l'entendement ». Certains jours, vous recevrez des révélations comme un rayon de lumière dans une pièce sombre. Vous ferez sûrement des progrès ; cela fait partie de la métaphore de la marche, mais ils seront en général lents et continus. Ils n'arriveront que si vous marchez de façon quotidienne et régulière. « Le sentier des justes est comme la lumière de l'aurore dont l'éclat ne cesse de croître jusqu'en plein jour » (Proverbes 4.18).

Quelles sont donc ces activités quotidiennes et régulières ? Quels moyens particuliers devons-nous utiliser pour maintenir une communion avec Dieu et devenir plus forts, et non plus faibles, pendant nos périodes difficiles ? La Bible présente plusieurs moyens choisis par les personnes pour gérer leur souffrance. Nous sommes appelés à marcher, pleurer, faire confiance et prier, penser, remercier, aimer et espérer. Nous consacrerons un chapitre à chacun de ces éléments jusqu'à la fin du livre.

Ces activités constituent des stratégies complémentaires. On ne peut en laisser aucune de côté ; cependant le type de souffrance, le tempérament de la personne, le côté unique des circonstances, en détermineront l'importance. Il ne faut pas considérer ces stratégies comme une série d'étapes précises, ni penser qu'elles revêtent la même importance pour tous. Comme nous l'avons dit, il n'y a pas deux chemins identiques dans la souffrance. Pourtant, il ne faut ignorer aucune des recommandations de la Bible envers ceux qui souffrent.

L'histoire vraie de Mary Jane : l'or

J'ai soixante-deux ans et je suis chrétienne depuis quatre ans.

Il y a deux semaines, j'ai écouté le témoignage d'une femme des Alcooliques Anonymes. Sa souffrance était si intense qu'elle dépassait toutes limites. J'ai été submergée d'émotions, et j'ai soudain revécu ce que j'ai ressenti quand j'ai été violée à l'âge de dix ans. J'étais terrorisée et paralysée, le danger me donnait envie de vomir. Puis l'oratrice a dit quelque chose qui a touché mon cœur. Je me suis empressée d'écrire cette vérité. C'est la réponse.

Elle a dit : « Notre souffrance, c'est notre or. » J'ai alors compris ce que Jésus faisait de la mienne.

Quelque chose m'a traversée, quelque chose de puissant et de parfait m'a soutenue pendant que je revivais cette ancienne terreur. Comme s'il voulait que je reste là sans être distraite. J'ai compris, je ne suis pas l'Agneau. Il l'est pour moi, il l'a toujours été. Même si c'est éprouvant d'écouter ce témoignage, il me maintient fermement en sécurité. Sa propre souffrance est entrelacée avec son immense amour.

J'avais enterré ce viol au fond de moi. J'avais appris la leçon : « Ne demande pas d'aide, tu n'en auras pas. Tais-toi. Tu ne mérites pas qu'on vienne à ton secours. Tiens-toi sur tes gardes ; la vie est dangereuse. »

À l'université, je suis sortie avec un homme qui abusait de moi. Il me punissait parce que j'étais « coupable » d'une grande « trahison » : je n'étais pas vierge. J'ai alors essayé de me suicider. Par la grâce de Dieu, on a découvert où j'étais et j'ai passé deux semaines à l'hôpital. Le jour même de ma sortie, deux hommes m'ont violée : mon ex petit ami violent et l'interne de l'hôpital psychiatrique.

La même rengaine : « Ne t'attends pas à recevoir de l'aide, tu n'en auras pas. Tu ne mérites pas qu'on vienne à ton secours. »

On pourrait nommer ainsi les chapitres du milieu de ma vie, entre vingt-cinq et cinquante-neuf ans : « Je m'amuse », « Je m'amuse mais j'ai des problèmes », « Que des problèmes ».

« Je m'amuse » : mon mariage, vivre dans quatre capitales européennes, avoir de beaux enfants, partir à l'aventure, faire carrière, fréquenter du beau monde, apprendre plusieurs langues.

« Je m'amuse mais j'ai des problèmes » : Sans une carrière pour me justifier, qui suis-je ? J'ai besoin d'un moi parfait et d'une vie parfaite. À la place, il y a une grosse dépression, la solitude, des besoins inassouvis. Les gens ne savent pas se tenir ! Des amis qui ne sont pas parfaits, un beau-père qui n'est pas à la hauteur, une belle-mère qui est en colère, de pénibles directeurs d'école qui ne comprennent pas.

« Que des problèmes » : De retour aux États-Unis, il s'ensuit douze ans de calvaire. Les enfants, jeunes adultes et adolescents, sont confrontés à de la persécution à l'école, des dépendances, des troubles du comportement alimentaire, des ennuis avec la justice jusqu'à finalement frôler la mort. Tout cela malgré mes thérapies, le yoga, le zen et les Alcooliques Anonymes. La réalité m'atterre : non seulement je n'ai pas aidé mes enfants, mais je fais partie d'un de leurs plus grands problèmes. Aux Alcooliques Anonymes, j'ai appris une chose plutôt humiliante : « Je ne peux pas les aider, seul Dieu le peut ; et je vais le laisser s'en occuper. »

Dieu nous a bel et bien aidés. Comme de la foudre dans un ciel bleu, mon fils athée, que j'aimais tant, est devenu chrétien. Il semblait transformé. Il demandait comment il pouvait prier pour nous, alors que lui partait en Afghanistan avec les forces d'unité spéciale. Pourtant nous souffrions. Nous avions vu sa vie suspendue à un fil. Notre cœur saignait au-delà de l'exprimable.

Le salut de Dieu est la chose la plus grande et la plus visible qui me soit arrivée. Le Seigneur est devenu mon maître. Je vois comment la férocité de la souffrance se transforme en amour passionné de Dieu. Comme s'il me disait : « Tu m'appartiens désormais. Tu es libre de m'aimer aussi fort que tu as eu peur. Maintenant tu as compris le sens de la vie – m'aimer et me servir dans ma mission de salut – avec la force que je te donne désormais. » Je sais dans mon cœur que la puissance de Jésus est avec moi où que je sois. Ma part, était de me tourner vers lui, de lui faire entièrement confiance avec ma souffrance, lui s'occupe du reste. Notre souffrance devient son or. « Rien ne pourra vous nuire » (Luc 10.19, *Colombe*).

Il a toujours été avec moi.

Dieu agit puissamment pour me dépouiller de mon égocentrisme. Il s'agit du feu du fondeur dont parle Ésaïe. C'est violent. Si chaque jour je peux simplement me souvenir de me tourner vers lui, de lui confier toute ma vie, alors il se chargera du reste.

Pleurer

> *Je vis pour montrer son pouvoir, qui, un jour*
> *Changea ma joie en pleurs, et à présent mes larmes en*
> *chants.*
>
> George Herbert « *Joseph's Coat* »
> [Le manteau de Joseph]

Une fois les principes généraux compris, il est possible d'étudier sans danger chacune des stratégies que la Bible propose pour traverser la souffrance. Aucune ne se suffit à elle-même, mais il ne faudrait pas non plus les considérer comme une série de recettes à appliquer. Elles se chevauchent et s'entremêlent. Les causes, tempéraments, ainsi que d'autres éléments, amèneront chacun à s'y conformer de façon différente.

Les lamentations disparaissent

Dans son livre magistral *The Reformation of Suffering* [La Réforme de la souffrance], Ronald Rittgers, raconte comment Luther et les réformateurs allemands ont cherché à restaurer une approche plus biblique de la souffrance. Pour eux, l'Église médiévale, en prônant la patience dans la souffrance comme voie de salut, était tombée dans une nouvelle forme de stoïcisme semblable à celle des païens. Les luthériens soutenaient avec virulence que Jésus avait porté tout notre châtiment pour le péché. Par conséquent, nul besoin de gagner l'aide du Christ, il nous faut avoir l'assurance que dans notre malheur il est avec nous et nous garde dans la sphère de son amour.

Mais, ajoute Rittgers, l'Église luthérienne a tout de même suivi l'Église médiévale sur un point. Elle a ignoré la notion importante de « lamentations » comme réaction normale aux difficultés et à la détresse. Un grand nombre de psaumes sont appelés « Psaumes de lamentations ». Il s'agit de cris poignants de détresse et de chagrin. Le psalmiste se plaint souvent des actes des autres, ou est troublé par ses propres pensées et actions. Certains psaumes expriment aussi la frustration vis-à-vis de Dieu lui-même[344]. Psaumes 44.24 dit : « Interviens donc, Seigneur ! Ne reste pas sans réagir ! Sors du sommeil, ne nous rejette pas toujours ! » Psaumes 89.50 demande quant à lui : « Seigneur, où sont donc restées tes faveurs d'antan que, dans ta fidélité, tu avais promises par un serment à David ? » Le livre de Job regorge bien entendu de lamentations, tout comme les déclarations prophétiques de Jérémie, qui compare même Dieu à un cours d'eau qui devrait couler de manière continue, mais qui s'assèche. « Pourquoi donc ma souffrance est-elle permanente, et ma plaie douloureuse, rebelle aux soins ? Vraiment : pour moi tu es une source trompeuse au débit capricieux » (Jérémie 15.18).

Selon Rittgers, dans leur souci de ne pas douter de l'amour de Christ, les luthériens, ont minimisé la légitimité de se lamenter. Il soutient que les premiers réformés ont créé une culture dans laquelle douter ou se plaindre était mal vu. On enseignait aux chrétiens à retenir leurs larmes et à montrer leur foi à Dieu en acceptant sa volonté dans la joie, sans broncher. Rittgers cite certains auteurs réformés qui étaient gênés par la présence du livre de Job dans le canon biblique. En effet, remettre Dieu en question comme l'a fait Job, était un péché abominable. L'un d'eux a même justifié l'existence de ce livre en expliquant que Dieu voulait nous montrer qu'il pouvait pardonner et avoir compassion de quelqu'un dont la foi est aussi faible que celle de Job[345].

C'est probablement en partie vrai. Job n'a pas exercé sa foi comme il l'aurait dû, et il l'admet au dernier chapitre : « Jusqu'à présent j'avais seulement entendu parler de toi. Mais maintenant, mes yeux t'ont vu. Aussi je me condamne, je regrette mon attitude en m'humiliant sur la poussière et sur la cendre » (Job 42.5-6). Toutefois, considérer les explosions, cris et lamentations de Job comme tout à fait illégitimes, ne cadre pas avec le texte biblique.

Par exemple, au premier chapitre, lorsque Job apprend la mort de ses enfants et la perte de ses biens, il est dit : « Alors Job se leva, il déchira son manteau puis se jeta par terre pour se prosterner » (Job 1.20). Mais l'auteur ajoute : « Au milieu de tous ces malheurs, Job ne commit pas de péché » (Job 1.22). Voilà un homme qui se comporte déjà d'une manière que de nombreux chrétiens pieux jugeraient inconvenante ou qui révélerait son incrédulité. Il déchire ses vêtements, tombe à terre et proteste. Il ne fait preuve d'aucune patience stoïque. Mais le texte précise : « Job ne commit pas de péché. » Au milieu du livre, Job maudit le jour de sa naissance et est à deux doigts d'accuser Dieu d'injustice dans ses questions empreintes de colère. Pourtant, le jugement final de Dieu sur Job est étonnement positif. À la fin du livre, Dieu se tourne vers Eliphaz, le premier ami de Job, et lui dit :

> *Je suis très en colère contre toi et tes deux amis, car contrairement à mon serviteur Job, vous n'avez pas parlé de moi avec droiture.*
>
> *Procurez-vous donc maintenant sept taureaux et sept béliers, et allez trouver mon serviteur Job. Vous offrirez ces animaux pour vous en holocauste. Et mon serviteur Job priera pour vous. C'est par égard pour lui que je ne vous traiterai pas selon votre folie. Car, contrairement à mon serviteur Job, vous n'avez pas parlé de moi avec droiture.*
>
> *Eliphaz de Témân, Bildad de Shouah et Tsophar de Naama allèrent accomplir ce que l'Éternel leur avait demandé. L'Éternel eut égard à la prière de Job.*

> Job 42.7-9

Job exprimait son chagrin avec force émotions et une rhétorique explosive. Il n'a pas été « gentil » avec Dieu, en priant poliment. Il a dévoilé ses sentiments avec une honnêteté féroce. Même si Dieu force Job à reconnaître son insondable sagesse et sa majesté, à la fin il le disculpe.

Il ne brisera pas le roseau qui se ploie

Par conséquent, il n'est pas convenable de dire à une personne dans une grande tristesse de se ressaisir. Nous devrions être plus doux et patients avec elle, et nous-mêmes aussi, par la même occasion. Nous ne devrions pas partir du principe que si nous faisons confiance à Dieu, nous ne pleurerons pas, nous ne ressentirons aucune colère ni désespoir.

Ésaïe 42 décrit le mystérieux serviteur qui souffrira, et comme le révèle Ésaïe 53, portera le poids de nos transgressions afin que, par sa souffrance, notre condamnation soit effacée. En Ésaïe 42.3, il est dit du serviteur : « Il ne brisera pas le roseau qui se ploie, et il n'éteindra pas la flamme qui faiblit ; mais il établira le droit selon la vérité. » Le mot hébreu « ploie » ne décrit pas une blessure bénigne. Il s'agit d'une lésion profonde qui détruit un organe interne vital, autrement dit, un coup fatal. Quant au roseau ployé, c'est un épi qui a été cassé en formant un angle. Une fois brisé, il ne produit plus rien. Pourtant ce serviteur peut accomplir ce qu'aucun autre ne peut faire. Il peut le guérir pour qu'il produise à nouveau.

Qui est ce serviteur ? Depuis son origine, l'Église chrétienne a reconnu Jésus-Christ (Actes 8.32-33). Selon Matthieu 12.20, Jésus ne brisera pas le roseau qui ploie et n'éteindra pas la mèche qui fume encore. Jésus le serviteur est donc attiré par les cas désespérés. Il prend soin des personnes fragiles. Il aime ceux qui sont maltraités, battus et couverts de bleus. Ils ne le montrent peut-être pas extérieurement mais ils sont en train de mourir intérieurement. Jésus voit au plus profond du cœur et sait ce qu'il faut faire. Le Seigneur guérit les cœurs brisés et panse nos blessures (Psaumes 147.3, Ésaïe 61.1).

Prenons un exemple. 1 Rois 18-19 retrace le ministère d'Élie, prophète puissant et grand homme de Dieu. Pourtant,

Élie craque sous le poids de son ministère. Le peuple s'est retourné contre lui et son message. Il ne l'écoute pas, bien qu'il parle au nom de Dieu. Élie a beau être un grand prophète, il n'est qu'un être humain qui a une tolérance limitée à l'échec, à l'opposition et aux difficultés. Il est déprimé et a même des tendances suicidaires. Il part dans le désert et s'exprime : « C'en est trop, dit-il ! Maintenant, Éternel, prends-moi la vie » (1 Rois 19.4). Puis, il se couche sous un genêt, mais dort mal.

C'est un homme abattu et blessé. Il vacille, sa flamme va s'éteindre. Il ne gère pas bien du tout sa souffrance et son stress. Il ne dit pas : « Je me réjouis dans le Seigneur ! » Non, il veut mourir. Alors Dieu lui envoie un ange. Et que fait donc cet ange en premier ? Il lui cuisine un repas.

> *Soudain, un ange le toucha et lui dit : Lève-toi et mange ! Il regarda et aperçut près de sa tête un de ces gâteaux que l'on cuit sur des pierres chauffées et une cruche pleine d'eau. Il mangea et but, puis se recoucha. L'ange de l'Éternel revint une seconde fois, le toucha et dit : Lève-toi, mange, car autrement le chemin serait trop long pour toi. Il se leva, mangea et but ; puis, fortifié par cette nourriture, il marcha quarante jours et quarante nuits jusqu'à la montagne de Dieu, à Horeb.*
>
> 1 Rois 19.4-8

L'ange envoyé par Dieu à cet homme qui souffre, lui dit-il : « Repens-toi ! Comment oses-tu perdre espoir en moi ? » Non. Lui déclare-t-il : « Réjouis-toi ! J'apporte de bonnes nouvelles ! » ? Non. L'interroge-t-il ? Non plus. L'ange le touche. Il ne le secoue pas ; il le touche comme pour l'accueillir, avec tendresse. Ensuite, il lui prépare à manger et l'encourage :

« Reprends des forces pour tenir bon. » Après avoir laissé Élie dormir encore un peu, il cuisine à nouveau pour lui.

Mais nous nous rendons compte qu'Élie a d'autres besoins. Finalement, Dieu vient le voir et le pousse à sortir de son désespoir. Il lui pose des questions, le fait parler, remet en cause son interprétation des choses, en lui montrant que la situation n'est pas aussi désespérée qu'il le croit. Puis Dieu lui révèle qu'il a toujours un plan pour Israël (1 Rois 19.9-17).

Dieu ne commence pas par raisonner Élie et par lui expliquer quoi que ce soit. Il sait que le prophète est aussi un être physique ; il est épuisé, lessivé. Il a besoin de se reposer et de manger. Il a besoin de chaleur et de douceur. Il ne lui parlera que plus tard. Le contraste est saisissant. Aujourd'hui, certains considèrent que la dépression est un phénomène *purement* physique, une question de chimie du cerveau qui se soigne par des médicaments et du repos. D'autres au contraire, souvent des chrétiens, peuvent rencontrer un dépressif et lui conseiller de se secouer, de se repentir, de se réconcilier avec Dieu, de ne pas se laisser aller et de faire ce qui est juste. Dieu nous montre ici que nous sommes des êtres complexes, pourvus d'une âme et d'un corps. Simplifier la situation à l'extrême reviendrait à briser le roseau abîmé, à éteindre le lumignon fumant. Dieu n'agit pas ainsi. Au bon moment, une personne abattue aura peut-être besoin d'être confrontée, mise à l'épreuve. Mais elle aura peut-être aussi besoin de marcher au bord de la mer et de manger un bon repas.

Selon Ésaïe 42, Jésus est doux avec les blessés et ne les maltraite jamais. Richard Sibbes, grand pasteur puritain du XVIIe siècle, a écrit, dans *The Bruised Reed and a Smoking Flax* [Le roseau froissé et une mèche fumante], un livre devenu un classique :

Pour comprendre l'image de la compassion de Christ envers les roseaux abîmés, songeons à ses noms empruntés aux créatures les plus humbles, un agneau, une poule (Luc 13.34). Souvenez-vous que Jésus guérit les cœurs brisés (Ésaïe 61.1), que le Saint-Esprit est venu à lui, lors de son baptême, sous la forme d'une colombe, pour montrer qu'il pouvait être un médiateur doux comme une colombe. Écoutez son invitation : « Venez à moi, vous tous qui êtes fatigués et chargés, et je vous donnerai du repos » (Matthieu 11.28, *Colombe*). C'est un médecin qui connait toutes les maladies. Il est mort pour guérir nos âmes avec le médicament de son propre sang. N'ayez jamais peur d'aller à Dieu, puisqu'en lui nous avons un médiateur tel, qu'il est non seulement notre ami, mais aussi notre frère et un mari. Gardons cela à l'esprit quand nous sommes blessés : « Si Christ est assez compatissant pour ne pas me briser, je ne me détruirai pas par désespoir[346] [...] »

Par conséquent, les personnes qui souffrent doivent pouvoir pleurer et épancher leur cœur, sans en être immédiatement empêchées par des leçons de morale. Nous ne devrions pas non plus nous les infliger quand nous sommes dans la peine. Dans *The View from a Hearse* [Du point de vue du corbillard], un père a écrit sur le chagrin suite au décès de trois fils à différents moments de sa vie :

J'étais assis, terrassé de douleur. Une personne est venue et m'a parlé des façons d'agir de Dieu, pourquoi c'était arrivé, de l'espoir au-delà de la tombe. Elle ne cessait de parler, disant ce que je savais être vrai.

Ma seule réaction était de souhaiter qu'elle s'en aille. Finalement, elle est partie.

Quelqu'un d'autre est venu et s'est assis à côté de moi. Il n'a rien dit. Il n'a posé aucune question. Il est juste resté à mes côtés pendant plus d'une heure, m'a écouté quand j'ai parlé, m'a répondu brièvement, a simplement prié et m'a quitté.

J'étais touché. J'étais réconforté. J'ai détesté le voir partir[347].

Mon plus jeune frère, Billy, était homosexuel et atteint du sida. Mes parents étaient des chrétiens fidèles à l'enseignement millénaire de l'Église selon lequel l'homosexualité est un péché. Quand l'état de Billy a empiré et qu'il a dû être hospitalisé, mes parents, alors septuagénaires, ont parcouru presque mille kilomètres et ont dormi sur le canapé du salon d'un ami. Pendant sept mois ils ont veillé sur Billy quatorze heures par jour, sans jugement ni mention de leur différend. Ils l'ont nourri de jus de fruits et de yaourts. Ils ont répondu à ses besoins les plus élémentaires. Pour finir, il a de lui-même abordé le sujet qui avait divisé notre famille pendant des années. Il a pu le faire parce que mes parents avaient créé un climat chaleureux rendant possible une discussion aussi franche. Nous avons parlé dans la transparence et pleuré, beaucoup de problèmes relationnels et spirituels ont été résolus.

Pleurer dans la pénombre

L'Église ne laisse que très peu de place à la lamentation et, encore aujourd'hui, beaucoup de chrétiens ne donnent pas à ceux qui souffrent la liberté de pleurer et de crier : « Où es-tu, Seigneur ? Pourquoi ne m'aides-tu pas ? » S'entendre dire, directement ou non, de ne pas *trop* pleurer, de se hâter de se

« réjouir dans les tribulations » a eu l'effet d'un dard sur John Feinberg. Il se sentait mort à l'intérieur, aurait voulu se réjouir, mais il en était incapable. Il aurait été judicieux de lire les Psaumes de lamentations et de prier avec lui, mais personne ne le lui a proposé.

Le Psaume 88 est un psaume de lamentations, qui se distingue des « hymnes tristes » du psalmiste. La plupart de ces psaumes se terminent sur une note de louange ou, du moins, sur une attente positive. Mais celui-ci, ainsi que Psaume 39, est connu pour sa fin sans aucune lueur d'espoir. Derek Kidner commente Psaume 88 : « Il n'y a pas psaume plus triste[348]. » D'après son titre, il a été composé par Hémân l'Ezrahite. Dans la version originale, le dernier mot de ce psaume signifie « ténèbres », littéralement les ténèbres sont *mes amies les plus proches*. C'est une manière brutale de dire à Dieu : « et *tu* n'es pas un ami ! » Toutefois, lu à la lumière du reste de la Bible, ce texte est une ressource utile et encourageante. Hémân écrit :

> *Éternel Dieu, toi qui me sauves,*
> *je crie à toi, pendant le jour, pendant la nuit, en ta présence.*
> *Que ma prière s'élève jusqu'à toi !*
> *À mes sanglots, prête attention !*
> *Car je suis rassasié de maux,*
> *et je suis tout près de la mort.*
> *Déjà je suis compté parmi ceux qui s'en vont dans le tombeau.*
> *Je ressemble à un homme*
> *qui a perdu ses forces.*
> *C'est au milieu des morts que j'ai ma place,*
> *comme ceux qui, déjà, sont couchés dans la tombe,*
> *que tu as oubliés*
> *et dont tu ne t'occupes plus*
> *[…]*

Feras-tu des miracles pour ceux qui ne sont plus ?
Verra-t-on se lever les morts pour te louer ? [...]
Parle-t-on dans la tombe de ton amour ?
De ta fidélité dans le séjour des morts ?
Connaît-on tes miracles là où sont les ténèbres,
et ta justice au pays de l'oubli ?
Pour moi, ô Éternel, je crie à toi,
je te présente ma prière chaque matin.
Pourquoi, ô Éternel, me rejeter
et refuser de m'accueillir ?
Car je suis malheureux, près de la mort ; depuis que je suis
jeune,
et jusqu'à maintenant, j'endure les terreurs que tu m'im-
poses. Je suis à bout.
Les flots de ta colère ont déferlé sur moi,
je suis anéanti par les angoisses qui me viennent de toi.
Comme des eaux qui me submergent
de toutes parts, elles m'assaillent tous les jours.
Mes familiers, tous mes amis, tu les as éloignés !
Ma seule compagnie est celle des ténèbres.

Psaumes 88.1-6, 11-19

Ce passage nous apprend d'abord que les chrétiens peuvent rester longtemps dans les ténèbres. Dans ce psaume, le mot *ténèbres* apparaît à trois reprises (v. 7, 13, 19). Cela montre qu'il est possible de prier, encore et encore et de souffrir sans que rien ne s'améliore. Le psaume se termine sans note d'espoir. Un croyant peut donc vivre dignement et néanmoins rester dans les ténèbres, symboles à la fois de tourments extérieurs ou de douleurs spirituelles intérieures. Tel est le cœur du message réaliste et dur de ce psaume. Les problèmes ne se résolvent pas nécessairement vite, et on ne voit pas toujours clairement pourquoi certaines choses nous arrivent. Un commentateur écrit : « Quiconque tire des Écritures une phi-losophie où tout finit bien devrait s'enlever cette idée de la tête[349]. »

Nous apprenons ensuite que des périodes de ténèbres qui perdurent, peuvent révéler plus profondément la grâce de Dieu. Hémân est en colère. Il soumet Dieu à un contre-inter-rogatoire en disant : « Je *veux* te louer. Je *veux* proclamer ton amour et ta fidélité aux autres. » Il ne dit pas : « Je suis sûr que tu feras sortir du bon de tout ça, Seigneur. » À la fin, Hé-mân déclare pratiquement : « Tu n'as jamais vraiment été là pour moi. » Il ne se maîtrise plus et ne parle pas à Dieu avec respect. Pourtant, selon Derek Kidner : « La présence même de telles prières dans l'Écriture montre que Dieu comprend. Il sait comment les hommes parlent quand ils sont désespé-rés[350].» Pour Kidner, si nous croyons que, par le Saint-Esprit, Dieu a inspiré et assemblé les Écritures pour nous, alors nous devons admettre qu'il ne censure pas de telles prières. Dieu ne pense pas : « Oh ! Les vrais croyants ne diraient pas des choses pareilles ! Je ne veux rien *de tel* dans ma Bible. » Comme dans le cas de Job, cela ne signifie pas qu'Hémân soit sans reproche. Cependant, Dieu ne condamne en rien les cris de douleur, ni dans le livre de Job ni dans ce psaume. Dieu comprend. Autrement dit, Dieu reste fidèle à cet homme, non parce qu'il lui sourit et contrôle ses émotions, mais par grâce. Dieu est patient et bienveillant envers nous ; il est à nos côtés, quelles que soient nos émotions. Nous sommes sauvés par grâce.

Hémân ne loue pas Dieu ; il est faible et il craque. Pour-tant sa prière figure dans le livre des Psaumes. Cela nous en-courage à être honnêtes vis-à-vis de nos tourments, à les ex-poser et à les exprimer avec sincérité.

Enfin, nous apprenons que de se trouver en perma-nence dans les ténèbres nous offre sans doute la meilleure oc-casion de vaincre les forces du mal puisque nous sommes alors confrontés à des choix inexistants quand tout va bien. Nous pouvons choisir de servir Dieu simplement parce qu'il est Dieu. Dans nos moments les plus noirs, nous avons l'impression de ne rien recevoir de Dieu ou de notre relation avec lui. Mais que se passe-t-il si nous continuons à lui obéir, à le prier, à le chercher, et à aimer les autres malgré tout ? Nous apprenons à aimer Dieu pour lui-même et non pour ses bénédictions.

Quand les ténèbres se dissipent, nous découvrons que tout ce qui comptait en dehors de Dieu pour atteindre notre bonheur s'est réduit. Nous avons désormais une nouvelle force et notre satisfaction se trouve en Dieu seul. Face aux difficultés, nous puiserons dans un nouveau courage, nous serons imperturbables, plein d'aplomb, en paix. Le charbon se transforme en diamant. Un des personnages du *Seigneur des Anneaux*, Samsagace Gamegie passe par une épreuve de foi similaire et la traverse :

> Mais au moment même où l'espoir mourait ou semblait mourir en Sam, il se transforma en une nouvelle force [...] et il sentit dans tous ses membres un frémissement comme s'il se muait en quelque créatures de pierre et d'acier que ni le désespoir, ni la fatigue, ni des milles d'aridités sans fin ne pourraient réduire[351].

C'est ce qui peut nous arriver. Comme nous l'avons indiqué, nous en savons peu sur la vie d'Hémân, mais nous avons quelques indices. Kidner déclare :

> S'il n'y a ne serait-ce qu'une étincelle d'espoir dans ce psaume, il se trouve dans son titre. Car cet auteur prétendument oublié de Dieu semble avoir été un des pionniers des chantres de David, à qui l'on doit les Psaumes de Coré qui font partie des plus riches

hymnes qui soient. Aussi accablé et abattu qu'il ait été, sa [vie] est loin d'avoir été inutile. Si sa vie n'a été qu'une longue souffrance, dans les mains de Dieu elle a porté beaucoup de fruits[352].

Les ténèbres de Jésus

Le dernier enseignement tiré de ce psaume concerne nos ténèbres, qui peuvent être relativisées par celles de Jésus. Dieu a utilisé les ténèbres d'Hémân pour faire de lui un grand artiste. Il ne l'a pas totalement rejeté, contrairement à son ressenti. Ce n'est d'ailleurs jamais le cas. Nous avons peut-être l'impression que Dieu nous a abandonnés mais, si nous avons placé notre foi en Christ, il n'y a « plus de condamnation » (Romains 8.1) et nous nous trompons donc. Nous pensons peut-être qu'il n'a pas de solution à ce qui nous arrive, mais sa Parole nous apprend qu'il fait concourir « toutes choses » à notre bien (Romains 8.28). Donc, nous nous trompons.

Mais demanderez-vous : « Est-ce vrai pour moi aussi ? Comment en être sûr ? Comment être certain qu'il est présent et plein de bonnes intentions à mon égard, même quand je ne ressens rien à part l'obscurité qui m'envahit ? » Voici la réponse.

Le Psaume 39, l'autre « psaume sans espoir », se termine par ces mots : « Détourne de moi ton regard » (Psaumes 39.14). Mais Jésus est la seule personne qui, après avoir cherché Dieu, a *vraiment* perdu sa présence et a *véritablement* connu les ténèbres absolues. Il a réellement été abandonné par Dieu. Quand il a expiré, tout le monde l'avait trahi, renié, rejeté, abandonné, même son Père. Jésus n'avait qu'une seule amie : l'obscurité totale.

*À partir de midi, et jusqu'à trois heures de l'après-midi,
le pays entier fut plongé dans l'obscurité.
Vers trois heures, Jésus cria d'une voix forte :
– Éli, Éli, lama sabachthani ? ce qui veut dire : Mon Dieu,
mon Dieu, pourquoi m'as-tu abandonné ?*

Matthieu 27.45-46

Jésus seul a expérimenté les ténèbres suprêmes, le rejet cosmique que nous méritions, afin que nous sachions que le Seigneur ne nous abandonnera et ne nous oubliera jamais (Hébreux 13.5). Parce que Dieu l'a vraiment abandonné, il nous *semble* seulement que nous le sommes. Mais il n'en est rien, malgré nos défauts. Amy Carmichael, missionnaire irlandaise en Inde au début du XXᵉ siècle et auteure de nombreux ouvrages, a écrit un poème intitulé : « These strange ashes » [*Ces cendres étranges*]. Il se présente sous la forme d'un dialogue entre une âme et Dieu.

> Qu'en est-il, Seigneur, de ces cendres étranges, de ce néant,
> De cette déconcertante impression d'abandon ?
> Mon fils, l'angoisse de mon dépouillement était-elle moindre
> Sur la croix de torture[353] ?

Jésus aurait pu abandonner sa mission quand il souffrait à Gethsémané. Il aurait pu se dire : « Pourquoi irais-je en enfer pour des disciples qui ne me comprennent pas, qui ne me soutiennent pas, et qui ne sont même pas capables de rester éveillés une heure avec moi quand j'en ai le plus besoin ? » Non, il ne l'a pas fait. Il a accepté de souffrir pour nous. Il ne nous a pas abandonnés malgré sa propre souffrance. Pensez-vous qu'il vous abandonnera aujourd'hui au milieu de la vôtre ? Michael Wilcock imagine que Jésus nous parle dans le Psaume 88 :

> Christ lui-même est bel et bien descendu ainsi [dans les ténèbres], et en est ressorti. Son souci, ici, est d'atteindre l'âme enfermée dans les abîmes, grâce à sa parole et les serviteurs qui connaissent sa parole. « Cela peut arriver à un croyant » dit-il. « Cela ne veut pas dire tu sois perdu. Cela peut arriver à quelqu'un qui ne l'a pas mérité [après tout, cela m'est bien arrivé !]. Il ne faut pas en conclure que tu as dérapé. Cela peut se produire n'importe quand, tant que ce monde existe. Nous n'en serons débarrassés que dans le prochain. Tout cela peut te tomber dessus sans que tu saches pourquoi. Il y a des réponses, il y a un but, et un jour tu sauras[354]. »

Grâce à Jésus, il y a toujours de l'espoir, même dans les moments les plus sombres de notre vie.

Pleurer et se réjouir

Terminons en expliquant ce que signifie « se réjouir dans la souffrance ». Nous aurons l'occasion d'y revenir, mais il devrait être désormais évident de ne pas considérer cette exhortation biblique sur un plan purement émotionnel et subjectif. Se réjouir ne signifie pas « ayez des émotions de joie ». Cela ne signifie pas non plus que les chrétiens doivent rester de marbre en disant : « Je ne me laisserai pas abattre ! » Une telle attitude est égocentrique et indépendante, comme si nous avions en nous la force qui ne se trouve qu'en Dieu. C'est irréaliste, voire dangereux. La souffrance engendre une tristesse intérieure, elle nous *fragilise* vraiment. Nier sa peine, en se disant : « je vais bien, merci ! », engendrera certainement un prix à payer ultérieurement. Vous risquez d'exploser, de faire une dépression ou de craquer subitement. Vous réaliserez alors que vous vous êtes leurré. Vous avez bien plus mal que ce que vous croyiez.

En 1 Pierre 1.6-7, l'apôtre Pierre dit que ses lecteurs sont dans la « joie » quand ils voient le salut de Dieu en Jésus-Christ. Puis il ajoute : « même si, actuellement, il faut que vous soyez attristés pour un peu de temps par diverses épreuves ». Ces deux affirmations sont énoncées au présent, ce qui est remarquable. Ils *sont* dans la joie du salut même s'ils *sont*, toujours au temps présent, sujets à une grande tristesse et à des épreuves. Le mot grec utilisé ici pour épreuves est *lupeo*, ce qui signifie « un important désarroi mental et émotionnel ». Il est tout à fait significatif que ce même terme soit utilisé à propos de Jésus dans le jardin de Gethsémané : « Il commença à être envahi d'une profonde tristesse [*lupeo*] et l'angoisse le saisit. Alors il leur dit : Je suis accablé de tristesse, à en mourir. Restez ici et veillez avec moi ! » (Matthieu 26.37-38).

Pierre ne dit pas : « Avant vous vous réjouissiez en Christ, mais maintenant vous passez par un temps de souffrance. N'ayez crainte, vous vous réjouirez à nouveau. » Ou : « C'est bien de voir que, pendant ces tribulations, vous n'êtes ni tristes, ni affligés, mais que vous vous réjouissez en Jésus. » Il n'oppose pas ces deux vérités. Pour lui, nous ne devons pas choisir entre nous réjouir en Christ *ou* gémir et pleurer toutes les larmes de notre corps. Non seulement nous le pouvons, mais nous *devons* faire les deux, si nous voulons croître dans la souffrance plutôt que de la voir nous démolir complètement[355].

Ce concept est difficile à comprendre pour les Occidentaux contemporains, puisqu'ils élèvent presque leurs sentiments au niveau de choses saintes et suprêmes. Nous sommes heureux ou non. Nous pensons ne pas pouvoir forcer nos sentiments. C'est vrai, nous ne devons ni les nier ni les créer artificiellement. Mais souvenons-nous que, dans la Bible, le « cœur » n'est pas exactement le lieu des émotions, mais celui de nos plus profonds engagements, responsabilités et espoirs. Nos émotions, pensées et actions proviennent de ces engagements. Se « réjouir » en Dieu signifie demeurer en lui et garder en mémoire qui il est, qui nous sommes et ce qu'il a fait pour nous. Parfois nos émotions suivent, mais parfois non. Il ne faut donc pas mettre dans le verbe « se réjouir » l'idée qu'il exclut tout sentiment de tristesse ou de doute, faiblesse et douleur. Se réjouir dans la souffrance se vit *au sein même* de la tristesse.

Voici comment cela se passe. La tristesse et la peine rapprochent de Dieu. Par exemple, quand il fait plus froid dehors, le thermostat amène la chaudière à augmenter sa température. De même, la tristesse et la peine vous poussent vers Dieu et vous révèlent des ressources insoupçonnées. Oui, *ressentez* la douleur. Nous avons tendance à dire : « J'ai peur de la tristesse et de la peine. Je ne veux pas de ces émotions-là. Je veux me réjouir dans le Seigneur. » Mais regardez Jésus. Il était parfait, n'est-ce pas ? Pourtant, il pleure beaucoup. En homme de douleurs, les larmes coulent tout le temps. Pourquoi ? Parce qu'il est *parfait*. Quand vous n'êtes pas centré sur vous-même, vous pouvez sentir la tristesse du monde. Dès lors, la joie du Seigneur émerge de la tristesse, et non après avoir pleuré toutes les larmes de son corps. Pleurer conduit à la joie et la fait grandir. Puis la joie vous rend capable de vraiment ressentir votre peine sans vous faire plonger. En d'autres termes, vous finissez par être en bonne santé émotionnellement.

Dans un sermon sur ce passage en 1 Pierre, D.M. Lloyd-Jones fait ressortir la même idée. Il ne faut pas s'attendre à ce que Dieu épargne la souffrance ou les ténèbres intérieures aux chrétiens, pas plus qu'il ne les en délivre dès la première prière. Au lieu d'attendre que Dieu ôte le chagrin et le remplace par le bonheur, nous devrions rechercher une « gloire », à savoir vouloir goûter et être convaincu de la présence de Dieu et la ressentir de plus en plus, au point que cela nous aide à nous élever au-dessus des ténèbres :

> Ce que nous sommes vraiment en train de dire [...] c'est que le chrétien n'est pas immunisé contre ce qui se passe autour de lui. Nous devons insister sur ce point car la notion qu'ont certaines personnes de la vie chrétienne font du chrétien un être presque irréel. Le chrétien est bien sujet à la tristesse et à la peine, [...] l'absence de tristesse [...] n'est pas naturelle et s'écarte du Nouveau Testament. Elle procède plus du stoïcisme ou de l'état psychique d'un adepte d'une secte que du christianisme. [...] [Le chrétien] possède quelque chose qui lui permet de s'élever au-dessus de ses tourments, mais la gloire de la vie chrétienne consiste à le faire tout en les ressentant. Il ne s'agit pas d'une absence de sentiment. Il s'agit d'une distinction importante[356].

Chapitre 13

Une question de confiance

> Si Dieu était assez petit pour être compris, il ne serait
> pas assez grand pour être loué[357].
>
> Evelyn Underhill

Après avoir souligné l'importance de gérer la souffrance en vivant honnêtement sa peine et en « se lamentant » sans tomber dans l'excès, il convient d'analyser l'appel à faire confiance à Dieu malgré tout. Certains commentateurs chrétiens mettent en avant les complaintes de Job, les critiques de Jérémie et les Psaumes de lamentations comme marche à suivre pour traiter la douleur. D'autres, plus conservateurs, se servent d'autres passages de l'Écriture pour avancer que nous devons toujours faire confiance à la sagesse insondable de Dieu et à sa souveraineté. En réalité, ces deux catégories se trouvent dans la Bible et toutes deux sont fondamentales. Nous ne devrions pas les opposer.

Faire confiance à Dieu en tout temps est une mission difficile. Heureusement, la Bible ne se contente pas de nous donner des ordres et des directives pour y parvenir. Elle nous offre aussi des histoires. Il n'existe pas de meilleur exemple que celle de Joseph et de ses frères, retracée dans les derniers chapitres de la Genèse.

L'histoire de Joseph

Onzième des douze fils de Jacob, Joseph est le fils aîné de Rachel. Sa mère est la femme préférée de Jacob. Lui est de loin le préféré de son père qui lui a fait faire une tunique multicolore et onéreuse (Genèse 37.3). « Ses frères virent que leur père le préférait à eux tous ; alors ils le prirent en haine » (Genèse 37.4). Le récit débute au moment où Joseph est déjà un jeune homme. Sa mère est décédée et le favoritisme de Jacob a commencé à produire des effets néfastes.

Joseph fait deux songes frappants qu'il s'empresse de révéler à ses frères, car ils indiquent qu'ils se prosterneront un jour devant lui. Les rêves révèlent souvent des désirs cachés ou inconscients. Dans le cas de Joseph, il en résulte un sentiment croissant de supériorité qui l'amène à devenir arrogant, narcissique et hautain, avec le risque de ne plus pouvoir faire preuve ni d'empathie, ni d'amour envers les autres. Comme la plupart des gens avec ce comportement-là, il fonce tête la première vers un mariage malheureux, des relations brisées et une vie ratée dans tous les domaines.

Mais Joseph ne voit pas non plus les toxines au sein de son système familial. Ses rêves rendent ses frères encore plus furieux contre lui (Genèse 37.11), empoisonnant leurs cœurs avec des doses supplémentaires d'amertume. Ils désirent ardemment l'amour de leur père, en vain. Ils haïssent Joseph et rivalisent entre eux. Les conséquences sur le caractère des fils de Jacob se révèlent dans l'histoire de Tamar et Juda, narrée au chapitre 38 qui sert d'interlude. Ils deviennent durs, cruels et égoïstes, avec un sombre avenir devant chacun d'eux fait de peur, jalousie, déceptions, violence et ruptures familiales.

Puis, il arrive une chose horrible à Joseph, suivie d'une série d'événements atroces. Ses frères faisaient paître le troupeau de leur père dans un endroit reculé. Jacob envoie Joseph vérifier que tout se passe bien. Il ne trouve personne à son arrivée. Un étranger l'informe qu'ils sont à Dothan, un lieu encore plus reculé, qui offre aux frères remplis d'amertume leur chance de se débarrasser de Joseph sans être vus. Ils jettent Joseph dans une citerne vide et décident de son sort. Certains sont partisans de le tuer, d'autres de le vendre à des marchands d'esclaves, solution pour laquelle ils optent. Ils font croire à leur père que Joseph a été attaqué et dévoré par une bête.

Un Joseph sans défense, est ligoté et emmené dans la lointaine Égypte où il devient esclave domestique. Il travaille assidûment dans l'espoir de satisfaire son maître et d'améliorer son sort. Il se trouve accusé injustement par l'épouse de son maître, frustrée qu'il ait refusé ses avances, et emprisonné en conséquence, sans espoir d'être un jour libéré.

Le récit parle à peine de la vie spirituelle de Joseph. Nous savons qu'il a supplié ses frères de le laisser en vie quand il était dans la citerne (Genèse 42.21). Il a aussi dû faire appel au Dieu de ses pères : Abraham, Isaac et Jacob. Il a dû demander à Dieu de le délivrer, mais seul le silence lui a répondu. Puis, en Égypte, il a peut-être prié d'avoir une occasion d'échapper à l'esclavage. Non seulement il ne se passe rien, mais pire, il se retrouve dans les geôles du pharaon. Joseph a probablement prié pendant des années pour que Dieu lui vienne en aide, sans jamais recevoir la moindre réponse.

Mais un jour, le vent tourne. Joseph a rencontré un échanson du pharaon, envoyé en prison parce qu'il avait perdu les bonnes grâces du roi. Cet homme fait un rêve que Joseph interprète correctement grâce à l'Esprit de Dieu. L'homme reprend sa place à la cour, mais oublie Joseph jusqu'à ce que le pharaon fasse lui-même deux rêves incompréhensibles. L'échanson fait alors venir Joseph qui interprète les rêves grâce à l'aide de Dieu. Il s'agit d'avertissements de Dieu quant à la venue de sept années de famine d'une gravité sans précédent. De plus, Joseph présente un plan d'action susceptible de sauver l'Égypte de la famine et d'augmenter sa puissance et son influence dans toute cette partie du monde.

Le pharaon reconnait immédiatement le génie de Joseph ainsi que l'Esprit de Dieu en lui. Il le place à la tête du gouvernement et l'autorise à mettre en œuvre son programme. Joseph se sert de son nouveau pouvoir pour mettre en place un grand plan de lutte contre la famine qui sauvera la vie de tout le peuple. Très vite, en effet, des foules d'affamés de toute cette région du monde affluent en Égypte. C'est ainsi qu'un jour, dix Hébreux sales et fatigués se présentent à Joseph, impatients d'acheter du grain pour nourrir leur famille.

Il s'agit bien entendu des frères de Joseph. Ils ne le reconnaissent pas, car il a grandi et porte les habits de la cour d'Égypte, mais Joseph les reconnaît et reçoit un coup en plein cœur. Il décide néanmoins de cacher ses émotions et son identité. Lors de différentes rencontres, il teste ses frères. Il leur offre d'abord de la nourriture et du vin. Plus tard il les menace et les effraie. Dans son commentaire de la Genèse, Derek Kidner écrit : « On voit le bien-fondé de la politique de Joseph dans le changement d'attitude de ses frères, comme si l'alternance chaud/froid avait ouvert leur cœur à Dieu[358]. »

Ce commentaire de Kidner résume la stratégie de Joseph. On a d'abord un « avant-goût de châtiment », léger et « glacial ». Il accuse ses frères d'espionnage, ce qu'ils réfutent, mais il place Siméon en détention en gage de leur sincérité. Tout ceci leur rappelle fortement leurs péchés. Joseph les force à revivre leur passé en prenant en permanence des dispositions par rapport à la situation.

Puis il abat sa dernière carte. S'ils veulent encore avoir de la nourriture, les frères doivent emmener en Égypte, leur plus jeune frère, Benjamin, dernier enfant de Rachel, devenu le préféré de Jacob. Ils répugnent à l'idée de faire cette demande à leur père. Effectivement, Jacob en meurt presque à l'idée de se séparer de Benjamin. Mais ils savent tous qu'ils n'ont pas le choix s'ils ne veulent pas mourir de faim. Ils reviennent donc en Égypte avec Benjamin. Pourtant Joseph s'arrange pour que Benjamin soit accusé d'avoir volé une coupe d'argent et donne un ultimatum à ses frères. Il les laissera rentrer librement chez eux si Benjamin reste pour purger sa peine.

Joseph donne à ses frères toutes les occasions possibles d'agir avec Benjamin comme ils ont agi avec lui, à savoir de se débarrasser du préféré de leur père, de le sacrifier pour assurer leur liberté et la sécurité de leur propre vie (Genèse 44.17). Kidner écrit:

> La stratégie de Joseph [...] est en fait un coup de maître. Comme le jugement de Salomon, la menace soudaine qui plane sur Benjamin a fait office de révélateur: les frères de Joseph sont mis à nu en une seconde [...] toutes les conditions étaient réunies pour une autre trahison. [...] La réponse, par son unanimité (v. 13), sa franchise (v. 16) et sa constance (l'offre est répétée au v. 17) a montré à quel point le châtiment avait été efficace[359].

L'un des frères, Juda, s'avance alors. C'est lui qui avait dirigé les opérations pour que Joseph soit vendu en esclavage. À présent, il ne plaide pas simplement la clémence, il offre sa vie, prêt à souffrir à la place de Benjamin et lui rendre la liberté (Genèse 44.33-34). Il dit à l'homme qu'il n'a pas reconnu :

> *Maintenant donc, je te prie, permets à ton serviteur de rester comme esclave de mon seigneur à place du jeune homme, et qu'il reparte avec ses frères. Comment pourrais-je retourner chez mon père sans le jeune garçon ? Ah, que je ne sois pas témoin du malheur qui frapperait mon père !*

En entendant cela, Joseph craque. Il éclate en sanglots et avoue devant ses frères sidérés (Genèse 45.3-5) : « Je suis Joseph ! [...] Je suis Joseph, leur dit-il, votre frère, que vous avez vendu pour être emmené en Égypte. Et maintenant, ne vous tourmentez pas et ne vous accablez pas de remords de m'avoir vendu comme esclave. C'est pour vous sauver la vie que Dieu m'a envoyé devant vous. » Bientôt toute la famille, avec le père inclus, se trouve réunie en Égypte, où ils vivront dans la paix et la prospérité jusqu'à ce que Jacob et Joseph, décèdent tous deux à un âge avancé et en ayant pleinement profité de la vie.

Le Dieu caché

Quel est le lien avec la façon dont nous affrontons la déception, la douleur et la souffrance ? Tout s'imbrique.

Nous pouvons lire cette histoire et nous demander si Dieu a refusé de s'impliquer pendant toutes ces années, où il a semblé absent de la vie de Joseph. Quand il priait pour rester en vie dans la citerne, Dieu ne l'écoutait-il pas ? Si, il était là et il était à l'œuvre. Il était caché, mais il maîtrisait parfaitement la situation.

Certains ont comptabilisé la totalité des « accidents » et « coïncidences » nécessaires pour que Joseph devienne esclave en Égypte. Il a fallu que Jacob décide d'envoyer Joseph vérifier que ses frères s'occupaient bien des troupeaux (Genèse 37.13) ; qu'il croie que ses fils étaient à Shechem (Genèse 37.12), autrement il ne l'aurait sûrement pas envoyé à Dothan (v. 17b). Une fois à Shechem, Joseph tombe « par hasard » sur un gentil étranger qui ose l'aborder (v. 15) et qui sait où se trouvent ses frères uniquement parce qu'il a entendu « par hasard » une conversation dans un champ (v. 17a). Sans la rencontre de cet étranger, ou si ce dernier n'avait rien entendu, Joseph ne serait jamais allé en Égypte. Ce n'est que parce qu'il s'agissait d'un endroit très reculé que les frères ont pu « s'occuper » de Joseph, et faire croire à l'attaque plausible d'un animal (v. 19-20). L'aîné, Ruben, opposé aux mauvais traitements infligés à Joseph, est naturellement absent (v. 29) quand les marchands d'esclaves arrivent. Juda et les autres peuvent ainsi leur vendre Joseph (v. 26-28).

Une autre série de coïncidences mènera Joseph à la cour du pharaon. Il faut que Joseph soit envoyé chez un homme dont la femme tombe amoureuse de lui. S'il n'avait pas été victime d'un faux témoignage, il n'aurait pas été envoyé en prison. Si le pharaon n'avait pas été en colère contre son échanson, ce dernier n'aurait pas fini en prison et n'aurait jamais rencontré Joseph (Genève 40.1-3).

Combien de « coïncidences » en tout ? Nous perdons le compte. Mais une chose est certaine : si un seul de ces événements avait différé, et beaucoup étaient horribles, Joseph n'aurait jamais été envoyé en Égypte. Quelles en auraient été les conséquences ? Énormément de gens seraient morts. Sa propre famille serait morte de faim. Et, d'un point de vue spirituel, la situation familiale aurait été désastreuse. Joseph aurait été perverti par l'orgueil, ses frères par leur colère, et Jacob par son amour idolâtre et fusionnel pour ses plus jeunes fils.

Nous avons déjà analysé cette théologie. Selon la Bible, Dieu est souverain et contrôle les événements et, dans le même temps, les êtres humains exercent leur libre arbitre et sont responsables de leurs choix. Le principe théologique est bien plus fort et saisissant quand il est placé dans une situation réelle. Si ses frères n'avaient pas trahi Joseph en le vendant comme esclave, la famille (et Joseph) n'aurait pas été sauvée du désastre et de la mort. Cela faisait pleinement partie du plan de Dieu. Dieu était présent à chaque instant et travaillait dans les moindres détails au quotidien de la vie, des choix, et de l'emploi du temps de chacun. Cela montre que Dieu « met en œuvre toutes choses, selon l'intention qui inspire sa décision » (Éphésiens 1.11, Romains 8.28).

L'attitude des frères était-elle correcte pour autant ? Pas du tout. Ils ont mal agi, sans avoir subi de contrainte. La honte et la culpabilité les ont ensuite écrasés. Grâce à un processus douloureux qui les a obligés à revivre leurs mauvais comportements, ils ont pu y renoncer et obtenir la liberté et le pardon.

Comment est-ce arrivé ? Par la souffrance. La souffrance de Jacob, des frères et celle, horrible, de Joseph. Les années atroces d'esclavage pour Joseph, les années atroces d'une culpabilité qui a rongé les frères, les années atroces de dépression et de grande tristesse pour Jacob, toutes étaient prévues dans le plan de Dieu. Par quel autre moyen auraient-ils pu être sauvés corps et âme ? « C'est pour notre bien qu'il [Dieu] nous corrige. » La douleur a ensuite « pour fruit [...] une vie juste » (Hébreux 12.10-11).

Souvent, les bergers anglais prennent brebis et béliers pour les plonger un par un dans une grande cuve remplie d'une solution antiseptique. Le berger doit immerger entièrement chaque animal, en maintenant les oreilles, les yeux et la gueule sous le liquide. Il s'agit bien sûr d'un moment très effrayant pour les animaux. Si l'un d'eux tente de sortir trop tôt de la cuve, les chiens aboient, mordent et l'obligent à y retourner. Aussi éprouvant soit-il, ce traitement périodique les protège des parasites et des maladies. C'est pour leur bien. Un auteur chrétien commentant cette pratique n'a pu s'empêcher de faire le lien avec Jésus appelé le Bon Berger et nous ses brebis.

> Certaines de mes expériences m'ont rendu ces pauvres béliers très sympathiques ; je ne comprenais pas le traitement que m'infligeait le bon Berger auquel je faisais confiance. De plus, il ne me donnait pas la moindre explication. En observant les moutons se démener, je me disais : « Si seulement on pouvait leur expliquer. Mais une telle science est hors de leur portée, trop sublime pour qu'ils puissent l'atteindre[360] » (Psaumes 139.6).

Nous avons nous aussi un Bon Berger qui tient à ses brebis, même s'il nous fait souvent passer par des choses effrayantes et incompréhensibles, pour le moment.

Faire confiance au Dieu caché

Le plus frappant est qu'en exauçant les prières de Joseph, Dieu l'aurait grandement desservi. Nous devons comprendre que, pendant environ vingt ans, Dieu a probablement et invariablement dit non à toutes les demandes de Joseph. La plupart de mes connaissances auraient laissé tomber en disant : « Si Dieu me ferme la porte au nez *chaque fois* que je prie, année après année, j'abandonne. » Mais si Joseph avait renoncé, il aurait tout perdu. Dans son cachot, il s'est tourné vers Dieu pour l'aider à interpréter le rêve. Malgré toutes ces années sans réponses, il faisait toujours confiance au Seigneur.

En réalité, Dieu écoutait et répondait *vraiment* aux prières de Joseph d'être délivré et sauvé, mais ni comme il le voulait, ni au moment souhaité. Pendant tout ce temps où Dieu semblait absent, Joseph continuait de lui faire confiance. Sa relation avec le Seigneur était intacte, il ne lui a jamais tourné le dos.

Nous devons en faire de même. Nous risquons de ressembler davantage à Job qu'à Joseph qui a fini par comprendre le plan de Dieu. Les pièces du puzzle se sont assemblées, il a pu réfléchir à son passé et y voir la main de Dieu. La plupart d'entre nous n'ont pas une telle vue d'ensemble du plan de Dieu pour leur vie. Comme Job, nous restons souvent ignorants, même à la fin de l'épreuve, contrairement au lecteur qui connaît l'enjeu du test de Job pour le conseil céleste. En ce qui nous concerne, nous comprendrons probablement certaines des raisons de Dieu, voire de plus en plus avec les années. Indépendamment de ce que nous sommes capables de discerner, comme Joseph, nous devons faire confiance à Dieu.

Il est intéressant de comparer cette histoire à un autre événement qui a lieu à Dotan des années plus tard, dans une ville désormais et non plus un trou perdu. Le prophète Élisée et son serviteur se trouvent bloqués dans la ville assiégée par des troupes syriennes. Le serviteur est terrorisé. Le prophète prie Dieu pour qu'il lui ouvre les yeux et le serviteur voit alors des « chariots de feu », l'armée des anges, entourant la ville et les protégeant tous. Par la suite, la ville sera délivrée quand Dieu aveuglera l'armée ennemie (2 Rois 6.8-23).

Comparons ces deux sauvetages divins intervenus à Dotan. Dans le premier, Joseph crie à Dieu pour qu'il le délivre. Pourtant, Dieu semble inerte. Dans le second, Dieu répond immédiatement à la prière d'Élisée en opérant un grand miracle. Il apparaît à première vue que Dieu ignore Joseph et répond à Élisée. Mais ce n'est pas le cas. « La suite a montré que Dieu était aussi vigilant quand il se cachait que quand il faisait des miracles. Les deux extrêmes de sa méthode se rejoignent en fait à Dotan, car c'est là que Joseph a crié en vain (Genèse 42.21) et qu'Élisée s'est vu entouré des chars de Dieu[361]. »

Dieu était tout aussi présent dans ses réponses lentes à Joseph que dans sa réplique éclair à Élisée. Son grand amour se trouvait impliqué autant dans le silence de la citerne que dans la réponse bruyante et spectaculaire à la prière. On pourrait argumenter que l'effet du salut de Joseph, bien que moins surnaturel et dramatique, avait une portée plus large et plus profonde. Nous apprenons ainsi que bien souvent Dieu ne nous donne pas exactement ce que nous demandons. À la place, il nous accorde ce que nous aurions demandé si nous avions su tout ce qu'il sait.

Nous ne devrions jamais estimer que nous en savons assez pour douter des voies de Dieu ou nous aigrir contre ce qu'il a permis. Nous ne devrions jamais croire non plus que nous avons gâché notre vie ou le plan de Dieu pour nous. Les frères de Joseph ont sûrement dû croire que leur position devant Dieu, leur père et leur famille était définitivement détruite. Mais Dieu s'est servi de tout cela. Il ne s'agit pas d'une incitation à pécher. La douleur et la détresse qui en ont découlé ont eu des conséquences positives. Dieu les a utilisées pour leur rédemption. Vous ne pouvez détruire ses bons plans pour nous. Il est bien trop grand et il arrivera même à tisser des fils de nos grands péchés pour en faire une œuvre utile et précieuse.

En fin de compte, nous devons placer notre confiance dans l'amour de Dieu. Après la mort de Jacob, les frères ont craint que Joseph n'éprouve encore de la rancœur et ne prenne sa revanche. Bien au contraire, Joseph les a réunis et leur a dit :

> *N'ayez aucune crainte ! Suis-je à la place de Dieu ? Vous aviez projeté de me faire du mal, mais par ce que vous avez fait, Dieu a projeté de faire du bien en vue d'accomplir ce qui se réalise aujourd'hui, pour sauver la vie à un peuple nombreux. Maintenant donc, n'ayez aucune crainte, je pourvoirai à vos besoins ainsi qu'à ceux de vos enfants.*
>
> *Ainsi il les rassura et leur parla affectueusement.*
>
> Genèse 50.19-21

Ce court discours est d'une grande aide pour tous ceux qui traversent des moments de ténèbres et de trahisons. Joseph part du principe que tous les événements étaient dirigés par l'amour et la bonté de Dieu. Même si les frères ont mal agi, Dieu l'a utilisé pour le bien. C'est la version hébraïque de Romains 8.28 : « Nous savons en outre que Dieu fait concourir toutes choses au bien de ceux qui l'aiment, de ceux qui ont été appelés conformément au plan divin. » Paul poursuit ensuite avec une série de questions et de déclarations puissantes pour conclure que dans toute la création « rien ne pourra nous arracher à l'amour que Dieu nous a témoigné en Jésus-Christ notre Seigneur » (Romains 8.31-38). Pour Paul et Joseph, peu importe la gravité de la situation, les croyants peuvent être certains que Dieu les aime. Aux versets 38-39, Paul dit qu'il en est *absolument* certain. Il dépasse les limites du langage pour dire que ni la mort, ni la vie, ni le ciel, ni l'enfer, rien ne peut nous séparer de l'amour de Dieu manifesté en Jésus-Christ notre Seigneur. Rien. Toute la puissance du mal, à l'intérieur de soi ou extérieure, ne peut nous séparer de l'amour de Dieu. Une fois que vous avez donné votre vie au

Seigneur, vous lui appartenez et il vous appartient. Rien ne pourra jamais changer cela.

Tout est lié

L'histoire de Joseph nous montre que tout ce qui arrive fait partie du plan de Dieu, détails et mésaventures inclus. Voici un exemple personnel qui en témoigne.

Je demande parfois aux membres de mon assemblée à New York, l'Église Presbytérienne du Rédempteur, s'ils sont contents qu'elle existe. Ils répondent : « Oui ! » (Heureusement !) Je déroule alors la liste des coïncidences « à la Joseph » qui en sont à l'origine. Cette Église existe en grande partie parce que mon épouse Kathy et moi-même avons été envoyés à New York pour une implantation d'Église. Pourquoi avons-nous été envoyés ? Parce que je faisais partie de l'Église presbytérienne, dénomination qui encourage l'implantation d'Églises. Mais pourquoi avons-nous choisi cette dénomination ? Parce que, lors de mon dernier semestre d'études en théologie, un professeur m'avait convaincu d'adhérer aux doctrines et croyances du presbytérianisme. Mais pourquoi ce professeur enseignait-il là à cette époque ? Uniquement parce qu'après de longs mois d'attente, ce citoyen britannique avait reçu son visa pour venir enseigner aux États-Unis.

Mon université l'avait embauché, mais il avait eu d'énormes problèmes pour obtenir son visa. Il restait une pile de formulaires à traiter à cause d'une procédure bloquée. Pourquoi a-t-elle finalement abouti ? Parce que l'un des étudiants a pu donner un gros coup de pouce. C'était le fils du président des États-Unis d'Amérique. Pourquoi son père était-il président ? Parce que son prédécesseur, Richard

Nixon, avait dû démissionner suite à l'affaire du Watergate. Pourquoi le scandale du Watergate avait-il éclaté ? Parce qu'un soir, un gardien de nuit avait remarqué une porte non verrouillée.

Que ce serait-il passé si le gardien n'avait pas remarqué ce détail ? S'il avait regardé ailleurs ? Alors il ne se serait jamais rien produit dans cette longue chaîne de « coïncidences ». L'Église du Rédempteur n'existerait pas. Tout cela est-il arrivé par hasard ? J'en doute. Si toutes ces choses ne sont pas dues au hasard, rien ne l'est. J'aime dire aux membres de mon assemblée que s'ils sont reconnaissants pour leur Église, même le Watergate a eu lieu pour eux.

Nous ne percevons qu'une part infime du millionième des voies utilisées par Dieu pour le bien de ceux qui l'aiment. Il conduit toutes choses. Cet extrait de la correspondance de John Newton, pasteur anglican du XVIIIᵉ siècle, dans laquelle il réconforte une femme dont la sœur est malade, prend tout son sens à la lumière de l'histoire de Joseph :

> Je pense beaucoup à votre sœur. Je suis peiné par sa maladie : si c'était en mon pouvoir, je l'ôterais tout de suite. Le Seigneur le peut, et j'espère qu'il le fera, quand la maladie aura accompli ce pour quoi il l'a envoyée [...] Je souhaite qu'il vous rende capable d'abandonner votre sœur, vous-même et tous vos soucis entre ses mains. Il a le droit souverain d'agir comme il veut avec nous ; si nous considérons ce que nous sommes, nous ne manquerons pas de reconnaître que nous n'avons aucune raison de nous plaindre. Sa souveraineté s'exerce dans la grâce pour ceux qui le cherchent. Tout travaillera ensemble pour le bien ; tout ce qu'il envoie est nécessaire ; rien de ce qu'il enlève ne peut avoir en soi de nécessité [...] Vous avez besoin de patience et, si vous la demandez au Seigneur, il vous la donnera. Mais

la paix parfaite ne peut provenir que d'une volonté assujettie. Cachez-vous à l'ombre de ses ailes, comptez sur sa bienveillance et son pouvoir, considérez-le comme un médecin qui a gracieusement entrepris de guérir votre âme du pire mal qui soit, le péché. Cédez à ses instructions et combattez toute pensée qui voudrait vous faire croire qu'il y a des avantages à choisir par vous-même.

Quand vous ne pouvez y voir clair, soyez heureuse qu'il soit votre guide. Quand votre esprit est accablé, il connaît le chemin : il ne vous laissera pas couler. Il a prévu des temps de rafraîchissement et vous découvrirez qu'il ne vous a pas oubliée. Avant toutes choses, restez près du trône de grâce. Si nous ne semblons obtenir aucun bienfait à nous rapprocher de lui, soyons certains que nous n'en retirerons aucun si nous ne le faisons pas[362].

L'affirmation de Newton : « Tout ce qu'il envoie est nécessaire ; rien de ce qu'il enlève ne peut avoir en soi de nécessité », résume une montagne de théologie biblique dans un dé à coudre. Si l'histoire de Joseph et toute la Bible sont vraies, alors tout ce qui peut avoir cours dans votre vie, aussi pénible soit-il, est quelque chose dont vous avez besoin d'une manière ou d'une autre. Quand vous priez, rien sauf ce qui vient de Dieu n'est une nécessité, même si vous êtes persuadé de ne pouvoir vivre sans.

Le Joseph suprême

Joseph dit en quelque sorte à ses frères : « Vous avez essayé de m'éliminer, mais Dieu a utilisé cette coupe de mal et de souffrance pour sauver de nombreuses vies, y compris la vôtre. Puisque je vois l'amour rédempteur de Dieu derrière tout cela, il m'a placé à la droite du trône de puissance ; je vous pardonne et use de mon pouvoir pour vous restaurer et vous protéger. » La capacité de Joseph à discerner la main de Dieu dans les événements négatifs de sa vie lui a permis de pardonner. Mais Joseph, aussi grand soit-il, n'est qu'un précurseur. Voici ce qu'en dit Kidner :

> Ce réalisme biblique, qui considère les deux aspects de tout événement, d'une part la mauvaise attitude des hommes (et la force aveugle de la nature) et d'autre part la volonté parfaite de Dieu ; [...] a été merveilleusement illustré à Gethsémané, où Jésus a accepté la trahison comme « la coupe que le Père m'a donnée[363] ».

Des siècles après Joseph, un autre homme a été rejeté par ses pairs (Jean 1.11) et vendu pour quelques pièces d'argent (Matthieu 26.14-16). Il a été renié et trahi par ses frères, injustement mis aux fers et condamné à mort. Lui aussi a prié avec ferveur, demandant au Père que la coupe de souffrance et de mort qu'il devait boire lui soit épargnée. Cependant, comme Joseph, il a reconnu qu'il s'agissait de « la coupe de *son Père* » (Jean 18.11). La souffrance fait partie du projet bienveillant de Dieu. Comme il le dit à Pilate : « Tu n'aurais aucun pouvoir sur moi, s'il ne t'avait pas été donné d'en haut » (Jean 19.11). Jésus finit par dire au Père : « Que ta volonté soit faite » (Matthieu 26.42). Il meurt pour ses ennemis et leur pardonne, car il sait que le plan de rédemption et d'amour de Dieu est derrière tout cela. Ses ennemis l'ont mis à mort par méchanceté, mais Dieu est passé par-dessus et s'en est servi pour sauver de nombreuses vies. Jésus siège désormais à la droite de Dieu et dirige l'histoire pour notre bien, veillant sur nous et nous protégeant.

Imaginez que vous ayez été un disciple passionné de Jésus. Vous l'avez vu guérir et accomplir des miracles avec puissance. Vous avez entendu la sagesse sans égale de ses discours et constaté la qualité de son caractère. Vous êtes conquis par sa manière de diriger. De plus en plus de monde se bouscule pour l'écouter. Nul n'est comme lui. Vous supposez que si tout le monde l'écoute et se soumet à son autorité, il inaugurera un âge d'or pour Israël.

Mais vous voilà au pied de la croix avec les quelques disciples assez courageux pour supporter ce spectacle. Des murmures se font entendre : « J'en ai assez de ce Dieu. Comment a-t-il pu abandonner le meilleur des hommes ? *Je ne vois pas comment Dieu pourrait faire ressortir quoi que ce soit de bon de tout cela.* » Que diriez-vous ? Vous ne pourriez qu'acquiescer. Pourtant, vous êtes en train d'observer la plus grande des merveilles que Dieu puisse accomplir pour la race humaine. À la croix, la justice et l'amour sont satisfaits ; le mal, le péché et la mort sont vaincus. Vous avez devant les yeux une œuvre d'une beauté absolue, mais parce qu'elle ne cadre pas avec votre compréhension limitée, vous courez le danger d'abandonner Dieu.

N'en faites rien. Agissez comme Jésus, placez votre confiance en Dieu. Comme Joseph, faites confiance à Dieu, même dans le cachot. Il faut lire la Bible tout entière pour comprendre en quoi la mort de Jésus n'était pas un échec ou une tragédie mais une sagesse infinie. Il faut lire une grande partie de la Genèse pour comprendre le plan de Dieu dans les tribulations de Joseph. Parfois, nous aimerions que Dieu nous envoie *notre propre* livre, celui avec une explication complète ! Bien que nous ne puissions connaître toutes les raisons pour lesquelles chacun porte sa croix, nous pouvons garder les yeux fixés sur *la* croix en sachant que Dieu s'occupe de tout. Nous pouvons dès lors chanter :

> Saints craintifs, reprenez courage,
> Ces nuages chargés non d'orage,
> Mais de compassion, éclateront
> Sur vos têtes, en bénédictions.

La Bible nous montre à de nombreuses reprises que Dieu sauve par la faiblesse et non par la force. Jésus a triomphé dans la défaite, a gagné en perdant, est descendu pour monter. De même, la puissance du salut de Dieu ne se manifeste dans notre vie que dans la faiblesse de la repentance et de la confiance. Bien souvent, la grâce de Dieu grandit davantage dans nos difficultés que dans nos triomphes.

Chapitre 14

Prier

Même si obscur est mon chemin, puisqu'Il est mon
Guide,
Obéir est mon destin, le Sien est de pourvoir [...]
Dans la prière je dois me battre, et Il vaincra.
Avec Christ dans le vaisseau, je souris dans la tempête.

John Newton,
« Begone Unbelief » [Incrédulité, va-t'en !],
Olney Hymns [Hymnes de l'Église d'Olney]

Job, un cas unique

Personne ne peut comprendre ce que la Bible enseigne sur la
souffrance sans s'attaquer au livre de Job. C'est là que la fameuse citation du Rabbi Abraham Heschel prend tout son
sens : « Dieu n'est pas gentil. Dieu n'est pas notre oncle. Dieu
est un tremblement de terre[364]. » Comme le dit le philosophe

Peter Kreeft : « Job est un mystère. Un mystère satisfait quelque chose en nous, mais pas notre raison. Le rationaliste a Job en horreur, comme ses trois amis rationalistes l'ont eu en horreur. Mais quelque chose de plus profond en nous est satisfait par Job, et est nourri [...] Il met du fer dans notre sang[365]. »

Aucun autre livre de la Bible, aucune œuvre de la littérature antique, ne rend compte, à ma connaissance, de la question du mal et de la souffrance avec autant de réalisme émotionnel et dramatique, mais aussi avec une telle dextérité intellectuelle et philosophique[366]. Le thème principal du livre est, évidemment, celui de la souffrance innocente. Pourquoi tant de personnes si bonnes souffrent-elles d'autant d'afflictions et de tragédies, alors que beaucoup de personnes malhonnêtes, égoïstes et cupides ont des vies agréables ? Le livre de Job est équilibré dans l'étude de ce thème, ce qui le rend unique. Le problème du mal y est analysé à travers l'atroce douleur d'un homme. Ses lamentations sont poignantes et provocantes. Pour autant, les longs discours de Job contiennent des réflexions profondes et sensées. Cela montre parfaitement à quel point le problème d'une souffrance horrible tient à la fois du vaste domaine philosophique *et* d'une problématique personnelle importante.

Une autre spécificité de ce livre est sa critique implicite de presque toutes les réponses traditionnelles au problème de la souffrance. Quand l'affliction nous frappe de plein fouet, nous nous demandons pourquoi cela nous arrive. La réponse de la religion traditionnelle serait : *Vous avez dû faire quelque chose de mal.* La réponse séculière serait plutôt : *Tout cela n'a aucun sens. Un Dieu bon ne permettrait pas une telle chose ; il n'existe donc pas ou il est cruel.* L'un des plus grands enseignements du livre de Job est que les réponses, religieuses et non-religieuses, dont une moraliste et une nihiliste, sont fausses. Il s'agit en fin de compte de deux réponses toutes faites qui se formulent en une phrase ou deux. Ni Job, ni l'auteur du livre ne choisissent cette solution facile. Ces deux réponses classiques sont vivement critiquées, ce qui contribue grandement à la tension dramatique et rend ce livre si intrigant. Les répliques religieuses des amis de Job se révèlent diffamatoires et erronées : les difficultés ne s'acharnent pas sur Job malgré sa bonté mais à cause d'elle. Pourtant le point de vue nihiliste, qui semble parfois tenter Job, est également erroné.

Job, mon serviteur

Les deux premiers chapitres du livre sont en prose et nous préparent à la confrontation entre Job, ses amis et Dieu. Job était un homme bon et croyant, « intègre et droit » (Job 1.1), ce qui signifie sans reproche. Personne ne pouvait le blâmer dans aucun domaine de sa vie. C'était un père et un mari aimant, profondément consacré à Dieu, juste et plein de compassion, qui réussissait dans les affaires et avait de grands biens. On disait de lui qu'il était « le plus important des régions de l'est du Jourdain » (Job 1.3). Chacun de ses enfants avait sa propre maison, chose extrêmement rare à l'époque, et organisait des fêtes en permanence, signe de leur prospérité familiale.

Tout à coup, cet homme exemplaire est mystérieusement victime d'une série de catastrophes qui lui font perdre fortune, famille et santé. Pourquoi ? Le lecteur reçoit des informations inconnues de Job et de ses amis. Job 1.6-8 décrit un grand conseil céleste en présence de Dieu, des anges et de Satan, situation troublante pour les lecteurs modernes. Que peut bien faire Satan à la cour céleste ? N'a-t-il pas été expulsé du ciel ? L'auteur a sélectionné le contenu de façon notoire.

L'histoire de Lazare et de l'homme riche (Luc 16) présente un dialogue similaire, où un homme en enfer discute avec Abraham, qui est au paradis. Pourquoi une personne au ciel parlerait-elle avec un damné?

La meilleure réponse est d'accepter les limites posées par le narrateur. Son but est de nous donner les détails nécessaires à une bonne compréhension du déroulement de l'action. Puisque la Bible nous donne très peu de détails sur le monde surnaturel, le ciel et les anges, nous ne nous étendrons pas sur le sujet. Toutefois, il est intéressant de noter que Satan ne fait jamais preuve d'égards envers Dieu: il ne s'adresse pas à lui en tant que Seigneur et ne se prosterne pas. Cela reste cohérent avec le reste des Écritures. Si le but de l'auteur était de nous informer sur ce sujet, il aurait donné plus de détails. Au lieu de spéculer vainement, lisons cette histoire et découvrons son enseignement remarquable sur la relation « asymétrique » de Dieu avec la souffrance et le mal.

Dieu dit de Job qu'il est son meilleur serviteur: « Il n'y a personne comme lui sur la terre [...] qui révère Dieu et évite de mal faire » (Job 1.8). Satan, dont le nom signifie « accusateur », accable immédiatement Job d'une d'hypocrisie quelconque. Son poil semble se hérisser au moment où Dieu appelle Job son serviteur. « Est-ce vraiment pour rien que Job révère Dieu? » persifle-t-il. « Tu as fait réussir ses entreprises: ses troupeaux se sont multipliés dans le pays! Mais porte donc la main sur ses biens et sur les siens, et l'on verra s'il ne te maudit pas en face » (Job 1.9-11). Satan dit tout simplement que Job a une relation avec Dieu dans l'unique but d'en retirer des avantages. « Il ne *t*'aime et ne *te* sert pas, prétend Satan. Il n'aime que lui, ne sert que ses intérêts, et t'utilise à cet effet. Tu n'es qu'un instrument, un moyen pour arriver à ses fins. Je vais le prouver, au conseil et à toi. Retire-lui tout privilège, ne le bénis plus; tu verras le résultat. Il te laissera tomber aussitôt. »

Satan explique que Job obéit à Dieu seulement par égoïsme et par intérêt. Si ses biens terrestres lui étaient enlevés, Job révélerait sa vraie nature. Il s'agit en fait d'une attaque contre Dieu. Job est le meilleur serviteur de Dieu. S'il est vraiment hypocrite, Dieu a totalement échoué à transformer des hommes et des femmes en serviteurs remplis d'amour. Satan hait le bien, et il hait Dieu. Ses motifs sont donc uniquement mauvais. Il aime faire mal et veut voir souffrir les gens. Il connaît l'amour que Dieu leur porte et veut donc faire échouer son plan destiné à en faire de vrais adorateurs, bons et remplis de joie. Satan veut contrecarrer le grand désir du cœur de Dieu.

Aimer Dieu en toute liberté

Dieu permet à Satan de mettre Job à l'épreuve. Pourquoi? Je crois que Dieu savait que Job l'aimait déjà. Toutefois, l'amour de Job devait être purifié d'une façon qui ait un impact positif à travers les âges. La souffrance était permise pour amener Job à un niveau de grandeur.

Satan avait cependant raison sur un point. Il y a une différence entre une religiosité apparente et l'amour intérieur d'un cœur dévoué à Dieu. Cet écart existe en chacun de nous à un certain degré et constitue une des raisons pour lesquelles nous n'avons pas l'intimité, la paix et la joie en Dieu que nous devrions posséder. Qu'est-ce qu'un vrai serviteur de Dieu? Prenez n'importe quelle relation d'amour. Imaginez que vous tombez amoureux d'une personne qui semble vous aimer en retour. Mais au premier revers de fortune, il ou elle vous quitte. N'auriez-vous pas l'impression qu'on s'est servi de vous, que vous n'avez été aimé que pour ce que vous pouviez lui offrir? Il en est de même pour Dieu. Nous devrions aimer Dieu pour lui seul et non pour les bienfaits qu'il nous prodigue.

Comment développer un tel amour ? Si nous tombons amoureux de quelqu'un, c'est en partie à cause de ses « atouts » : sa beauté ou ses relations, par exemple. À mesure que la relation progresse, nous commençons à aimer l'autre pour lui-même. Dès lors, nous ne sommes pas gênés s'il perd ses atouts. C'est ce que l'on appelle grandir en amour et en caractère. Et si nous grandissions de même dans notre amour pour Dieu ? Les aléas de la vie ne nous affecteraient plus autant puisque nous serions, dans le même temps, enrichis et nourris par l'amour de Dieu.

Comment y arriver ? Comment passer d'un amour calculateur à un amour désintéressé, pour Dieu seul ? La souffrance vous y aidera, mais j'ai bien peur qu'il vous faille d'abord traverser des épreuves. Si on vous enlève ce que vous avez de plus cher, la colère peut nous inciter à rejeter Dieu. Dans son livre satirique *La tactique du diable*, C.S. Lewis imagine la correspondance entre un vieux démon aguerri et un « bleu ». Il lui explique que Jésus, qu'il nomme l'ennemi, utilise les difficultés et les troubles des humains vénaux pour les transformer en disciples passionnés :

> L'Ennemi permet ce genre de déconvenue au seuil de chaque nouvel effort humain. On la retrouve chez le jeune garçon qui, après avoir été captivé en entendant raconter les « Histoires tirées de l'Odyssée », est obligé de se mettre à l'étude du grec ; chez les amoureux qui, une fois mariés, doivent apprendre à vivre ensemble. Elle marque, dans tous les domaines de la vie, le passage du rêve à la réalité. L'ennemi prend ce risque parce que, par un étrange caprice, il entend faire de cette affreuse vermine humaine des gens qui, comme il le prétend, l'aiment et le servent « librement » – des « fils »,

comme il les appelle dans sa manie incurable de dégrader le monde spirituel par ce genre d'union contre nature avec ces animaux à deux pattes. Voulant sauvegarder leur liberté, il se refuse à les amener, par humeur ou par habitude, au but qu'il leur a fixé. Il les laisse « se débrouiller tout seuls ». C'est pour nous une occasion à ne pas manquer. Mais, ne l'oublie jamais, c'est également une passe dangereuse. Car, s'ils réussissent à dépasser ce premier stade de sécheresse spirituelle, ils attacheront beaucoup moins d'importance à leurs sentiments, et il sera, de ce fait, bien plus difficile de les tenter.

Dieu savait que le jugement de Satan sur Job était erroné. Mais il savait aussi que Satan avait raison sur un autre point. Job n'était pas pleinement le serviteur qu'il aurait pu et dû être. Dieu allait lui permettre d'atteindre cette grandeur-là de la seule manière possible : par l'adversité et la douleur. Job allait devenir une personne qui servirait et aimerait pleinement Dieu pour lui seul, sans rien attendre en retour. L'Éternel voulait donc montrer aux armées célestes et aux centaines de millions de lecteurs du livre de Job qu'il était *capable* de transformer des êtres humains en serviteurs remplis d'amour.

Dieu et le mal

Dieu permet donc à Satan de faire souffrir Job. Dans le premier chapitre, il autorise Satan à s'en prendre aux biens de Job mais pas à son corps (Job 1.12). En revanche, dans le deuxième chapitre, il lui permet d'envoyer à Job des maladies douloureuses, avec l'interdiction par contre de prendre sa vie

(Job 2.6). Une profonde philosophie se dégage ici. Le livre de Job n'adhère pas à la vision dualiste qui veut que le monde soit un champ de bataille où coexistent deux forces égales et opposées du bien et du mal. Un tel monde serait livré à l'arbitraire car deux forces y seraient aux commandes. L'Histoire ne serait qu'une lutte entre les forces égales du bien et du mal. Aucune force ne serait assez puissante pour établir un plan cohérent pour l'Histoire. La Bible ne décrit pas un tel monde. Dieu est pleinement aux commandes. Il a toute autorité sur Satan qui peut aller jusqu'à un certain point et pas au-delà. Dieu est clairement souverain.

D'un autre côté, Dieu n'est pas décrit dans le livre comme infligeant lui-même les tourments à Job. C'est une façon brillante de montrer que, si rien n'arrive en dehors du plan de Dieu, Dieu ne veut pas que le mal arrive comme il le veut pour le bien. Dieu n'est pas inopérant dans l'Histoire et il n'éprouve aucun plaisir à voir les humains souffrir. Le mal et la souffrance ne sont pas le but initial de Dieu pour le monde, il ne s'agit que d'un état temporaire jusqu'au renouvellement de toutes choses.

La première catastrophe que subit Job est la perte de ses enfants et de ses biens. Il réagit par une grande tristesse mais se prosterne néanmoins et adore Dieu par ces mots désormais célèbres : « L'Éternel a donné, l'Éternel a repris ; que l'Éternel soit loué ! » (Job 1.21). Job est authentique dans sa réaction émotionnelle. Il se lève et déchire ses vêtements, avant de se jeter à terre ; il n'est pas stoïque. Il traite Dieu avec la gratitude qui convient (« L'Éternel a donné ») et les égards appropriés (« l'Éternel a repris »). Job remporte le premier round contre Satan.

Mais quand Job tombe malade, il craque. En 3.23, il blâme Dieu mais ne suit toutefois pas le conseil de sa femme en 2.9 : « Maudis donc Dieu, et meurs ! » Il ne se détourne pas de Dieu et n'envisage pas le suicide. Mais il lutte énormément contre un sentiment d'énorme injustice. La souffrance peut être encore plus difficile à supporter pour celui dont la vie est tournée vers le bien, puisqu'elle semble absurde et injuste.

Les discours de Job et de ses amis

Les chapitres situés au milieu du livre de Job sont constitués de trois longs cycles de discours de ses amis : Éliphaz, Bildad, Tsophar, venus le « réconforter ». Mais leurs conseils sont profondément blessants. Le chapitre 4, un discours d'Éliphaz, illustre leur approche traditionnelle : « Cherche dans ta mémoire » dit-il, « quel est donc l'innocent qui jamais a péri ? Où sont les hommes droits qui ont été détruits ? D'après ce que j'ai vu, les artisans d'iniquité et ceux qui sèment le malheur en moissonnent les fruits » (Job 4.7-8). Le message des amis de Job est limpide. Job ne souffrirait pas ainsi s'il avait assez prié, obéi ou fait confiance à Dieu. Dieu ne serait jamais injuste au point de permettre tous ces maux, si Job n'avait rien fait pour le mériter. Donc s'il veut être restauré, il suffit à Job de confesser tous les péchés qu'il sait avoir commis et de remettre sa vie en règle.

De façon plutôt gênante, le discours d'Éliphaz est proche de la piété évangélique traditionnelle. Nombre de ses propos sont a priori bibliques. Il *existe* un ordre moral dans l'univers. Il est *exact* qu'une mauvaise conduite peut entraîner, tôt ou tard, de lourdes conséquences. Nous *devrions* faire confiance à Dieu et ne pas partir du principe que nous sommes dans le vrai. Dans les temps d'épreuve, nous devrions nous humilier devant Dieu et nous examiner. Comme nous l'avons vu précédemment, nous pourrions être un David ou un Jonas. Dieu essaye peut-être de nous réveiller. Éliphaz dit à Job en 5.17 : « Ah ! Certes, bienheureux celui que Dieu corrige, qui n'a pas de mépris pour les leçons du Tout-Puissant. » Une fois de plus, c'est vrai. Mais, comme le théologien Francis Andersen l'a dit en commentant les discours des amis de Job : « Des vérités dites à un homme au fond du trou peuvent être un bien piètre remède[367]. »

Même si les amis de Job alignent des déclarations techniquement exactes, leurs erreurs pastorales proviennent d'une mauvaise compréhension de la grâce de Dieu. Ils ont adopté une théologie moraliste. En disant que « le malheur, en effet, ne sort pas de la terre et la misère ne germe pas du sol » (Job 5.6), Éliphaz estime que la souffrance n'arrive pas d'elle-même ; elle est le produit d'une vie immorale. Il démontre ici son ignorance de l'enseignement de Genèse 3.18, où Dieu dit qu'à cause du péché le sol *produira* des épines et des chardons pour tout le monde. En d'autres termes, le monde a été détraqué par le péché et des événements malheureux arriveront à tous, quel que soit leur mode de vie. Les amis de Job ont donc une vision de Dieu particulièrement limitée. Tout est simple : si tout va bien pour nous, c'est que nous vivons comme il faut. Dans le cas contraire, c'est de notre faute.

Mais Anderson montre que cette approche met Dieu « en laisse », si l'on peut dire. « Soumettre Dieu à la morale [humaine ...] menace sa souveraineté[368]. » Autrement dit, un moraliste comme Éliphaz pense que Dieu peut être réduit à une affaire de morale. En fait, il dit à Job : « appuie sur le bon bouton, confesse tous les péchés dont tu te souviens, reviens sur le droit chemin, restes-y, et tout s'arrangera. C'est certain ».

Job ne prend pas la sourde cruauté de ses amis à la légère. Le réalisme de sa réaction au chapitre 6 donne la chair de poule. Il sait que l'idée que ses amis se font de Dieu est fausse, pourtant il ne maudit ni ne rejette Dieu. Opter pour une voie traditionnelle religieuse ou irréligieuse aurait été facile mais il ne s'y résout pas. Dès lors, sa douleur est atroce.

> *Ah ! si mon affliction pouvait être pesée, et s'il était pos-*
> *sible de mettre toute ma misère sur les plateaux d'une*
> *balance, assurément mon malheur est plus pesant que*
> *le sable des mers, c'est pourquoi mes paroles dépassent*
> *la mesure. Car les flèches du Tout-Puissant sont plan-*
> *tées dans mon être et mon esprit boit leur poison, oui, je*
> *suis assailli par les terreurs que Dieu m'envoie.*

Job 6.2-4

Il a si peur de parler indignement de Dieu qu'il préférerait encore mourir.

> *Ah ! qui fera aboutir ma requête ! Que Dieu m'accorde ce*
> *que j'espère ! Que Dieu consente à m'écraser ! Qu'il*
> *laisse aller sa main et me détruise. J'aurai du moins un*
> *réconfort, et je tressaillirai de joie au sein de tourments*
> *implacables, car je n'aurai trahi aucun des ordres du*
> *Dieu saint.*

Job 6.8-10

Mais il ne mâche pas non plus ses mots quand il réplique honnêtement à ses amis :

> *L'homme désespéré a droit à de la compassion de la*
> *part d'un ami, oui, même s'il cessait de révérer le Tout-*
> *Puissant. Mes amis m'ont trahi comme un torrent [...]*
> *Faites-le-moi savoir et moi je me tairai. En quoi ai-je*
> *failli ? Faites-le-moi comprendre ! Ah ! Combien seraient*
> *efficaces des discours équitables ! Mais à quoi servent*
> *vos critiques ? Avez-vous l'intention de blâmer de sim-*
> *ples paroles, des mots jetés au vent par un désespéré ?*

> *Revenez en arrière, ne soyez pas perfides. Oui, revenez encore, car c'est mon innocence qui est en cause. Y a-t-il dans ma bouche de la perversité ?*

> Job 6.14-15, 24-26, 29-30

Les réponses sarcastiques de Job sont devenues de grands classiques : « Vous êtes de bien piètres consolateurs ! » (Job 16.2) et « En vérité, à vous tout seuls, vous êtes tout le genre humain ; avec vous mourra la sagesse » (Job 12.2).

À partir de là, Job et ses amis engagent un long dialogue, assez tendu, sur le sens de sa souffrance. Job ne se contente pas de débattre, il s'épanche auprès de Dieu et pose la question récurrente de ceux qui souffrent : Pourquoi ça ? Et pourquoi moi ? Un autre personnage apparaît, plus jeune qu'eux, nommé Elihou. Il critique aussi bien Job que ses amis (Job 32-38). La tension dramatique s'accroît. À l'évidence, ni Job ni ses amis ne semblent l'emporter ou comprendre clairement les voies de Dieu. Les discours des amis de Job sont souvent extrêmement éloquents, mais Job maintient ses arguments. Qui a raison ? Qui l'emportera ? Qu'en pense Dieu ?

Le prologue et les chapitres situés au milieu du livre de Job révèlent au lecteur que les souffrances de Job ne sont ni une punition, ni un châtiment pour un péché qu'il aurait commis. Elles ne sont pas davantage destinées à le corriger. Elles n'ont pas pour but de sensibiliser Job à une quelconque erreur de trajectoire, ou de le ramener à la foi parce qu'il se serait égaré sur des chemins de traverse. Selon Francis Andersen, la souffrance de Job apparaît progressivement comme un moyen d'« élargir sa vie avec Dieu ». Puisque la vie pieuse de Job élimine toute autre possibilité, il ne reste que cette raison. Andersen écrit :

S'il existe une once de vérité dans les enseignements d'Éliphaz sur « les leçons du Tout-Puissant » (5.17), ce n'est pas dans le sens négatif d'un entraînement afin de ne plus pécher. Job y était parvenu depuis long-temps [...] Les lecteurs savent ce que Job ne sait pas, à savoir que *la plus grande sagesse de Job consiste à ai-mer Dieu seulement pour ce qu'il est*. Les paroles d'Éli-phaz, loin d'être réconfortantes, sont donc un piège. La violence avec laquelle Job les rejette montre qu'il est conscient de ce danger[369].

Pour Andersen, si Job s'était rangé du côté de ses amis en di-sant qu'il était puni ou corrigé pour un péché particulier, il se-rait passé à côté de la vraie raison et des bienfaits de ce qu'il traversait. On lui demandait de changer de vie. Job montre qu'il a déjà son idée sur la question. Tout au long de ses dis-cours et prières, Job exprime à maintes reprises son désir de rencontrer Dieu pour l'entendre directement. À la fin du livre, son vœu est exaucé mais pas comme il l'avait escompté. Quand Dieu apparaît bel et bien pour parler à Job dans les derniers chapitres du livre, il se produit quatre chocs.

Le Seigneur apparaît ; Job reste en vie

Première surprise, Dieu fait une entrée fracassante, sans pour autant détruire Job. Au premier abord, les mots cinglants de Dieu peuvent nous faire croire qu'il va juger Job sévèrement. Le Seigneur tonne :

Qui donc obscurcit mes desseins par des discours sans connaissance? Mets ta ceinture, comme un brave : je vais te questionner et tu m'enseigneras. Où étais-tu quand je posais les fondations du monde? Déclare-le, puisque ta science est si profonde! Qui en a fixé les mesures, le sais-tu donc? Qui a tendu sur lui le cordeau d'arpenteur? Dans quoi les socles de ses colonnes s'enfoncent-ils? Qui en posa la pierre principale, la pierre d'angle, quand les étoiles du matin éclataient, unanimes, dans des chants d'allégresse, et que tous les anges de Dieu poussaient des cris de joie?

Job 38.2-7

Malgré ces propos virulents et éprouvants, Dieu n'est pas venu juger ou anéantir Job mais tendre la main vers lui dans sa grâce. Le premier indice est l'emploi du nom personnel hébreu, Yahvé, (traduit en français par « l'Éternel »), jusque-là absent du livre de Job. Yahvé est le nom révélé à Moïse par Dieu lors de l'épisode du buisson ardent. C'est la révélation personnelle et intime que Dieu donne lorsqu'il souhaite une relation d'amour et d'alliance avec quelqu'un. C'est désormais *Yahvé* qui parle à Job.

D'autre part, Yahvé *répond* à Job du milieu de la tempête[370]. Cette formulation, aussi commune soit-elle, est lourde de sens. Beaucoup de lecteurs, comme George Bernard Shaw, ont estimé que le discours de Dieu était « moqueur » et « railleur[371] ». Mais, en hébreu, « parler à » quelqu'un indique un discours à sens unique, de supérieur à subordonné, alors que « répondre » ou « répliquer » exprime un dialogue. Il est frappant, dès lors, de voir Dieu apparaître pour dialoguer ; il ne vient pas seulement condamner. Dieu invite Job à entrer en relation avec lui. Il lui laisse même le dernier mot (Job 42.1-6). Un commentateur écrit :

> L'évidence que Dieu mélange reproches et encouragements, offre à son dialogue avec Job une tournure radicalement différente de celle à laquelle on s'attend en général. Dieu n'est pas une déité ironique et guerrière qui cherche à corriger et à ridiculiser Job [...] Au lieu de cela, Dieu arrive en majesté et lui fait vivre l'expérience extraordinaire de découvrir sa nature. [...] Ainsi, Job (et le lecteur) est remis à sa place ; non par une rodomontade ou un interdit mais par l'arrivée gracieuse de Dieu qui lui permet d'être vu autant qu'il est humainement possible. Par conséquent, l'[apparition de Dieu], aussi majestueuse soit-elle, ne peut être comprise que comme un acte de grâce[372].

Toutefois, malgré l'intimité du nom « Yahvé » et sa façon de s'adresser à Job, Dieu lui apparaît dans un « vent de tempête ». À l'époque, rien n'était plus terrifiant et destructeur que le passage d'un ouragan. C'est ce qui avait emporté les enfants de Job (Job 1.19). Job avait peur que Dieu le fasse « passer sous un vent de tempête » (Job 9.17). En effet, Dieu apparaît de la plus majestueuse et la plus impressionnante des manières qui soient : comme le Roi de la tempête. Job et les lecteurs de l'Ancien Testament s'attendaient à ce que Dieu le détruise sur-le-champ. Mais il n'en fait rien. Quand Dieu est apparu au mont Sinaï, personne ne pouvait approcher ni même toucher la montagne sans mourir. Mais, à cet instant, Job est dans la présence de Dieu et il reste en vie.

Ne passons pas à côté du paradoxe. Dieu vient comme un Dieu de grâce et un Dieu personnel et, en même temps, comme une force infinie et écrasante. Comment est-ce possible ? Ce n'est qu'en Jésus que le Dieu indomptable et infini peut devenir un bébé et un Sauveur rempli d'amour. À la croix, nous comprenons comment l'amour et la sainteté de Dieu peuvent s'accomplir en même temps. Dieu est si saint et juste que Jésus devait mourir pour nos péchés. Sans cela, nous n'aurions pu être pardonnés. Il débordait tellement d'amour pour nous qu'il a volontairement donné sa vie. L'Évangile explique donc comment Dieu peut être à la fois amour et fureur lorsqu'il rencontre Job en cette journée sombre et orageuse.

Le Seigneur ne répond pas ; tout en répondant

Deuxième surprise, en apparence les longs discours de Dieu ne répondent pas directement aux interrogations de Job et de ses amis, même si le texte précise que Dieu lui « répond ». Si Dieu se présentait, Job attendait une *explication*. Ses amis attendaient une *condamnation* de Job. Rien de tel ne se produit. Dieu prononce un long discours poétique sur les merveilles du monde naturel.

Avant de nous intéresser aux discours, penchons-nous sur le fait que Dieu ne donne aucune explication à Job : rien sur le conseil céleste ou Satan ; rien concernant ses raisons d'autoriser Satan à le faire souffrir. Pourtant cela ne lui aurait posé aucun problème de dire : « Job, je sais que ça a été douloureux. Mais, comprends bien que tout ceci t'amènera à devenir grand ainsi qu'une source d'inspiration pour des centaines de millions de gens qui souffrent jusqu'à la fin des temps. À part mon Fils, tu seras la personne la plus connue pour sa patience. » Job aurait alors répondu : « Oh, ça change tout. Si c'est pour la bonne cause, je vois les choses différemment. » Mais non. Dieu ne dit rien. Francis Anderson est, une nouvelle fois, très perspicace :

Job est amené à se contenter de son sort sans jamais en connaître les tenants et les aboutissants, ce qui constitue l'une des nombreuses perles de ce livre [...] L'épreuve n'est probante que si Job en *ignore* la raison. Dieu pousse Job à s'abandonner dans le but qu'il adopte une foi pure, qu'il apprenne à n'aimer Dieu que pour lui-même. Dieu ne semble pas accorder ce privilège à beaucoup de personnes, car ces découvertes se payent au prix fort de la souffrance. Considérer la souffrance en elle-même comme un des plus beaux cadeaux de Dieu constitue déjà une partie de la révélation. En ne dévoilant pas tout son plan à Job, même après sa réussite, Dieu l'oblige à continuer à marcher par la foi et non par la vue. Job ne voit pas le scénario. Il voit Dieu. Il est sans doute préférable que Dieu ne révèle jamais à aucun de nous l'intégralité de notre histoire[373].

Satan accusait Job de ne pas réellement aimer et servir Dieu, mais de s'aimer et de se servir lui-même en se conformant à la volonté de Dieu. Comme nous l'avons vu, c'est en partie vrai pour tous les serviteurs de Dieu. C'est parce que nous n'aimons pas pleinement Dieu pour lui-même que nous connaissons des hauts et des bas dans nos vies. Nous ne sommes pleinement satisfaits de Dieu que lorsque tout va pour le mieux, en conséquence nous n'avons pas assez de racines et nous devenons sujets à des vents contraires qui nous ballottent violemment. Il nous faut passer par le dépouillement pour croître jusqu'à devenir des êtres qui « aiment librement » Dieu, qui possèdent une joie profonde inconnue de ceux qui aiment de manière conditionnelle ou par intérêt. Nous devons pressentir qu'obéir à Dieu ne nous apportera rien. C'est alors, et alors seulement que chercher Dieu, prier et lui obéir commencera à nous transformer.

La vie nouvelle de Job avec Dieu ne peut voir le jour que si Dieu ne lui révèle *pas* les raisons de sa souffrance. Si Dieu lui avait tout expliqué, il aurait renforcé le besoin d'autojustification de Job. À la place, cette expérience amène Job à aimer Dieu et à lui faire confiance parce qu'il est Dieu. Il acquiert une force immense et une grande joie, il n'a plus besoin que tout aille bien pour tenir ferme dans sa vie spirituelle. Dès lors, la souffrance, ou plutôt ses fruits est vraiment un cadeau précieux. Aucun autre moyen ne permet de dépendre autant de Dieu. Comme le dit Anderson, Job ne voit jamais le plan d'ensemble, il ne voit que Dieu. C'est tout ce qui compte vraiment, de toute éternité.

Dieu a aussi une autre bonne raison de ne rien expliquer à Job. Satan avait dit de Job qu'il était un imposteur n'obéissant à Dieu que pour son seul profit. Il voulait certes faire souffrir Job, mais il souhaitait aussi le discréditer. Pourtant Dieu ne concède que la marge de manœuvre nécessaire à Satan pour accomplir l'inverse de ce qu'il souhaitait. Les lecteurs du XXIe siècle peuvent être outrés que Dieu autorise Satan à s'en prendre à Job. Mais rappelons-nous que ce drame a donné à Job un nom qui restera à jamais dans les annales et en a fait l'un des hommes les plus connus de l'histoire. Si Job avait su que, trois mille ans après sa mort, des millions de personnes liraient son histoire et débattraient de ses faits et gestes, il se serait sûrement dit qu'il avait réussi. En autorisant Satan à faire souffrir un seul homme, Dieu a donné au monde l'une de ses grandes ressources. Elle a aidé d'innombrables personnes qui souffraient à supporter l'adversité avec patience et endurance.

Dieu accorde au mal juste assez d'espace pour qu'il soit vaincu par lui-même. L'histoire de Job est une version à petite échelle de ce que Dieu fait dans votre vie et dans l'histoire du monde. Dieu a défini un plan pour l'Histoire, dans lequel le mal est intégré. Cela nous trouble et nous agace, mais le livre de Job lève un instant le voile, pour nous montrer que Dieu permet le mal jusqu'à ce qu'il en résulte l'exact opposé de ce que ce mal prévoyait.

Le Seigneur est Dieu ; vous ne l'êtes pas

Dans ses derniers discours, le Seigneur demande à Job d'observer la création (Job 38.4-7). Il veut souligner que les êtres humains n'ont qu'une connaissance infinitésimale de tout ce qu'il y a établi. « Le sais-tu donc ? » demande Dieu, non sans ironie (Job 38.5). Les grands océans du monde, qu'il décrit, ne sont pour lui qu'un nouveau-né sans défense. Il les a tissés dans la nuée comme une sage-femme emmaillote un nouveau-né dans les langes (v. 8-9). Dieu se tourne ensuite vers les extrémités du monde ; vers l'aurore et le soir (v. 12-15), vers les profondeurs de la terre, vers les fondations de la pierre et de la mer (v. 16-18) ; vers les hauteurs au-dessus de la terre, vers les greniers de la neige, de la grêle, la pluie et la lumière (v. 19-30), et même vers les constellations et les étoiles (v. 31-38). Dieu les a tous créés et les connaît parfaitement. Job peut-il en dire autant ?

Après avoir évoqué le monde physique, Dieu demande à Job de prendre en compte le lion (v. 39-40), le corbeau (v. 41), le chamois et les biches en travail (v. 39.1-4), l'onagre (v. 5-8), le buffle (v. 9-12), l'autruche (v. 13-18), le cheval (v. 19-25), l'épervier et le faucon (v. 26-30). Dieu ne tire aucune leçon de morale de ces animaux, contrairement à de nombreux auteurs religieux. Les animaux sont les œuvres d'art de Dieu, ils doivent être aimés tels quels et pour ce qu'ils nous révèlent de la sagesse, puissance, joie et beauté de l'Artiste.

Cet éventail de merveilles naturelles est stupéfiant. La conclusion est évidente: nous ne sommes pas Dieu. Sa connaissance et sa puissance dépassent infiniment les nôtres. Le premier discours se termine par cette question de Dieu, en Job 40.2: « Celui qui intente un procès au Tout-Puissant a-t-il à critiquer? Celui qui conteste Dieu, a-t-il quelque chose à répondre? » Un enfant de sept ans ne peut remettre en question les calculs d'un physicien de renommée mondiale. Pourtant, nous remettons en cause la façon dont Dieu mène le monde. Est-ce logique?

Dans son deuxième discours (Job 40.6–41.26), Dieu utilise très clairement cet argument. Dans la société israélite, le juge statuait et appliquait le jugement lui-même. Quand un roi devait arbitrer, il se chargeait de restaurer la place dans la société d'une personne déclarée innocente et de remettre les choses en ordre. Après avoir dit, en Job 40.8, qu'il se plaçait en position de Juge du Monde pour se justifier, Dieu poursuit avec force aux versets 9 à 14:

> *As-tu un bras tel que celui de Dieu?*
> *Ta voix peut-elle égaler mon tonnerre?*
> *Va te parer d'honneur et de grandeur*
> *et revêts-toi de splendeur et de gloire!*
> *Répands les flots de ton indignation*
> *et, d'un regard, courbe tous les hautains!*
> *Que ton regard les fasse plier tous,*
> *et les méchants, écrase-les sur place!*
> *Dans la poussière, va les enfouir ensemble!*
> *Enferme-les dans la nuit du tombeau!*
> *Alors, moi-même je te rendrai hommage,*
> *car ta victoire sera due à ta main.*

À présent, nous comprenons où Dieu voulait en venir quand il parlait des merveilles de la création. Puisque Job n'a pas le pouvoir d'être juge, il n'en a pas le droit. Job prétend diriger l'univers mieux que Dieu ; mais ce n'est que pure fiction. Dieu lui demande d'oublier cette prétention. Anderson dit que Job est prié de « laisser tout cela dans les mains de Dieu, avec plus de confiance et moins d'anxiété. Et sans insister pour que Dieu réponde à toutes ses questions[374] ».

Telle est la voie de la sagesse : admettre consciemment, et sans se faire prier que Dieu seul est Dieu. Autrement, nous devenons des êtres mauvais. Anderson remarque :

> Ceci est d'une grande profondeur, si nous avons bien compris l'essence de la théologie du livre entier. Il contient une réprimande envers quiconque se plaint d'événements précis dans sa vie et insinue qu'il pourrait donner à Dieu des leçons sur la façon de gérer l'univers. Les hommes s'empressent de combattre le mal par la force et, dans leur impatience, ils voudraient que Dieu agissent plus souvent ainsi. Mais, par de tels actes, les hommes font le mal et deviennent mauvais. [Si Job faisait ce qui est décrit en 40.8-14] non seulement il usurperait le rôle de Dieu, mais il deviendrait un autre Satan. Seul Dieu peut détruire de façon créatrice. Seul Dieu peut changer le mal en bien[375].

Peu de gens l'ont mieux exprimé qu'Élisabeth Elliot. En retraçant le cours de sa vie, la mort de deux de ses maris et les innombrables tragédies et épreuves inexplicables qu'elle avait traversées, elle a médité sur la fin du livre de Job et a écrit :

> Dieu est Dieu. S'il est Dieu, il mérite que je le loue et que je me mette à son service. Je ne trouverai le repos qu'en sa volonté, et cette volonté dépasse de manière

infinie, incommensurable et indicible mes idées les plus formidables de ce qu'il est capable d'accomplir[376].

Job est dans le vrai ; et vous êtes dans l'erreur

Voici maintenant la quatrième surprise. Nous avons vu que Job attendait une explication et que ses amis attendaient une *condamnation*. Au lieu de cela, à la fin de son discours, Dieu se tourne vers Eliphaz, Bildad et Tsophar et leur explique que leur théologie, empreinte de légalisme, de châtiment et d'autojustification, est totalement erronée et que Job « mon serviteur » (!) était dans le vrai quand il clamait son innocence (Job 42.7-9). Dieu dit ensuite à Job qu'il doit prier pour eux s'ils veulent échapper à la punition divine.

Cette conclusion amène les lecteurs contemporains à s'interroger. « Pourquoi Dieu soutient-il autant Job ? Job a maudit le jour de sa naissance, il a remis en cause la sagesse de Dieu, il s'est plaint amèrement et a profondément douté. La foi de Job n'avait pas l'air si inébranlable. Pourquoi Dieu le justifierait-il ainsi ? »

D'abord, parce que Dieu est plein de grâce et riche en pardon. Mais la chose la plus importante à retenir est que Job n'a jamais cessé de prier. Certes, il s'est plaint, mais il s'est plaint à *Dieu*. Il a émis des doutes, mais il les a émis à *Dieu*. Il a crié, il a hurlé, mais il l'a fait en présence de Dieu. Quelle qu'ait été son agonie, il a continué de s'adresser à Dieu. Il a continué de le chercher. À la fin, Dieu dit que Job a gagné. Quelle merveille ! Même quand il voit le chagrin et la colère, Dieu est toujours prêt à dire « tu as gagné », non parce que les motivations et le cœur de Job ont toujours été parfaits, mais parce que sa persévérance à chercher la face et la présence de Dieu a prouvé que *la souffrance ne l'avait pas éloigné, mais rapproché de Dieu*. Cela change absolument tout. Comme l'a dit John Newton, « si nous n'obtenons pas grand-chose à nous approcher de Dieu dans la prière, nous n'obtiendrons rien du tout si nous ne prions pas ».

Il s'agit peut-être de l'application la plus pratique que l'on puisse tirer du livre de Job. La Bible déclare que Dieu est « proche de ceux qui ont le cœur brisé » (Psaumes 34.19). « L'Éternel est le soutien de tous ceux qui tombent, il relève tous ceux qui fléchissent » (Psaumes 145.14). Ces paroles sont universelles. Dieu est proche et se soucie de tous ceux qui souffrent. De plus, il promet d'aider, par son Esprit, les chrétiens qui gémissent (Romains 8.26). Il dit aux croyants : « Je ne te laisserai pas, non, je ne t'abandonnerai *jamais* » (Hébreux 13.5). Pour Jésus nous sommes ses brebis et « personne ne pourra les arracher de ma main » (Jean 10.28).

En d'autres termes, même si nous ne ressentons pas la présence de Dieu dans les moments sombres ou de désert, il est tout de même présent. Il n'existe aucun moyen plus simple d'affronter la souffrance que celui-ci : comme Job, vous devez chercher Dieu, aller à lui. Priez même si vous n'avez plus de mots. Lisez la Bible même si cela vous coûte. Vous finirez par ressentir sa présence à nouveau, les ténèbres ne dureront pas éternellement. La force qui vous permet de surmonter la souffrance provient des responsabilités et des devoirs exigés par Dieu. Ne négligez aucun ordre de Dieu. Lisez, priez, étudiez, recherchez la compagnie de vos frères et sœurs, servez, témoignez, obéissez. Faites tout ce que vous êtes physiquement en mesure d'accomplir et le Dieu de paix sera avec vous.

La Bible donne d'autres exemples. Psaume 42 en est le plus célèbre. Le psalmiste se parle à lui-même.

> *Avec quelle émotion je me souviens du temps*
> *où, avec le cortège, je m'avançais,*
> *en marchant à sa tête vers le temple de Dieu,*
> *au milieu de la joie et des cris de reconnaissance*
> *de tout un peuple en fête.*
>
> *Pourquoi donc, ô mon âme, es-tu si abattue*
> *et gémis-tu sur moi?*
> *Mets ton espoir en Dieu! Je le louerai encore,*
> *car il est mon Sauveur.*
>
> *Mon Dieu, mon âme est abattue.*
> *Voilà pourquoi je pense à toi [...]*

Psaumes 42.5-7

Ce psaume est une prière éloquente et intense. L'auteur épanche son âme à Dieu. Qu'est-ce que cela signifie? D'abord, il faut entrer en contact avec son cœur, version ancienne et plus saine d'être en contact avec ses émotions, parfois utilisée de nos jours. Il s'agit de se pencher honnêtement sur ses doutes, ses désirs, ses peurs et ses espoirs, mais il ne s'agit pas d'une réflexion abstraite, plutôt de s'examiner soi-même devant Dieu. L'homme du psaume ne se regarde pas le nombril, il ouvre son être intérieur à Dieu. Ses pleurs, gémissements, réflexions, souvenirs, tout cela a lieu devant Dieu. Il en appelle simplement à Dieu. Ce psaume exprime beaucoup d'aveux, honnêtes et directs, de confusion et de frustration. Mais l'auteur prie néanmoins, de façon soutenue et ciblée.

Notons également que le psalmiste ne se contente pas d'écouter son cœur, il lui parle. Quand il dit: « Ô mon âme », il se parle. Toute personne en proie à la souffrance et aux épreuves devrait s'en souvenir. Nous devrions écouter les idées de notre cœur lorsqu'il raisonne, mais nous devrions également les remettre en cause quand elles sont fausses, ce qui est souvent le cas.

Notre cœur peut dire : « C'est sans espoir ! » mais nous devons contre-attaquer et répondre : « Eh bien, tout dépend de ce que tu attends. Était-ce juste de placer tant d'espoir là-dedans ? » Observons comment le psalmiste analyse ses propres espoirs : « Pourquoi donc, ô mon âme, es-tu si abattue ? » Il se fait des reproches. « Mets ton espoir en Dieu ! Je le *louerai* encore. » Il s'adresse à son cœur, il lui ordonne de revenir à Dieu, de regarder à Dieu. Dans sa prédication sur ce texte, D.M. Lloyd-Jones dit que le psalmiste est abattu, mais qu'il adopte une stratégie indispensable en cas de découragement.

> La première chose à retenir est ce que le psalmiste lui-même a appris : nous devons apprendre à nous prendre en main [...] Il se parle, il discute avec lui-même [...] [Il importe de comprendre que ce n'est pas la même chose qu'] un état morbide et de l'introspection [...] Il faut se parler au lieu de permettre à « soi-même » de nous parler. Une personne abattue spirituellement, permet à son moi de lui parler au lieu de lui parler elle-même. Suis-je volontairement paradoxal ? Loin de là. C'est l'essence même de la sagesse. Avez-vous conscience qu'une grande partie de vos malheurs provient du fait que vous vous écoutez au lieu de vous parler ? [...] Cet homme se lève et dit : « Mon moi, écoute un instant » [...] Vous devez ensuite vous rappeler qui est Dieu, ce qu'il a accompli et ses promesses [...] Puis, terminez sur ce cri du cœur : lancez-vous un défi ainsi qu'à d'autres, défiez le diable et le monde entier, pour dire avec le psalmiste : « Je le *louerai* encore, car il est mon Sauveur[377]. »

Lloyd-Jones prend bien soin de préciser qu'il ne s'agit pas de forcer vos émotions. C'est le contraire. Il s'agit de passer beaucoup de temps dans la prière et la lecture de la Bible, même quand vous êtes tout à fait secs. John White, psychiatre chrétien, a écrit ce livre, *The Masks of Melancholy* [Les Masques de la mélancolie]. Il déclare :

> Il y a des années, j'étais profondément déprimé. Ce qui m'a empêché de devenir fou était aussi sec que la poussière attachée aux prophéties d'Osée. Pendant des semaines, j'ai passé mes matinées à prendre des notes avec minutie et à vérifier les allusions historiques dans le texte. Lentement, mais sûrement, j'ai senti le sol s'affermir sous mes pieds. J'étais persuadé que ma guérison jaillissait de ma lutte pour comprendre le passage. Si les personnes qui souffrent peuvent se concentrer un tant soit peu, je leur conseille d'étudier la Bible d'une façon inductive et poussée, plutôt que des livres d'édification, dont l'effet est nul, voire malsain chez la plupart des gens déprimés[378].

White savait que tout effort pour lire la Bible « dans son moment quotidien de piété », en recherchant à être inspiré et élever son âme, ne constitue pas une solution lorsqu'on est abattu. Il vous conseille plutôt de l'étudier pour son contenu ; d'extraire la vérité du texte. Souvenez-vous de qui est Dieu, de qui vous êtes en Christ et de ce qu'il a fait pour vous. Simone Weil dit qu'il est important d'au moins *vouloir* aimer Dieu. Faites tout votre possible pour prier et méditer la vérité. Puis patientez. Patientez comme Job a patienté.

Les Psaumes se sont révélés très profitables à ceux qui ont fait ce travail de méditation et de prière. Ils regorgent bien sûr d'enseignements sur Dieu, mais ce sont aussi, en majeure partie, des prières qui couvrent à peu près toutes les expériences humaines. Leurs auteurs dévoilent leur situation à Dieu, « prient » leurs difficultés au lieu de se contenter d'y penser. Les Psalmistes prient leurs larmes, leurs doutes, leurs peurs, leurs peines, leur désespoir, aussi bien que leurs joies et leurs bénédictions. Réfugiez-vous dans les Psaumes. Il n'y a pas de meilleur endroit pour attendre l'intervention de Dieu.

« Mon serviteur Job » ; une fois de plus

Job répond une dernière fois à Dieu, en Job 42.2-6. La grammaire et le vocabulaire indiquent clairement qu'il s'agit d'une louange, et non d'une reddition forcée. En effet, Job dit de Dieu qu'il fait des « choses merveilleuses » (v. 3). Ces premiers mots sont une véritable exclamation, voire un cri : « Je sais que tu peux tout, et que rien ne saurait t'empêcher d'accomplir les projets que tu as conçus. » Job reconnaît que ses exigences n'avaient pas pris en considération l'émerveillement qu'inspire Dieu (v. 2-3). Il reconnaît également que Dieu a la mainmise sur toutes les situations, même si ses plans sont cachés.

D'où viennent ce changement de ton, cette découverte ? « Jusqu'à présent, j'avais seulement entendu parler de toi. Mais maintenant, mes yeux t'ont vu », dit Job. Autrement dit, les concepts abstraits de la gloire, puissance et majesté de Dieu n'avaient pas encore pénétré le cœur de Job. Ce n'est que lorsque Dieu lui est apparu et lui a parlé, que le cœur de Job les a absorbés. Il a alors abandonné son désir d'être justifié, son insistance à vouloir des explications et son sentiment de mieux connaître la marche à suivre que Dieu lui-même. Le changement opéré en Job est autant sujet à l'expérience spirituelle qu'à la théologie profonde.

Finalement, Job conclut : « Aussi je me condamne, je regrette mon attitude en m'humiliant sur la poussière et sur la cendre » (v. 6). Cette déclaration est plus complexe qu'il n'y paraît. Le mot *me* est absent du texte hébreu, les traducteurs de la Bible du Semeur ont choisi cette interprétation, qui est loin d'être partagée par tous. Le mot *regretter* peut aussi vouloir dire « se rétracter » ce qui cadre parfaitement avec la teneur des discours de Dieu, cette interprétation semble donc la meilleure. Job n'exprime pas une repentance générale pour tous ses péchés. Cela remettrait en cause tout le propos du livre, parce que c'était l'objectif des amis de Job. En réalité, il est prêt à faire ce qu'il refusait encore en Job 40.3-5. Il abandonne son besoin d'autojustification. Job retire sa demande pressante d'explications en vertu de sa justice. Il renonce à contrôler Dieu (donc à ne pas lui faire confiance) en quoi que ce soit. Il se prosterne devant Dieu et le laisse être qui il est. Il sert Dieu pour lui seul.

L'autre personne innocente qui souffre

Remarquons, tout de même, un élément souvent oublié. Même si les longs discours de Dieu sont remplis de mots forts rappelant à Job son côté humain limité, ils ne font jamais référence à ses péchés. Dieu ne mentionne jamais qu'un péché quelconque soit à l'origine des souffrances de Job. Même si Job n'apprend pas les raisons de sa tragédie, il découvre un élément crucial pour la paix de son âme. « Le simple fait que Dieu ne se présente pas avec une liste des péchés de Job (comme l'ont fait ses amis), est en soi une preuve qu'elle n'était pas nécessaire », écrit Anderson[379]. L'arrivée de *Yahvé* dans une tempête terrifiante, sans aucune accusation, prouve que Dieu aime et accepte Job, et que ses souffrances inhabituelles *ne sont pas* une punition pour des péchés inhabituels. Job est donc droit aux yeux de Dieu. En effet, Dieu dit : « C'est assez pour toi, Job. » Et c'est vrai.

Le grand silence de Dieu sur les péchés de Job est une incroyable preuve de son amour. Comment obtenons-*nous* cette assurance au sein de nos souffrances ? Comment être certain, malgré tout ce qui se passe dans le monde, que les seuls yeux qui comptent vraiment nous aiment et nous acceptent ? Comment pouvons-*nous* faire confiance à la grâce de Dieu et non à notre propre justice quand tout n'est que confusion ? Comment ne pas nous prendre pour le Juge du Monde ?

Nous n'avons pas besoin d'une voix sortant de la tempête. Souvenons-nous plutôt que Jésus-Christ a plongé, pour nous, dans la pire des tempêtes, celle de la justice divine, pour que nous puissions entendre la voix d'amour du Dieu saint. Il a pris sur lui la condamnation que nous méritions. Jésus est le Job suprême, la seule personne vraiment innocente qui ait souffert. Jésus « a accepté de vivre la vie de Job jusqu'à sa conclusion. Il a accepté de mourir en étant pris pour un fou, un blasphémateur et même un criminel, par ses amis et ses ennemis ; sans se défendre[380]. » Comme Job, Jésus était nu et ne possédait rien, pas même un toit. Et il est mort, torturé à la croix. Job était relativement innocent, mais Jésus l'était pleinement. Job s'est senti abandonné de Dieu, mais Jésus a vraiment vécu l'absence réelle de Dieu, ainsi que la trahison de ses amis insensés, et la perte de sa famille. Au jardin de Gethsémané, Jésus savait que l'obéissance totale à Dieu, amènerait Dieu à l'abandonner totalement et qu'au fond il serait détruit en enfer. Personne n'a jamais vécu cela. Seul Jésus a réellement « servi Dieu gratuitement ».

Jésus a subi les attaques de Satan à un niveau bien plus élevé que Job. Mais dans le plus grand des renversements de situation, Satan a seulement amené la réussite du salut et de la grâce de Dieu. Francis Anderson écrit : « C'est la réponse ultime à Job et à tous les Job de l'humanité. En tant que personne innocente qui a souffert, Job est l'ami de Dieu[381]. » En d'autres termes, quand vous souffrez sans répit, quand vous vous sentez profondément seul, souvenez-vous que, parce qu'il a porté vos péchés, Jésus sera avec vous. Vous marchez sur le même chemin que lui, vous n'êtes *pas* seul ; et ce chemin ne vous mène qu'à lui.

Chapitre 15

Penser, remercier, aimer

Le Fils de Dieu a souffert jusqu'à la mort non pas afin de permettre aux hommes de ne pas souffrir, mais afin que leurs souffrances puissent être semblables aux siennes[382].

George McDonald, *Unspoken Sermons* [Sermons Inexprimés], First Series

Si nous devions dresser la liste des personnes qui ont le plus souffert dans la Bible, Paul en ferait partie. Lors de son appel à le servir, Dieu dit de lui : « J'ai choisi cet homme pour me servir : il fera connaître qui je suis aux nations étrangères [...] je lui montrerai moi-même tout ce qu'il devra souffrir pour moi » (Actes 9.15-16). Peu de temps après, Paul annonce que « c'est au travers de beaucoup de souffrances qu'il nous faut entrer dans le royaume de Dieu » (Actes 14.22). Il dresse, à six reprises, la liste de tous ses maux (Romains 8.35, 1 Corinthiens 4.9-13, 2 Corinthiens 4.8-9, 6.4-5, 11.23-29, 12.10). Rassemblés, ils couvrent un très large spectre de souffrances physiques, émotionnelles et spirituelles, incluant la famine, l'emprisonnement et la trahison. L'apôtre a reçu le châtiment brutal du fouet à cinq reprises, les « quarante coups moins un » (2 Corinthiens 11.24). Voici cette liste :

> *Trois fois, j'ai été fouetté, une fois lapidé, j'ai vécu trois naufrages, j'ai passé un jour et une nuit dans la mer.*
>
> *Souvent en voyage, j'ai été en danger au passage des fleuves, en danger dans des régions infestées de brigands, en danger à cause des Juifs, mes compatriotes, en danger à cause des païens, en danger dans les villes, en danger dans les contrées désertes, en danger sur la mer, en danger à cause des faux frères.*
>
> *J'ai connu bien des travaux et des peines, de nombreuses nuits blanches, la faim et la soif, de nombreux jeûnes, le froid et le manque d'habits.*
>
> *Et sans parler du reste, je porte mon fardeau quotidien : le souci de toutes les Églises.*
>
> *En effet, qui est faible sans que je sois faible ?*
>
> 2 Corinthiens 11.25-29

Une paix qui dépasse l'entendement

Comment Paul a-t-il pu supporter tout cela ? En 2 Corinthiens 1, il décrit une de ses fortes tribulations. À cause de la « détresse [que] nous avons connue », écrit-il « nous étions écrasés, à bout de forces, au point même que nous désespérions de conserver la vie » (2 Corinthiens 1.8-9). Au même chapitre, il remarque que Dieu « nous réconforte dans toutes nos détresses, afin qu'à notre tour nous soyons capables de réconforter ceux qui passent par toutes sortes de détresses, en leur apportant le réconfort que Dieu nous a apporté » (2 Corinthiens 1.4). Donc, si nous voulons découvrir comment Paul a supporté tant d'adversité, il suffit de regarder dans ses lettres comment il a réconforté les autres lors de leurs épreuves et afflictions.

Nous en avons un exemple dans ce passage de Philippiens 4 :

Réjouissez-vous en tout temps de tout ce que le Seigneur est pour vous. Oui, je le répète, soyez dans la joie. Faites-vous connaître par votre amabilité envers tous les hommes. Le Seigneur est proche. Ne vous mettez en souci pour rien, mais, en toute chose, exposez vos besoins à Dieu. Adressez-lui vos prières et vos requêtes, en lui disant aussi votre reconnaissance. Alors la paix de Dieu, qui surpasse tout ce qu'on peut concevoir, gardera votre cœur et votre pensée sous la protection de Jésus-Christ. Enfin, frères, nourrissez vos pensées de tout ce qui est vrai, noble, juste, pur, digne d'amour ou d'approbation, de tout ce qui mérite respect et louange. Ce que vous avez appris et reçu de moi, ce que vous m'avez entendu dire et vu faire, mettez-le en pratique. Alors le Dieu qui donne la paix sera avec vous. Je me suis réjoui comme d'une grâce venant du Seigneur en voyant que votre intérêt pour moi a pu finalement porter de nouveaux fruits. Car cette sollicitude à mon égard, vous l'éprouviez toujours, mais vous n'aviez pas eu l'occasion de la manifester. Ce n'est pas le besoin qui me fait parler ainsi, car j'ai appris en toutes circonstances à être content avec ce que j'ai. Je sais vivre dans le dénuement, je sais aussi vivre dans l'abondance. C'est le secret que j'ai appris : m'accommoder à toutes les situations et toutes les circonstances, que je sois rassasié où que j'aie

> *faim, que je connaisse l'abondance ou que je sois dans le besoin.*
>
> Philippiens 4.4-12

Qu'est-ce que « la paix de Dieu » ? Pour Paul, c'est, premièrement, un calme intérieur et un équilibre. Aux versets 11 et 12, il dit : « C'est le secret que j'ai appris : m'accommoder à toutes les situations et toutes les circonstances, que je sois rassasié ou que j'aie faim, que je connaisse l'abondance ou que je sois dans le besoin. » Autrement dit, l'apôtre restait le même, quel que soit le contexte. N'est-ce pas incroyable étant donné sa situation ? Nous voulons tous avoir la paix intérieure mais pour affronter quoi ? Nos tracas quotidiens : factures, concurrence au travail, patron difficile, sorties, solitude. Paul, lui, affrontait la torture et la mort. Il écrivait du fond de sa prison et, pourtant, il restait serein.

Paul ne prétendait pas que sa nature le rendait capable de supporter cela. Ce n'était pas un talent inné chez lui, une conséquence de sa force de caractère. Il dit : « J'ai *appris* à avoir cette paix, afin de garder mon équilibre en toute situation. » Cette paix intérieure n'était donc pas naturelle, et elle ne l'est pas non plus nous.

Deuxièmement, explique-t-il, cette paix n'est pas une absence, mais une présence. Au verset 7, il précise « la paix de Dieu *gardera* vos cœurs et vos pensées ». En grec, ce mot décrit une bâtisse ou une ville, entourée et fortifiée, dans le but de la protéger des envahisseurs. Si toute une armée vous entoure et vous protège, vous pouvez dormir tranquille ; voilà l'idée. De nos jours, les sites web et les livres pour vaincre l'anxiété et gérer la peur, conseillent de chasser nos pensées négatives, de les contrôler, de les refuser. En faisant cela, nous nions la gravité de la situation. Il s'agit aussi d'un moyen de garder notre calme. Mais cette paix-là sera de courte durée. Donc la paix de Dieu ne réside pas dans *l'absence* de pensées négatives, mais dans la *présence* de Dieu lui-même, dans l'assurance d'être protégé. « Le Dieu qui donne la paix sera avec vous » (Philippiens 4.9). En réalité, vous n'arrêtez pas de faire face aux difficultés, mais vous recevez une puissance vivante qui habite en vous et vous rend capable de les affronter, quelque chose qui vous aide à passer par-dessus et à travers elles.

De nombreux chrétiens ont fait l'expérience de cette paix de Dieu. Elle n'est pas simplement une question de pensée positive ou de volonté, mais l'idée que, quoi qu'il advienne, tout finira par s'arranger, même si ce n'est pas le cas sur le moment. D'après mon expérience, les gens ne trouvent cette paix que dans des situations tragiques, souvent dans la vallée de l'ombre de la mort. Cette paix ressemble à un rocher au bord de la mer. Une tempête arrive et les vagues le submergent. Pourtant, il ne bouge pas d'un pouce après l'assaut des flots. Ainsi, celui qui possède cette paix tiendra ferme, quelles que soient les circonstances. Paul en est un bon exemple. Maintes fois submergé, il n'a jamais été brisé. Selon lui, il ne possède pas un talent naturel, vous et moi pouvons apprendre à acquérir cette paix.

Telle est l'essence de la paix chrétienne. Avoir un calme intérieur, un équilibre, ressentir la présence de Dieu et sa protection de manière presque surnaturelle. Comment la découvrir et la développer ? Il n'existe ni recette, ni technique. Néanmoins, Paul mentionne trois sortes de disciplines à adopter : une façon de penser, de remercier et d'aimer.

Discipliner ses pensées

En Philippiens 4.8-9, Paul exhorte : « Frères, nourrissez vos pensées de tout ce qui est vrai, noble, juste, pur, digne d'amour ou d'approbation, de tout ce qui mérite respect et louange.[...] Alors le Dieu qui donne la paix sera avec vous. » Ne nous méprenons pas, par « noble » et « pur », Paul ne recommande pas d'avoir de hautes pensées intellectuelles et inspirées. Il se réfère aux enseignements bibliques à propos de Dieu, du péché, du Christ, du salut, du monde, de la nature humaine et du plan du salut. Paul dit qu'il faut *logizdomai* ces pensées, c'est-à-dire « se rappeler » ou « énumérer[383] » les doctrines de base de la Bible, y penser très fort et sur le long terme, si on désire la paix.

Quelle différence avec les livres séculiers qui traitent de l'anxiété, de la peur, du stress ! Ils n'abordent jamais les questions fondamentales suivantes : Quel est le sens de la vie ? Pourquoi êtes-vous vraiment sur cette terre ? À quoi sert la vie ? D'où venez-vous et où allez-vous ? Comment les êtres humains devraient-ils passer leur temps ? Ils ne proposent que des techniques de relaxation ou de contrôle de ses pensées, des façons de gérer ses émotions négatives ou sa culpabilité. Ils préconisent d'avoir un équilibre entre travail et repos ; par exemple, de prendre du bon temps pour mettre de côté ses soucis et pensées envahissantes.

Pourquoi ces livres ne vous demandent-ils jamais de mûrement réfléchir à votre vie ? Sans doute parce que notre société occidentale est la première à n'offrir aucune réponse aux grandes questions de la vie. S'il n'y a pas de Dieu, nous ne sommes que le produit du hasard. Après notre mort, on nous oubliera rapidement. De ce point de vue, le soleil mourra et toutes les œuvres des hommes seront réduites à néant. Il n'est donc pas étonnant que de tels livres séculiers ne proposent jamais d'examiner les questions mentionnées ci-dessus[384].

Paul dit que la paix chrétienne opère d'une manière presque totalement opposée, non pas quand nous pensons moins aux questions existentielles, mais davantage, et plus profondément. Nous en avons un exemple particulier en Romains 8.18, où Paul se sert à nouveau du mot *logizdomai*. Il s'adresse directement aux personnes qui souffrent : « *J'estime d'ailleurs* qu'il n'y aucune commune mesure entre les souffrances de la vie présente et la gloire qui va se révéler en nous. » Il ne s'agit pas d'obtenir la paix en faisant du sport ou des achats. Ici, l'apôtre exhorte à peser les mots, à réfléchir à la gloire à venir jusqu'à ce que la joie commence à poindre en nous.

Certains pourraient dire : « Vous parlez de doctrine mais moi, j'ai besoin de réconfort. » Réfléchissez ! Jésus est-il vraiment le Fils de Dieu ? Est-il réellement venu sur terre, est-il mort pour vous, est-il ressuscité, est-il monté à la droite de Dieu ? A-t-il supporté une souffrance infinie pour vous afin de pouvoir, un jour, effacer toute larme de vos yeux ? Si oui, c'est le meilleur des réconforts possibles. Dans le cas contraire, nous sommes coincés ici-bas environ quatre-vingts ans avant de mourir, et ce sera le seul bonheur que nous aurons jamais connu. Dès lors, si la souffrance nous l'enlève, il est perdu à jamais. Soit Jésus est assis sur le trône et dirige toute chose, soit la vie sur terre est ce qu'il y a de mieux.

Pour dire les choses autrement, il existe deux sortes de paix : une paix « stupide » et une paix « intelligente ». La paix « stupide » vient du refus de voir la situation globale. Dans ce cas, autant sabrer le champagne, s'asseoir sous un arbre ou sur la plage et essayer d'ignorer les grandes questions existentielles. Paul exhorte le chrétien à avoir une vue d'ensemble et à ainsi trouver la paix (s'il ne l'a pas, il est possible qu'il ne pense pas).

Le théologien américain Jonathan Edwards était prédicateur congrégationaliste. Sa première prédication complète dont nous disposons s'intitule « Le bonheur chrétien ». Malgré son jeune âge (il avait alors dix-huit ans), son propos est limpide. Un chrétien devrait être heureux « quelles que soient les circonstances extérieures[385] ». Il développe son thème en trois points à l'égard des chrétiens. On peut le résumer ainsi :

Les « mauvaises choses » travailleront pour leur bien (Romains 8.28).

Leurs « bonnes choses » – l'adoption dans la famille de Dieu, la justification, la communion avec lui – ne peuvent leurs être enlevées (Romains 8.1).

Le meilleur est à venir : la résurrection, les nouveaux cieux et la nouvelle terre (Apocalypse 22.1 et suivants).

Ce sermon met en pratique la pensée de Paul. Il « estime » ce que vaut l'Évangile, son coût, il le digère et il laisse la gloire du salut le pénétrer. Nos difficultés aboutiront à notre bien, nos bénédictions ne peuvent nous être enlevées, le meilleur est à venir. « Nourrissez vos pensées » (Philippiens 4.8).

Se discipliner à être reconnaissant

Une fois vos pensées disciplinées, vous pouvez passer à la discipline de la reconnaissance. En Philippiens 4.6, Paul écrit : « *Ne vous mettez en souci pour rien*, mais, en toute chose, exposez vos besoins à Dieu. Adressez-lui vos prières et vos requêtes, en lui disant aussi votre *reconnaissance.* » Cette dernière pallie à l'anxiété. Mais observez bien le texte, les propos de Paul vont à l'encontre du bon sens. On s'attendrait à ce qu'il nous dise d'adresser nos demandes à Dieu, puis de le remercier s'il nous exauce. À la place, l'apôtre nous dit *d'inclure* la reconnaissance dans la demande, avant de connaître la réponse de Dieu à nos prières.

Il semble illogique de remercier Dieu à l'avance. Mais Paul veut vous inviter à faire confiance à la souveraineté de Dieu dans l'Histoire et dans votre vie. Pour connaître le contentement, il vous faut admettre dans vos requêtes sincères que votre vie se trouve entre les mains de Dieu et qu'il est plus sage que vous. Vous y parvenez lorsque vous le remerciez pour sa réponse, *quelle qu'elle soit*, à vos prières. C'est l'essence même de deux versets clés : « Vous aviez projeté de me faire du mal, mais par ce que vous avez fait, Dieu a projeté de faire du bien en vue d'accomplir ce qui se réalise aujourd'hui, pour sauver la vie à un peuple nombreux » (Genèse 50.20), et « Nous savons en outre que Dieu fait concourir toutes choses au bien de ceux qui l'aiment, de ceux qui ont été appelés conformément au plan divin » (Romains 8.28). Ne donnons pas à ce verset une connotation positive à l'extrême. Paul ne prétend pas que « toute difficulté est positive, si on sait la regarder de la bonne façon ». D'après lui, à la fin, Dieu annulera toutes choses mauvaises *dans leur ensemble* de telle manière que le mal engendrera le contraire de ses buts initiaux. Il en ressortira un bien et une gloire plus grands. Aujourd'hui, seul Dieu est en mesure de voir toutes choses concourir à notre bien et à sa gloire, grâce à sa vision éternelle et à son point de vue privilégié. Mais, un jour, nous nous trouverons là-haut et nous le verrons aussi.

Dieu est souverain et nous devons lui faire confiance. Parce qu'il est souverain, nous devons le remercier à l'avance pour tout ce qu'il nous donne, même si nous ne comprenons pas. En voici un exemple frappant. J'avais une vingtaine d'années et je fréquentais une jeune fille que je souhaitais épouser alors qu'elle voulait rompre. J'ai prié pendant un an : « Seigneur, ne permets pas qu'on se sépare. » Bien sûr, nous n'étions pas faits l'un pour l'autre. Mais j'ai aidé Dieu du mieux possible par rapport à mes prières. Vers la fin de notre relation, j'ai même déménagé pour me rapprocher d'elle. Je disais à Dieu : « Seigneur, je t'ai facilité les choses. J'ai prié et, en plus, j'ai supprimé le problème de la distance. » En y repensant, Dieu répondait : « Mon fils, quand un de mes enfants me demande quelque chose, je lui donne toujours ce qu'il aurait demandé s'il avait su tout ce que je sais. » Le croyez-vous ? La qualité de votre paix dépend de la qualité de votre confiance. Faites connaître vos besoins dans la reconnaissance.

Se discipliner à classer ce que nous aimons

Nous avons vu les pensées, la reconnaissance, voici à présent l'amour. En Philippiens 4.8, Paul dit à ses lecteurs de penser à « tout ce qui est vrai, noble, juste, pur ». Il s'agit plutôt de vertus théologiques traditionnelles en lien avec l'intelligence et à la volonté. Paul poursuit en leur demandant de réfléchir à tout ce qui est « digne d'amour ou d'approbation » à « tout ce qui mérite respect et louange ». Par définition, ce qui est digne d'amour est non seulement vrai, mais aussi attirant[386]. Je pense que Paul appelle ici ses lecteurs à mettre de l'ordre dans leurs pensées ainsi qu'à écouter les manifestations de leur cœur. L'apôtre explique comment avoir un lest sous notre quille spirituelle qui nous maintienne à flot dans une mer déchaînée, comment garder notre équilibre lors de peines et de difficultés. Dans ces moments-là, il ne suffit pas de *penser*, à ce qui est juste, il importe également d'*aimer* ce qui en est digne.

Tournons-nous vers Saint-Augustin, grand penseur chrétien des IIIe et IVe siècles, extrêmement conscient *du* grand problème de la philosophie grecque : comment vivre sa vie dans le contentement ? Le terme grec était *autarkeia*, et c'est ce mot qu'utilise Paul au verset 11 quand il dit : « Je l'ai appris, j'ai l'*autarkeia*. » Cela signifie que les circonstances n'ont pas prise sur nous, nous conservons toujours ce calme, cette puissance de ne pas être contrariés, anéantis, effondrés pour un rien.

L'école stoïcienne est celle qui s'est le plus penchée sur la question. Les stoïciens enseignaient que la plupart des hommes sont incapables de vivre des vies paisibles dans le contentement parce qu'ils s'attachent trop aux choses. Selon eux, il ne faut pas trop aimer le succès car même acquis, vous serez toujours inquiets, vous n'aurez jamais la paix car vous craindrez de le perdre. De même, il ne faut pas mettre votre famille à la première place dans votre cœur car, même si vous avez une bonne famille, elle vous causera toujours des soucis. Et s'il arrive un malheur, vous serez foudroyés parce que le problème provient de votre amour placé en des choses sur lesquelles vous n'avez aucun contrôle.

Les philosophes conseillent donc de ne rien aimer vraiment, si ce n'est votre propre vertu. Pourquoi? Parce que vous pouvez contrôler votre caractère. Vous ne pouvez garantir votre succès. Vous ne pouvez garder votre famille en vie à jamais. Vous ne contrôlez rien mis à part votre cœur. Alors investissez-le uniquement dans vos propres vertus : être courageux, intègre et honnête constitue votre choix. Seul le fait de savoir que vous êtes en train de devenir la personne que vous voulez être, peut vous rendre heureux. Vous ne connaîtrez la sérénité que si vous faites vos propres choix intérieurs ; cela reste sous votre contrôle, alors que rien d'autre ne l'est.

Mais les stoïciens se trompaient, notamment dans leurs postulats. Il est erroné de croire que vous pouvez contrôler votre vertu. Si vous misez tout sur le succès, vous risquez d'être amèrement déçu, mais si vous recherchez la noblesse d'âme et la maîtrise de soi, pour toujours vivre selon vos principes, l'issue est tout aussi incertaine. En effet, vous ne contrôlez *rien*. Vous êtes humain. Vous êtes fragile. Vous êtes une personne complexe : une combinaison subtile alliant esprit, volonté, cœur, âme et corps. Votre vertu peut vous faire faux bond. Et si vous échouez, alors une fois de plus, vous n'avez plus rien. Vous êtes anéanti.

Augustin rejetait l'approche stoïcienne, indéfendable d'après lui. Il pensait que « seul l'amour de l'immuable peut nous donner la quiétude[387] ». L'*immuable* est ce qui ne peut changer. Votre vertu peut et va changer, comme votre carrière, votre famille ou votre situation financière. Vous n'avez pas la paix parce que vous aimez des choses *muables*, que la vie peut vous enlever en fonction des circonstances.

Une seule chose est immuable : Dieu, sa présence et son amour. Le seul amour qui ne vous décevra jamais est un amour qui ne peut pas changer, que vous ne pouvez pas perdre, qui ne dépend pas des hauts et des bas, ni de votre train de vie. Même la mort ne peut vous le ravir. Non seulement vos pauvres performances ne peuvent le limiter, mais même les pires tragédies comme une mort subite ne peuvent que vous remplir encore plus de cet amour de Dieu. Qu'est-ce qui est si sûr et si solide que même la mort n'a aucun effet sur lui, mis à part celui de le renforcer ? L'amour et la présence de Dieu. La beauté de Dieu. La face de Dieu.

Augustin a donc pu écrire dans ses *Confessions* : « Le lieu du repos inaltérable [Dieu seul] est là où l'amour n'est pas déserté, s'il ne déserte pas lui-même[388]. »

Une question peut alors surgir : « Vous dites que je dois aimer Dieu. Mais j'aime beaucoup de choses. J'aime tout ce qui a trait aux gens, au bien-être matériel, à l'amour. Dois-je aimer Dieu et rien d'autre ? » Non, vous devez *classer* ce que vous aimez. Votre problème ne consiste pas à trop aimer votre famille ou votre métier, mais à ne pas assez aimer Dieu. C.S. Lewis est d'accord avec Augustin :

> Il est probablement impossible d'aimer trop un être humain, quel qu'il soit. Peut-être, l'aimons-nous trop pro-

portionnellement à notre amour pour Dieu, mais c'est la petitesse de notre amour pour Dieu et non la grandeur de notre amour pour l'humain qui constitue la démesure[389].

Voilà la seule et unique façon d'obtenir le calme, la tranquillité, la paix : aimer *Dieu* plus que tout.

Mettre sa gloire à sa juste place

Au Psaume 3, le roi David est encerclé par ses ennemis et se trouve dans une situation si désespérée que son peuple murmure que Dieu l'a abandonné. Comment David gère-t-il sa perte de renommée et la menace de ses ennemis ?

Ô Éternel, mes ennemis sont si nombreux !
Oui, si nombreux mes adversaires qui se sont dressés contre moi.
Et si nombreux ceux qui prétendent
qu'il n'y a plus aucun secours pour moi auprès de Dieu.

Pourtant, ô Éternel, tu es pour moi un bouclier qui me protège.
Ô toi ma gloire, tu me feras marcher encore la tête haute.
À haute voix, je crie vers l'Éternel ;
de sa montagne sainte, mon Dieu m'exaucera.

Je me couche et m'endors l'esprit serein ;
je me réveille en paix, car l'Éternel est mon soutien.
Je ne craindrai donc pas ces multitudes
qui sont postées autour de moi.

Psaumes 3.1-7

Comment David peut-il être environné d'une telle paix et dormir tranquillement avec ses ennemis massés aux frontières ? La réponse se situe au verset 4 : relever la tête, marcher « la tête haute », expression toujours d'actualité dans le sens de fierté saine, de conscience pure et d'assurance. Les rumeurs du peuple ne l'atteignent pas. Comment Dieu fait-il marcher David la tête haute ? « Ô Éternel, tu es [...] *ma gloire*. » Pour Derek Kidner « "Ma gloire" est une expression à méditer : elle indique [...] la petitesse comparative de l'estime de soi[390] ». David réalise qu'il a fait dépendre son estime de lui-même de l'approbation et de la louange de son peuple. Il marchait « la tête haute » à cause de sa popularité. Désormais, il revendique cette vérité théologique : *Dieu* est sa seule gloire.

Il s'agit d'un élément majeur dans l'apprentissage de la souffrance. Quand quelque chose nous est enlevé, notre souffrance est réelle et légitime. Mais souvent, notre abattement est disproportionné, car la souffrance nous ébranle pour nous faire lâcher l'objet devenu trop important au niveau émotionnel et spirituel : notre honneur et notre gloire, notre raison de marcher la tête haute. Nous avons pu dire aux autres : « Jésus est mon sauveur. Tout ce qui compte pour moi, c'est le servir, recevoir son approbation, et qu'il ait une bonne opinion de moi. » Mais en réalité, nous obtenons notre propre valeur d'autres choses. Au sein de la souffrance, ces « autres choses » subissent des chocs. Dans le cas de David, sa souffrance était en grande partie légitime. Perdre l'amour de son fils et de son peuple, et être accusé à tort, sont source d'une énorme douleur. Mais il était également conscient d'avoir laissé l'opinion du peuple et son estime de lui-même prendre trop d'importance. David prend l'engagement de découvrir Dieu pour qu'il soit sa seule gloire, découverte accessible uniquement par la prière, la repentance et l'adoration. Il réaffirme que l'amitié et la présence de Dieu sont les seules choses qui comptent. En conséquence, sa force morale et son courage s'accroissent.

Nous pouvons lire le verset 4 comme une repentance tournée vers l'adoration. David dit : « *Toi tu* es pour moi un bouclier, Éternel ; et rien d'autre ne l'est ! *Toi tu* es ma gloire et ma tête haute ; et pas ces autres choses ! Ni mes hauts faits, ni mes pouvoirs politiques, ni l'amour de mon fils, ni les louanges du peuple. Toi seul ! » Il s'agit d'une louange, mais enracinée dans la repentance, et aussi d'une repentance enracinée dans la louange.

Comment Dieu peut-il devenir notre gloire ? Il n'y a qu'une réponse : en redécouvrant l'Évangile de la grâce gratuite. Le salut de Dieu n'est pas pour les justes, mais pour les humbles, ceux qui admettent qu'ils ne sont pas dignes. C'est le sens du verset 8 : « Mon Dieu, sauve-moi ! » Il fait écho à la fameuse citation de Jonas : « *C'est de l'Éternel que vient la délivrance* » (Jonas 2.10). On ne se sauve pas soi-même, le salut ne se mérite pas.

Si David avait l'intuition qu'il était sauvé par grâce, notre assurance dépasse largement la sienne. Nous le voyons en lisant le verset 4 à la lumière de la croix. En Christ, le Seigneur est devenu, littéralement, notre « bouclier ». Un bouclier nous protège des coups qui auraient dû nous détruire. Il nous protège par *substitution*. Jésus a pris notre place et a subi la condamnation que nous méritions. Dieu ne nous abandonnera pas parce qu'il a abandonné Jésus à cause de nos péchés. Nous savons qu'en Christ nous sommes « saints, irréprochables, et sans faute » (Colossiens 1.22) malgré notre nature pécheresse. Les chrétiens savent que Christ est *littéralement* leur gloire et leur honneur devant le Père (1 Jean 2.1-2). Si nous en sommes conscients, alors nous ne sommes pas bouleversés lorsque nous sommes accusés.

Voici ce que nous devrions faire lorsque nous souffrons. Nous devrions nous assurer que notre souffrance n'a pas été accrue parce que nous avons accordé trop d'importance et placé trop d'espoir dans certaines choses. Nous *pouvons* vivre sans elles si nous nous appuyons sur Dieu. Cela nous rendra libres. Nous devons classer ce que nous aimons et cibler nos motifs de gloire. Pour autant, même en aimant Dieu parfaitement, nous souffrirons. En effet, Jésus a aimé Dieu parfaitement, mais il a tout de même été un homme de douleurs, en grande partie à cause de son amour pour nous. Ne suivons pas le conseil stoïcien de totalement détacher notre cœur des choses. Nous devons aimer de nombreuses choses bonnes, mais lorsqu'elles nous seront enlevées, nous aurons mal. Pourtant, si nous cultivons un profond repos en Dieu, si nous comprenons son amour pour nous, nous découvrirons que la souffrance, semblable à un dard, peut causer de la douleur, mais elle ne sera pas en mesure de nous déraciner. En effet, la souffrance ne peut affecter notre Essentiel : Dieu, son amour et son salut.

Il y a quelques années, deux jeunes acteurs qui fréquentaient notre Église du Rédempteur, et se disaient chrétiens, ont auditionné pour le même rôle, le plus grand qu'on ne leur ait jamais proposé. L'un d'entre eux avait placé tous ses espoirs émotionnels et spirituels dans une carrière d'acteur célèbre. Il croyait en Jésus mais il ne parvenait à être heureux qu'avec une carrière florissante. Le second, après quelques déceptions, avait choisi comme but principal de sa vie, d'honorer le Dieu qui l'avait sauvé et de lui plaire. Il pensait pouvoir le faire en étant acteur.

Aucun d'eux n'a décroché le rôle. Anéanti, le premier a fait une dépression et s'est drogué. Le second allait très mal au début et a pleuré. Mais, peu de temps après, il allait bien : « J'imagine que j'ai dû me tromper. Il semble que je pourrai mieux plaire à Dieu et l'honorer en choisissant une autre carrière. » Quelle est la différence entre eux ? Le second considérait sa carrière comme un moyen d'arriver à ses fins ; le premier, en avait fait une fin en soi. Les circonstances n'ont pas réussi à atteindre le trésor principal dans la vie du second homme, mais elles ont pu balayer celui du premier. Être aimé et connu de Dieu est le trésor suprême. Si vous en faites *votre* trésor suprême, alors il n'y aura pas de « cambrioleurs qui percent les murs » (Matthieu 6.19).

Un processus douloureux, mais beau

Nous avons comparé la souffrance à une fournaise où d'une chaleur intense et douloureuse jaillit la pureté et la beauté. Nous sommes à présent capables de comprendre l'un de ses moyens. La souffrance met le doigt sur de bonnes choses qui ont pris trop d'importance dans notre vie. Nous ne devons pas répondre à la souffrance en nous débarrassant simplement de ce qui a pris trop de place mais en revenant à Dieu, en l'aimant plus, et en nous enracinant plus profondément en lui. Vous ne comprendrez jamais vraiment votre cœur quand tout va bien. La souffrance vous fait prendre conscience de la nature du vrai Dieu et vous révèle vos faux dieux. Seul le vrai Dieu peut traverser la fournaise avec vous d'un bout à l'autre. Les faux dieux vous abandonneront à l'intérieur.

L'un des hymnes composés par John Newton résume avec force ce processus. Newton parle du « ricin », en référence à la plante qui abritait Jonas mais que Dieu avait asséchée pour lui montrer qu'il n'avait pas mis ses priorités au bon endroit. Dans cet hymne, le ricin symbolise ce qui nous procurent du plaisir et de la joie, mais que les épreuves éliminent à notre grand désespoir.

J'ai prié Dieu pour qu'il accroisse
Ma foi, mon amour et sa grâce,
Pour mieux étreindre son salut
M'émerveiller devant sa face.

Je pensais qu'en priant ainsi
Tu exaucerais ma prière
Que tu noierais tout mon péché
Dans l'eau sainte de ta rivière.

Sans mot dire, Tu m'as fait sentir
La puanteur de mon esprit
Tu lâchas les chiens de l'enfer
Contre tout ce qui m'était cher.

Mais qui plus est, Tu me semblas
Appesantir ta main sur moi,
Réduire à néant tous mes plans
Détruire le ricin bienfaisant.

Seigneur pourquoi, pourquoi, criai-je
T'acharner sur un vermisseau ?
« C'est ainsi, me répondit Dieu
Que je réponds à ta prière.

Ces tourments sont mes instruments
Pour briser la cage d'orgueil,
Pour broyer tous les plans humains
Et faire qu'en tout, tu me recherches. »

Hymne de John Newton
(adaptation française de Daniel Dutruc)

Le secret de la paix

Revenons à Philippiens 4. Comment pouvons-nous aimer Dieu davantage ? Même si l'on croit en lui, « Dieu » peut n'être qu'un concept abstrait. Comment ressentir plus d'amour pour lui ? Il est inutile d'essayer de vous occuper directement de vos émotions. Laissez-les plutôt découler naturellement de ce que vous regardez. Paul dit que la paix de Dieu garde votre cœur et votre pensée non seulement en Dieu, mais *en Jésus -Christ* (v. 7). Voilà la clé. Vous devez regarder à Jésus : qui il est et ce qu'il a fait pour vous. Ce n'est pas en regardant un Dieu abstrait mais la personne et l'œuvre de Christ que vous parviendrez à aimer l'immuable et à trouver la sérénité. Penchez-vous sur ce que Jésus a fait pour vous, c'est ainsi que vous en viendrez à trouver Dieu irrésistiblement beau.

Ésaïe 57 dit : « Mais les méchants ressemblent à la mer agitée qui ne peut se calmer et dont les flots agitent la vase et le limon. "Mais, a dit Dieu, il n'y a pas de paix pour les méchants" » (v. 20-21). À première vue, cela ressemble à une affirmation courante de l'Ancien Testament : Dieu punit ceux qui font le mal. À bien y regarder, il est question de conséquences naturelles. Les stoïques avaient raison, tout ce que vous aimez plus que Dieu sera source d'inquiétude, et votre vie sera toujours semblable à une mer agitée. Dieu veut dire ceci : « Se détourner de moi, ne pas centrer toute sa vie sur moi a pour conséquence une grande agitation intérieure. »

Nous méritons ces tourments. Mais 2 Corinthiens 5.21 dit : « Celui qui était innocent de tout péché, Dieu l'a condamné comme un pécheur à notre place pour que, dans l'union avec le Christ, nous soyons justes aux yeux de Dieu. » Cela ne signifie pas que Dieu ait réellement rendu Jésus pécheur mais que, sur la croix, il a été traité comme un pécheur. Il a subi ce que nous méritions, en particulier, la perte terrible de la paix. Mais en aucun cas Jésus n'a été heureux de vivre cela.

Il a perdu toute paix afin que vous et moi puissions avoir la paix éternelle. En sommes-nous conscients ? Sur la croix, dans la douleur, il est mort en poussant un cri. William Lane, commentateur de l'Évangile de Marc, explique :

> Le cri d'abandon, ce hurlement : les criminels crucifiés souffraient en général d'un épuisement total, passaient de longs moments inconscients avant de mourir. Dans son récit, Marc décrit une mort soudaine et violente avec un réalisme cru. Le cri d'abandon exprime une douleur insondable[391].

Sur la croix, Jésus a subi notre punition, y compris une douleur et un tourment cosmiques profonds, afin que nous recevions ce qu'il méritait. Méditer ce qu'il a fait et comment il l'a accompli pour vous, vous aidera à traverser vos épreuves. Vous trouverez alors Dieu magnifique.

Prenons un exemple. Horatio Spafford, avocat américain, a tout perdu lors de l'incendie de Chicago, en 1871. Deux ans plus tard, il a envoyé sa femme Anna et leurs quatre filles en Grande-Bretagne, par voie maritime. Leur bateau a heurté un autre navire et a commencé à couler. Anna a rassemblé ses quatre filles et elles ont prié. Le bateau a fait naufrage. Les passagers sont partis à la dérive et les quatre petites filles se sont noyées. Les secours ont retrouvé Anna inconsciente. Ils l'ont transportée en Angleterre où elle a télégraphié deux mots à son mari : « Seule rescapée. »

Sur le bateau qui le menait vers son épouse, Spafford a commencé à composer un hymne : « Quel repos céleste, mon fardeau n'est plus. » Pourquoi un homme frappé par le chagrin, à la recherche de la paix de Dieu, écrirait-il tout un hymne centré sur Jésus et l'œuvre de son salut ? Pourquoi mentionnerait-il son propre péché à un tel moment ?

> Quel repos céleste,
> Mon fardeau n'est plus !
> Libre par le sang du calvaire,
> Tous mes ennemis,
> Jésus les a vaincus,
> Gloire et louange à Dieu, notre Père[392] !

Quel est le rapport avec ses quatre petites filles décédées ? Tout est lié ! Quand tout va mal, on peut perdre la paix parce que l'on pense être puni. Mais considérez la croix ! Toute la punition est retombée sur Jésus. Vous pouvez également vous dire que Dieu ne se sent pas concerné. Mais levez les yeux vers la croix ! La Bible nous fait le cadeau d'un Dieu qui dit : « Moi aussi, j'ai perdu un enfant mais pas involontairement, c'était volontaire, à la croix, par amour pour toi, afin que je puisse t'intégrer à ma famille. »

Cet hymne permet de voir un homme qui pense, remercie et aime dans la paix de Dieu. Il a pu vivre cela au sein de telles circonstances ; Paul aussi et il en sera de même pour vous.

Chapitre 16

Espérer

Puis, ces puissances, sources du chagrin,
Recevront Ta rétribution,
Et jour après jour
Proclameront Ta louange, et ma consolation,
M'apportant diligence et courage,
Jusqu'à mon entrée aux Cieux, et bien davantage : Toi.

George Herbert, « Affliction IV »

Puis je vis un ciel nouveau et une terre nouvelle, car le premier ciel et la première terre avaient disparu, et la mer n'existait plus. Je vis la ville sainte, la nouvelle Jérusalem, descendre du ciel, d'auprès de Dieu, belle comme une mariée qui s'est parée pour son époux. Et j'entendis une forte voix, venant du trône, qui disait : « Voici la Tente de Dieu avec les hommes. Il habitera avec eux ; ils seront ses peuples et lui, Dieu avec eux, sera leur Dieu. Il essuiera toute larme de leurs yeux. La mort ne sera plus et il n'y aura plus ni deuil, ni plainte, ni souffrance. Car ce qui était autrefois a définitivement disparu. » Alors celui qui siège sur le trône déclara : « Voici : je renouvelle toutes choses. » Il ajouta : « Écris que ces paroles sont vraies et entièrement dignes de confiance. »

Apocalypse 21.1-5

L'élément le plus concret pour ceux qui souffrent est qu'ils aient de l'espoir. L'érosion ou la perte d'espoir rend la souffrance intolérable. La dernière partie de la Bible met en scène l'espoir suprême : un monde matériel où toute souffrance a disparu. « Il essuiera toute larme de leurs yeux. » Cet espoir vivant transforme nos vies.

À qui Jean écrivait-il dans l'Apocalypse ? À des croyants en proie à de grandes souffrances, à ceux dans la douleur ou le deuil (v. 4). Il l'a écrit à la fin du Ier siècle, alors que l'empereur romain Domitien opérait des persécutions à grande échelle contre les chrétiens. Il a fait piller et saisir leurs maisons. Certains ont été jetés dans l'arène pour y être dévorés par des bêtes sauvages. D'autres ont été empalés sur des pieux, puis recouverts de poix et brûlés vifs.

Pour leur permettre de tenir ferme, Jean leur a donné l'espoir suprême : de nouveaux cieux et une nouvelle terre. Nous savons grâce aux sources historiques qu'il a réussi. Les premiers chrétiens ont supporté leurs souffrances en faisant preuve d'une paix et d'un calme hors du commun. Ils chantaient des hymnes alors que les bêtes les dévoraient et ils pardonnaient à ceux qui les mettaient à mort. En conséquence, plus on les tuait, plus le mouvement chrétien prenait de l'ampleur. Pourquoi ? Parce que les gens qui voyaient les chrétiens mourir de cette manière disaient : « Ils ont quelque chose en plus. » Savez-vous ce que c'était ? Ils avaient trouvé une espérance vivante.

Les êtres humains sont créés pour espérer. Ce que vous pensez de votre avenir détermine totalement votre façon actuelle de vivre. Il y a quelques années, j'ai lu l'histoire de deux hommes qui avaient été capturés. Au moment d'être emprisonnés dans un donjon, le premier avait appris que sa femme et son enfant étaient décédés et le second que les siens étaient en vie et l'attendaient. Au bout de deux ans, le premier est mort, recroquevillé sur lui-même, anéanti par le chagrin. Le second a tenu bon et a été libéré dix ans plus tard. Ces deux hommes ont vécu dans les mêmes conditions, mais ils y ont réagi différemment. Ils ont eu une même expérience du présent, mais leurs pensées se sont dirigées vers des avenirs différents. Leur vision du futur a déterminé leur façon d'appréhender le présent.

Jean avait donc raison d'aider ceux qui souffraient en leur donnant de l'espoir. Croyez-vous que quand vous mourrez vous pourrirez ? Que le seul bonheur possible se trouve sur cette terre ? Qu'un jour, le soleil s'éteindra et avec lui toute trace de civilisation ? Il s'agit là d'une façon d'imaginer votre futur. En voilà une autre. Croyez-vous « aux nouveaux cieux » et à « la nouvelle terre » ? Au jugement dernier où tout acte mauvais et toute injustice trouveront réparation ? Croyez-vous que vous allez vers un avenir fait de joie éternelle ? Selon votre manière d'envisager l'avenir, vous allez gérer vos donjons, vos souffrances, de deux manières fondamentalement différentes.

Nous allons vous donner une autre preuve de ce principe. En 1947, Howard Thurman, professeur noir américain, a donné une conférence à Harvard sur le sens des negro spirituals, en réponse à ceux qui critiquaient ce style musical en le qualifiant de « détaché du monde ». Certes, les negro spirituals sont remplis de références au ciel, au jugement dernier, aux couronnes, aux trônes et aux robes que nous porterons. Les accusations portaient sur le fait que les esclaves n'en avaient pas besoin. Les références au ciel les avaient rendus dociles et résignés sur leur sort. Howard Thurman a réagi ainsi :

> Les faits montrent clairement que [la foi chantée] a servi à renforcer la capacité d'endurance et l'assimilation de la souffrance [...] Elle a appris à un peuple à garder le cap, à analyser en toute honnêteté les faits mêmes qui s'insurgent dramatiquement contre tout espoir, et à les utiliser comme matière première de laquelle tirer l'espoir que leur environnement avec toute sa cruauté ne pourra anéantir [...] Elle [...] leur a permis de refuser la défaite totale et d'affirmer le droit important de vivre[393].

Thurman a fait remarquer que les esclaves étaient chrétiens et savaient que de nouveaux cieux, une nouvelle terre et un jugement dernier verraient le jour et que tous leurs désirs seraient alors comblés. Ils avaient compris que tous ceux qui avaient perpétré des injustices auraient à répondre de leurs actes, car tout mal serait révélé. Aucune persécution ne pourrait éteindre cette espérance. Pourquoi ? Parce qu'elle ne reposait pas dans le présent mais dans l'avenir. Pour certains il aurait été préférable que les esclaves placent leur espoir dans une action politique. Mais nos exploits peuvent être réduits à néant, et le désespoir peut alors s'engouffrer dans nos vies. Par contre, l'espérance dans la nouvelle Jérusalem ne peut être ôtée parce qu'il s'agit d'une certitude basée sur l'action de Dieu et non la nôtre.

Il s'avère que dans l'auditoire composé de gens instruits et laïques, la plupart ont estimé que les negro spirituals contenaient de merveilleux symboles, mais qu'on ne pouvait pas les prendre littéralement. Thurman argumente à juste titre que dans ce cas, ces chants n'apportent aucun espoir.

> En fin de compte, rejeter la vérité littérale revient à priver la vie même de sa dignité et l'homme du droit, ou de la nécessité, à l'épanouissement sous toutes ses formes. Dans une telle vision [séculière] seul compte le moment présent, l'homme [...] se retrouve prisonnier dans un monde confiné à l'immédiateté ; ni plus, ni moins [...] Ces esclaves qui chantaient ne se satisfaisaient pas d'un tel point de vue, sans hésiter ils le rejetaient totalement. Voilà le miracle de leur exploit qui les positionne aux côtés des grands penseurs religieux doués de créativité. Ils ont fait d'une vie sans valeur, de pauvreté manifeste [...] une *vie digne d'être vécue* ! Ils ont succombé, avec un enthousiasme constant, à une vision de la vie qui englobait tous les événements liés à leur expérience sans pour autant s'épuiser en eux. Cette qualité de vie constituait pour eux une réalité exigeante, car ils avaient découvert, au plus profond d'eux-mêmes, Dieu et ses buts avec une portée éternelle [...] Le connaître revenait à vivre une vie digne du sens de la vie le plus noble qui soit [...][394].

Thurman avait entièrement raison de rejeter toute interprétation « purement symbolique » des promesses bibliques. Il est probable qu'aucun d'entre nous ne sera jeté aux lions, ni écartelé sous les applaudissements du public, ni esclave. Certes, nous sommes accablés, mais cela n'a rien à voir avec les lions et les coups de fouet. Dès lors, si cette magnifique espérance a aidé ces gens à surmonter leurs difficultés, ne peut-elle pas nous aider avec les nôtres ?

Comment être certains que cet avenir sera le nôtre ? Nous en avons l'assurance si nous croyons en Jésus, qui a pris sur lui ce que nous méritions pour nous offrir le ciel et la gloire qu'il méritait. Donald Grey Barnhouse, pasteur à Philadelphie pendant des années, a perdu son épouse alors que sa fille était en bas âge. Il a essayé d'aider l'enfant à supporter la perte de sa maman. Un jour qu'ils étaient en voiture, un énorme camion les a recouverts de son ombre alors qu'il les dépassait. Le pasteur a eu une idée. Il a demandé à sa fille : « Préfèrerais-tu être écrasée par un camion, ou par son ombre ? » « Par son ombre, bien sûr. Elle ne peut pas du tout nous faire du mal. » Il a répondu : « C'est vrai. L'ombre est sans danger. Eh bien, ce n'est que l'ombre de la mort qui a enveloppé ta mère. Elle est en vie et bien plus que nous, parce qu'il y a deux mille ans, le vrai camion de la mort a écrasé Jésus. Désormais, si nous croyons en lui, seule l'ombre de la mort peut nous recouvrir, et elle est mon laissez-passer pour la gloire[395]. »

Dans ma vie, je n'ai pas souvent ressenti « la paix qui surpasse toute intelligence ». Mais je suis particulièrement reconnaissant d'un moment incarnant cette grande espérance chrétienne. Je devais subir une ablation de la thyroïde suite à un cancer, puis avoir un traitement à base d'iode radioactif visant à détruire toute trace de cellule cancéreuse. Bien entendu, cette épreuve éprouvait et angoissait toute la famille. Le matin de l'opération, après avoir dit au revoir à ma femme et à mes fils, on m'a emmené en salle de préparation et j'ai prié en attendant l'anesthésie. À ma grande surprise, j'ai eu soudain une nouvelle perspective très nette sur tout. L'univers ne me semblait plus que joie, rires et beauté fabuleuse. C'est normal, le Dieu trinitaire ne l'a-t-il pas créé pour qu'il soit rempli de sa joie, de sa sagesse, de son amour et de ses délices infinis ? Au sein de cet énorme globe de gloire je ne voyais qu'une petite tache sombre : notre monde, avec ses souffrances et ses douleurs temporaires. Ce n'était qu'un point qui allait bientôt disparaître pour faire place à la lumière. J'ai alors pensé : « Peu importe que l'opération réussisse ou non. Tout se passera bien. Ma femme, mes enfants, mon Église et moi, tout ira bien pour nous. » Je me suis endormi dans une grande paix.

C.S. Lewis a écrit ceci :

Si nous prenons les Écritures au sérieux, si nous croyons qu'un jour Dieu nous donnera l'Étoile du matin et nous revêtira de la splendeur du soleil, nous pouvons supposer que les mythes antiques et la poésie moderne, aussi faux que l'histoire, sont peut-être aussi proches de la vérité que les prophéties.

Aujourd'hui, nous sommes à l'extérieur du monde, du mauvais côté de la porte. Nous discernons la fraîcheur et la pureté du matin, mais elles ne nous rafraîchissent pas et ne nous purifient pas. Nous ne pouvons nous mêler aux splendeurs que nous voyons. Mais chaque page du Nouveau Testament murmure qu'il n'en sera pas toujours ainsi. Un jour, par la grâce de Dieu, nous entrerons. Quand les âmes humaines seront devenues aussi parfaites dans l'obéissance volontaire que la création inanimée, dans son obéissance sans vie, alors elles revêtiront sa gloire, à savoir cette gloire supérieure dont la Nature n'est qu'une esquisse. Nous sommes appelés à transiter par la Nature, pour aller au-delà d'elle, dans cette splendeur qu'elle reflète, par intermittence[396].

Épilogue

Résumons ce que nous avons découvert. Si nous connaissons la théologie biblique de la souffrance et que nous nous en imprégnons, nous ne serons pas surpris quand le chagrin, la perte et la souffrance nous frapperont. Nous pourrons alors y répondre avec les divers moyens fournis par l'Écriture. En voici dix :

Premièrement, nous devons distinguer les différentes souffrances. Certaines sont la conséquence de mauvais comportements. D'autres proviennent des trahisons et attaques des autres. On trouve ensuite les formes les plus répandues de pertes qui frappent tout le monde, indépendamment de notre manière de vivre, comme la mort d'un proche, la maladie, les difficultés financières ou notre propre mort imminente. On pourrait qualifier d'horrible, une dernière catégorie de souffrance, dont ferait partie une fusillade dans une école primaire. Bien entendu, des cas de souffrance englobent plusieurs de ces catégories. Chaque type de souffrance engendre des sentiments différents : la première, la culpabilité et la honte ; la deuxième, la colère et le ressentiment ; la troisième, le chagrin et la peur ; la quatrième, de la confusion et, peut-être, une révolte contre Dieu. Même si ces formes de souffrance ont des points communs, chacune nécessite une réponse particulière.

Deuxièmement, il vous faut être conscient des divers tempéraments. Évitez de croire que Dieu vous aidera dans vos souffrances exactement de la même manière qu'il en a aidé d'autres. Pour Simone Weil l'affliction amène à s'isoler, se replier sur soi-même, se condamner, à être en colère et à avoir une « complicité » avec la douleur. Ces facteurs croîtront ou diminueront selon les réponses émotionnelles dues au tempérament, à la maturité spirituelle de chacun et aux causes cachées derrière l'adversité. Il importe de s'adapter.

Troisièmement, il y a *les larmes*. Il est primordial que vous soyez tout à fait sincère avec Dieu et vous-même quant à votre douleur et votre tristesse. Il ne sert à rien d'en nier la réalité ou de refréner vos émotions au nom de la foi. Lisez les Psaumes de lamentations ou le livre de Job. Dieu est très patient avec nous quand nous sommes désespérés. Épanchez votre cœur devant lui.

Quatrièmement, nous devons *faire confiance*. En plus de l'honnêteté émotionnelle, devant Dieu, nous devons aussi avoir confiance en sa sagesse (puisqu'il est souverain) et en son amour (puisqu'il a traversé les mêmes épreuves que nous). Malgré la douleur, le but est de parvenir à dire, comme Jésus : « Que ta volonté soit faite. » C'est un combat.

Cinquièmement, nous devons *prier*. Même si Job s'est beaucoup plaint et a maudit le jour de sa naissance, il l'a fait dans la prière. Il s'est plaint à Dieu. Il a lutté devant Dieu. Quand vous souffrez, lisez la Bible, priez et allez à l'Église même si vous n'en retirez rien ou que c'est pénible. Simone Weil a dit que si vous ne pouvez pas aimer Dieu, vous devez *vouloir* l'aimer ou, du moins, lui demander de vous aider à l'aimer.

Sixièmement, nous devons discipliner nos *pensées*. Vous devez méditer la vérité et renouveler votre regard en vous souvenant de tout ce que Dieu a accompli et va accomplir pour vous dans la Bible. Vous devriez aussi « entrer en communion avec vous-même », c'est-à-dire écouter votre cœur et lui parler. Il ne s'agit pas de vous forcer à avoir certaines émotions, mais plutôt de diriger vos pensées pour que tôt ou tard votre cœur les suive. L'espérance chrétienne en est la source. Si vous côtoyez la mort, la vôtre ou celle de quelqu'un d'autre, il est crucial de méditer sur le ciel, la résurrection et le monde parfait à venir. C'est également valable pour tout autre type de souffrance.

Septièmement, nous devrions être disposés à nous *examiner nous-mêmes*. L'image biblique de la souffrance en tant que « gymnase » le suggère. Il s'agit de prendre soin de soi. Attention, cela ne veut pas dire que nous devrions toujours chercher l'origine de nos souffrances en nous-mêmes. Les amis de Job ont essayé de le faire alors que Dieu ne punissait pas Job. Malgré tout Job a grandi en grâce et en maturité. Chaque temps d'adversité permet de s'examiner et de se demander : « Comment dois-*je* grandir ? Quelles faiblesses cette période de difficultés révèle-t-elle ? »

Huitièmement, nous devons *classer ce que nous aimons*. La souffrance révèle que nous aimons trop certaines choses et trop peu Dieu en comparaison. Nous souffrons souvent deux fois plus pour avoir mis de bonnes choses à la première place. La souffrance ne nous rendra meilleurs que si nous faisons le choix pendant toute sa durée d'aimer Dieu davantage. Nous y parviendrons si nous nous rendons compte de la souffrance de Dieu pour nous en Jésus-Christ, si nous prions, pour que cet amour pénètre notre âme, si nous y réfléchissons et si nous lui faisons confiance.

Neuvièmement, nous ne devons pas fuir la communauté. Simone Weil mentionne à quel point la souffrance peut isoler. Cependant, les premières communautés chrétiennes étaient connues pour être très accueillantes pour quiconque souffrait. Les chrétiens y « mourraient bien » parce qu'elles étaient le lieu par excellence de la compassion et du soutien. Avec l'Évangile on ne devrait jamais voir émerger de « piètres consolateurs » comme les amis moralisateurs de Job. Le message chrétien reconnaît et donne un sens à la souffrance, alors que la société séculière en est incapable. Trouvez une Église qui aime et soutienne ceux qui souffrent.

Enfin, dixièmement, certains types de souffrances, notamment les deux premiers, nécessitent de recevoir la grâce et le pardon de Dieu et de les offrir aux autres. Quand l'adversité fait ressortir nos failles morales ou les péchés liés à notre caractère, nous devons apprendre à nous repentir et à chercher à nous réconcilier avec Dieu et avec nos semblables. Quand notre souffrance est provoquée par la trahison et l'injustice, il est essentiel d'apprendre à pardonner. Nous devons pardonner du fond du cœur à ceux qui nous ont causé du tort et renoncer à nous venger, pour être capables un jour de rendre justice avec succès[397].

Comme George Herbert vous y invite, en mettant tout cela en pratique, d'abord vous « *pleurerez vos joies* » pour ensuite « *chanter vos peines* ».

Remerciements

Comme d'habitude, je veux remercier les amis qui nous permettent, à Kathy et moi, de nous échapper trois semaines par an pour écrire : Lynn Land, Janice Worth, Tim et Mary Courtney Brooks. Merci également à mes collaborateurs de l'Église du Rédempteur : Bruce Terrell, Craig Ellis et Andi Brindley. Ils rendent mon travail bien plus efficace que si j'étais seul et ils me donnent l'énergie nécessaire pour écrire, tout en dirigeant une grande et belle Église. Je dois aussi beaucoup aux membres de mon ancienne Église d'Hopewell en Virginie, où j'ai été pasteur du milieu des années 70 au milieu des années 80. Ils m'ont soutenu et se sont montrés patients malgré mon manque d'expérience. C'est là que Kathy et moi avons appris à nous tenir aux côtés de gens confrontés au chagrin, à la perte, à la mort et aux ténèbres.

Les Éditions Clé remercient Marlyse Français, Dominique Frochot, Maria Piaget, Mireille Muller, Christian Mary, Elisabeth Crème pour leur aide précieuse lors de la préparation de la version française de ce livre.

À propos de l'auteur

Timothy Keller est né et a grandi en Pennsylvanie. Il a ensuite étudié à l'Université Bucknell, à la faculté de théologie Gordon-Conwell et à la faculté de théologie de Westminster. Il a servi comme pasteur à Hopewell en Virginie. Puis, en 1989, il a implanté l'Église presbytérienne du Rédempteur à Manhattan, avec sa femme Kathy, et leurs trois fils. Aujourd'hui, l'Église du Rédempteur est régulièrement fréquentée par plus de cinq mille personnes. Elle compte plus de deux cents nouvelles Églises-filles dans le monde entier. Timothy Keller est aussi l'auteur de plusieurs livres : *Le Dieu prodigue* (Maison de la Bible) et aux Éditions Clé : *Jésus, une royauté différente, Le mariage, La souffrance, Les idoles du cœur* et *La Raison est pour Dieu*. Il vit à New York avec sa famille.

Notes

Introduction

1.	Ernest Becker, *The Denial of Death* [Le déni de la mort], New York : Free Press, 1973, p. 283-284, (traduction Clé).
2.	Toutes les citations bibliques de ce livre (sauf mention contraire) sont tirées de la Bible du Semeur.
Dans le cas où nous n'avons pu retrouver une citation étrangère déjà traduite et publiée en français, la mention (traduction Clé) est ajoutée en fin de note.
3.	Ces statistiques sont tirées des documents de l'OMS (l'Organisation mondiale pour la santé), parus dans *The Independent*, <http://www.independent.co.uk/news/world/politics/un-report-uncovers-global-child-abuse-419700.html> consulté le 09.03.2015.
4.	William Shakespeare, *Macbeth*, Acte IV, scène III, propos de MacDuff.
5.	Becker, *Denial of Death*, p. 283-284, (traduction Clé).
6.	Ann Patchett, « Scared Senseless » [Une peur bleue], *The New York Times Magazine*, 20 octobre 2002, (traduction Clé).

7.   Cité en Philip Yancey dans *Où est Dieu dans l'épreuve ?* Valence : Ligue pour la Lecture de la Bible, 2012.

8.   Propos rapportés par Prosper Merimée dans une notice bibliographique consacrée à Henri Beyle (Stendhal).

9.   C.S. Lewis, *Le problème de la souffrance*, Suisse : Éditions Raphaël, 2001, p. 133-134.

10.   *Ibid.*, p. 130.

11.   Extrait du cantique « How Firm a Foundation » de John Rippon, 1787, (traduction Clé).

Chapitre 1 : Les cultures de la souffrance

12.   Max Scheler, *Le sens de la souffrance*, Paris : Editions Montaigne, p. 34.

13.   Max Weber, pionnier dans le domaine de la théorie sociale, est cité dans Simko Christina, « The Rhetorics of Suffering » [La rhétorique de la souffrance] dans *American Sociological Review* 7 (6), p. 882. Voir également Max Weber, *Sociologie de la religion*, Paris : Flammarion, 2013.

14.   Richard A. Shweder, Nancy C. Much, Manamohan Mahapatra, et Lawrence Park, *Why Do Men Barbecue? Recipes for Cultural Psychology* édité par Richard A. Shweder, Harvard University Press, 2003, p. 74, (traduction Clé).

15.   Peter Berger, Brigitte Berger et Hansfried Kellner, *The Homeless Mind: Modernization and Consciousness* [La pensée sans-abri : modernisation et conscience], New York : Vintage, 1974, p. 185. Berger suit la pensée de Max Weber dans ce livre, ainsi que dans son œuvre *The Sacred Canopy: Elements of a Sociological Theory of Religion* [L'auvent sacré : éléments d'une théorie sociologique sur la religion], New York : Anchor, 1967. Il utilise le mot *théodicée* pour décrire cet aspect commun à chaque société et culture – comment donner un sens à la souffrance aux yeux de ceux qui souffrent ? Ce terme a d'abord été utilisé par le philosophe Gottfried Leibniz, pour désigner

quelque chose qui « justifie les actions de Dieu après une tragédie ». Le mot *théodicée* est souvent employé pour défendre l'idée que Dieu existe, face aux arguments qui prétendent que le mal et la souffrance prouvent sa non-existence. Voir également Peter van Inwagen, *The Problem of Evil: The Gifford Lectures Delivered in the University of St. Andrews in 2003* [Le problème du mal : Un ensemble de conférences donnés à l'Université de St. Andrews en 2003], Oxford University Press, 2006, p. 6-7 et notes de bas de page. À mon avis, le sens original donné par Leibniz, plus théologique, est préférable à celui de Berger.

16. *Op. cit.*, Simko, p. 884, (traduction Clé).

17. Maureen Dowd, « Why, God? », *The New York Times*, 25 décembre 2012.

18. Ronald K. Rittgers, *The Reformation of Suffering: Pastoral Theology and Lay Piety in Late Medieval and Early Modern Germany* [La réforme de la souffrance : La théologie pastorale et la piété des chrétiens en Allemagne de la fin de la période médiévale au début de la période moderne], Oxford : Oxford University Press, 2012, p. 4.

19. Tom Shippey, *The Road to Middle Earth* [La route vers la terre du milieu], Boston : Houghton-Mifflin, 2003, p. 78.

20. *Op. cit.*, Lewis, p. 89.

21. Paul Brand et Philip Yancey, *The Gift of Pain* [Le don de la douleur], Grand Rapids : Zondervan, 1997, p. 12, (traduction Clé).

22. *Op. cit.* Berger, *The Sacred Canopy*, p. 60-65.

23. *Op. cit.*, Scheler, *Le sens de la souffrance,* p. 36.

24. *Op. cit.* Berger, *The Sacred Canopy*, p. 62. La discussion de Berger sur les diverses « théodicées » – les différentes stratégies pour affronter la souffrance – repose principalement sur la typologie de Max Weber.

25. *Op. cit.*, Berger, *The Sacred Canopy*, p. 73-76. Berger place le christianisme calviniste dans cette catégorie. Malheureusement, il l'appelle le *masochisme religieux.*

26. *Op. cit.*, Weber, *Sociology of Religion*, p. 144-145, (traduction Clé).

27. *Ibid.*, p. 62, (traduction Clé).

28. *Op. cit.*, Shweder, et al. *Why Do Men Barbecue?*, p. 125, (traduction Clé).

29. Richard Dawkins, *Qu'est-ce que l'évolution : le fleuve de la vie ?*, traduction de Lê Thiên-Nya, Paris : Fayard, 2005, p. 149-150.

30. *Ibid.*, p. 114 et 151.

31. Richard Dawkins, *Pour en finir avec Dieu*, traduction de Marie-France Desjeux-Lefort, Paris : Robert Laffon, 2008, p. 374.

32. *Op. cit.*, Shweder, et al., *Why Do Men Barbecue?*, p. 74, (traduction Clé).

33. *Op. cit.*, Dawkins, p. 374.

34. Retrouvez le message de Dawkins, diffusé dans l'émission télévisée, *Sex, Death and the Meaning of Life* [Le sexe, l'amour et le sens de la vie], diffusée en octobre 2012. Vous pouvez voir la vidéo en anglais sur <http://www.channel4.com/programmes/sex-death-and-the-meaning-of-life> consulté le 09.03.2015.

35. *Op. cit.*, Shweder, et al., *Why Do Men Barbecue?* p. 125, (traduction Clé).

36. *Ibid.*

37. James Davies, *The Importance of Suffering: The Value and Meaning of Emotional Discontent* [L'importance de la souffrance : la valeur et le sens du mécontentement émotionnel], New York : Routledge, 2012, p. 29, (traduction Clé).

38. *Ibid.*, p. 1-2.

39. *Ibid.*, p. 2.

40. *Ibid.*

41. C.S. Lewis, *L'abolition de l'homme*, p. 92-93.

42. Charles Taylor, *L'âge séculier*, traduction de Patrick Savidan, Paris : Seuil, 2011, p. 651, 647.

43. Voir : <http://www.bostonreview.net/books-ideas-mccoy-family-center-ethics-society-stanford-university/lives-moral-saints> consulté le 09.03.2015, (traduction Clé).

44. Max Scheler, *Le sens de la souffrance*, p. 63.
45. *Ibid.*, p. 64.
46. *Ibid.*, p. 64.
47. *Ibid.*, p. 65.
48. *Ibid.*, p. 55-56.
49. Alexandre Soljenitsyne, *L'Archipel du Goulag, 1918-1956*, Paris : Éditions du Seuil, 1974, 446 pages.
50. *Op. cit.*, p. 67, (traduction Clé).
51. *Ibid.*, p. 70.

Chapitre 2 : La victoire du christianisme

52. Ces paragraphes sur la littérature de consolation païenne ancienne s'appuient largement sur les ouvrages de Ronald K. Rittgers, *Reformation of Suffering* [La réforme de la souffrance], chapitres 2 et 3, et Luc Ferry, *Apprendre à vivre*, Paris : Plon, 2006, chapitres 1-3. Voir également Robert C. Gregg, *Consolation Philosophy: Greek and Christian Paideia in Basil and the Two Gregories* [La philosophie de la consolation : La paideia grecque et chrétienne dans Basil et les deux Grégoires], Philadelphia Patristic Foundation, 1975, chapitre 1 ; et John T. Mc Neill, *A History of the Cure of Souls* [Un historique de la cure d'âme], New York : Harper, 1951, chapitre 2.
53. Rittgers, *Reformation of Suffering*, p. 39, (traduction Clé).
54. *Op. cit.*, Ferry, p. 10.
55. *Ibid.*, p. 16.
56. *Ibid.*, p. 16.
57. *Ibid.*, 20.
58. *Ibid.*, p. 15-17.
59. *Ibid.*, p. 10.
60. Voir le résumé de Ferry sur les stoïciens dans *Apprendre à vivre*, chapitre 2, « Un exemple de philosophie antique ». Voir également Rittgers, *Reformation of Suffering*, p. 39-40.
61. *Op. cit.*, Rittgers, p. 39, (traduction Clé).

62.   *Op. cit.*, Ferry, p. 60.

63.   *Op. cit.*, Rittgers, p. 39, (traduction Clé).

64.   Épictète, *Discours*, III, 24, 91-94, et Marc Aurèle, *Méditations*, IV, 14. Cités en Ferry, *Apprendre à vivre*, p. 63.

65.   *Ibid.*, p. 63.

66.   *Ibid.*, p. 64.

67.   *Ibid.*, p. 66.

68.   Épictète, *Discours*, III, 24, 91-94 et Marc Aurèle, *Méditations*, IV, 14. Cités dans Ferry, *Apprendre à vivre*, p. 52.

69.   Voici un court résumé des conseils de Cicéron ; une « cure d'âme » à ceux qui souffrent : ils doivent d'abord comprendre que la douleur n'a rien de surprenant. Bien d'autres y sont passés et, en général, la perte des bien-aimés et la misère sont le lot de tout être vivant. Ensuite, ils doivent considérer que c'est « de la folie de se laisser submerger par la tristesse lorsqu'on réalise que cela ne présente aucun avantage ». (Cicéron, *Tusculane III, 6, sect. 12*, cité dans Rittgers, *Reformation of Suffering*, p. 40.) Enfin, ils doivent se souvenir que le temps guérira la douleur, mais qu'ils peuvent hâter la guérison par le raisonnement, en reconnaissant la nature éphémère des choses. La vie nous est seulement prêtée par la nature et doit un jour lui être rendue.

70.   Henri Blocher fait un bon résumé de la pensée orientale dans *Le Mal et la Croix, la pensée chrétienne aux prises avec le mal*, p. 16-17.

71.   Je suis conscient que, pour beaucoup, le bouddhisme n'est pas une forme de panthéisme mais d'athéisme. Beaucoup d'athées occidentaux ont adopté des pratiques du bouddhisme car ils peuvent acquérir une spiritualité sans avoir besoin de croire en Dieu. Mais le bouddhisme n'a rien d'un athéisme au sens occidental du terme. Il enseigne très fermement l'existence d'un monde surnaturel et métaphysique. En effet, le bouddhisme croit que le monde naturel et physique n'est qu'une illusion et que toutes choses sont en réalité spirituelles. De

nombreux savants ont expliqué que Bouddha n'avait pas l'intention de mettre fin à l'ordre religieux traditionnel, mais de le réformer. Henri Blocher cite Ananda Coomaraswamy, professeur à Harvard : « le bouddhisme semble différer d'autant plus du brahmanisme [...] mais plus on approfondit cette étude, plus il devient difficile de les distinguer l'un et l'autre ». Blocher, *Le Mal et la Croix*, p. 17.

72. En plus des stoïques, cette approche du mal et de la souffrance a été largement partagée par des philosophes occidentaux, comme Spinoza ou Hegel, et des mystiques comme Maître Eckhart ou encore des écrivains tels que Ralph Waldo Emerson et Walt Whitman. Elle caractérise une bonne partie de la pensée dite « New Age », aussi bien que les enseignements de Mary Baker Eddy, fondatrice de la Science Chrétienne. Cette approche se base sur une compréhension de Dieu connue sous le nom de « panthéisme ». D'après le Petit Robert, le panthéisme est une doctrine métaphysique selon laquelle Dieu est l'unité du monde, tout est en Dieu ; en d'autres termes, Dieu est la somme de tout ce qui existe. L'idée d'un esprit divin impersonnel doté d'un bon et d'un mauvais côté est désormais entrée dans la pensée populaire par la science-fiction. Dans les films *Star Wars*, « la force » est une seule et unique force de vie qui lie toutes choses et qui a un « côté obscur » aussi bien qu'un « côté lumineux ».

73. Voir Ferry, *Apprendre à vivre*, p. 63-69, pour les parallèles étroits entre le bouddhisme et le stoïcisme grec.

74. Plutarque, *Œuvres morales, Tome II : Traités* 10-14, « Consolation à Appollonios », Paris : Les belles lettres, 1986, p. 42.

75. Voir *Reformation of Suffering* de Rittgers. Les paragraphes suivants dépendent largement de ses recherches sur le sujet, à la fois excellentes et novatrices.

76. *Livre de Cyprien de la mortalité*, chapitre 13. Cité dans Rittgers, *Reformation of Suffering*, p. 45.

77. *Ibid.*, p. 47.

78. Judith Perkins, *The Suffering Self: Pain and Narrative Representation in the Early Christian Era* [Le souffrant : La douleur et sa représentation narrative lors de la première ère chrétienne], Londres : Routledge, 1995.

79. Voir Ferry, *Apprendre à vivre*.

80. *Ibid.*, p. 68.

81. Ambroise de Milan, *Sur la mort de son frère*, traduction de Michèle Bonnot, Paris : Migne, 2002, p. 50.

82. *Ibid.*, p. 69.

83. *Ibid.*, p. 69.

84. *Ibid.*, p. 77.

85. *Ibid.*, p. 61.

86. Ambroise de Milan, *Sur la mort de son frère*, traduction de Michèle Bonnot, Paris : Migne, 2002, p. 24.

87. *Ibid.*, p. 106.

88. Même Sénèque, qui craignait Dieu, le croyait sujet aux caprices du destin. Selon le point de vue gréco-romain, le destin est impersonnel, ses dispensations inexplicables, ce qui rend impossible le moindre appel à la justice. Ceci serait une erreur complète. Le destin est changeant et aléatoire, même quand il est personnifié d'une manière poétique dans les écrits anciens. Dans la *Consolation de la philosophie*, Boèce l'exprime ainsi : « Quoi ! Tu t'imagines que la Fortune a changé à ton égard ? Non pas. De tout temps elle a eu ces procédés et ce caractère [...] Tu connais à présent sous son double visage cette aveugle divinité. Si tu confiais ta voile aux vents, tu suivrais l'impulsion non de ta volonté, mais de leur souffle ! [...] Quoi ! Tu prétends arrêter la rapide évolution de sa roue ! Ô le plus insensé des hommes ! Que la fortune s'arrête un moment, elle ne mérite plus son nom ». Boèce, *La consolation de la philosophie*, traduction de Louis Judicis de Mirandol, Éditions Trédaniel, 1981, p. 53 et 55.

89. *Ibid.*, p. 46-47.

90. *Ibid.*, p. 47.

91.   *Ibid.*, p. 110.

92.   *Ibid.*, p. 70, 111.

93.   Voir Grégoire Le Grand, *La règle pastorale,* traduction de Charles Morel, Paris : Le Cerf, 1992.

94.   Rittgers, *Reformation of suffering*, p. 51, (traduction Clé).

95.   *Ibid.*, p. 53.

96.   *Ibid.*, p. 61.

97.   *Ibid.*, p. 62.

98.   *Ibid.*, p. 88.

99.   Martin Luther, *Luthers's Works*, Volume 29: *Lectures on Titus, Philemon and Hebrews* [Œuvres de Luther, Volume 29 : Commentaires sur Tite, Philémon et Hébreux], St Louis : Concordia, 1968, p. 189. Cité en Rittgers, *Reformation of Suffering*, p. 103-105.

100.   Rittgers, *Reformation of suffering,* p. 95, (traduction Clé).

101.   Martin Luther, *Luther's Works*, Volume 14: *Selected Psalms* III [Œuvres de Luther, Volume 14 : Commentaires sur les Psaumes n°3], St Louis : Concordia, 1968, p. 163. Cité en Rittgers, *Reformation of Suffering*, p. 101, (traduction Clé).

102.   Rittgers, *Reformation of suffering*, p. 112. Voir également le chapitre 5 du même livre, p. 111-124, (traduction Clé).

103.   Cité en *Ibid.*, p. 112.

104.   *Ibid.*, p. 117.

105.   Alister McGrath, *Luther's Theology of the Cross: Martin Luther's Theological Breakthrough* [La théologie de la croix de Luther : son apport théologique capital], p. 170, (traduction Clé).

106.   Rittgers, *Reformation of suffering*, p. 117, (traduction Clé). Luther est allé plus loin que la plupart des théologiens réformés, en disant que Dieu, même dans sa nature divine, a souffert. Il soutenait, bien sûr, que la nature divine de Dieu ne peut pas perdre de son omnipotence mais, en même temps, il a affirmé que, « en Christ, Dieu a choisi que sa divinité soit unie à la nature humaine à un tel point que cette nature divine a pu souf-

frir ». À un certain niveau, les déclarations de Luther reflètent sa compréhension particulière de la *communicatio idiomatum* – la façon dont les attributs des natures, divine et humaine, du Christ sont liés. Lors des controverses eucharistiques des années 1520, Luther a soutenu que ces deux natures pouvaient se communiquer leurs propriétés d'une façon que beaucoup de théologiens de la Réforme n'ont pas pu accepter. Néanmoins, l'idée que le Dieu de la Bible partage et connaît la souffrance humaine est une doctrine biblique qui différencie le christianisme de bien d'autres religions.

107.   *Ibid.*, p. 115.

108.   Charles Taylor, *L'âge séculier,* traduction de Patrick Savidan, Seuil : 2011, p. 53.

109.   *Ibid.*, p. 920

110.   Je sais que l'ordre de ces phrases et de ces concepts peut donner l'impression que le cadre immanent – le monde séparé – a conduit à « l'identité séparée ». En fait, Taylor affirme que l'être moderne a précédé le monde moderne. Ses raisons sont bien trop complexes pour être expliquées ici.

111.   *Ibid.*, p. 76.

112.   *Ibid.*, p. 988.

113.   Megan L. Wood, « When the New You Carries a Fresh Identity, Too » [Lorsque le nouveau "vous" porte aussi une nouvelle identité], *The New York Times*, 17 février 2013, (traduction Clé).

114.   Taylor, *L'âge séculier*, p. 416.

115.   *Ibid.*

116.   Andrew Delbanco, *The Death of Satan*, New York : Farrar, Strauss and Giroux, 1995, p. 106-197, (traduction Clé).

117.   Christian Smith, *Soul Searching: The Religious and Spiritual Lives of American Teenagers* [Une remise en question : La vie spirituelle des adolescents américains], Oxford : Oxford University Press, 2007, (traduction Clé).

118.   *Op cit.*, Ferry, p. 20-21.

119.   Susan Jacoby, "The Blessings of Atheism" [Les bénédictions d'être athée], *The New York Times*, 5 janvier 2013, (traduction Clé).

Chapitre 3 : Le défi du matérialisme

120.   Cité dans James Davies, *The Importance of Suffering: The Value and Meaning of Emotional Discontent*, Londres : Routledge, 2012, (traduction Clé).
121.   *Ibid.*, p. 75.
122.   Samuel G. Freedman, "In a Crisis, Humanists Seem Absent", The New York Times, 29 décembre 2012.
123.   *Op cit.*, Jacoby, « Blessings of Atheism ».
124.   *Ibid.*
125.   Comme le présente David L. Chappell, dans son livre *A Stone of Hope*, les libres penseurs blancs et matérialistes ne prônaient pas la désobéissance civique, un élément clé dans la stratégie du mouvement des droits civiques. C'était plutôt l'Église et les membres du clergé afro-américain, plus pessimistes à propos du péché et de la nature humaine déchue. Voir Chappell, *A Stone of Hope: Prophetic Religion and the Death of Jim Crow* [Une pierre d'espérance : La religion prophétique et la mort de Jim Crow], University of North Carolina Press, 2007, chapitre 2, "Recovering Optimists" et chapitre 5 "The Civil Rights Movement as a Religious Revival". *The New York Times* dit, concernant ce livre : « Il est impossible de le lire sans remettre en question le rôle que la religion peut jouer dans... la vie publique ».
126.   Cité dans Steven Smith, *The Disenchantment of Secular Discourse* [Le désenchantement du discours matérialiste], Cambridge : Harvard University Press, 2010, p. 166.
127.   Michael Sandel, *Justice: What's the Right Thing to Do?*, New York : Farrar, Strauss and Giroux, 2003, p. 142.

128.   Commentaire sur « Obama's Speech in Newtown », <http://reason-being.com> indisponible au 15.03.2015 (traduction Clé).

129.   Pour une bonne explication de l'essentiel des pensées de Frankl, voir l'article de Emily Esfahani Smith, "There's More to Life Than Being Happy" [La vie est plus que le bonheur], *The Atlantic*, 9 janvier 2013.

130.   Viktor Emil Frankl, *Découvrir un sens à la vie*.

131.   Eleanor Barkhorn, "Why People Prayed for Boston on Twitter and Facebook and Then Stopped", *The Atlantic*, 20 avril 2013, disponible sur Internet à <http://www.theatlantic.com/national/archive/2013/04/why-people-prayed-for-boston-on-twitter-and-facebook-and-then-stopped/275137> consulté le 09/03/2015, (traduction Clé).

132.   Andrew Solomon, *Far From the Tree: Parents, Children and the Search for Identity* [Loin de l'arbre : Les parents, les enfants et la recherche de l'identité], New York : Scribner, 2012, p. 47, (traduction Clé).

133.   *Ibid.*, p. 357-363.

134.   Martha C. Nussbaum, *Women and Human Development: The Capabilities Approach* [Les femmes et le développement humain : Le point de vue des capacités], Cambridge : Cambridge University Press, 2000, chapitre 1, « In Defense of Universal Values » [Une défense des valeurs universelles]. Cité dans Steven Smith D., *Disenchantment,* p. 167. Pour plus d'informations sur l'échec de l'approche matérialiste des droits civiques, voir Smith, *Disenchantment* et Nicholas Wolterstorff, *Justice: Rights and Wrongs*, Princeton University Press, 2008, p. 323-341, (traduction Clé).

135.   *Op. cit.*, Solomon, p. 147, (traduction Clé).

136.   *Ibid.*, p. 697.

137.   *Op. cit.*, Shweder, p. 128, (traduction Clé).

138.   John Gray, *Straw Dogs: Thoughts on Humans and Other Animals*, New York : Farrar, Strauss and Giroux, 2003, p. 142, (tra-

duction Clé).

139.   Andrew Delbanco, *The Real American Dream: A Meditation on Hope*, Cambridge : Harvard University Press, 1999, p. 1, 3, (traduction Clé).

140.   *Ibid.*, p. 5.

141.   Alexis De Toqueville, *De la démocratie en Amérique*, Tome 1, chapitre 4, Paris : C. Gosselin et W. Corquerbert, 1838, p. 90.

142.   *Ibid.*, p. 96-97.

143.   *Ibid.*, p. 102.

144.   *Ibid.*, p. 103.

145.   Robert et al. Bellah, *Habits of the Heart: Individualism and Commitment in American Life* [Les habitudes du cœur : L'individualisme et l'engagement dans la vie américaine], Berkeley : University of California Press, 1985.

146.   Wood, *New You*, (traduction Clé).

147.   William H. Willimon, *Pastor: The Theology and Practice of Ordained Ministry* [Le pasteur : théologie et pratique d'un serviteur ordonné], Nashville, Tennessee ; Abingdon, 2002, p. 99, (traduction Clé).

148.   *Ibid.*, p. 98-99.

149.   Vous pouvez lire le récit biblique de Naaman et du prophète Élisée dans mon livre *Les idoles du cœur*, Lyon : Éditions Clé, 2012.

150.   J.R.R. Tolkien, *Le Seigneur des Anneaux : L'intégrale*, trad. de Francis Ledoux, Paris : Christian Bourgois, Pocket, 1972, p. 73.

Chapitre 4 : Le problème du mal

151.   Albert Camus, *La Peste*, Paris : Gallimard, 1947, p. 134-135.

152.   David Hume, *Dialogues sur la religion naturelle*, trad. de Michel Malherbe, Paris : Librairie Philosophique Vrin, 1987, p. 128.

153.   Voir Peter Berger et Thomas Luckman, *La construction sociale de la réalité*, Paris : Armand Colin, 2012, et Berger, *La rumeur*

de Dieu : signes actuels du surnaturel, Paris : Éditions du Centurion, 1972, chapitre 2.

154.   J.L. Mackie, « Evil and Omnipotence », *Mind* 64, numéro 254, avril 1955. L'article est cité dans Alvin Plantinga, *Warranted Christian Belief* [La croyance chrétienne justifiée], Oxford : Oxford University Press, 2000, p. 460, (traduction Clé).

155.   Voir Alvin Plantinga, *God, Freedom, and Evil*, Grand Rapids : Eerdmans, 1974 et *The Nature of Necessity*, Oxford : Oxford University Press, 1974. Plantinga traite ce sujet pour la première fois dans son *God and Other Minds: A Study of the Rational Justification of Belief in God* [Dieu et d'autres pensées : Une étude de la justification rationnelle d'une croyance en Dieu], New York : Cornell University Press, 1967, p. 115-155 (chapitre 5).

156.   Plantinga, *Warranted Christian Belief*, p. 460, (traduction Clé).

157.   Alston William P., « The Inductive Argument from Evil and the Human Cognitive Condition » [L'argument inductif du mal et la condition cognitive humaine], *Philosophical Perspectives* 5, 1991: 30-67, (traduction Clé).

158.   Voir Howard-Snyder Daniel, éditeur, *The Evidential Argument from Evil* [L'argument empirique du mal], Indiana : Indiana University Press, 1996. Alvin Plantinga interagit aussi avec les arguments probabilistes tenus par William Rowe et Paul Draper dans *Warranted Christian Belief*, p. 465-81.

159.   J.P. Moreland et William Lane Craig, *Philosophical Foundations for a Christian Worldview*, Downer's Grove, Illinois : InterVarsity Press, 2003, p. 552. C'est également un résumé des arguments cumulatifs de Plantinga et de son collègue, (traduction Clé).

160.   Peter van Inwagen, *Problem of Evil*, p. 6, (traduction Clé).

161.   John Hick, *Evil and the God of Love* [Le mal et l'amour de Dieu], (édition revisée ; Harper, 1978), p. 255-56, (traduction Clé). Voir également Irénée de Lyon, *Traité contre les hérésies*.

162. Pour une sélection des écrits d'Augustin sur le mal et le libre arbitre, voir A.I. Melden, éditeur, *Ethical Theories* (2e édition, Prentice-Hall, 1955).

163. Jean-Paul Sartre, *L'être et le néant*, Partie 3, Chapitre 1, Paris : Nrf Gallimard, 1943, p. 434.

164. C'est considérer que le mal n'est ni une chose ni un produit, mais la « privation » du bien. La vue est souvent utilisée comme illustration. Il n'est pas mauvais qu'un arbre ne puisse pas voir, car la vue ne fait pas partie de sa nature. Mais la cécité humaine est considérée comme une souffrance, ou un mal, parce que les humains sont créés avec des yeux. L'idée de la privation a eu beaucoup d'influence et a été mise en avant par Augustin et Thomas d'Aquin, ainsi que par bon nombre de théologiens protestants réformés et d'apologètes modernes comme C.S. Lewis. Je considère que ce point de vue est globalement utile pour notre réflexion sur le mal mais il pose aussi certains problèmes, comme le montre Étienne Gilson, théologien thomiste, qui dit que le mal est, au fond, le « non-être ». Mais est-ce vraiment si simple que cela ? La Bible ne décrit-elle pas le mal comme une force plus active, plus agressive que cela ? Nous avons peut-être raison de dire que le mal conduit à la faiblesse, à la désintégration, mais n'en faire qu'une simple « tendance vers le non-être » me semble bien trop facile. En fin de compte, dire que le mal est un état corrompu et non une chose créée ne répond pas complètement à la question du « pourquoi Dieu l'a-t-il permis ». Pour approfondir la question du mal comme privation, voir l'essai de John Frame, « The Problem of Evil » dans *Suffering and the Goodness of God* [La souffrance et la bonté de Dieu], édité par Christopher W. Morgan et Robert A. Peterson, Wheaton, Illinois : Crossway Books, 2008, p. 144-52. Pour un bon résumé du point de vue, avec des citations de Thomas d'Aquin, voir Evans Jeremy A., *The Problem of Evil: the Challenge to Essential Christian Beliefs* [Le

problème du mal : le défi aux croyances chrétiennes essen-
tielles], Nashville : Broadman, 2013, p. 1-2.

165.   Van Inwagen, *Problem of Evil*, p. 90, (traduction Clé).

166.   *Ibid.*, p. 85-86. Van Inwagen rejette l'idée que le récit biblique
d'Adam et Ève et de la chute, en Genèse, soit littéral. Il dit que
cette histoire « entre en contradiction avec ce dont la science
a appris de l'évolution humaine et de l'histoire de l'univers
physique » (p. 85). L'histoire que raconte van Inwagen parle
d'un Dieu qui dirige le cours de l'évolution jusqu'à ce qu'il y ait
« quelques vingtaines » de primates, qu'il a « miraculeusement élevé au niveau d'une pensée rationnelle... il leur a donné
la parole, la pensée abstraite et l'amour désintéressé, ainsi,
bien sûr, que le libre arbitre... parce que le libre arbitre est nécessaire pour aimer » (p. 85). Ces premiers ancêtres vivaient
dans un état paradisiaque, dans « l'harmonie d'un amour parfait » et « possédant... des pouvoirs exceptionnels » qui les
protégeaient de la maladie, des événements naturels destructeurs, de la vieillesse et de la mort » (p. 86). Mais dans cette
histoire, ces premiers êtres humains, créés pour un monde
parfait sans souffrance, se sont rebellés contre Dieu et sa juste
autorité. « Ils ont perverti le don du libre arbitre et se sont séparés de leur union avec Dieu » (p. 86). Le résultat de cette rébellion est le mal moral et naturel. Le mal naturel a vu le
jour « parce qu'ils devaient désormais faire face à la destruction possible par des forces naturelles qui les entouraient et
qui étaient une conséquence naturelle de leur rébellion ». Le
mal moral est venu parce qu'ils « ont formé le substrat génétique de ce que nous appelons le péché originel ; notre tendance innée à commettre le mal » (p. 87).

Van Inwagen prétend qu'il n'a pas besoin de prouver la véracité de son histoire pour qu'elle serve à son objectif. L'argument du mal contre l'existence de Dieu affirme que Dieu n'a
aucune raison de permettre le mal et la souffrance. C'est sa
principale hypothèse. Van Inwagen poursuit : « Je soutiens

[seulement] que, étant donné que le personnage central de l'histoire, Dieu, existe… l'histoire peut être vraie » (p. 90). Cette histoire nous donne peut-être une explication crédible de la raison pour laquelle Dieu permettrait le mal et la souffrance, même si nous ne pourrons jamais affirmer avec certitude qu'il en est bien ainsi. Mais cela prouve que l'hypothèse de l'argument du mal – la souffrance n'a aucune raison d'être – est fausse.

Le récit et l'argument de van Inwagen sont ingénieux et ils permettent aux croyants partisans de l'évolution d'utiliser la chute de l'humanité pour expliquer l'existence du mal naturel et moral. Bien que son récit se tienne en tant qu'argument philosophique, je ne le crois pas en accord avec les récits bibliques. Si nous nions l'existence d'un Adam et d'une Ève historiques, nous ne pouvons pas expliquer pourquoi tous les êtres humains sont nés avec une nature pècheresse, pas plus que nous ne pouvons le concilier avec ce que dit Paul dans Romains 5 et dans 1 Corinthiens 15 sur un Adam représentant l'humanité entière. Pour approfondir ce sujet, voir le chapitre 8 avec les notes de bas de page.

167. *Ibid.*, p. 90, (traduction Clé).

168. Pour une discussion plus exhaustive sur la question de la « liberté libertaire » et sa contradiction avec la définition biblique, voir l'essai classique de G.C. Berkouwer dans *Man: The Image of God* [L'homme : l'image de Dieu], Grand Rapids : Eerdmans, 1962, p. 310-348.

169. Pour une excellente analyse du matériel biblique, voir D.A. Carson, *Jusques à quand ? Réflexions sur le mal et la souffrance*, Charols : Excelsis, 2005, (chapitre 11, « Le mystère de la providence »). Voir également J.I. Packer, *L'évangélisation et la souveraineté de Dieu*, Charols : Excelsis, 1990.

170. Alvin Plantinga donne une version courte et Peter van Inwagen une version « élargie » de la théodicée du libre arbitre. Les deux affirment qu'il s'agit d'une *justification* et non d'une *théo-*

dicée. Cependant, à mon avis (qui est partagé), ils offrent l'histoire du libre arbitre comme une théodicée, parce qu'ils s'en servent pour répondre à la question du *pourquoi* Dieu permet le mal et la souffrance.

171. C.S. Lewis, « *Le problème de la souffrance* », Suisse : Éditions Raphaël, 2001 ; Swinburne Richard, *Providence and the Problem of Evil*, Oxford : Oxford University Press, 1998.

172. Voir Donald A. Turner, « The Many-Universes Solution to the Problem of Evil » [La solution « d'univers pluriels » au problème du mal] dans Gale Richard M. et Pruss Alexander R., éditeurs, *The Existence of God* [L'existence de Dieu], Aldershot : Aschgate, 2003, p. 143-159.

173. *Ibid.*

174. Alvin Plantinga, « Self-Profile », dans *Alvin Plantinga*, édité par James E. Tomberlin, et Peter van Inwagen, Dordrecht : Reidel, 1985, p. 35, (traduction Clé).

175. Le dialogue entre l'athée et le théiste concernant le problème du mal se trouve dans le livre de van Inwagen, *Problème du mal*, p. 64, (traduction Clé).

176. *Ibid.*, p. 65, (traduction Clé).

177. Il est utile de noter qu'en présentant cette justification (et non une théodicée), contre l'argument de l'existence du mal, le croyant peut (en démontrant quelques raisons valables que Dieu *peut* avoir de permettre au mal de continuer d'exister) se servir des meilleurs modes de pensée des théodicées traditionnelles. Chacune d'elles donne des raisons cohérentes, mais non suffisantes, au fait que Dieu permet la souffrance.

178. Argument de Plantinga, *Warranted Christian Belief*, p. 481-82, (traduction Clé).

179. Wykstra, « Rowe's Noseeum », p. 126, (traduction Clé).

180. Plantinga, *Warranted Christian Belief*, p. 466-67, (traduction Clé).

181. Le plus fervent défenseur de l'argument probant est William Rowe. Voir Rowe William L., "The Problem of Evil and Some

Varieties of Atheism" [Le problème du mal et certaines variantes de l'athéisme], *American Philosophical Quarterly* 16, 1979: 335-41.

182. Ray Bradbury, *Un coup de tonnerre*, Paris : Gallimard/Folioplus, 2013, p. 34.

183. Moreland et Craig, *Philosophical Foundations*, p. 543, (traduction Clé).

184. Van Inwagen, *Problem of Evil*, p. 97.

185. Élie Wiesel, *La Nuit*, Paris : Éditions de Minuit, 1958.

186. *Ibid.*, p. 60.

187. Il faut noter que Wiesel, même s'il a évoqué des objections puissantes concernant l'existence et la bonté de Dieu, n'a pas, en fin de compte, abandonné sa foi.

188. J. Christiaan Beker, *Suffering and Hope: The Biblical Vision and the Human Predicament,* Grand Rapids, Michigan : Eerdmans, 1994. Mes informations proviennent de la préface de « The Story Behind the Book » [L'histoire derrière le livre], de Ben C. Ollenburger, (traduction Clé).

189. *Ibid.*, p. 16.

190. Blaise Pascal, *Pensées*.

191. C.S. Lewis, *Les fondements du christianisme*, Guebwiller : Éditions LLB, 1979, p. 54.

192. C.S. Lewis, « De Futilitate » dans *Christian Reflections*, Grand Rapids : Eerdmans, 1967, p. 69, (traduction Clé).

193. *Ibid.*, p. 69-70.

194. *Ibid.*, p. 70.

195. *Ibid.*, p. 69-70.

196. Alvin Plantinga, « A Christian Life Partly Lived » [Une vie chrétienne vécue en partie », dans *Philosophers Who Believe* [Les philosophes qui croient], édité par Clark Kelly James, Wheaton : InterVarsity Press, 1993, p. 73. Voir également la lettre que Plantinga a écrite à Peter van Inwagen, « Je suis porté à croire qu'il y a... un problème par rapport au mal pour les athées... Je pense que le bien et le mal n'existeraient pas, si le

théisme s'avérait faux... », van Inwagen, *Problem of Evil*, p. 154, n14, (traduction Clé).

197. A.N. Wilson, « Why I Believe Again », *The New Statesman*, 2 avril 2009, (traduction Clé).

198. Andrea Dilley Palpant, *Faith and Other Flat Tires: Searching for God on the Rough Road of Doubt* [La foi et autres pneus crevés : Chercher Dieu dans le doute], Grand Rapids, Michigan : Zondervan, 2012, p. 224-25, (traduction Clé).

199. Vous trouverez ces lignes en anglais dans un entretien avec Micha Boyett à <http://www.patheos.com/blogs/micha-boyett/2012/04/andrea-palpant-dilley>, (traduction Clé).

Chapitre 5 : La foi mise à l'épreuve

200. Disponible sur <http://www.christiananswers.net/french/q-aiia/god-pain-f.html> consulté le 27.11.2014

201. Van Inwagen, *Problem of Evil*, p. 89, (traduction Clé).

202. La Bible du Semeur.

203. Alvin Plantinga, « Supralapsarianism or 'O Felix Culpa' » [Supralapsarianisme ou 'O Felix Culpa'] dans *Christian Faith and the Problem of Evil* [La foi chrétienne et le problème du mal], édité par van Inwagen Peter, Grand Rapids, Michigan : Eerdmans, 2004, p. 18. Cet article semble aborder le problème du mal d'une manière plus calviniste qu'un autre article bien connu de Plantinga, « Free Will Defense » [La défense du libre arbitre]. Voir également la note de bas de page de van Inwagen, où il indique que les théodicées calvinistes ont de l'intérêt, même s'il ne trouve pas qu'elles soient assez solidement formulées ; Van Inwagen, *Problem of Evil*, p. 163, note 9.

204. C.S. Lewis, *Le grand divorce entre le ciel et l'enfer*, Le Mont le Pèlerin : Raphaël, 2005, p. 75.

205. J.R.R. Tolkien, *Le Seigneur des Anneaux : L'intégrale*, trad. de Francis Ledoux, Paris : Christian Bourgois, collection Pocket, 2010, p. 1107.

206.   Berger, *The Sacred Canopy*, p. 74, (traduction Clé).

207.   *Ibid.*, p. 75, (traduction Clé).

208.   Albert Camus, *L'homme révolté*, Paris : Gallimard, 1993, p. 52.

209.   Berger, *op. cit.*, p. 78.

210.   John Dickson, *If I Were God I'd End All the Pain: Struggling with Evil, Suffering, and Faith* [Si j'étais Dieu, je ferais cesser la douleur : la lutte entre le mal et la souffrance et la foi], Sydney : Mathias Media, 2001, p. 66-67, (traduction Clé).

211.   Ann Voskamp, *Mille Cadeaux*, trad. de Philippe Malidor, Croissy Beaubourg : Éditions Farel, 2012, p. 155.

212.   J.R.R. Tolkien, *Le Seigneur des Anneaux : L'Intégrale*, p. 73.

213.   John Gray, *The Silence of Animals: On Progress and Other Modern Myths* [Le silence des animaux : le progrès et autres mythes modernes], New York : Farrar, Strauss and Giroux, 2013, p. 79, (traduction Clé).

Chapitre 6 : La souveraineté de Dieu

214.   C.S. Lewis, *George MacDonald: An Anthology*, New York : Harper, 2001, p. 49, (traduction Clé).

215.   Le récit de la Genèse est souvent remis en cause parce qu'il est en désaccord avec le consensus scientifique, à savoir que la vie sur terre a évolué dans le temps grâce à la sélection naturelle. Cela signifie que la violence, la souffrance et la mort existaient déjà (en grande quantité) avant l'apparition des premiers êtres humains. Comme nous l'avons vu, Peter van Inwagen (dans *The Problem of Evil*, p. 85-86) suggère une alternative dans laquelle, après de nombreuses années d'évolution, Dieu choisit un petit groupe d'hominidés et les dote d'une humanité complète. Il leur donne l'image de Dieu et crée une enclave paradisiaque dans leur monde, où ils vivent dans « l'harmonie de l'amour parfait » et possèdent « des pouvoirs exceptionnels » qui les protègent de maladies, d'événements naturels destructeurs, de la vieillesse et de la mort. Mais « ils

ont perverti le don du libre arbitre et se sont séparés de leur union d'avec Dieu » (p. 86). Par conséquent, le mal naturel déjà présent dans le monde, la souffrance et la mort, les a engloutis. « Ils sont désormais confrontés aux conséquences naturelles de leur rébellion, à savoir, la destruction par les forces naturelles qui les entourent ». C'est également, bien sûr, le début du mal moral, puisque l'humanité est désormais corrompue par son égoïsme.

216. Walter C. Kaiser, "Eight Kinds of Suffering in the Old Testament" [Huit styles de souffrances dans l'Ancien Testament], dans *Suffering and Goodness* [La souffrance et la bonté], édité par Morgan et Peterson, p. 68-69. Voir également Klaus Koch, "Is There a Doctrine of Retribution in the Old Testament?" [Y a-t-il une doctrine de la rétribution dans l'Ancien Testament ?], dans *Theodicy in the Old Testament* [La théodicée dans l'Ancien Testament], édité par James L. Crenshaw, Fortress, 1983, p. 57-87.

217. Rittgers, *Reformation of Suffering*, p. 9, (traduction Clé).

218. Gerhard Von Rad, *Israël et la sagesse*, Genève : Labor et Fides, 1971.

219. *Ibid.*, p. 310.

220. Graeme Goldsworthy, *The Goldsworthy Trilogy: Gospel and Wisdom* [La trilogie Goldsworthy: l'Évangile et la sagesse], Milton Keynes : Paternoster, 2000, p. 428-58, (traduction Clé).

221. M.J. Lerner et D.T. Miller, "Just World Research and the Attribution Process: Looking Back and Ahead" [Recherches sur un monde juste et processus de l'attribution : un regard sur le passé et le futur], *Psychological Bulletin* 85 : 1030-1051. Cité dans Haidt Jonathan, *The Happiness Hypothesis: Putting Ancient Wisdom and Philosophy to the Test of Modern Science* [L'hypothèse du Bonheur: la sagesse et la philosophie ancienne à l'épreuve de la science moderne], Londres : Arrow Books, 2006, p. 146, (traduction Clé).

222. Hart David Bentley, *The Doors of the Sea: Where Was God in the Tsunami?* [Les portes de la mer : où était Dieu lors du tsunami ?], Grand Rapids, Michigan : Eerdmans, 2005, p. 99, 101, 103-104. À mon avis, Hart met trop l'accent sur cette idée théologique de la souffrance en tant qu'injustice et ennemie de Dieu. Il se détourne un peu trop des autres enseignements qui traitent de la souveraineté de Dieu et de ses raisons de permettre la souffrance. Dans son livre, Hart avoue un certain penchant pour les gnostiques anciens, qui ne croyaient pas que le Dieu très-haut pouvait avoir quelque chose à voir avec la souffrance. Elle ne pouvait faire partie de son plan. Il est aussi possible que Hart soit sensible au personnage de Dostoïevski, Ivan Karamazov, qui rejette un Dieu qui utilise la souffrance pour apporter « un plus grand bien ». Karamazov démontre l'autosuffisance de celui qui habite le « cadre immanent » et est certain, qu'au jour du jugement, Dieu ne pourra révéler une connaissance ou une sagesse à laquelle Karamazov n'ait déjà pensé. Il est important d'équilibrer ces deux vérités : Dieu hait la souffrance, et il est souverain sur elle. Si nous refusons de croire que la souffrance et le mal font parfois partie du plan de Dieu, nous tournons le dos à une bonne quantité d'enseignements bibliques (comme nous le verrons), mais nous n'avons pas le réconfort de savoir que Dieu œuvre dans les situations négatives. Nous n'aurons pas non plus la possibilité de croire que Dieu pourrait nous apprendre quelque chose, en vue de notre croissance spirituelle.

223. B.B. Warfield, "The Emotional Life of Our Lord" [La vie émotionnelle de notre Seigneur], dans *The Person and Work of Christ*, édité par Samuel G. Craig, Philippsburg, New Jersey, P & R, 1950, p. 115, (traduction Clé).

224. *Ibid.*, p. 261, (citations de Calvin – traduction officielle, *Commentaires sur the Nouveau Testament, tome II*, p. 238-242).

225. Rittgers, *Reformation of Suffering*, p. 9, (traduction Clé).

226. *Ibid.*, p. 261.

227.   L'idée d'un libre arbitre compatible avec la détermination absolue de l'histoire par Dieu est surtout associée à la théologie réformée. Pour un autre point de vue, voir Roger Olson, *Arminian Theology: Myths and Realities* [La théologie arminienne : les mythes et les réalités], Wheaton : InterVarsity Press, 2006. Des philosophes comme Peter van Inwagen soutiennent également que le libre arbitre est incompatible avec le déterminisme. Pour deux discussions approfondies sur le point de vue que je mets en avant ici, voir D.A. Carson, *Divine Sovereignty and Human Responsibility: Biblical Perspectives in Tension* [La souveraineté divine et la responsabilité humaine : perspectives bibliques sous tension], Louisville : John Knox, 1981, et J.I. Packer., *L'évangélisation et la souveraineté de Dieu*, Charols : Excelsis, 1990.

228.   Un grand nombre de passages démontre le contrôle absolu de Dieu sur tout ce qui se passe dans l'histoire (Genèse 14.8 ; Proverbes 21.1 ; Matthieu 10.29, Romains 9.20 et suivants), ainsi que le fait que chaque être humain est responsable de ses choix et de ses actions (Matthieu 25 ; Romains 2.1-16 ; Apocalypse 20.11-13).

229.   J.I. Packer caractérise la relation entre la souveraineté divine et la responsabilité humaine comme une « antinomie », qu'il définit comme « l'apparence d'une contradiction… une incompatibilité apparente entre deux vérités apparentes ». L'antinomie existe lorsque deux principes placés côte à côte paraissent inconciliables, mais sont pourtant indéniables. Il utilise l'exemple de la lumière, qui se présente parfois sous forme d'ondes et parfois sous forme de particules. Il n'est pas facile de comprendre comment la lumière peut se comporter de deux manières (une onde n'est pas une particule et vice versa). Cependant, nous la trouvons sous ces deux formes. De façon similaire, selon la Bible, Dieu est *forcément* souverain, sinon une bonne partie de l'Histoire n'aurait aucun sens, aucune raison d'être. Et nous sommes *forcément* responsables,

sinon une bonne partie de ce que nous faisons n'aurait aucun sens. La Bible enseigne les deux. Packer s'efforce de démontrer que cette contradiction n'est pas réelle, seulement apparente, à cause de nos pouvoirs limités d'observation. Voir Packer, *L'évangélisation et la souveraineté de Dieu*, p. 18-19.

230. Donald Carson, *Jusques à quand ?*, p. 260.

231. *Ibid.*, p. 260.

232. Ce verset dit que Dieu est la source ultime de tout ce qui est bon dans ce monde, littéralement que « tout don qui est bon et qui donne descend d'en haut... » J.B. Adamson en résume ainsi le sens : « Tout ce qui est bon humainement parlant vient du Père parfait de l'univers ». J.B. Adamson, *The Epistle of James,* The New International Commentary of the New Testament, Grand Rapid, Michigan : Eerdmans, 1976, p. 74.

Chapitre 7 : La souffrance de Dieu

233. Dan G. McCartney, *Why does it have to hurt? The Meaning of Christian suffering* [Pourquoi doit-on souffrir ? Le sens de la souffrance chrétienne] P&R, 1998, p. 56.

234. Derek Kidner, *Genesis: An Introduction and Commentary* [Introduction et commentaire de la Genèse] InterVarsity Press, 1967, p. 86, (traduction Clé).

235. J. Alec Moyter, *The Message of Exodus:The Days of our Pilgrimage* [Le Message de l'Exode : les jours de notre pèlerinage] InterVarsity Press, 2005, p. 69, (traduction Clé).

236. Donald Carson, *Jusques à quand ?* Charols : Excelsis, 2005, p. 218.

237. F.L. Cross et E.A. Livingstone, *The Oxford Dictionary of the christian Church* [Dictionnaire Oxford de l'Église chrétienne] Oxford University Press, 1974, p. 694. Cité par Carson dans *Jusques à quand ?* p. 224-225.

238. Kidner, *Genesis*, p. 86.

239. Carson, *Jusques à quand ?*, p. 228.

240. McCartney, *Why does it have to hurt?* p. 57,59, (traduction Clé).

241. R.M. M'Cheyne, *Sermons of the Rev. Robert Murray M'Cheyne* [Prédications du Révérend M'Cheyne] Banner of Truth, 1961, p. 47-49, (traduction Clé).

242. McCartney, *Why does it have to hurt?*, p. 60, (traduction Clé).

243. Douglas John Hall, *God and Human Suffering: An Exercise in the Theology of the Cross* [Dieu et la souffrance humaine : un exercice de théologie de la croix], Augsburg, 1986. Voir aussi Warren McWilliams, *The Passion of God: Divine Suffering in Contemporary Protestant theology* [La Passion de Dieu : la souffrance divine dans la théologie protestante contemporaine], Mercer University Press, 1985.

244. Rittgers, *Reformation of Suffering* [La réforme de la souffrance], p. 261, (traduction Clé).

245. *Ibid.*

246. Albert Camus, *L'homme révolté*, Paris : Gallimard, 1951, p. 52.

247. Albert Camus, *Essais*, Paris : Gallimard, 1965, p. 444.

248. Peter Berger, *Sacred canopy* [La voûte sacrée], p. 77, (traduction Clé).

249. Louis Berkhof, *Systematic theology* [Théologie systématique], Eerdmans, 1996, p. 729, (traduction Clé).

250. *Ibid.*

251. Christopher Wright, *The God I don't understand: Reflections on Tough Questions of Faith* [Le Dieu que je ne comprends pas : réflexions sur des questions ardues de la foi], Zondervan, 2008, p. 64, (traduction Clé).

252. *Ibid.*, p. 67.

253. Henri Blocher, *Le Mal et la Croix*, (Sator, 1990) Charols : Excelsis, 2012, p. 190.

254. Ces deux visions du mal sont parfois appelées boéciennes ou manichéennes, d'après Boèce, auteur de la *Consolation de la philosophie,* et la religion antique nommée manichéisme. Dans son livre *The Road to Middle earth* Tom Shippey explique comment Tolkien décrit le mal dans son ouvrage le plus célè-

bre. Pour Tolkien, le mal est à la fois un manque interne et un pouvoir actif dans l'univers. Shippey démontre comment l'anneau met tantôt en évidence les imperfections et les fautes de celui qui le porte, et comment il agit tantôt comme un artefact mauvais en soi. À mes yeux, cette vision colle à la Bible.

255. Jean Calvin, *Introduction à la Bible d'Olivétan* dans La vraie piété, divers traités de Jean Calvin et Confession de foi de Guillaume Farel, Genève : Labor et Fides, 1986, p. 35.

256. Henri Blocher, *Le Mal et la* Croix, p. 192.

257. *Ibid.*, p. 193.

258. *Ibid.*, p. 194.

259. Fiodor Dostoïevski, *Les Frères Karamazov*, traduction de H. Mongault, Deuxième partie, Livre V, chapitre 3, Paris : Gallimard : Bibliothèque de la Pléiade, 1952, p. 255.

Ivan Karamazov, le personnage qui prononce ces propos, rejette cette possibilité. Mais ce n'est pas nécessairement la pensée de l'auteur. Pour autant, Dostoïevski n'affirme pas que le mal est justifiable dans cette déclaration éloquente. Le mal peut être utilisé par Dieu pour apporter un plus grand bien, qui n'aurait pas pu voir le jour s'il n'avait pas eu lieu. Mais le mal reste le mal, il reste donc inexcusable et inexplicable en lui-même.

Chapitre 8 : Les raisons de la souffrance

260. Jonathan Haidt, *L'Hypothèse du bonheur : la redécouverte de la sagesse ancienne dans la science contemporaine*, traduction de M. Van Pachterbeke, Bruxelles : Mardaga, 2010, p. 161-162.

261. *Ibid.*, p 162.

262. *Ibid.*, p 162-163.

263. *Ibid.*, p 164.

264. *Ibid.*, p 163-164.

265. *Ibid.*, p. 166.

266.   Cité par Robert Emmons, dans *The Psychology of Ultimate Concerns: Motivation and Spirituality in Personality*, [La Psychologie des plus grands intérêts : motivation et spiritualité de la personnalité], Guillord, 1999, et *'Personals Goals, Life Meaning and Virtue' in Flourishing: Positive Psychology and the Life Well Lived* [La prospérité : psychologie positive et vie bien vécue] des Corey Keyes et Jonathan Haidt, APA, 2003 p. 105-128.

267.   Haidt, *L'Hypothèse du bonheur : la redécouverte de la sagesse ancienne dans la science contemporaine*, traduction de M. Van Pachterbeke, Bruxelles : Mardaga, 2010, p. 145.

268.   *Ibid.*, p. 169 et 172.

269.   *Ibid.*, p. 167.

270.   C.S. Lewis, *Réflexions sur les Psaumes*, trad : Denis Ducatel, Le Mont-Pèlerin : Raphael, 1999, p. 131.

271.   *Ibid.*, p. 133-134.

272.   J.R.R. Tolkien, *Lettres,* Lettre 221 du 14 octobre 1950, trad. de Delphine Martin et Vincent Ferré, Paris : Christian Bourgeois, 2005, p. 393.

273.   Jonathan Edwards, *The Miscellanies* [Les mélanges], *The Works of Jonathan Edwards*, Volume 13, Yale University Press, 1944, p. 495.

274.   Elisabeth Elliot, *No Graven Image* [Pas d'image taillée], Alvon Books, 1996, (traduction Clé).

275.   *Ibid.*, p. 158.

276.   *Ibid.*, p. 164.

277.   *Ibid.*, p. 165.

278.   *Ibid.*, p. 174.

279.   *Ibid.*, p. 175.

280.   *Ibid.*

281.   Elisabeth Elliot, *These strange ashes* [Ces étranges cendres], Harper, 1975, p. 109, (traduction Clé).

282.   *Ibid.*, p. 130-132.

283. Ce récit est tiré de Elisabeth Elliot, *Through the Gates of Splendor*, Peabody : Hendrickson, 2010, (traduction Clé).

284. *Ibid.*, p. 268, (traduction Clé).

285. Elisabeth Elliot, *"The Glory of God's will"* [La gloire de la volonté de Dieu] dans *Declare His Glory among the Nations* [Publiez sa gloire parmi les nations] sous la dir. de David Howard, InterVarsity Press, 1977, p. 133, (traduction Clé).

286. Rittgers, *Reformation of suffering*, p. 47, (traduction Clé).

287. Cindy Stauffer, *"Film Depicting Nickel Mines Shooting Questionned"*[Le téléfilm sur la tuerie de Nickel Mines remis en cause], article du Lancaster Online, <http://lancasteronline.com/news/film-depicting-nickel-minesshootingsquestioned/article_2497bc25-56a5-53b4-bdad-202173bc2bc1.html> consulté le 08.07.2014.

288. Donald Kraybill, Steven M. Nolt, David L. Weaver-Zercher, *Amish Grace: How Forgiveness Transcended Tragedy* [La grâce amish : comment le pardon a dépassé la tragédie], Jossey-Bass, 2010.

289. *Ibid.*, p. 183.

290. *Ibid.*, p. 176-177.

291. *Ibid.*, p. 181.

292. Retrouvez cette histoire et les leçons qu'a apprises Joni après son accident dans un bon livre sur la souffrance : Joni Eareckson Tada, Estes Steve, *Un pas de plus*, Edition L'eau vive. Le chapitre sur Denise Walters s'intitule 'When Nobody's watching' [Quand personne ne regarde], p. 56-62, (traduction Clé).

293. *Ibid.*, p. 59.

294. *Ibid.*, p. 61.

295. *Ibid.*, p. 62.

Chapitre 9 : Apprendre à marcher

296. Marcel Proust, *À la recherche du temps perdu*, *À l'ombre des jeunes filles en fleurs*, deuxième partie : *Noms de pays*, Paris : Bibliothèque de la Pléiade, 1954, p. 864.

297. C.S. Lewis, *Les Fondements du Christianisme*, troisième partie : *Le comportement chrétien*, chapitre 10 : *L'espérance*, Valence : Ligue pour la lecture de la Bible, 2006, p. 141.

298. James Davies, *The Importance of suffering* [L'importance de la souffrance], Londres : Routledge, 2011, p. 133, (traduction Clé).

299. *Ibid.*, p. 130, (traduction Clé).

300. *Ibid.*, L'emphase est de l'auteur, (traduction Clé).

301. *Ibid.*, p. 131.

302. *Ibid.*, p. 133-134.

303. Jonathan Haidt, *L'Hypothèse du bonheur : la redécouverte de la sagesse ancienne dans la science contemporaine*, traduction de M. Van Pachterbeke, Bruxelles : Mardaga, 2010, p. 173.

304. *Ibid.*, p. 173.

305. John Newton, *The Letters of John Newton* [Correspondance de John Newton], Edimbourg : Banner of truth, 1960, p. 180, (traduction Clé).

306. Cité en épigraphe de C.S. Lewis, *Le problème de la souffrance*, Le Mont-Pèlerin : Raphaël, 2002, p. 7.

307. Martyn Llyod-Jones, *La dépression spirituelle : ses causes et remèdes*, Chalon-sur-Saône : Europresse, 1989, p. 173-180.

308. Michael Horton, *A place for weakness* [Se préparer à la souffrance], Grand Rapids : Zondervan, 2006, p. 19, (traduction Clé).

309. Simone Weil, *Attente de Dieu*, Paris : Fayard, 1966, p. 80.

310. Plantigna, *God, Freedom, Evil*, p. 63-64, (traduction Clé).

311. John Feinberg, "*A Journey in Suffering: Personal Reflections on the Religious Problem of Evil*" [Sur le chemin de la souffrance : réflexions personnelles sur le problème religieux du mal] in Christopher Morgan & Robert Peterson, *Suffering and*

the goodness of God, Wheaton : Crossway, 2008, p. 214, (traduction Clé).

312.   *Ibid.*, p. 215.

313.   *Ibid.*, p. 217.

314.   *Ibid.*, p. 218.

315.   *Ibid.*, p. 219.

316.   *Ibid.*

317.   Donald Carson, *Jusques à quand ?* Charols : Excelsis, 2005, p. 17-21.

318.   *Ibid.*, p. 21.

Chapitre 10 : Les différents types de souffrance

319.   Je suis bien conscient que Jonas et David n'étaient pas des chrétiens du Nouveau Testament, l'enseignement de Paul sur les croyants « en Christ » ne peut donc pas leur être appliqué directement. Comparer le statut des croyants juifs de l'Ancien Testament et celui des chrétiens du Nouveau Testament est un exercice difficile. Pour notre part, demandons-nous si les chrétiens actuels comme nous sont punis pour leur péché quand ils souffrent. La meilleure réponse, fidèle à la doctrine biblique, c'est que nous ne recevons pas le juste châtiment pour nos fautes, *stricto sensu*. C'est Jésus qui a payé pour nos péchés. Dès lors, Dieu peut-il faire converger de mauvaises choses dans nos vies afin de nous corriger, comme un parent le ferait à un enfant pour lui apprendre à obéir ? La Bible répond oui.

320.   Simone Weil, *Attente de Dieu*, Paris : Éditions Fayard, 1966, p. 93.

321.   *Ibid.*, p. 92.

322.   *Ibid.*, p. 100.

323.   Andrew Solomon, *Far from the tree*, (traduction Clé).

324.   Weil, *Attente de Dieu*, p. 105.

325. J.R.R. Tolkien, *Le Seigneur des Anneaux : les deux tours*, trad. de Francis Ledoux, Paris : Christian Bourgois (Collection Pocket), 1972, Réed. 2010, p. 857.

326. Weil, *Attente de Dieu*, p. 102-103.

327. *Ibid.*, p. 105.

328. *Ibid.*, p. 105.

329. Donald Carson, *Le Dieu qui se dévoile, un guide pour découvrir les richesses de la Bible*, trad : Antoine Doriath, Collection Comprendre la Bible (IBG), Volume 2, 17 février, Lyon : Éditions Clé, 2007.

330. Feinber, *Journey in Suffering*, p. 222.

331. *Ibid.*, p. 223-224.

332. *Ibid.*, p. 224.

333. John Feinberg se rappelle d'un de ses étudiants qui avait perdu un enfant en bas âge. Quelqu'un avait dit à ce jeune homme et à sa femme, en toute candeur : « Vous savez, c'est sans doute une bonne chose qu'il soit mort ... Peut-être qu'il aurait fini drogué ... Dieu connaît toutes choses avant qu'elles n'arrivent, il voulait sûrement vous éviter des problèmes. » *Journey in Suffering*, p. 221.

Chapitre 11 : Marcher

334. Adaptation française de la citation par Marlyse Français.

335. Karen Jobes, *1 Peter* [1 Pierre], baker *Exegetical Commentary on the New Testament*, Grand Rapids : Baker, 2005, p. 94.

336. Alec J. Moyer, *The Prophecy of Isaiah: An Introduction and Commentary* [Les prophéties d'Ésaïe : introduction et commentaire], Wheaton : InterVarsity Press, 1993, p. 331.

337. « Douze des quarante et une occurrences du verbe [souffrir] viennent de cette courte lettre, de même que quatre des seize occurrences du nom ... Ces chiffres établissent clairement que la souffrance est un thème prédominant de 1 Pierre. » Howard Marshall, *1 Peter* [1 *Pierre*], The IVP New Testament Commen-

tary Series, Wheaton : InterVarsity Press, 1991, p. 89, (traduction Clé).

338.   Frederick Danker, Walter Bauer, *A Greek-English Lexicon of the New Testament and Other Early Christian Literature* [Lexique grec-anglais du Nouveau Testament et d'autres écrits chrétiens primitifs], Chicago : University of Chicago Press, 2000, p. 793.

339.   Marshall, *1 Peter*, p. 42.

340.   Quand Pierre dit « l'or qui périt et qui toutefois est éprouvé par le feu » (Darby) il ne veut pas signifier que le feu peut détruire l'or. Le feu peut le faire fondre mais pas le détruire. La plupart des commentateurs pensent que Pierre établit un parallèle entre l'or et la foi. Il « établit un contraste entre la foi et l'or, l'un étant destiné à persister dans le nouveau monde et l'autre non ». Marshall, *1 Peter*, p. 41.

341.   Un grand nombre de commentateurs voient l'histoire de Daniel 3 comme un « midrash » ou commentaire d'Ésaïe 43.2. Voir John Goldingay, *Daniel*, Word Biblical Commentary, vol 30, 1998, p. 68.

342.   Alec J. Moyter, *The Message of Exodus: The Bible speaks today* [Le Message de l'Exode : la Bible nous parle aujourd'hui], Wheaton : InterVarsity Press, 2005, p. 51.

343.   Iain Duguid, *Daniel*, Reformed Expository Commentary, Phillipsburg : P&R, 2008, p. 58, (traduction Clé).

Chapitre 12 : Pleurer

344.   Tremper Longman, *How to read the Psalms* [Guide de lecture des Psaumes], Wheaton : InterVarsity Press, 1988, p. 26.

345.   Rittgers, *Reformation of suffering*, p. 258.

346.   Richard Sibbes, *The Bruised Reed and Smoking Flax* [Le roseau froissé et la mèche fumante], in *Works*, vol.1 (Edimbourg), (traduction Clé).

347.   Joseph Bayly, *The View from a Hearse* [Du point de vue du corbillard], Colorado Springs : Cook, 1969, p. 40-41, (traduction Clé).

348.   Derek Kidner, *Psalms 73-150: A Commentary on Books III-V of the Psalms* [Psaumes 73-150], Wheaton : InterVarsity Press, 1973, p. 316, (traduction Clé).

349.   Martin Marty, *A Cry of Absence: Reflections for the Winter of the Heart* [Le cri de l'absence : réflexions pour les temps difficiles], New-York : Harper, p. 68, (traduction Clé).

350.   Derek Kidner, *Psaumes 1 à 72*, trad. de Colin Porteous et Paulette Bénétreau, Edifac : Vaux-sur-Seine, 2012, p. 181. Cette remarque a lieu à la fin du commentaire sur le Psaume 39, l'autre psaume qui se termine sans note d'espoir.

351.   J.R.R. Tolkien, *Le Seigneur des Anneaux*, *Le Retour du Roi*, livre VI, chapitre 3, Paris : Christian Bourgeois, Collection Pocket, p. 1086.

352.   Kidner, *Psalms 73-150*, p. 317, (traduction Clé).

353.   Cité dans Elisabeth Elliot, *Keep a quiet heart* [Garder un cœur serein], Servant, 1995, p. 73, (traduction Clé).

354.   Michael Wilcock, *The Message of Psalms 73-150: Songs for the people of God* [Le message des Psaumes 73 à 150 : chants pour le peuple de Dieu], Wheaton : InterVarsity Press, 2001, p. 65, (traduction Clé).

355.   Des commentateurs ont noté une certaine ambigüité dans les verbes utilisés par Pierre ; ils peuvent être pris à l'indicatif présent comme à l'impératif présent. C'est pour cela que les traducteurs ont du mal à retranscrire les temps des verbes : « Vous vous en réjouissez, même s'il faut que, maintenant, vous soyez attristés pour un peu de temps par toutes sortes d'épreuves » (Bible en français courant). Beaucoup de chrétiens pensent que cette ambigüité est délibérée et habile. Dès lors, ceux qui simultanément se réjouissent et pleurent, peuvent penser que Pierre le recommande, et ceux qui n'arrivent pas encore à le vivre, peuvent croire que Pierre le conseille vi-

vement ou l'ordonne. Voir Marshall, 1 *Peter*, p. 93, (traduction Clé).

356.   *Op. cit.*, Lloyd-Jones, *La dépression spirituelle.*

Chapitre 13 : Une question de confiance

357.   Cité dans la préface de *These strange ashes*, Grand Rapids : Revell, 1982, p. 7, (traduction Clé).
358.   Kidner, *Genesis*, p. 199, (traduction Clé).
359.   *Ibid.*, p. 205, (traduction Clé).
360.   Elliot, *Glory of God's will*, p. 130, (traduction Clé).
361.   Kidner, *Genesis*, p. 181, (traduction Clé).
362.   Newton, *Letters* [*Lettres*], p. 179-180, (traduction Clé).
363.   Kidner, *Genesis*, p. 207, (traduction Clé).

Chapitre 14 : Prier

364.   Cité en Peter Kreeft, *Three Philosophies of life* [Trois philosophies de vie], San Francisco : Ignatius Press, 1989, p. 61, « Job: Life as Suffering » [Job : la vie comme souffrance].
365.   *Ibid.*
366.   « Job dépasse largement ses plus proches compétiteurs, dans la cohérence de son traitement équilibré du thème de la misère humaine, de son approche multi facettes du problème, [...] dans les envolées de ces poèmes lyriques, dans son impact dramatique, et dans l'intégrité intellectuelle avec laquelle il affronte le "fardeau indescriptible" de l'existence humaine. Job domine sous tous ces aspects. Rien d'autre [...] n'est allé aussi loin. La comparaison ne sert qu'à renforcer la grandeur solitaire du livre de Job ». Francis Anderson, *Job: An introduction and Commentary* [Job : introduction et commentaire], Wheaton : InterVarsity Press, 1976, p. 32.
367.   Anderson, *Job*, p. 123.
368.   *Ibid.*, p. 124.

369.   *Ibid.*, p. 125.

370.   Gerald Wilson, *Job*, New International Biblical Commentary, Peabody : Hendrickson, 2007, p. 422.

371.   Anderson, *Job*, p. 270, n2, cité d'après George Shaw, *Les aventures d'une jeune négresse à la recherche de Dieu*, 1932, p. 12 et 19.

372.   Wilson, Job, p. 423. (traduction clé)

373.   Anderson, Job, p. 270, n1, (traduction clé)

374.   *Ibid.*, p. 287.

375.   *Ibid.*, p. 287-288. Voir aussi la critique de Thomas Nagel du livre de John Gray *The Silence of Animals* [Le silence des animaux] dans *The New York Times Book Review*. Gray accuse la société occidentale sécularisée de vouloir se débarrasser du mal en améliorant l'homme, sans avoir recours à Dieu. Mais ces tentatives se soldent par de plus grands maux. Nagel reconnaît que «Nous voici en présence du problème du mal dans sa version matérialiste : comment croire que des êtres capables de faire autant de mal pourraient créer un système qui les pousserait à devenir bons ? Gray a raison de souligner que certaines tentatives de solutions ont été catastrophiques ». Thomas Nagel, « Pecking Order », *The New York Times Book review*, 7 juillet 2013, p. 10.

376.   Elisabeth Elliot, « Deuxième épilogue » dans *Through the Gates of Splendor*, Tyndale, 1996, p. 267.

377.   Lloyd-Jones, *Spiritual Depression* [La dépression spirituelle], p. 20-21.

378.   John White, The Masks of Melancholy : *A Christian Physician Looks at Depression & Suicide* [Les masques de la mélancolie : un psychiatre chrétien décrypte la dépression et le suicide] (1982). D'après la version audio.

379.   Anderson, *Job*, p. 267.

380.   Wilson, *Job*, p. 455.

381.   Anderson, *Job*, p. 73.

Chapitre 15 : Penser, remercier, aimer

382.   Cité en épigraphe de C.S. Lewis, *Le problème de la souffrance*, Le Mont-Pèlerin : Raphaël, 2002, p. 7.

383.   « Le propos de Paul est bien moins limpide que ne le laissent supposer les traductions. On a l'impression qu'il nous demande une dernière fois de "consacrer nos pensées" à des choses plus nobles. C'est sans doute en partie vrai, mais les termes et la grammaire suggèrent quelque chose d'un peu différent. Le verbe signifie ordinairement "se rappeler", dans le sens de "prendre en compte", plutôt que simplement "penser à". Paul demande donc davantage d'avoir de "bonnes pensées", de "prendre en compte" le bien reçu par le passé, si c'est enraciné en Christ ». G.D. Fee, *Paul's Letter to the Philippians. The New International Commentary on the New Testament* [L'épitre de Paul aux Phillippiens. Commentaire sur le Nouveau Testament], Grand Rapids : Eerdmans, 1995, p. 415-416.

384.   Il existe d'innombrables exemples de la noirceur du point de vue matérialiste. Charles Darwin a écrit : « Un homme qui n'a pas de croyance affermie et constante en l'existence d'un Dieu personnel, ou en une existence future avec rétribution et récompense, ne peut avoir comme règle de vie, à ce qu'il me semble, que de suivre ses impulsions et ses instincts les plus pressants, ou qui lui semblent les meilleurs ». (Charles Darwin, *La Vie d'un naturaliste à l'époque victorienne*, autobiographie, traduction de Jean-Michel Goux, Paris : Belin, 1985, p. 76). Olivier Wendell Holmes Jr., juge à la cour suprême des États-Unis, et brillant intellectuel du début du XXᵉ siècle a un jour écrit à un ami : « Il n'y a aucune raison d'attribuer à un homme un sens différent dans sa nature à celle d'un babouin ou d'un grain de sable [...] Le monde a autant engendré le serpent à sonnette que moi-même ; mais je le tue si j'en ai l'occasion [...] avec pour seule raison que c'est congruent avec le

monde que je veux avoir, le monde que chacun essaye de bâtir selon son propre pouvoir » (Paraphrase de Jr. Wendell Holmes, *The Essential Holmes* [L'Essentiel de Holmes], rassemblé et introduit par Richard A. Posner, p. 108 et 114. Voir books.google.com). L'historien Carl L. Becker a déclaré que, d'un point de vue strictement scientifique, il fallait considérer les êtres humains comme « un peu plus que des dépôts arrivés par hasard sur terre, jetés sans ménagement entre deux ères glaciales par les mêmes forces qui rouillent le fer et font mûrir le maïs ». (Cité en Steven Smith, *Disenchantment of secular Discourse* [Le désenchantement du discours matérialiste], p. 179). Le philosophe britannique John Gray dénonce vigoureusement le mythe moderne matérialiste qui veut que les hommes aient une seule valeur, un seul but dans la vie, où un seul espoir d'améliorer la situation, ou le sens de l'Histoire. Les êtres humains n'ont pas plus de valeur que les animaux ou les plantes. « Le caractère unique de l'homme est un mythe hérité de la religion, que les humanistes ont recyclé dans la science » dit-il. « L'évolution n'a ni but, ni direction, donc si le développement de la société est un processus évolutionniste, il ne mène nulle part ». John Gray, *The Silence of Animals* [Le silence des animaux], p. 78.

385.   Jonathan Edwards, « Christian Happiness » in *Works of Jonathan Edwards: Sermons and Discours 1720-1723*, vol. 10 [“Le bonheur chrétien” dans Oeuvres de Jonathan Edwards : prédications et discours 1720-1723], New Haven : Yale University Press, 1992, p. 297.

386.   Ce mot s'apparente à l'adjectif « aimable », dans le sens de susciter l'amitié. Fee, *Paul's Letter to the Philippians*, p. 418.

387.   Cette phrase sert de résumé à la démonstration de Wolterstorff dans son livre *Justice* ou il explique comment Augustin a mis à mal la pensée stoïcienne.

388.   Augustin d'Hippone, *Les Confessions*, livre 4, chapitre XI, traduction de Joseph Trabucco, Paris : Flammarion, 1964, p. 76.

389. C.S. Lewis, *Les quatre amours*, Raphaël.

390. Kidner, *Psaumes 1 à 72*, p. 75.

391. William Lane, *The Gospel of Mark*, The New International Commentary on the New Testament, [L'Évangile selon Marc, Commentaire du Nouveau Testament] Grand Rapids : Eerdmans, 1974, p. 573-574, (traduction Clé).

392. Amélie Humbert, *Quel repos céleste*, AF411, [Version française].

Chapitre 16 : Espérer

393. Howard Thurman, *A Strange freedom: The Best of Howrad Thurman on Religious Experience and Public Life* [Une étrange liberté : les meilleurs récits d'Howard Thurman sur l'expérience religieuse et la vie en société], Boston : Beacon Press, 1998, p. 71, (traduction Clé).

394. *Ibid.*, p. 79.

395. Il existe plusieurs versions de ce récit, notamment dans cet ouvrage : <http://books.google.fr/books?id=NbXQqms BNC4C&print sec=frontcover&hl=fr#v=onepage&q&f=false>. Consulté le 09.03.2015. (traduction Clé)

396. C.S. Lewis, *The Weight of Glory*, disponible en anglais sur : <http://www.verber.com/mark/xian/weight-of-glory.pdf>. Consulté le 09.03.2015.

Épilogue

397. Ce livre s'est attaché à recenser les stratégies exigées par les différentes souffrances citées ici. Cependant, nous avons fait l'impasse sur deux aspects qui peuvent s'avérer primordiaux dans certains cas. Il s'agit en premier lieu de recevoir le pardon de Dieu par la repentance et la réconciliation avec lui. La souffrance révèle souvent nos failles et cela nous remplit de honte. Il importe de se débarrasser de cette culpabilité et cette

honte en recevant la grâce de Dieu. Deuxièmement, nous avons souvent besoin de la capacité d'offrir le pardon aux autres. La trahison est à l'origine de nombreux cas d'adversité. Le danger ne provient pas d'être rongé par la culpabilité mais par la colère. Il importe de se débarrasser de la colère en offrant la grâce à travers le pardon. Nous n'avons pas abordé la manière de le faire dans ce livre. Voici des livres susceptibles de vous aider : John Stott, *Confess your sins: The way of reconciliation*, Westminster, 1965, Dan Hamilton, *Forgiveness*, Oxford : InterVarsity Press, 1980, Judith Gundry-Volf et Miroslav Volf, *A Spacious Heart: Essays on Identity and Belonging*, Trinity Press, 1997. Consultez aussi Timothy et Kathy Keller, *Le Mariage, un engagement complexe à vivre avec la sagesse de Dieu*, Lyon : Éditions Clé, 2014.

Table des matières

Du même auteur

www.ingramcontent.com/pod-product-compliance
Lightning Source LLC
LaVergne TN
LVHW050545200726
843508LV00010B/1539